U0462859

权威·前沿·原创

皮书系列为
"十二五""十三五"国家重点图书出版规划项目

青年蓝皮书

BLUE BOOK OF
YOUTH

中国青年发展报告
No.4

THE DEVELOPMENT REPORT ON CHINESE YOUTH
No.4

悬停城乡间的蜂鸟
Hummingbirds Hovering between Urban and Rural Areas

廉　思　　等／著

社会科学文献出版社
SOCIAL SCIENCES ACADEMIC PRESS (CHINA)

图书在版编目（CIP）数据

中国青年发展报告 . No. 4，悬停城乡间的蜂鸟／廉
思等著 . ﹣﹣北京：社会科学文献出版社，2019. 12
（青年蓝皮书）
ISBN 978 - 7 - 5201 - 5570 - 0

Ⅰ. ①中…　Ⅱ. ①廉…　Ⅲ. ①青年 - 研究报告 - 中国
Ⅳ. ①D669. 5

中国版本图书馆 CIP 数据核字（2019）第 198080 号

青年蓝皮书
中国青年发展报告 No. 4
—— 悬停城乡间的蜂鸟

著　　者／廉　思　等

出 版 人／谢寿光
责任编辑／桂　芳
文稿编辑／陈　颖　贺拥军

出　　版／社会科学文献出版社 · 皮书出版分社 （010）59367127
　　　　　　地址：北京市北三环中路甲 29 号院华龙大厦　邮编：100029
　　　　　　网址：www. ssap. com. cn
发　　行／市场营销中心 （010）59367081　59367083
印　　装／天津千鹤文化传播有限公司

规　　格／开　本：787mm × 1092mm　1/16
　　　　　　印　张：25. 75　插　页：0. 25　字　数：382 千字
版　　次／2019 年 12 月第 1 版　2019 年 12 月第 1 次印刷
书　　号／ISBN 978 - 7 - 5201 - 5570 - 0
定　　价／128. 00 元

本书如有印装质量问题，请与读者服务中心 （010 - 59367028）联系

▲▲ 版权所有 翻印必究

本书由深圳虚拟大学园专项经费资助出版

编 委 会

主　编　廉　思

副主编　周宇香

成　员　冯　丹　芦　垚　张　钊　黄　凡　王艺璇
　　　　　曹轶昕　李　颖　刘一锐

摄　影　陈达宏

主要编撰者简介

廉　思　祖籍河北，北京市人。法学博士，政治学博士后，教授，博士生导师。"蚁族"概念首创者，"工蜂""洄游"新内涵提出者。美国芝加哥大学社会学系访问学者，对外经济贸易大学惠园杰出学者。

国家"高层次人才特殊支持计划"（青年拔尖人才）首批入选者，教育部"新世纪优秀人才支持计划"入选者，北京市"四个一批"理论人才，北京高校"青年英才计划"首批入选者。对外经济贸易大学国家对外开放研究院研究员。全国青年岗位能手，北京市劳动模范，北京青年五四奖章获得者。

兼任全国青联常委兼社会科学界别秘书长，中国青年志愿者协会副会长，中国青少年研究会副会长，中国青年人才专委会副理事长，中国青年科技工作者协会常务理事，国家《中长期青年发展规划（2016～2025年）》专家委员会委员，国家保密战略专家咨询委员会委员，中国社区发展协会专家委员会委员，中央社院统战高端智库特聘研究员，团中央中国特色社会主义理论体系研究中心专家委员会委员，北京市人民政府特邀建议人以及全国10余所高校的客座教授和兼职教授。

先后在《人民日报》《光明日报》《学习时报》等重要报纸及各种期刊发表论文近百篇，其中十余篇被中国人民大学复印报刊资料、《新华文摘》等转载。主持国家社科基金项目和各部门委托课题数十项，以及霍英东高校青年教师基金项目、中国博士后科学基金特别资助和一等资助等项目。

周宇香　广西桂林人，人口学博士。廉思教授课题组主要成员，中国青少年研究中心助理研究员。主要研究领域为人口社会学，具体包括青年问题和婚姻家庭等。先后参与了教育部人文社会科学重点研究基地重大项目、国家社会科学基金项目、北京市社会科学基金项目以及国家卫生计生委等国家部委委托项目等 10 余项课题，在《中国人民大学学报》《人口研究》《中国人口科学》等核心期刊发表论文 10 篇，参与编写著作 3 部。

研究机构简介

青年纪工作室由著名青年问题研究专家、中国青少年研究会副会长、对外经济贸易大学教授、博士生导师廉思同志牵头，并集聚中央党校、中国社会科学院、中国青少年研究中心、北京大学、清华大学、中国人民大学、中央团校等研究机构的知名学者，与来自国家部委、群团组织的工作人员，新华社、人民日报社等媒体从业者，百度、阿里、腾讯等互联网公司的研究人员和技术团队，共同组成拥有政治学、社会学、经济学、法学、统计学、教育学、历史学等多学科背景，兼具理论深度与实践经验的高水平研究队伍。

青年纪工作室坚持学术创新应服务于政府决策和青年发展的价值观，鼓励研究人员自由探索长期悬而未决的青年领域重大课题或青年持续关注的热点问题，强调客观的分析与公开的学术讨论，尤其支持产生高水平的理论和实用研究成果；力图构建中国实证经验和青年知识体系的大数据库平台，为中国青年政策完善和青年成长成才提供智力支持。

一 发展历程

青年纪工作室创始于 2007 年，一群热爱研究、不停探索的年轻人聚在一起，这就是工作室的前身——廉思教授研究团队。

研究团队于 2007 年首先发现大城市中存在"大学毕业生聚居"现象，并组织了针对这一现象的最早调查。2009 年 9 月，出版《蚁族——大学毕业生聚居村实录》一书，首次提出并定义"蚁族"概念。自此，一个新的群体——"蚁族"，正式进入公众视野，登上中国的话语舞台。2010 年，出版《蚁族 II——谁的时代》一书，继续引发媒体的持续关注。2011 年，对

40 岁以下高校青年教师群体进行了全国首次抽样调查，并于 2012 年推出了首部系统反映当代中国青年知识分子生存现状的著作《工蜂——大学青年教师生存实录》，提出了高校青年教师的新称谓——"工蜂"，引起中国知识界的强烈共鸣。2014 年，在总结归纳大城市青年返乡的特点后，提出"洄游"概念：这些返乡青年像洄游鱼群一样，在另外一个环境中经历成长的特定阶段后，选择回到家乡或二线、三线城市继续生活工作。研究团队借用生物学上的"洄游"现象来描述城镇化背景下中小城镇返乡青年的迁移性成长经历，此概念一经提出，立即引发社会的高度关注。

青年纪的研究成果相继荣获"教育部人文社会科学优秀成果奖""北京市哲学社会科学优秀成果一等奖""文津图书奖""华语传媒图书大奖""中国图书势力榜非文学类十大好书""北京高校青年教师优秀调研成果一等奖"等多个国家和省部级奖励和荣誉。

二　特色优势

一是小数据研判青年特质。青年纪的研究人员，充分挖掘小数据的深度价值，并熟练地在政治语言、学术语言、网络语言和青年语言之间根据场景进行切换。

二是多学科协同创新成果。青年纪研究人员分别来自不同高校、不同机构、不同专业，文理兼顾，协同创新，加强对问题的攻关，促进不同学科的融合。

三是俯身进入各群体圈层。青年纪长期置身于青年文化之中，和青年一起玩耍，一起聊天，一起感受。青年纪可以深入地走进青年的关系空间，探索青年的真实生活。

四是可持续夯实基础研究。青年纪长期深入地观察青年的行为，因此能够筛选、解读和挖掘青年最真实、最核心的焦虑和向往，了解青年行为背后的驱动力，知晓到底是什么在影响青年。

五是智能化综合分析研判。十余年的数据积累，青年纪实现了数据收集、整理、分析的全程电子化，并充分发挥资料整理、标签、关键词搜索特长，为政府部门和相关机构提供更为丰富的机器学习、建模分析、史料挖掘、深访记录等支持。

三 政策影响

青年纪撰写的有关"蚁族"（未稳定就业大学毕业生聚居群体）、"工蜂"（高校青年教师）、"洄游"（返乡青年）、新生代农民工、青年产业工人、城市新移民、文艺新群体、新的社会阶层等社会群体以及党建和意识形态等问题的一系列研究报告，数十次得到中央领导同志的批示和高度重视。中共中央办公厅、中央统战部、文化和旅游部、共青团中央、国家保密局、全国哲学社会科学规划办、新华社、光明日报社等部门多次发来通报，对廉思带领的课题组高度的政治敏锐性、坚定的政治立场、自觉关注现实问题、深入实际调查研究、努力推出高质量的研究成果予以肯定和表扬。

青年纪被中国人才研究会青年人才专委会授予"中国青年人才社会调查中心"，被中国青年志愿者协会授予"中国青年志愿者理论研究中心"称号。目前，工作室拥有各类青年群体数据，总样本量数十万个，深访报告等文字资料350余万字，是中国当前最大的青年数据库。工作室还是世界范围内唯一拥有连续七次大规模"蚁族"调查数据的研究机构，在社会学界享有很高的声誉。

序　言

微　观

廉　思

现在貌似进入了一个微妙的时代。

有人说是数秒的时代、微变的时代。

由微博缘起，到抖音、快手。

微摄影，微小说，微动画。

微消费，微公益，微表情。

短暂的、易感的、便捷的、精炼的，似乎什么都可以微一把。

语言的破碎成了微语录，人人都可以微记录。

这是一个人人自"微"的时代。

然而，你有没有注意到，微，可以是时间之微，却并不只代表快捷的、瞬时的、来不及消化的，

还可以是微微地张开、轻轻地说、慢慢地看到。

个体的、草根的、弱小的、卑微的、破碎的，

都说微不足道，微乎其微。

但是，就是循着碎片、角落、尘埃、细节、个体、无微不至，方才有了见微知著，微言大义。

细微之处见精神，微小之中有洞天。

19 世纪，法国历史学家亚历西斯·托克维尔写道：

每一个世代都是一群新人类。

但是，他和 19 世纪、20 世纪的其他人一样，完全无法预见到 21 世纪

才出现的代际差异的迅速缩小和人类"微时代"的突然到来。

所谓微时代：

就是出生时间仅相隔几年，但成长中经历的科学技术完全不同，从而生活环境迥异的时代。

当今青年正在经历这样一个时代，这也是人类历史上从未有过的全新时代。

如何在这样的时代生存下来，人类没有经验，我们与世界互动的方式没有任何参照。

预期寿命的延长、工作年限的增长以及技术转化和创新迭代的间隔越来越短，

使得不同世代的人们共同生活和工作的范围也在变化。

如果我们以 5 年为一代，以 20 ~ 70 岁为工作年龄，以"80 后"为迭代起点，

那么在 2050 年，社会主义现代化强国建成的那一刻，

将会出现 10 个世代的人一起共事工作的奇妙景象，

这是何其的壮观和不可思议！

微小的更迭亦是潜在的巨变。

我们，是一群"思行者"——边思考，边行动，用"脚底板"做学问，试图记录"微时代"。

我们的研究聚焦"微观"，有别于流行的宏大叙事，我们更关注小人物的喜怒哀乐、悲欢离合。

我们曾用并不强大的力量和不被看好的微弱声音命名了一个又一个响亮的群体：

"蚁族""工蜂""洄游""城市新移民""拐点一代"……

在学术大话笼罩的年代，清淡质朴的语言，精微细小的事实，扎实深入的调研，苦于寻觅而日见稀缺。

研究问题越具体越难，越细致越精。

微，不是小、不是弱、不是卑；微，是精妙、是细致、是深入。

于是，一群怀揣同样理想、秉承相同价值观，但人微言轻的青年学者聚在一起，为着一个共同的目标：

为当代中国青年著野史、立别传。

历史长河孕育了一代又一代人，每一代人在历史上都留下了自己独特的印记。

其中有些人改变了世界，但大多数人只是世代交替中的无名一员。

我们让那些微小的个体发光，让无名者被社会所了解、所认知，让消逝者被历史所记录、所承载。

2009 年，我们首先发现在北京郊区聚居的大量年轻人，并创造了这个概念：

"蚁族"。

他们弱小、坚强、不为人所知，再卑微也向死而生。

2019 年，"蚁族"十年了。

他们过得如何？生活还好吗？

看到一个十年前曾参与我们调研的"蚁族"在朋友圈发出这样的感慨：

——从唐家岭走出来，整整十年了。十年间，和我原来住在一起的那些"蚁族"朋友们，有的生了，有的升了；有的离开北京了，有的离开人世了；有的分了，有的合了；有的分了又合了，有的合了想分了；有的博士后了，有的脸皮厚了；有的仍然怀抱理想，有的只想怀抱美女；有的出国了，有的想出家却还颠簸在红尘。十年，我们不想改变的，都不得不改变了；我们努力去改变的，大多还是原来的模样。

——十年，我们都没有走到当初设想的地方，但我们都得到了未曾期待的结果。如果下一个十年还是这样，我也并不会有任何的遗憾。我们的回忆和梦想都留在了唐家岭，我们都还在一起。

——而真正让我流泪的，是自己的人生旅途中，曾有踏歌而行的你，也有击掌唱和的他。

十几年的研究历程，数十次的呐喊呼吁，最终转化为实际政策的颁布出台。

事实证明，我们的"微"有价值。

微，足道。

那么，现在也请你微动。

和我们再次一起"微观"，微微地观望，小心进入下一个群落的世界观。

我们在尝试在第31次的青年群体记录之后，再出发去捕捉一些平凡的小人物。

快递小哥的微现场，来到你的面前。

我们从细微处，去捕捉这个数百万群体的生存细节，举手投足，情绪心意。

快递小哥，我们称之为——"蜂鸟。"

他们穿梭于偌大城市里每一处犄角旮旯，如蜂鸟般不停地扇动翅膀，试图悬停在城乡的上空。每次的城市游走，每次的回家探亲，都让他们无所适从。唯一确定的，只有不停地向上飞翔，努力让自己不跌落而下。

在他们身上，你可以从细微处观察到这个国家其实最宏大的命题：

时代如何裹挟个体，个体如何搏击时代。

卡尔维诺在《阿根廷蚂蚁》里说过：回想起故乡的蚂蚁，马上便觉得它们是值得尊敬的小动物，像猫和兔子一样，可以任人抚弄，任人摆布。

然而，它们也是"面临的敌人却像虚无缥缈的云雾和无孔不入的细沙，根本无法对付"。

顾城写过：人可生如蚁而美如神。

法国的贝纳尔甚至早已帮忙计算过，在你读这几行字的短短数秒间：

——地球同时诞生了40位新生儿以及7亿只蚂蚁。

——地球同时失去了30个人以及5亿只蚂蚁。

蚂蚁比我们想象的更脆弱，也更不可名状，无法预知。

"蚁族""工蜂""洄游""蜂鸟"都比我们预期的更值得微观。

微观，就是蹲下来地观，擦亮眼地观，走入中国深处透过显微镜地观，小心翼翼，看向细微角落与渺小人群地观。

微观，是代表每一个如蚁、如你的个体，微弱却自持尊严而立的价值观。

就像一双手，虽微不足道，但无数双手就能链接起整个社会。

就像亿万小草的微力共同构成伟力，可以造就春天万物生的欣欣向荣景象一般。

安东尼·德·圣艾修伯里曾说：

如果你想造一艘大船，不要召集人们去堆积木料，也不要向他们布置任务和工作，而要激发他们对浩瀚无垠大海的向往。

如果说中国是一艘驶向远方的大船，那么，激发广大青年对星辰大海的向往，无疑是梦想实现最为重要的根基和接续奋斗的逻辑起点。

因此，如何给青年一个看得见的未来，就构成了我们研究的初衷本心。

有人好奇问我：这么多年，30多个青年群体的实地调研，你们累不累？

每当看到通过我们的努力，改变了某个群体的生存境况，让青年有了为美好生活打拼的动力和对未来人生的无限憧憬，我们就开心，累就忘了。

而在这个过程中，我们没有想到的是，研究成果不仅得到了青年的认可，收获了学术价值，更重要的在于推动了一个庞大国体，该如何慢下来、蹲下来，与微小个体价值平视的变革。

摘　要

　　走街串巷的"快递小哥"成为新一代辛勤工作的劳动者的真实写照，他们是新时代城市新青年的缩影。为准确把握新兴青年群体的生存状态和思想动态，共青团北京市委员会委托对外经济贸易大学廉思教授带领课题组对北京市范围内的快递（外卖）小哥群体进行深入调研。

　　此次调研的对象为16～35周岁（即1983年1月1日～2002年1月1日出生）在北京市范围内从事快件/外卖揽收、分拣、封发、转运、投送的青年快递（外卖）服务人员（不包括站长及其他管理人员）。

　　调查自2018年8月启动后，共回收问卷1710份，经筛选甄别后，得到有效问卷1692份，有效率98.95%。课题组同时选取了样本中典型性较高的62个快递小哥进行了一对一深访，拍摄了217张快递小哥工作的照片，并分别召开了快递小哥座谈会、管理层座谈会和基层站长座谈会，深入快递小哥工作、生活的重要场景进行研究观察，对城市快递小哥群体的生存状态和思想动态形成了一些重要认识与创新研判。

　　第一篇总报告由调研报告和数据分析报告等组成。

　　总报告《悬停城乡间的"蜂鸟"——城市快递小哥群体调研报告》从快递小哥具有的人群特质、蕴藏的社会功能、承受的风险压力等方面进行了深入的分析解读，并从五个方面提出了20条意见、建议。综合调查结果，课题组认为，快递小哥是伴随网络经济新业态而产生的庞大就业群体，他们大多出身农村，普遍学历不高，从社会学属性上，应归类为新生代农民工。对于大多数快递小哥而言，职业的非长久性和农民工身份的边缘性让他们的发展陷入困境，但仍有不少人将其视作在大城市寻求生存过渡性的最佳选择。与其他行业农民工有显著不同的是，其工作状态具有独立性（一个人

独自配送）、动态性（工作地点不确定）和自主性（随时接单随时下线）的"游牧式"特点，计件制的结算方式和限时配送的惩罚机制形成了"倒逼"的工作节奏，加之新兴业态快递企业复杂的加盟和共享管理模式，使得传统的劳动关系、社会保障和福利制度难以有效覆盖他们，他们的职业认同感、社会公平感都处于较低水平。随着电商网购平台的迅速发展和城市功能区块的不断拓展，他们既是现代服务业的推动者以及和谐社会关系的构建者，也是负面情绪的发泄点和潜在矛盾的聚焦点。因此，不能将快递小哥视为单纯的"跑腿工"或"送货员"，他们是本地生活需求与消费产业链进行对接的路由器，是社区生态的基层力量和社会情绪的传输导管。

数据分析报告《"蜂鸟"的真实形态——城市快递小哥群体数据分析报告》对快递小哥的基本情况、工作状况、权益维护与社会保障、生活质量、社会态度五个方面逐题进行了数据分析，并以图表的形式形象直观地呈现出来，不做任何深度加工和学术理论解读，保证数据的原本性和鲜活性。

专题篇由五篇文章组成，均基于此次调查数据，分别从身份认同、职业歧视、职业流动、人口流动、居留意愿等方面深入探讨快递小哥的生存特征和行为模式。

从62篇深访文章中精选12篇文章组成深访篇，通过对典型访谈案例进行采写，从学术留白的维度运用生活史的视角，更鲜活立体地呈现快递小哥的人生经历和跌宕起伏，读来让人唏嘘不已，感动满怀。

综合本书研究成果，课题组将快递小哥称为城市的"蜂鸟"。这种鸟通过快速拍打翅膀得以"悬浮"停在空中，是唯一能悬停飞行的鸟类。快递小哥穿着不同颜色的快递服，穿梭在城市楼宇和街头巷尾，就像蜂鸟一样"光彩夺目"，他们阳光、乐观、向上的精神风貌，也正如蜂鸟的飞行姿态，向往光明前途，对未来充满希望。同时他们也"悬浮"在城市上空，并没有真正落脚在城市，这种"悬浮"可以从两方面来理解：一方面，虽然他们的家乡在农村和小城镇，但他们没有种过地，在土地关系和血脉联系上远离故土，不像自己的父辈，他们不可能再回到农村去。在中国城乡二元结构的制度障碍下，他们在大城市里也很难立足。因此就整体而言，他们是

"悬浮"于城市和农村之间的。另一方面，在工作经历和生活体验上，他们也"悬浮"于既有制度设计之外。体制内的各种保障，由于身份户籍所限，他们不能满足条件；制度外对低收入群体的各项福利照顾，由于其收入高于政策标准，他们也无法享受，他们是制度政策的夹心层。高强度的工作，频繁的跳槽，超时的压力，快递小哥用力拍打着自己的翅膀，游走在城市空间，努力向上流动。计件制的工作方式以及无底薪和少保障的生活，使他们的每一笔收入，都要靠出卖自己的劳动力赚取回来。他们没有经济实力在物理空间里沉淀下来，也没有社会网络在城市关系中嵌入进去，只能依靠拼命扇动自己的翅膀，在不断的跳跃中"悬浮"在城市中生存。

本书还专门分析了中国青年的整体特点和发展趋势，并回顾了廉思课题组十余年的青年研究历程。

关键词： 快递小哥　计件制　游牧式生产方式　社会流动　蜂鸟

目 录

Ⅳ　后记

皮书数据库阅读**使用指南**

总 报 告

General Reports

B.1
新时代的青年发展挑战与国家
治理体系的现代化呼唤

——写在"蚁族"概念提出十周年之际

廉思 芦垚 周宇香*

摘　要： 在社会转型的大背景下，青年群体分化加大，类型复杂。从
2009年创造"蚁族"概念起，廉思课题组一直关注当代青
年的发展变化，共调研了32个青年群体。本文梳理了当代
中国青年的基本分类，从流动范式、社会阶层、交往方式、
工作形态、生活需求、消费模式、压力困扰、思想状况等方
面描述了青年群体的整体特征。这些特征是认识和判断当

* 廉思，对外经济贸易大学公共管理学院，博士（后），教授，博士生导师，研究方向：青年
问题、社会阶层、社会治理等；芦垚，北京大学中国与世界研究中心特聘研究员，新华社
《瞭望东方周刊》时政编辑室原主任，研究方向：青年政治、国家治理；周宇香，中国青少
年研究中心，博士，助理研究员，研究方向：青年、就业、婚姻家庭。

代青年、开展党的青年群众工作的重要基础。随着青年群体的快速分化演变，传统治理能力和治理手段已然很难应对当前复杂多变的青年发展形势，治理体系的现代化水平亟须提升。中国特色社会主义制度不仅是政治优越、体制优越的一个表现，而且要把政治性上的优越性转化成治国理政的实际效能，加快推进国家治理体系中青年工作的现代化水平。

关键词： 青年分类　青年特点　青年工作　国家治理体系

我们常听上一代人在评价青年时说："我们并不理解他们，我们不知道他们到底在想什么，究竟想干什么。"而被评价的青年则反驳说："是他们不理解我们，我们是如此的不同，我们想要的东西是如此不同，我们的感受是如此不同。"而正是通过这种方式，人们感受到了"鸿沟"和"代际"，一代人与一代人就此区别开来。成长背景的差异造成了各代人在认识上的不同，如同峡谷之中沉积岩层一样在不同年代显现出不同色彩。随着技术更迭速度加快，代际鸿沟正在变细变深，原来我们说十年是一代人，继而认为五年是一代人，而现在仅仅过了一两年，一代人的面貌就已然完全不同。

每一代人都形成了自己独特的代际特征，新一代以不同于上一代的目光审视着国家、民族、信仰以及周围的一切。新技术赋予当代青年更大的发言权和影响力，青年给世界带来无限创造力的同时，也带来了指数级的破坏力，他们正以人类从未经历过的方式引发全球范围内的冲击、创新和突变。美国国家情报委员会的数据显示："现在，全球有80多个国家的人口中值年龄不超过25岁。这些国家对世界事务有着极大的影响，20世纪70年代以来，全球约80%的武装民众冲突和种族冲突发生在这些国家。这些国家勾勒出的'动荡的人口弧'从中美洲中部延伸到安第斯山脉中部，覆盖了整个撒哈拉以南非洲，从中东延伸到了南亚和中亚。"①

随着技术革命的到来和受教育程度的提高，青年对权力和权威的心态也在发生改变。他们不再被动接受政府的决策安排，反而更倾向于主动详察政府的行为。"阿拉伯之春"兴起于突尼斯绝非偶然，突尼斯曾是北非经济状况最好的国家，也是贫困人口向中产阶级转变最为成功的国家，有关研究表明，其发生"茉莉花革命"与"青年膨胀"关系密切。在突尼斯，有数百万35岁以下的青年接受过高等教育，他们身体健康，精力充沛，政治态度活跃，事业刚刚起步，却没有满意工作和好的前程。而将目光投放到更大范围来看，教育水平高却又缺乏耐心的青年是许多国家政治变革和"颜色革命"的发动机，他们渴望"进步发展"和"向上流动"的速度远非政府能力所及，因无法忍受过慢的改革和严重的官员腐败而成为现行制度强有力的反对者。

可见，如果我们的制度设计不能对青年一代的价值挑战及时做出回应，把青年迅速增长的各种诉求纳入有序的政治参与渠道，后果便不堪设想。习近平总书记强调，"青年一代有理想、有担当，国家就有前途，民族就有希望，实现我们的发展目标就有源源不断的强大力量"②。如果按照14~35岁的年龄区间来看，中国目前有大约4.5亿青年③。这个体量的青年规模，任何时代不曾有过，任何国家不曾有过。4.5亿中国青年正站在中华民族伟大复兴的转折点上，这是我们历史从未到达的决胜时刻。如何引领如此庞大的青年群体去共同建设一个伟大国家，这是前无古人的首创事业，必将决定中华民族的前途命运。因此，科学认识我国当前青年群体的构成特点和价值观变迁，正确分析我国目前各青年群体相互之间的辩证关系，是做好新时代党的青年群众工作的重要前提，是建设社会主义现代化强国、实现"两个一百年"奋斗目标的重要依据。

---

① 〔美〕莫伊塞斯·纳伊姆：《权力的终结——权力正在失去、世界如何运转》，王吉美、牛筱萌译，中信出版社，2013，79页。

② 习近平：《在同各界优秀青年代表座谈时的讲话》，2013年5月4日。

③ 根据2010年第六次人口普查数据得出，14~35岁中国人口总数为4.63亿，其中男性2.36亿，女性2.27亿，根据2015年1%人口抽样数据推算，14~35岁中国人口总数为4.38亿，其中男性2.26亿，女性2.12亿。我们取中间值，认为14~35岁中国青年人口总数约为4.5亿。

但遗憾的是，中国社会转型的进程极为迅速猛烈，使得青年结构变化异常复杂，类型多种多样，特点难以描述，到目前为止，鲜有系统全面揭示当代青年整体状况和发展趋势的研究成果。本报告植根于我课题组十余年青年研究经验，从梳理当代中国青年结构变迁的原因谈起，首先将当前纷繁复杂的青年群体加以分类区别，然后对新时代青年群体的整体特点加以总结分析，进而引申反思当前开展青年工作的一些误区，最后对国家治理体系中青年工作的未来方向提出意见建议。当然，由于水平所限，报告中很多地方只是我们的一家之言，涉及观点难免挂一漏万、偏颇失当，我们更多的是想抛砖引玉，为青年研究这一宏大命题提供一个靶子，为后续研究者开山铺路提供参考。

一 当代中国青年的基本分类

在我国相当长的历史时期中，"青年"的概念是不鲜明的，现代意义上青年概念的形成、青年成为一支独立的力量登上历史舞台，在五四运动前后。在这之前，青年根本没有自我表达的权利和可能性，他们只是被作为少年和成年之间的过渡，不具备自身的特征和属性。

当青年被看作一个独立的整体后，就有了关于青年概念界定的各种争论。在各种流派中，人们始终是在两种对立的观点之间寻求平衡：一种是强调青年内在的共同性和同质性，另一种则关注青年的差异性和异质性。根据第一种观点，青年被界定为由个体构成的社会群体，这些个体属于特定的生命阶段，按照国家《中长期青年发展规划（2016～2025年）》，其年龄范围是14～35周岁（当然，涉及婚姻、就业、未成年人保护等领域时，年龄界限依据有关法律法规的规定）。因此，通常把14岁至35岁的社会成员的集合称为青年，这等于说，只要在这一年龄段内，不论文化程度、从业身份、社会地位、兴趣爱好、性格倾向、行为习惯、活动地域方面的差异如何，都被看成青年。

而根据第二种观点，青年则是一个多样化的社会群体，这一群体内的类型差异是以不同的社会阶层、家庭背景、经济状况和文化程度作为划分标准的。在这种情况下，青年不再是单纯的年龄设定，而是一个融入社会的进程。若将其嵌入动态的历史过程之中观察，青年是推动社会变革的原动力和未来人类社会的担保人。如果说第一种观点坚持了生物决定论的立场，那么第二种观点则侧重强调青年的某些社会建构特征，即青年的社会化。青年已不再被理解成从少年到成人之间的过渡，而是具有了自在自为的价值，进而被视为改造社会的潜在力量，需要加以教育和规训。因此，就有了那句经典的台词："谁拥有了青年，谁就拥有了未来。"

共产党人坚持马克思主义青年观，在对于青年界定的认识上，就要全面、发展地看待青年问题，既看到青年生物属性的一面，即具有特定的年龄阶段特点，也看到青年人类属性的一面，即不断融入社会的过程。从生物属性来看，青年是建设生力军，是体力精力的强者；从人类属性来看，青年是初入社会者，是各种资源的弱势群体。

青年既引领时代潮流，也有鲜明的代际特征。青年的面貌，是未来中国的样子，从青年看中国，总能收获不一样的感悟和思考。新中国建立七十年来，我国社会成员构成发生了重大变化，原有的阶级、阶层发生了新的分化和组合，一些新的阶层和利益群体产生了，青年群体也发生了同样的变化。由于在青年阶段人生观处于形成期，职业发展处于变动期，因此，青年群体的构成变化与其他社会成员的结构变迁不仅同步发生，而且更为剧烈和频繁。社会成员构成归根结底是由一定的社会生产力水平决定的。我国目前生产力的发展状况，以及生产力发展所决定的社会主要矛盾的变化、产业结构状况、所有制结构状况、分配结构状况、就业结构状况，是我国社会成员构成变化，当然也是青年结构变化的主要原因。具体而言，包括以下几个方面。

——社会生产力的发展、新兴产业的兴起所引起的所有制结构变化和产业结构调整，是青年结构变化的经济原因。

——城乡结构、职业结构、脑体结构的变化所引起的分配方式和分配政策的调整，是青年结构变化的社会原因。

——教育（高等教育的普及化）、科学（尤其是互联网技术和新媒体技术的快速发展）、制度（政治制度的民主、公开、透明）等现代文明的发

展，是青年结构变化的政治原因。

——各种社会思潮的影响以及文化产品供给的丰富多元，是青年结构变化的文化原因。

总之，社会结构的各方面的深刻变化，带来青年内部的深刻变化：传统青年群体不断壮大，综合素质持续提高；新兴青年群体不断涌现，演变分化组合；还有越来越多的青年在网络平台和虚拟世界中快速成长，形成了不可忽视的强大力量。我课题组根据中央精神以及多年调研经验，以14~35岁为年龄区间，初步总结出当代中国青年的基本分类，如表1所示。

表1　新时代青年基本分类

基本群体		新兴群体
青年学生	1. 高中(含民办)学生 2. 普通高校(含高职)学生 3. 民办高校(含高职)学生 4. 中专中职学校学生 5. 在各类培训机构接受培训的学生	1. 蚁族(大学毕业生低收入聚居群体,可延伸至未稳定就业青年流动人口) 2. 工蜂(高校青年教师,可延伸至青年知识分子、青年科技工作者) 3. 洄游(从大城市返回家乡生活的青年,可延伸至所有返回家乡生活的青年) 4. 海归青年 5. 低学历短就业青年(代表群体:三和大神)
从业青年	1. 党政机关青年 2. 事业单位(不含学校)青年 3. 幼儿园、中小学(含民办)青年教师及青年员工 4. 高校(含民办、高职、中专中职)青年教师及青年员工 5. 国有企业从业青年 6. 新经济组织从业青年 7. 新社会组织从业青年 8. 务农青年 9. 自由职业青年	6. 文艺从业青年(包括街舞青年、民营博物馆青年、民营小剧院青年、民营图书馆青年等) 7. 媒体从业青年 8. 签约作家(包括网络作家) 9. 自由撰稿人 10. 电子竞技选手(包括游戏主播) 11. 网络从业青年(包括网络主播) 12. 青年意见领袖 13. 码农青年(青年程序员、小编青年) 14. 饭圈青年(饭圈是粉丝圈的简称,主要指喜欢某个明星或者组合的青年粉丝群体) 15. 重点青年(包括闲散青年、有不良行为或严重不良行为的青年、违法犯罪青年、流浪乞讨青年、服刑在教人员子女、农村留守青年、城乡贫困青年、残疾青年等)
失业/待业青年	1. 失业青年 2. 待业青年 3. NEED族(尼特族,即主动失业群体,不升学未就业青年)	16. 农民工二代 17. 创业青年(包括个体工商户、自由职业者) 18. 青年社会组织负责人 19. 青年志愿者 20. 外国在京青年(包括留学生)

基本群体		新兴群体
领域划分	传统领域：党政机关、事业单位、国有企业、学校、社区 新兴领域：网络空间、金融服务、文化艺术、娱乐休闲、旅游教育中的新经济组织、新社会组织和网络虚拟组织	
习近平 总书记 提及	重点群体：农民工、个体工商户、网民、北漂、蚁族 新兴群体：自由职业者、网络意见领袖、网络作家、签约作家、自由撰稿人、独立演员歌手、流浪艺人、快递小哥、网约车司机、小微企业创业者 弱势群体：城乡贫困家庭青年、残疾青年、城乡之间流动的农村青年、农村留守儿童 其他：高校毕业生、团干部	

从中可见，当前中国青年群体分化非常复杂，要精准描述当代青年的普遍状况难度很大。综观有关青年问题的各种观点，有时甚至是相互抵牾矛盾的，这就要求我们在分析青年现象时不得不采取更为审慎小心的态度。再加上当前中国青年群体呈现某种医学上症状学的特点，其政治观念和价值判断被深埋，得到青年群体对某一事件或问题的真实态度很难。所谓症状学，就是在表象中呈现出来的东西并非真相，而要从表象所呈现的东西中解读其背后隐藏的行为逻辑和价值理念。简而言之，发热并非疾病，仅是疾病的症状，病因需要更深层次地分析。就青年领域而言，同样一个行为模式或文化现象，在不同的青年群体中出现，可能背后的逻辑和动机完全不同。同时，由于时代快速变迁，一些原有推断病因的症状性指标正在失灵，比如一个人职业、收入的状况不再指示他的行为和态度等，这些因素的蜕变加大了我们精准研判的难度。近年来，我课题组越来越感觉到，深度解读青年群体的门槛越来越高，青年群体话语体系的割裂度越来越大，价值观念场景化的区隔性越来越强。因此，要想得到对青年群体的准确客观认知，需要从宏观和微观两个层面展开并行分析和综合研判：一方面，由于青年群体分化程度大，公约数趋小，泛泛而谈的研究往往只能浅层描述青年的一般性特点，因而综合性、系统性、全局性的宏观研究很有必要；另一方面，分众化、有针对性的切片断层分析和深刻微观画像也不可缺少，要以抓铁有痕、踏石留印的精神做长期跟踪研究，精准揭示各类青年群体生活发展的内在机理。

二 新时代的青年特点

我们所处的时代，正是一个被科技进步所震荡的全新时代，一个"后喻文化"的时代。特别是中国社会，在过去七十年间经历了一场罕见的高度浓缩的变革历程。从整体上看，我们从农业文明很快进入工业时代，然后，几乎在仅仅二十年间，就迎面遭遇互联网时代的对撞。对撞之中，技术成为最大的变量，所谓变革与进步，往往是以某一领域技术的更替为标志的。而在理解、接受和掌握新技术方面，在这个"阅后即焚"的时代，年长者的经验不可避免地逐渐丧失了传喻的价值。"如果说过去存在若干长者，凭着在特定的文化系统中日积月累的经验而比青年们知道得多些，那今天却不再如此了"，美国社会学家玛格丽特·米德在《文化与承诺》一书中曾提及这样的判断，如今在中国应验了。

今天，青年人咄咄逼人的"抢班夺权"已经不再是上一代的忧虑假想，而是扑面而来的事实。我国的管理者，正面临着全球范围内最复杂的代际冲突，"00后"考入大学，"95后"进入职场，"90后"晋升达人，"85后"担当主力，"80后"成为领导。每一代人都在试图寻找自己的存在感，而在每一代人身上，由于过去七十年中国社会中真实世界和虚拟世界都发生了巨大的变化，他们建立存在感的坐标彻底变了。

十年前的2009年，我课题组首先在大城市发现"大学毕业生低收入聚居群体"，并将之命名为"蚁族"，引起社会各界乃至海外高度关注。自此以后，我课题组一直关注当代青年的发展变化，先后命名并深入研究了"工蜂""洄游""蜂鸟"等32个青年群体。当把这些青年群体的数据放在一起比较和思考时，我们深刻感受到，在社会转型的大背景下，青年群体在流动范式、社会阶层、交往方式、工作形态、生活需求、消费模式、压力困扰、思想状况等方面呈现明显区别于以往且具有鲜明时代性的新特征。这些特征成为我们认识和判断当代青年、开展党的青年群众工作的重要基础。我们基于对32个青年群体的研究，总结出当代青年整体状况的一些全局性特点，在每个维度之中，我们尝试用三个词语高度精确概括，探索形成对整个中国青年全貌的一些粗浅认识。

1. 新流动范式：蚁族问世、区域聚集、双向流动

在以往中国城市社会空间（尤其是城市贫困空间）的相关研究中，多关注下岗职工和进城农民工这两个弱势群体，而低收入大学生作为中国城市新弱势群体，2009 年因我课题组《蚁族》一书才进入公众视野并成为学术研究的重要对象。党的十八大以后，习近平总书记在几次讲话中都专门提及"蚁族"群体，"蚁族"概念得以正式进入中央文件，并成为政策制定的指向群体和专门术语。"蚁族"是我国城市化、工业化过程中，在人口跨区域流动、社会结构变动、劳动力市场转型以及高等教育体制改革等一系列因素综合作用下出现的一个历史性、典型性群体。"蚁族"的产生有一个长期的演变过程，这其中既有改革开放后人口政策变动的原因，也有高校持续扩招导致的大学毕业生规模增大的原因，还有劳动力市场分割和城乡二元结构等原因，但深层次的原因是我国长期以来区域经济发展的不平衡和不充分。十年后的 2019 年，我课题组最新一次的"蚁族"调研结果表明，较之十年前，"蚁族"发生了许多重要的变化，如聚居形态从"单中心大规模"向"多中心小规模"转变，从"买房置业"的落户期待到"住有所居"的租房需求转变，从"个体独居"向"家庭合居"转变等，这些变化深刻反映了我国青年流动人口十年间的拐点特征，是观察中国社会流动性的重要窗口。

"蚁族"是城市中的高学历青年流动人口。如果按照收入来划分，可以将城市青年流动人口大致分为高收入和低收入两类。高收入青年流动人口是指非当地城市户籍但在当地拥有自有住房，或虽无自有住房，但收入水平在整体流动青年平均收入以上的青年群体。这部分青年很多供职于新闻出版、媒体娱乐、非公科技企业、创业型企业等体制转轨型单位或自由职业。他们总体上收入和住房状况良好，生活稳定，学历大多为本科以上，但受限于户籍，在购房、购车，特别是子女教育方面存在制度障碍。低收入青年流动人口的主体部分是来城市时间较短、未有自有住房、收入水平在平均线以下的

青年。他们更具有一般流动青年的特征，尚处于职业发展初期，工作居住方式分散多元，流动性强，学历大多为专科以下，生活服务业人群和快递小哥等群体是典型代表。但是无论收入高低，这一代青年流动人口对土地的感情不如父辈强烈，他们的家乡观念淡漠，对大城市有着更强的文化认同，是"已经城市化"但又无法成为"完整城市人"的群体。

新中国成立70年来，人口流动的闸口被渐渐放开。在21世纪到来之前，我国的人口流动还处于严格管制时期，要想进城打工，必须办理流动人口就业证和暂住证。2010年后，户籍制度开始松动，一些大城市竞相抛出落户、买房、补贴等措施招揽青年。2018年我国常住人口城镇化率达到59.58%，户籍人口城镇化率达到43.37%，2019年常住人口城镇化率将突破60%大关。伴随着世界上最为迅速的人口城镇化进程，我国也经历了一场人类历史上最大规模的人口流动。北上广深四大一线城市是流动人口聚集最多的地区，2018年上海常住流动人口总数为972.69万，广州常住流动人口总数为967.33万，深圳常住流动人口总数为818.11万，北京常住流动人口总数为794.3万。无论是京津冀、长三角还是珠三角，流动人口中二三十岁的青年人都能占到7成以上，其中，京津冀流动人口平均年龄32.45岁，长三角平均年龄32.25岁，珠三角平均年龄30.84岁。可以说，新中国走过的70年，正是青年流动的70年。

流动是一所"大学"，使人们获得了新的生活理念和价值实践，并由此锻造了一代新的青年，这样一代在流动中国背景下成长起来的青年群体包含着两个同时发生却又反向进行的组成部分：一个是从农村或中小城市流动到大城市的年轻人，我们称之为"城市新移民"；另一个是曾经在大城市工作生活，现在又返回家乡或中小城市的年轻人，我们称之为"洄游青年"。无论是哪一类型的流动青年，他们都携带着农业文明与城市文明进行碰撞，不断调适和改变自己的生活方式，思维模式和价值取向更加多元分享包容。他们既是社会变革的推动者，也是社会变革的承担者。他们既有青年的特点，也具移民的特质，他们是中国工业化、现代化进程的一个缩影。

2. 新社会阶层: 体制之外、意缘联结、创意辐射

在流动时代，新的社会阶层应运而生，他们中的很多人超越了资本家与劳动力的二元对立，以持股、打赏或自我雇佣等方式，杂糅式地获取资本收入与劳动收入。据不完全统计，我国新的社会阶层人士有7200余万人，其中70%是35岁以下的青年人，又称为新兴青年群体。新的社会阶层主要包括四类，即私营企业和外资企业管理技术人员、中介组织和社会组织从业人员、新媒体从业人员和自由职业人员。尽管纳入新社会阶层的各个群体在财产状况、文化层次、社会地位、职业形态等方面有所区别，但他们都有一个共同特征，即不属于通常所认为的"体制内"人士或"公家人"，而是非公有制经济的"体制外"人士，具有比较明显的"社会人"和"自由人"色彩。相比之下，"体制内"人士中规中矩，集体主义观念至上，而新的社会阶层崇尚个性、自我表现和标新立异。他们大多属于灵活就业，游离在国家体制之外，职业风险较大，对市场信息反应敏锐，对主流意识形态保持一定距离。同时该阶层呈现两极分化的趋势，这种分化不仅体现在收入上，更体现在影响力上，阶层中的少部分"头部"人士对社会发声能力很强，社会影响力很大。这种影响力会形成社会变革的新动力，今天发起变革的能力不只是由权威和地位决定的，也是由影响力决定的，而影响力的不同来源，会形成完全不同的变革效果和发展方向。

从经典划分阶层的方法进行考量（比如收入、职业、声望等），貌似上述四个群体无法归为一类。我们必须冲破已有的阶层划分视角，重新审视新社会阶层所蕴含的时代意义。联结这四个群体的纽带不是家庭（血缘）、教育（学缘）和职业（业缘），而是"价值观"（意缘）。在他们眼中，价值观和认同感比血统和出身重要得多，他们是"意缘联结"的阶层。新的社会阶层具有一定的知识技能，但并不满足于此；能让领导满意，也不循规蹈矩；向上层努力，却没有看不起底层；有一定社会地位，但不蔑视公平正义；拥有丰富多彩的生活方式，但又避免炫耀性消费。这些看似相悖、实则并存的价值认知表明：新社会阶层超越了既有价值体系的对立，他们不是妥协的中间派，他们没有把新潮和守旧的价值体系调和在一起，而是用一种全

新的方式来看待并理解社会，就像在一页纸的两个点之间加上第三个维度，折叠这张纸就可以连接这两个点，而不是在纸面上画出直线。

从布尔迪厄的资本理论来看，虽然在某种意义上，任何一个阶层都具有知识资本和文化资本，但是新社会阶层的特殊性在于其拥有知识资本的数量和质量方面超过其他阶层。新社会阶层的知识资本和文化资本几乎贯穿了其形成和发展的整个过程，其中的新媒体从业者和自由职业者尤为显著。新的社会阶层不仅知识资本的拥有程度高于其他阶层，而且具有意识形态传播的能力，从这个意义上讲，新的社会阶层本身就是具有文化性的，他们是意识形态输出性很强的阶层，是真正的"创意阶层"。新的社会阶层有可能成为第一个超越既有阶层划分标准的阶层，他们所掌握的文化资本，辅之以液态社会流动性的加持，使他们能够从原有相对固定的以物质评判为主要衡量标准的阶层分化体系中跳出，成为非物质化的社会文化精英或知识精英，既有阶级标记系统将面临新社会阶层的挑战。

如今，职业经理人、社会组织领袖、网络主播、技术研发人员、网络作家、网约车司机、电子竞技选手、流浪歌手等新的社会阶层开始在一些新兴领域崭露头角，有的已经改变了经济组织和社会组织的发展方向。由于新的社会阶层不享受"体制内"的各种福利，必然就要充分利用自己的专业知识和技能谋求生存和发展，进而日趋融入市场领域和民间社会。可以说，新的社会阶层是与中国改革开放的进程和市场经济的发展相伴相生的。当今时代，创新能力是一个组织最重要的核心竞争力，为了形成行业优势并吸引人才，很多组织不得不搬迁到创新人才聚集的地方去。新的社会阶层是以知识和技能为依托的阶层，他们汇聚之地，是创新高地，也是新经济模式诞生之地。可以预见，在不久的将来，不再是人追着工作走，而是工作追随着人，新的社会阶层在经济布局方面的指示性作用会日益凸显。

3. 新交往方式：独而不孤、圈层社交、重塑认同

传统社会是农业社会，其社会结构是分散的。传统社会中的个体从属于具体的生活空间、人际关系和等级秩序。这是一个直观的世界，也是一个简单的世界。个体依靠人事上的直观形象建立认同关系。然而，当工业社会取

代了农业社会之后，个体从固态的乡村生活中解放出来，进入流动的城市空间。城市是一个商品急速流动的空间，是一个由理性原则建构出来的抽象结构。在其中，个体所面对的都是陌生人，从而也找不到传统的、直观的自我认同方式。被解放的个体也就是被孤立化的个体，是自由漂浮因而也是无根的个体。这种"孤"的现代化处境，让身处其中的年轻人有了建构新的"共同体"的向往，而互联网技术的发展提供了这种可能。工业社会中的青年通过各种即时通信工具的联结，彼此间的关系正在变得紧密，青年在保持自我意识独立、探索自我兴趣的同时，也在追求新的圈层联结，这种趋势被称为"独而不孤"。所谓"独"是保持自己的想法，维护私人空间，不带面具；而"不孤"则是指向往被关注，向往有人分享话题与情绪，获得社群中的交流与认同。工业社会中的独立个体并不意味着青年走入孤立个性的极端，而无根漂泊的生活也并不意味着不与外界的沟通和联结。

人是社会关系的总和，新技术使每个人更有效率、更直接地与其他人维持联系，分众化互联网产品为圈层交流提供了空间。年轻人因共同的兴趣、喜好聚集成一个个圈子，创出属于自己的话语体系并成为众多网络流行文化的发端。比起老一代，圈层对于这一代要重要得多，也有意义得多。圈层给青年以归属感、目标感、意义感和接受感，圈层是他们最重要的身份标志。与以往体制内提供的社群不同，当代青年加入的圈层，是有意识的内心选择，而不是外界强加的组织，他们在不断探索形成更大的线上线下互动平台。

以兴趣爱好为结点的圈层化社交在青年中已初露锋芒，"军事""古风""虚拟偶像""运动"等圈子五花八门。在二手交易平台"闲鱼"网站中，青年最关注与最喜欢的板块大多不是以商品类目为聚合，而是以兴趣爱好为聚合，例如"一起 cosplay""古风手工""囧一刻"以及"汉服"等等，一些关于改装车、二手牛仔、无人机的新颖兴趣也成为他们关注的潜在方向。跑步社交类 APP 悦跑圈的数据表明，在登记的"跑团"组织中，超过 80% 的组织是由青年根据兴趣爱好自发组建，远超由组织背书的校园跑团和企业跑团，基于兴趣的圈层社交已在跑步健身领域蔚然成风，运动社交已然成为

一种新型的社交方式①。

在文娱领域,"圈层爆款"的特点在近年来也尤为突出。2018年初,聚焦街舞文化的网络综艺《这就是街舞》与《热血街舞团》同样走红,将街舞这一相对小众的圈层文化推到大众面前,引爆了街舞文化的流行。两种综艺的流行曲线相似,均是从一个圈层的小众文化出发,逐层外拓,最终形成爆款。表面上看,这是几个综艺的流行;深层来看,则是圈层文化的引爆,彰显了青年对于酷炫体验的追求,对于小众文化的窥探欲,以及对于圈层文化的接受与认同。而最为典型的圈层文化例证莫过于追星文化与IP热的火爆。通过对热门明星与火爆IP的追捧,青年表面上是获得了一种粉丝的身份,更深层则是获得了一种共同体的体验、一种圈层的在场感。无论是以TF-boys、张大奕为代表的明星红人,还是以Line、"吾皇来了"为代表的卡通IP,都是通过提供一种符号的认同感知,吸引粉丝的聚合,赋予特定商品以身份感和价值意义,来赢得青年的关注。

圈层本身蕴含的格调与品味属性正逐渐消解着传统"权力·声望·金钱"三维的阶层划分标准,重塑着青年的群体认同与归属感。传统的职业、收入、学历等标签正在失去其对阶层划分的解释力,越来越多的青年开始根据不同的品位与格调来识别彼此、判断"圈层"、达成身份认同,而认同感则是权力的本质来源。青年正通过定义圈层与身份认同的方式,逐步消解既有的社会认同符号体系,从而达成一种政治与身份赋权,让个体通过圈层获取除物欲满足以外的身份感与认同归属。

4. 新工作形态:依附性减弱、精力碎片化、时间稀缺性

一代人从精神世界中带来的东西,恰是理解他们身上所发生事情的钥匙,而当下一代从精神世界中拿出某种上一代在精神世界中尚未经历的东西的时候,就形成了与上一代的"对抗"。以往代际虽有对抗,但更多的是联系,这种联系有时表现为下一代对上一代的传承,有时表现为下一代对上一代的创新。但在技术密集迭代的背景下,这种联系很容易被"切断","对

---

① 京东&尼尔森:《2017互联网体育消费报告》,2017年9月。

抗"演变为彻底的"反叛"。这种"反叛"最明显地表现在人类生存所依据的行为规则发生了重大改变上。长久以来，人们一直依靠习俗、宗教和权威制定的道德秩序生活、工作并理解世界。在很长的时间里，中国面对的最大挑战是疾病、贫穷导致的生命短暂，我们在应对生存压力和接受残酷现实的过程中，依靠的是植根于家庭的物质基础和互相支持的关系网络。随着中国现代化进程的推进和经济发展水平的持续提升，贫穷和饥饿已经远离人们的记忆，当代中国青年有了更多的选择，他们不再像以前那样，单纯依赖传统的价值体系做出判断，而是更愿意尝试接受新的价值标准，其生存动力也由"活下来"晋级到"有意义"，青年人从事工作不再是为了"挣钱"，而是为了"价值"。这种工作理念的转变是对原有缓慢的、元叙事的、中心主义的工作形态的突破，是液态现代性的产物与体现。当代青年的职业发展和工作形态被打上了深刻的时代烙印，呈现三个新的特征，即依附性减弱、精力碎片化与时间稀缺性，这些特征植根于社会运行的底层逻辑，在被时代所形塑的同时，也彰显着时代的趋势。

依附性减弱是指相较过去处于计划体制下的青年而言，当代青年对组织的依附性相对较低，身份具有一定的不确定性。表面上看，是工作着装、通勤时间、职业路径的确定性差异；深层而言，则是风险程度的不同。当代青年的个体身份意识往往较强，在市场中依赖自我能力与社会资源谋生，组织更多地扮演着一个展示和加持个体价值的平台，而非传统意义上具有身份归属效应的"单位"。由于是自我决策、自我负责、自我行动，因此当面对风险时，青年的不确定焦虑会更为凸显。

精力碎片化是指当代青年的生活时空，被流动现代性所裹挟，呈现碎片化的特征。这种碎片化在日常工作中具体表现为难以有整段的注意力投入、经常被琐事打断、信息过载且单个任务的处理时间变短、闲暇与工作时间穿插进行互相干扰等等。这与当代青年的工作性质与身份特征密切相关，由于他们对组织和体制的依赖性越来越弱，因此也不可避免地缺少一些从制度中可以获得的既有支持，资源与协同均需通过自身努力完成。概而言之，他们所从事的不是螺丝钉式的工作，而是创新性的生产，因此不可避免地整体呈

现"节奏快""并行多""协同杂""全天候"的特征。也正是这样一种工作状态决定了青年必须不断与外在社会环境保持密切沟通协作,汲取大量信息。信息流的过量输入也便随之发生,"时空并行"与"碎片化"渐成工作常态。

时间稀缺性是不确定性与碎片化相结合的产物,集中表现为时间不够用。这种时间的稀缺与未来的不确定性和欲望的无尽性密切相关,由于个体所面对的不确定性增加,每一刻选择都有无限的可能性,因此个体对自身时空的掌控感也相应增强,希望能够为不确定性的未来增添一些确定性的掌控。因而,时间会被视作个体私产,期望被自主支配。然而,又由于精力的碎片化,青年的大量时间会被用在处理场景切换与沟通协作之中,可自由支配的时间又变得相对有限。两者的叠加,使时间的稀缺性更凸显,很多青年因此发展出"时间迁移"的工作能力,他们按照自己的生活安排来调整工作,随身携带笔记本电脑,随时上线 APP 平台,甚至只靠一部手机就可以进入工作状态,一些"家庭化""模块化""即时性"的职业形态也应运而生。

5. 新生活需求:小世界的定制打造、陪伴确幸的体验诉求、精致时空的自我规训

工作形态上的依附性减弱、精力碎片化与时间稀缺性三者共同作用,助推了当代青年生活需求的趋势激变,呈现以下三个新特点。

首先,不确定性催生了小世界的定制打造。流动时代下对单位依附性下降的风险增加了青年对自我生活掌控感的需求,而身边小环境恰恰是实现对生活掌控感的重要方式,青年选择用全新的概念来定义自我的衣食住行,用全新的概念来打造自己的生活空间、管理自我形象。用创造的自我小世界来对抗与掌控不确定性的人生,将生活牢牢掌握在自己手中,也就成为流动时代中的重要趋势。正所谓"大大的世界不由我控,小小的生活却可因我而变"。

无论是乐器、轮滑、街舞等才艺类兴趣,抑或是烘焙、花艺、香道、茶道等文化类兴趣,它们都是青年用来搭建自我小世界、彰显小世界的独特性与自我属性的方式。"造一个确幸的小世界"已经成为一部分年轻人的重要消费诉求,他们"为诗意生活而造",希望通过对日常细节(如家居摆件、

绿植花艺、日常配饰等等）赋予情感和温度、打造温暖与有仪式感的氛围来对抗工作的苟且。

其次，碎片化滋生了陪伴确幸的体验诉求。当碎片化的时间体验成为常态，生活与工作的边界逐渐变得模糊，闲暇也相应变得高频短促，生活的失焦感与失控感如期而至，这些会令青年处于信息过载的状态并渐生烦恼，"生有涯，而事无涯"的焦虑感由此而生，凡此种种都会令青年产生"轻而不腻陪伴"的需求。所谓陪伴，是指需要闲暇时间的填充、焦虑情绪的缓解与自我空间的搭建；而所谓"轻而不腻"，则是与碎片化的特征相匹配，需要一种轻量化、易触及的、不复杂的、简单可依赖的小确幸和小陪伴。

青年需要用陪伴感的体验来填充高频短促的闲暇，更需要用确幸的仪式感来找回完整时空的体验。我们在青年生活领域看到的种种变化，其实都离不开这种"陪伴确幸"的时代需求底色，"陪伴"是幸福的源泉，"确幸"是碎片化生活中的自我慰藉，确幸源于陪伴，陪伴寓于确幸。此外，对于尚未进入家庭期的青年而言，"空巢独居"与时空碎片化相互叠加，更加放大了对陪伴与确幸的需求。

最后，稀缺性激发了精致时空的自我规训。在流动时代，随着社会运行节奏的加快，个体的时间变得越发稀缺与珍贵，"时不我待"的情绪在社会尤其在青年中弥漫。时间的价值在流动时代被重新审视，"既然时间稀缺，那便更要给时光以品质"，日渐渗透为青年价值观的有机构成。面对时间稀缺的社会结构，青年内化与适应出了"以时空规划的精致对抗时间的稀缺"策略，某种程度上是一种自我的规训。

此外，稀缺性还强化了青年对时间的感知，确定性的即时反馈变得愈发重要，时间的规划与预约也日渐成为习惯，青年越来越注重自我管理，在处理事情上更具计划性，也更看重时间成本，追求单位时间的品质，提高时间的利用率。概括而言，时间稀缺属性的强化，将交往异化为规训自我生活时空的工具，青年越来越精细地规划着每时每刻的生活时光。

时间的稀缺性使青年希望用更贵更好的生活来填充和定义自己的时空，随着收入水平和生活质量的提升，青年不再盲目追求大牌，而是更注重生活

本身的品质。因此一些去品牌化的商品获得了青年的青睐,如线上商店——网易严选、淘宝新选等,线下商店——名创优品。青年对时间的重视在生活行为上的另一种表现是催生了以节约时间、解放劳动为目的的懒系商品。懒人经济即能用钱解决的事情就不浪费时间去做,青年追求更加便利和快捷的生活,从而衍生出了衣食住行等多元懒系经济。比如在饮食上,青年自己动手做饭的时间和次数都在减少,饿了么、美团等外卖 APP 受到青年的欢迎。

6. 新消费模式:人设自由、玩物立志、沉浸体验

从某种程度上看,在流动时代,消费已然升级为一种赋权,它赋予了消费主体通过花费一定的经济成本去营造自我所处的空间、定义自我掌控时间的能力。通过消费,人们可以实现对时间的分配及对特定时空的营造,这是一种自由意志的变相体现,已不单纯是体力与精力的恢复。个性化崛起是消费领域的趋势,它在青年领域表现在三个方面:人设自由、玩物立志、沉浸体验。

第一,人设自由。我们能够观察到,近年来消费领域的前沿趋势变换不断,从品质消费到消费升级,从体验消费到新零售实践,新的概念层出不穷。然而新概念与新现象的背后是时代特征的底色,青年的生活时空形态是激发消费新趋势演变的决定性力量。个人自由与自我世界紧密相连,它是对日常生活时空的加持,是个体快乐与成就感的源泉,孕育了生活的仪式感与意义属性。当下的青年人,越来越向往"围绕自己的品格去建设生活,做一个不凡的凡人"。"在消费中注入个人的痕迹与意义,最终从中感到快乐"正被越来越多的青年所认可。青年正在将性别、职业等社会标签抛诸脑后,打破生活的条条框框,追求一种个性化的"人设自由"[1]。

麦肯锡在 2017 年针对中国零售品市场的调研表明,"中国消费者除了购物体验要符合自己的行为模式外,也希望产品能满足个人需求和彰显品位。一些消费者抱怨定制自己想要的商品几乎不可能,而标准的现成商品和常规

---

① 魏杰鸿等:《中国消费新趋势:三大动力塑造中国消费新客群》,《中国企业家》2017 年 5 月。

服务又无法满足需求"①。市场调研公司英敏特（Mintel）也给出了相似的判断："消费者变得更加追求本真的自我，想发现他们真正的热情所在。无论对于学习、工作、旅游还是度假方式，他们都想按自己的方式来"②。在服装领域，众多设计师品牌与私人定制品牌也在近两年集中涌现，私人定制不再是明星、富豪等少数人的选择，个性化的穿搭与小众品牌正在获得越来越多青年消费者的青睐。

第二，玩物立志。中国正在涌现出一批大师级的兴趣青年，他们在自己的兴趣爱好（玩物）上投入大量的时间与金钱，兴趣爱好的种类已远超传统的棋牌、音乐与读书的范畴，更拓展到动漫手办收集、刺绣、烘焙等更具中产调性与格调彰显的兴趣活动之中③。此外，除了针对兴趣爱好本身的消费外，一些传统的日用品消费也渐有兴趣化的趋势。以酒类消费为例，越来越多的青年将饮酒视作一种兴趣爱好，对酒背后的酿造工艺、产地、分级等专业知识熟稔于心，酒已不再是酒，而是一种可以品鉴玩味的兴趣。从淘宝电商环境的内容来看，商品标题中带有酿造工艺、产地、分级等专业词汇相关的商品成交额同比增速达 38%，已高于整体酒类消费人群的增速，凸显了酒类消费者在购酒过程中日益专业化与兴趣化的趋势④。近年流行的啤酒精酿文化便是饮酒兴趣化趋势的重要注脚，精酿啤酒文化以艾尔（Ale）与拉格（Lager）两类经典的酿造工艺，辅以原料的区分及水质的差异，衍生出了一套丰富多彩却又自成体系的分类话语，能够有效形成圈内人与圈外人的区隔，从而赋予圈内人以兴趣知识感和小众自我感，格调与区隔也便由此产生⑤。

与酒文化相类似的兴趣化消费品现象，还有以 Jordan 鞋为代表的球鞋潮牌文化、耳机煲音文化、可乐瓶收集文化、乐高积木文化乃至口红色号文

---

① 王玮等：《2017 中国数字消费者研究：重新定义新零售时代的客户体验》，2017 年 6 月。
② 英敏特（Mintel）咨询公司：《2018 年中国消费者趋势》，2017 年 10 月。
③ 魏杰鸿等：《中国消费新趋势：三大动力塑造中国消费新客群》，2017 年 5 月。
④ 阿里妈妈：《零食 & 酒水行业消费趋势解密：流动时代下的小确幸与轻陪伴》，2018 年 3 月。
⑤ 阿里妈妈：《零食 & 酒水行业消费趋势解密：流动时代下的小确幸与轻陪伴》，2018 年 3 月。

化等等。它们都是一种将日用品异化为个人兴趣轴心的现象,这与流动时代下生活的失焦密切相关,从本质上看是一种建构自我生活空间的表现。兴趣消费的"玩物立志"通常会满足三个要素:首先是好玩、有趣,满足基础的感官刺激诉求;其次有深度,够丰富,能够玩出多样性,讲出文化故事;最后是易上手,入"坑"容易,学习成本低,否则碎片化闲暇的时代,大多数人没有足够的毅力和时间去掌握过于复杂的业余兴趣。

第三,沉浸体验。由于日常时空的破碎化,青年很难在日常获得一种连续专注体验。而文娱类消费品电影、视频、演唱会、话剧等,恰恰为青年提供了专注完整体验的可能,在特定演出现场或观影过程中,外界的联系相对切断,青年能够相对专注地享受一段完整的时光。它看似一种娱乐体验,实为一种时空转换与时空抽离的沉浸感体验,能够去对冲因碎片化而带来的生活失焦感。正因如此,以演唱会、话剧、音乐会、体育赛事等为代表的现场娱乐类演出日益被青年所青睐。

除了线下沉浸感的体验供给外,线上沉浸感体验的供给在近年来十分显著,以快手和抖音为代表的短视频类 APP 得到了长足的发展,迅速俘获了千万乃至亿级用户。以抖音为例,第三方检测平台数据表明,截至 2019 年 1 月,抖音国内日活跃用户(DAU)已经突破 2.5 亿,月活跃用户突破(MAU)5 亿[①]。这个数据展现出短视频娱乐形态的极强用户黏性。虽然一条短视频只有 15 秒左右,但它在 15 秒内为用户提供了极强的沉浸感视听体验,只需极低的操作成本(浏览即可)便能有效填充零散分布在日常生活中的碎片化闲暇。从某种程度上看,这种短视频的形态就是将生活在他处个体所经历的时空浓缩加工以视频形式呈现,随后在移动互联网的加持下,见缝插针式地融入此处个体碎片化的闲暇之中,完成一种陪伴、实现一种确幸。

7. 新压力困扰:职业前景模糊、住有所居期待、婚恋选择多元

青年的压力和困扰具有时代性。改革开放以前的物质匮乏、家庭出身和

---

① 《抖音国内日活跃用户突破 2.5 亿,高知群体占比提升》,http://it. gmw. cn/2019 - 01/16/content_ 32362244. htm,2019 年 1 月 16 日。

政治表现是青年的主要压力来源，改革开放后的前三十年，就业不充分、体制内的种种束缚和体制外的从业限制在不同程度上造成青年工作生活中的困扰。近十年来青年的压力来源，主要集中于职业发展的不确定性、房价快速攀升所带来的生活焦虑、家庭婚姻相关的生命历程演进三个方面。

在职业发展方面，当代青年的就业比较充分，但在未来规划方面，由于传统单位体制和职称晋升体系逐渐解体，青年的发展希望、向上流动的前景与以往相比更加模糊和不确定。移动互联网、大数据、云计算、人工智能、物联网等信息技术的发展推动了生活服务业与数字化的融合，促进了已有职业的数字化升级改造，催生了一批新兴职业形态，青年就业创业面临更多的路径选择，一些职业由于时间自由、收入高、灵活度大等因素，吸引着高学历青年。相关数据显示[①]，高学历人才偏爱从事的 TOP3 新职业是心理咨询师、整形医生、STEM 课程指导师。以 STEM 课程指导师为例[②]，随着基础教育的加强，STEM 课程由国外引进，目前优质的 STEM 老师高薪难求。而创业青年最爱选择的服务行业前三名则是：休闲娱乐、宠物市场和婚恋市场。但同时，仍有少部分具备劳动能力的青年自愿选择不就业的生活状态。这部分青年被称为"尼特族"，为英文"NEET"的音译，专指一些不升学、不就业、不进修或不参加就业辅导，终日无所事事的青年族群。我课题组根据 2010 年第六次人口普查数据测算得出，14～35 岁不升学未就业青年规模约为 622 万人。

在居住方面，住房是所有青年普遍关心的问题，也是最大的支出项目，高企的房价成为当代城市青年最大的经济压力来源。在青年总体中，接受过高等教育青年的住房问题尤其值得关注。这主要基于三点考虑：第一，接受过高等教育的青年人，对生活质量改善的心理预期往往更高，在住房问题上

---

① 美团：《2019 年生活服务业新职业人群报告》，2019 年 6 月。

② STEM 是科学（Science）、技术（Technology）、工程（Engineering）、数学（Mathematics）四门学科英文首字母的缩写，其中科学在于认识世界、解释自然界的客观规律；技术和工程则是在尊重自然规律的基础上改造世界、实现与自然界的和谐共处、解决社会发展过程中遇到的难题；数学则是技术与工程学科的基础工具。该课程认为，生活中发生的大多数问题需要应用多种学科的知识来共同解决。

的相对剥夺感、心理落差与不满意度也相应较大。第二，现有政策对这一群体的覆盖相对较少，他们的收入往往超过了购买保障性住房的要求，但工作单位又极少可以提供宿舍，收入大多被用于住房消费，属于"刚需夹心层"，政策改善空间较大。第三，该类群体的人力资本基础较好，知识结构与技能水平与城市定位、产业规划及人口调控规划更加契合，更有可能在城市中长期居留，成为建设的主力。

调控房价不仅涉及经济安全问题，更是关系社会大局的政治问题，香港这方面的教训是前车之鉴。在香港一套面积50平方米左右的房产，大约需要1000万港币。一个大学毕业生月工资在1.3万~1.5万元港币，要想储够首付，要工作30年，而还完房贷，还要30年。也就是说，如果一个人从22岁开始工作，要到82岁，才能真正到手这套一室一厅的房产，高房价因此成为引发2019年香港青年骚乱的一个重要经济因素。

在婚恋方面，青年对社会经济因素的衡量标准发生了改变，且衡量体系多元化，因此择偶时的标准也会相对多元化，且不同时期衡量的标准也会发生变迁。随着时间的推移，青年的择偶观念越来越理性化和现代化，相对于传统社会的唯出身论等单一的择偶标准，当代青年的择偶标准更为多元，且更注重配偶的性格人品等内涵性的标准，也注重对方学历、身体状况、年龄等因素，但同时家庭情况这一较为传统的择偶标准仍然是人们较为看重的一个标准，且"外貌协会""爱美"等非理性的标准也仍存在。可见在社会文化多元化、生活较为自由的现代社会中，青年的择偶标准也较为多元，注重内在的匹配，但同时传统思想仍起作用，是传统与现代并存的一个阶段。

在现实生活中，职业、住房和婚姻三者被联系起来，共同形塑着当前中国的青年分层。流动的社会产生了加速的社会撕裂感，城乡差异、阶层差异和贫富差异使得青年处于一种"集体性的焦虑"中，由于对生活缺乏安全感，青年的工作时间变长，职业压力变大，没有过多的精力和时间寻找对象和经营感情，从而导致了"婚恋难"的困境。而在目前高房价的前提下，"什么样的房子住什么样的人"已经演变为"找什么样的房子就是找什么样的人结婚以及选择过什么样的生活"。因此，作为婚姻关系的基础，住房成为衡量对方经济条件和家庭状况的重要指标，进而成为双方价值观匹配的基础。青年正在依据住房条件如价格、户型、面积以及子女教育资源等因素来建构婚姻上的"区隔性"，并以这种"区隔性"来进一步确认自己的身份。

上述三个压力主要指向城市青年的焦虑，而乡村青年的压力现状，则指向一个共同主题，那就是所学的知识是否能够真正在乡村实践中有所作为？乡村的发展能否与时代的发展同步？除了在城市安营扎寨外，家乡和基层是否还是青年实现梦想与价值的广阔天地？这个看似宏大的问题，其实五四运动以来一直在追问青年的内心。虽然每个时代有每个时代的境况，但问题的实质并未发生重大改变。费孝通先生曾调研中国乡村的衰败，在他看来，城市带走了乡村的精英，而在城市受过现代教育的青年已很难再回到乡村中去有所作为，他们所学的知识与技能与乡村的实际需求已然格格不入。当青年不再有乡愁，当所有的发展指标都指向城市，或者以城市现代性的标准来度量乡村，那么，留给乡村青年的空间就会变得越来越局促、越来越狭小，中国乡村的发展以及身处其中的青年的未来一直是现代化进程中挥之不去的时代之痛。

8. 新思想状况：代际断裂、认知脱节、交融混杂

美国《连线》杂志作家克莱夫·汤普森提出了"外置大脑"（outboard brain）的概念。所谓"外置大脑"指的是依靠"交互记忆系统"（transactive memory system）分摊信息的全新思考方式，体现着人类对移动性和云服务的依赖程度。一直以来，大脑是人类信息储存的工具，大脑中的知识伴随着年龄以及与此相关的阅历逐步累积。但当互联网尤其是移动互联网出现以后，外置大脑就成为每个人须臾不离的知识资源，青年依靠互联网认识世界、了解世界进而探索世界，他们运用外置大脑不断地验证书本、父母、老师乃至政府所说的话是否符合事实。外置大脑的出现，从根本上改变了管理者和青年建立信任关系的权力结构和隐含假设，它使一切都变得更加透明公开，信任也不再基于以往的认可，而必须通过持续的争取获得。外置大脑打破了知识和年龄的正相关关系，让青年相比自己的父辈首次具备了知识上的优势，也给青年人传递了这样一种理念：每一代人的责任是对上一代人提出质疑。

这种质疑不是源自不尊重，而是对知识、真理和最佳方式的探寻。因此，对于当代青年而言，质疑的自由很重要；对于管理者而言，现在的年轻人越来越"不好管了"，他们很难被说服、教育以及引导。

青年思想是传统价值的新式表达。青年思想的变迁，固然具有代际冲突的青春期心理因素，但从更广阔的文化心理考量，也是传统价值在社会转型期寻找新的表达方式的一种路径。我们如今置身的已不再是传统日出而作、日落而息，靠经验阅历来生活的自足社会，老一代给下一代讲故事传授经验的"前喻时代"早已结束。以往的经验仍然有指导意义，但必须注重讲述方式才能被青年所接受。中国高等教育的普及化培养了世界上最大规模的大学毕业生，过去十年间我国大学毕业生的人数，超过了有历史记录以来高等教育毕业的总人数，青年的信息获取能力、思辨能力较之父辈有了显著提升。因此，"以过程讲道理、以专业讲故事"对青年变得愈发重要，青年习惯于凡事先问"是不是"，再问"为什么"，专业性强、理性温和、垂直的知识领域、多角度的解答，而非强势、情绪化的表达方式得到青年的认可和喜爱。

青年思想是凝聚共识的最大变量。当代青年有独立思考的能力，对真诚度、真实度的要求很高，更擅长轻量表达，避免交锋或辩论，其真实诉求被隐藏，不易为我们所知。如今在课堂上，很少看到师生因为观点相左而争得面红耳赤，青年人发生观点冲撞的情况也要少于以往，有一种"顺着说，绕着走"的感觉。当面交锋的频率低了，并不代表青年人"肚里没货"，而是青年已从"我一定要说服你"变为"你的观点与我无关，我只坚持自己就行"。[①] 当发现对话者"道不同"时，他们便"不相为谋"，以一种"我不和你玩"的心态避开矛盾。当前媒体追捧的热词往往不是青年聚焦的热词，社会主流的关注点很多也不是青年的关注点，这会带来凝聚力下降、社会治理成本的提升，以及提炼价值观念最大公约数的难度加大。

---

① 乌梦达、周琳等：《从网上狂欢到现实孤单，青年"圈层化"潜藏疏离风险》，《半月谈》2019 年 6 月。

青年思想是社会现实的极端映射。随着我国改革开放的深化，经济换挡、产业升级使一些行业领域失业下岗人员增多，城市化发展使更多新生代农民工留在城市。理想和现实的反差，对当代青年形成了一定的思想冲击。一方面当代青年阅读广泛、懂得一定的理论知识，通过长年学习，具有把现实生活中的具体问题高度政治化的能力。但另一方面，他们缺乏把理论和现实联系起来的能力，由于缺乏对现实复杂性的深刻认知，他们对社会问题的归因往往陷入简单的逻辑推演和情感宣泄。自我封闭式的学习和朋辈小圈子的相互影响，进一步加剧了青年的排外心理，部分思想偏执的青年对一些问题的理解形成了自我推崇式的逻辑自洽，对社会现实的一些极端看法很难得到有效疏导。

青年思想是社会运动的行为前奏。在当前经济下行压力大的情况下，"不如意者"往往将自己的怨恨情绪发泄到制度层面，互联网放大了这种情绪。低收入的非技能工、长期失业者、农民工、留守儿童等制度保障的边缘人群的境况，很容易引发青年的同情和支持，使得青年对社会主义制度的前景信心产生动摇。这其中，一些知识青年认为自己接受了更多的教育，得到了知识的"武装"，有责任更有义务成为弱势群体的启蒙者和社会运动的先行者。他们通过各种合法或非法途径，深入学校、深入企业、深入基层，主动积极地参与公共事务，或为社会底层群体呼吁维权，或就社会不公平事件呐喊监督。这一方面显示了当代青年富有正义感和同情心，另一方面也反映出部分青年混淆了具体个案中社会不公正的"外在表象"和社会主义制度整体公正的"内在本相"之间的辩证关系。

青年思想是意识形态的复杂表征。当代社会思潮具有多元、立体的特征，不同思想类型的序列关系不是完全从某一端到另一端或按照特定属性排列而成，不同思潮总是在变动中确定自己的边界，定义自己的盟友与敌人。在部分议题上，一些错误思潮的观点有时会与主流意识形态站在同一立场。在某些具体事件中，一些错误思潮的观点与主流意识形态的部分提法在言辞上有相似之处，辨析和理解起来难度很大。当前意识形态错综复杂，某些细微差别，就会导致青年群体的分化不断加大，研究者都很难分辨清楚青年思

潮的类型和特点。同时，一些错误思潮还学习使用在信访与法律场域中通用的"官方语言"，并以此作为行动合法性的基础，其引用的根据都来自马克思主义的经典论著和国家的法律法规。这都表明了当下中国意识形态领域的极端复杂性，反映了当前青年思想政治工作的急迫性。

三　当前开展青年工作的三个误区

全球化、互联网与移动通信技术形塑了 21 世纪的世界面貌，诚如鲍曼所言，我们正拥抱一个液态现代性的世界。在这个时代中，一切皆被联结，万物皆可互通，事物都在演进变化与高速运转，时空分延成为常态。我们在农业社会历史阶段长期领先于世界的一整套治理体系、意识形态、制度规范正面临着失效的危机，原来所依赖的以静态为主的社会基础逐渐松动瓦解了，一个高流动的现代中国日益迅猛地呈现在我们面前。

在液态现代性的世界中，青年是社会群体中最为敏感的部分，是各种社会指标的放大器和催化剂，对青年事务的处理水平对整个国家治理体系具有"牵一发而动全身"的牵引效果和带动作用。移动互联网解决了工具上的联通，教育水平的提高加强了语言上的互通，但成长环境、家庭背景、经验阅历的差异却无法弥合。人类历史上从未有哪一代人处理过这么巨量的信息并面对如此多样化的文化。对个人而言，过往的知识和经验不足以应对已形成并稳定的价值观；对国家而言，传统治理能力和治理手段已然很难应对当前复杂多变的青年发展形势，治理体系的现代化水平亟须提升。在这种背景下，中国的治理体系要想继续领先世界，必须因势而谋，应势而动，顺势而为，这其中青年治理水平是关键。理念是行动的先导，要想有效引领青年，必须重新认识组织青年的规律，纠正当前青年工作的三个误区。

1. 不能一般性地看待青年工作，既要重视其高度专业性和实践性，加强对青年自组织趋势的研究，也要警惕用绩效考核来评价青年工作的实际效果，把青年工作沦为单一的"KPI"指标

做青年工作，不是做单个青年的工作，而是要懂得青年群众运动的一般

规律，青年工作不是虚功，更不是万金油，而是有其非常深刻的方法。做新生代产业工人调研时，我课题组刚入驻工厂，也不了解青年工人。为此，我们依据工人"生物钟"实行 7×12 无缝隙上下班，不停地和工人聊天，帮助工人解决现实问题，真诚地和工人交朋友，由此发现了很多组织青年产业工人的规律，比如组织工人用 QQ 效果更好，因为他们很少用微信；向工人宣传用图片比用文字效果更好，因为他们阅读文字较慢。还比如，高校拥有青年中活跃度最高的大学生群体，并不存在社会场域中"青年在哪里"的前提性问题，然而时常遭遇组织在场人不在场、人在场心不在场、"拥有青年"但未"赢得青年"的尴尬局面。这意味着针对不同群体做青年工作应有不同的方式。要提高青年工作的针对性，首先必须深入研究青年语言、青年行为、青年思维，加强在不同群体中做组织工作和思想工作的规律研究。

近年来，随着青年意识变化和网络传播技术的发展，青年自组织趋势明显加强。与吃苦耐劳的上一代不同，"90 后"产业工人更注重休闲，他们业余时间乐于外出寻找玩伴，由此形成很多青年自组织。我课题组调查发现，在一些工厂中，"90 后"产业工人组织的社团已达上百人，并保持高频的日常活动。青年自组织呈现无边界、随机性、大规模、可转移等特点。青年自组织既跨越了线上线下的边界，也跨越了现实中的地理边界，一些 APP 的线上会员已经出现线下社团化现象，不仅同一区域的会员会主动进行线下聚会，贴有特殊标识的陌生成员之间还可以通过一些手势和语言进行线下互动。青年自组织的门槛极低，导致组织生成极为随机。在一些短视频平台上，一套十几秒的手操便可催生由数量庞大的模仿者组成的自组织。这些网络平台受众极广，其上生成的青年自组织的成员数量可以数万计。这些青年自组织并不依附于单一平台，网络自组织文化早年在猫扑、百度贴吧、糗事百科等均有呈现，随着网络平台的发展不断转移更新。

当今出现的大量生活化、普遍性的青年自组织与传统治理方式之间存在很强的不对称性，管控难度极大。大量的自组织源于青年个人的兴趣和爱好，因此，强力行政管理手段不仅难以介入，也不适合介入。同时，其政治性转化的随机性强，难以预测，更无法管理。究其根源，在于以"规则导

向"的科层制，在社会剧烈转型时期，难以满足"问题导向"的弹性治理的现实要求。一直以来，中国共产党始终保持着对青年问题的高度敏感，对青年发展中的新现象和新诉求"回应"较快，以"党的领导"的"政治性"克服科层系统的"程式化"。但新时代的青年工作更需要高度的专业性，从工作对象、工作内容、发展方式、工作路径、产品供给等方面认真研究，掌握规律，出台举措。

此外，还要警惕绩效考核带来的功利主义政绩观。我课题组调研时发现，青年工作存在陷入建台账、报数字、写汇报等行政事务的现象，久而久之，容易脱离青年。青年工作应以青年诉求和关注为导向，而非自上而下的行政量化指标。青年工作有其自身规律，做人心工作需日积月累，KPI 考核不仅揠苗助长，不科学的指标化还容易产生误导扭曲。尤其是在评估机制尚不健全的前提下，有些干部热衷于对各种显性指标的积累和量化，容易导致各种见效快、短视化的"活动取向"，而一些需要"深耕细作""培基固本"的长期性、基础性工作被忽视。因此，青年工作建设要摒弃活动思维，强化系统思维，注重挖掘、提炼、推广基层一线的经典做法和经验成果，并通过制度形式进行固化，真正构建起青年工作建设常态化、基础性、内生式的运行机制。

2. 既不能以粗糙的命令说教替代真诚地为青年服务，也不能以一般性的文娱、服务活动替代政治性的青年工作，组织青年必须同时打好"感情牌"和"思想牌"

在信息爆炸、价值多元的当下，青年表达多样，诉求多变，对话门槛升高。要做青年的知心人、热心人、引路人，就要打破与青年区隔的"玻璃幕墙"，切实立足于对青年诉求的现实关照，真正倾听、理解、回应青年，才能影响青年、感召青年、引领青年。

一方面，与青年建立良好的信任与感情是一切青年工作的基础，青年的认可，首先是感情的认可。青年遇到的问题我们不一定都能解决，但只要我们和青年之间有感情，关键时刻青年就会相信我们。这些年与不同领域青年群体的频繁接触让我们深刻意识到，无论调查问卷设计得多么精美、调查提纲设计得多么严谨、提问方式多么委婉，都无法替代情感在交流中的重要作用。每个调研对象都是具体的有情感的人，而不是一个抽象的数据样本，只有长时间用真心去对待他们，才能得到对方坦诚的回应。做青年工作，要站在青年的角度上"共情"。我们不能只向他们提要求，也要回答他们的困惑。我们需要和他们交朋友，听他们把自己的心里话说出来。青年工作的关键在于人心，要有针对性地回应青年的现实诉求，以扎实的凝心、塑心工作在关键燃点前筑牢政治体制的"防火墙"。在这个过程中，不能急于求成，不能一蹴而就，要有功成不必在我的决心和毅力，以心换心，心心相印，情理相融，最后才能心有灵犀。

另一方面，缺少意识形态的组织不仅没有持久的生命力，还可能被别有用心的人利用。团结可以形成一个整体，但只有向一个方向前进，具有了意识形态属性，才能显示其力量，这就是铁与磁铁的区别。近年来，随着青年政治意识的强化，其抱团维权的可能性也在提高，在南方一些城市，有青年工人提出要"组建自己的工会"。在这其中，越来越多的社会性乃至政治性的组织化力量正与我们展开"无硝烟"的竞争较量。针对青年开展的每一项工作，虽然从内容上来看各不相同，但实质上都是在做教育工作和思想工作，也就是工作承载的内容，即思想道德、价值观念才是工作的核心。但是在"思想力"方面，我们距离现实的呼唤还有不小的差距。在和平年代，鲜有生死危亡等极端考验，如何让广大青年牢固树立"四个意识"？只靠文娱、服务性的活动团结凝聚青年是远远不够的，必须有深入的思想碰撞和同频的精神共振。但是，当前不少青年工作仍然停留在活动热热闹闹、思想冷冷清清，多载体形式翻新、少科学理论支撑，还没有形成引人思考、类型多样、质量上乘、供给丰富的"精神市场"。青年活动的繁荣喧嚣并不必然反映青年工作的扎实有效，也不一定代表青年对主流意识形态的高度认同。

可见，感情基础是做好青年工作的压舱石，而思想引领是做好青年工作的领航员，新时代我们要提升引领青年的能力，增强青年工作的政治性、先进性和群众性，不断提升我们的动员力、影响力和号召力，归根到底这要由

一个个人来实现，要让党的干部成为当代青年的领军者和带头人，成为青年运动的行家里手，既对青年怀有深厚情感，又要擅长做思想工作。

3. 不以专业技术能力为选人的唯一标准，青年工作归根到底需要的是组织动员能力，既要重视发现组织动员能力强的青年领袖，也要着意培养个人技能高强的青年能手

我们党有一个优势，就是善于把人民群众组织动员起来。人类的知识有两大类：一类是显性知识，又称间接知识，这种知识不用直接体验，不用亲自尝试，可以通过理论学习加以掌握；另一类是缄默知识，又称直接知识。与显性知识可以在文字和公式中表达不同，缄默知识是一种隐性知识，是关于行为的知识，它不能用语言表达，只能在实践中感悟习得。

组织动员能力，是读懂人心、把握情感、鼓舞士气的能力，是将抽象意识形态转化为具体实际行动的能力，这种能力反映到知识的运用上，体现为直接知识和间接知识的混合形态，在某种程度上，其直接知识的含量要大于间接知识。因此，组织动员的知识特性决定了，这种能力虽然可以通过学习理论掌握一些基本原则，但只能在实践中得到实质性的提升。因此，对于组织动员能力而言，老一辈革命家的教育传承固然重要，但每一代人根据实际国情的实操实战必不可少。这就是即便明白了很多大道理，读了不少理论书籍，但也未必能有效组织动员群众的原因。正所谓：纸上得来终觉浅，须知此事要躬行。可见，练就组织动员群众的真功夫，能且只能在不断接触群众、密切联系群众的过程中逐步掌握提高。

我们党自建党以来，无论是在革命战争年代，还是在社会主义建设时期，一直都具备高超的组织动员群众的能力。随着经济水平的不断提高，这个能力如今有日渐退化的倾向，便有了所谓的"本领恐慌"。习近平总书记曾强调指出，本领恐慌在党内相当一个范围、相当一个时期内都是存在的①。在实际工作中，很多干部已经习惯于用"经济手段"来解

① 习近平：《在中央党校建校 80 周年庆祝大会暨 2013 年春季学期开学典礼上的讲话》，2013 年 2 月。

决群众的思想问题、做群众的组织动员工作。所谓经济手段，就是"能用人民币解决的矛盾，就是人民内部矛盾"，就是"摆平就是水平、搞定就是稳定"，简单来说，就是"用钱平事""花钱号召"。这种方法见效快、显性强、过程简单、结果导向。但频繁使用，实则有害，伤及根本。长此以往，必将丧失组织动员能力——这一关系到我们党执政根基的重要本领。

　　具体到做青年群众的组织动员工作，就需要真正关心了解爱护青年、掌握青年组织规律的同志来做党的青年事业的领军人。这些人不会自动进入我们的视野，也不可能凭空出现，而只有在组织动员青年的过程中，我们才能有意识地发现并培养。当前，存在片面地选择生产能手、模范先进人物进入青年工作干部队伍的现象。青年工作需要选拔一线优秀人才充实，但专业能手在广大普通青年中未必具备动员力、号召力，未必能成为联系党和青年的桥梁纽带。青年工作更多的是需要宣传教育、思想引导等组织动员能力，这与生产能力并不完全对等，人群中有不少擅长做具体业务，但并不擅长组织沟通的个体。毛泽东曾对萧三说："世界上有两种人，一种人善于做具体事情，一种人善于做组织工作，前者要多于后者。"[1] 毛泽东感到，做组织工作，在于能把各种人的长处融合起来，鼓励所有积极因素的联合，而不是仅仅做好某项具体业务。在这些年调研青年的过程中，我们也感觉到，很多青年很优秀，但是他们只是自身能力出众，却不能带动影响更多的青年。组织动员能力不同于专业技术能力，是一项极为特殊的能力，在人群中，组织动员能力强的个体是少数，却是至关重要的少数，这就是旗帜和筷子的区别，业务能力强是筷子，组织动员能力强才是旗帜。在青年工作中，我们要发现并培养一批旗帜，通过旗帜，去引领更多的青年加入中国梦的建设中来，让广大青年自觉凝聚在党的周围，坚定不移听党话、跟党走。

---

　　① 〔美〕罗斯·特里尔著《毛泽东传》，胡为雄、郑玉臣译，中国人民大学出版社，2005，78页。

四 加快提升国家治理体系中青年工作的现代化水平

一个社会所达到的政治共同体的水平，反映了构成该社会的各种社会势力与政治制度之间的关系。政治制度的功能之一就是通过一定的制度安排使各种社会势力都共存于一个共同体内。因此，加大对社会变革中出现的青年群体政治整合力度，提高广大青年对政治体系的认同度，是国家治理体系当前和未来需要面对的重大挑战。对于青年来说，他们的理想追求、价值观念和生活信念，是一个时代最活跃的意识形态现象，但如果从理论化和体系化的意识形态观去观察青年思想价值观念，看到的不是意识形态，而是零散的、片段的生活意识。事实上，这也是当代社会意识形态发展变化的一个趋势，即生活化、碎片化、感性化。在青年中，有时虽然听不到他们对系统理论的辨析，但是从他们对日常生活的思考中能理解到他们特殊、具体而生动的价值理想和生活准则。这些是最广泛、最真实且最有活力的意识形态，我们国家的治理体系如果不能同这青年群体的意识形态成功地展开沟通和对话，那就意味着它的治理效果大打折扣。

中国特色社会主义制度，它不仅是抽象的政治优越的、体制优越的一个表现，而且要把政治性上的优越性转化成治国理政的实际效能。随着改革开放的不断深入，形势的发展、问题的发展对我们治理能力现代化的要求越来越迫切、越来越强烈。这在青年领域重点表现为两个方面：一方面是青年问题的高度复杂性和矛盾冲突性，某些青年群体的社会风险叠加交织，呈现频发性、复合性、跨域性、易扩性等特点；另一方面，我们对青年权益保障和发展安排的整个制度供给系统，横向纵向之间依然高度分割，不能够形成有效合力、发挥出应有的政策效果。有鉴于此，未来需要在以下三个方面加强工作设计。

1. 在进行马克思主义理论知识教育普及的同时，着力帮助青年养成正确的思想方法

思想教育的最终目的是提升青年对马克思主义的信仰和对中国特色社会

主义的信心，但是在教育过程中有时过于注重对理论知识的传授，而轻视了思想方法的养成，对现实的解释和关切不足，当现实问题与理论知识发生冲突时，青年无法进行正确的判别和理性看待。在科学知识与理想信念之间的桥梁是"正确的思想方法"，没有正确的思想方法，科学知识和理想信念之间就会出现断层，理想信念也会犹如无本之木、无源之水。青年的思想工作不应是"灌输"，而应是"浸润"，马克思主义不是一道菜，而应该是每一道菜里不可缺少的盐。当前一些社会思潮和主流意识形态的一些观点相互交融混合，青年的认知水平不足以辨别区分。比如混淆了马克思主义与"左"的关系，混淆了社会主义核心价值观中"平等、公正"与公民社会权利的关系等。很多青年盲目认同一些错误观点，但并不知道它并非真正的马克思主义，也不知道它与我们党理论方针政策的内涵本质其实相去甚远。因此，在辨析各种社会思潮的过程中，一是要注重宣传对象的针对性，针对不同的"易感人群"进行有针对性的分层分类引导，切忌千人一面的大一统、大概其。二是要注重宣传内容的针对性，不要试图运用一个理论观点去解决所有的问题，而要针对社会思潮中的错误观点一一击破。三是要注重传播渠道的针对性，在青年偏爱的新媒体平台上，针对青年存在的错误思想进行及时有效的引导，而不是简单地删堵或屏蔽；引导青年对感兴趣、有疑惑的社会思潮进行正面讨论，甚至在线直接交锋，而不是一味地压制或回避。这其中，对含有反动、偏激、分裂等有害思想的网站或信息源，要予以坚决处理；而对于科学理性地阐明各种社会思潮的内涵、历史、观点等的信息源，要予以适当的"放行"。

2. 以国家中长期青年发展规划为政策指向，培养"政治型+组织型+思想型"青年工作队伍

应当承认，我国目前的青年工作是有分工的，教育部主抓青年教育，团中央主抓青年活动，民政部推动青年婚恋工作，卫健委、体育总局增进青年健康，人力资源和社会保障部主推青年就业创业，高法和司法部主抓青年违法犯罪等，但是受职能范围所限，横向协调性、总体集成性欠缺一些。因此，2017年，国家出台《中长期青年发展规划（2016～2025年）》，就是要

解决青年政策的协调性问题。接下来，要以国家规划为指导，深入实施青年优先发展战略，将分散于不同党政部门、群团组织和社会中的青年政策，纳入整体性的政策框架中予以系统推动，形成强大协同合力，体现优先次序。在青年政策的具体落实中，要注重发现、培养和吸纳善于把握运用青年规律的"政治型＋组织型＋思想型"人才，让善于团结青年、善于引导青年的人才成为联系党和青年的桥梁纽带。要有针对性地在重点领域配置工作人才，"固基"和"稳尖"并重：比如产业工人思想性弱、组织性强，因此，团结引领这一群体要呈现组织为先、思想跟进的特点，应注重配置组织能力更强的人才；而知识青年思想性强、组织性弱，因此，团结引领这一群体要呈现思想为先、组织跟进的特点，即"做有思想人的思想工作"，应更好地发挥思想型人才的价值。

3. 聚焦当前我国青年成长迫切需要关注的核心权益,加大力度解决影响青年发展的关键变量

当前一些青年弱势群体居住分散，工作流动性大，很容易成为政策关照的夹心层和思想政治工作的空档。执政党要赢得广大青年的支持，就必须从青年群体的核心诉求和心态波动出发，制定更有针对性的政策，提升社会治理能力。中东北非骚乱、华尔街运动、英国青年骚乱、法国"黄背心"运动以及香港青年骚乱等政治事件的教训之一在于忽视青年群体的现实诉求。因此，关注重视青年成长的核心权益，切实解决青年发展的现实问题，才能从根本上清除青年思想动荡产生的土壤。青年工作应当把握青年的时代需求，从增强青年"获得感"入手深化改革，高度重视并系统解决当代青年在工作生活中的矛盾和困难，既把青年群体当成改革开放的重要力量，也帮助青年在事业生活的起步期起稳走好，在就业创业、住房租房、婚姻家庭等方面制定针对青年的扶持性政策，增强青年的获得感和主人翁精神。在未来的工作中，要不断加大改革力度，促进经济增长，提升保障水平；保持房价平稳，整治租房市场；提供职业培训，创造就业机会；规范婚恋中介，开展心理疏导。系统、精准、扎实地施策，推动青年全面、积极和优先发展，帮助广大青年直面经济社会变迁所衍生的新兴挑战，顺利度过职业生涯发展中

的重大转折，提升青年对政府的满意度和认可度，增强党在青年中的影响力和凝聚力。

在中国，梁启超在《新史学》中，非常用心地区分何为"历史"，何为"非历史"。他说："自动者才是历史，他动者并非历史。"他区分"天然界（或自然界）"与"历史界"。天然界是不变的，昨天如此，今天如此，明天亦如此，所以没有历史。梁启超说："循环者，去而复来者也，止而不进者也，凡学问之属于此类者，谓之天然学。"历史是有目的的、进化的，故他说："进化者，往而不返者也，进而无极者也，凡学问之属于此类者，谓之历史学。"① 因此，"天然界"没有历史，"历史界"才有历史。而青年，作为人类世代更替中的新生力量，无疑是推动社会进步和技术发展，使人类社会成为"历史界"，而非"天然界"的重要因素。可以说，正是因为有了青年，人类社会才会有目的，有希望，有动力，不同的时代会不断造就一代新人，他们从一开始就比上一代迈出更大的脚步，他们从一开始就以自己的力量在更高的层面上推动人类发展，使得人类历史具有了矢量意义的特征，即"往而不返，进而无极"。故我想，正是基于青年的视角，梁启超才得以挥笔写就《少年中国说》这一震撼寰宇的时代雄文。

在西方，德国思想家约瑟夫·格雷斯用人生周期为导向的世代行为分类法分析认为，年长者主要忙于为自己的过去进行消化和辩护，而青年则注定去掌控"未来的岁月"，并由此指出，对于青年而言，往昔具有完全的"他性"，他们"不会倾向于环顾过去"，也只有青年，才能在已朽的过去中找到一条新的道路。② 另一位思想家埃里克森则着重强调了青年中两个看似冲突、其实互补的倾向：一方面是尖锐的批评，另一方面是对理念和忠诚的献身。他由此得出青年的意识形态特点："思想掌控热情，青年人正直地克己，真诚地愤怒，他们激发出并且唤起一种质疑社会藩篱的要求，恰恰是围绕着这一藩篱，保守和激进力量进行着最为激烈的社会斗争。"③

---

① 王汎森：《天才为何成群地来》，社会科学文献出版社，2019，49 页。
② 曹卫东主编《德国青年运动》，上海人民出版社，2013，96 页。
③ 曹卫东主编《德国青年运动》，上海人民出版社，2013，98 页。

青年是每个时代最活跃的因素，每个人都是既活在当下，又活在历史之中的。江山代有才人出，各领风骚数百年，新中国七十年的伟大成就正是一代代青年不懈努力的共同成果，一代人成一代功，一代人做一代事。因此，没有所谓"垮掉的一代"，也不用担心一代不如一代。这一代人实现不了的目标，就留给下一代人接续完成，这正是中华民族源源不竭的前进动力。实现"两个一百年"的奋斗目标和中华民族伟大复兴的中国梦，这一历史的接力棒已经交到4.5亿当代青年手中。我们坚信，未来的一百年，"青年志"必将在"中国志"中绽放炫丽缤纷的色彩，"青年强"必将在"中国强"中奏响振聋发聩的乐章！

参考文献

1. 〔美〕托马斯·克洛波洛斯、丹·克尔德森著《圈层效应——理解消费主力95后的商业逻辑》，闫晓珊译，中信出版社，2019。

B.2
悬停城乡间的"蜂鸟"

——城市快递小哥群体调研报告

廉思　周宇香　黄凡*

摘　要： 随着快递业的蓬勃发展和快递员规模的持续增长，快递小哥群体的生存状况和价值倾向对整个社会的经济政治影响日益凸显。本文基于对外经济贸易大学"快递（外卖）小哥调查"的问卷数据及深访材料，从人群构成、收入保障、职业发展、生活方式、融入心态、价值判断六个方面分析了快递小哥的群体特征，并认为其蕴含着联结城市区块、提供就业机会、构建熟人网络、促进能量交换等四个社会功能，同时在投诉、超时、计件、赔付、权益等方面存在较高的风险压力，并基于此提出了五大类20条政策建议。

关键词： 快递小哥　国有快递业　民营快递业　新兴快递业

随着物联网技术的进步，快递业获得了新的发展机遇，在提高人民生活质量、改善居民消费结构、促进青年灵活就业等方面发挥着越来越重要的作用。走街串巷的"快递小哥"已经成为劳动者辛勤工作的真实写照，他们是

---

* 廉思，对外经济贸易大学公共管理学院，博士（后），教授，博士生导师，研究方向：青年问题、社会阶层、社会治理等；周宇香，中国青少年研究中心，博士，助理研究员，研究方向：青年、就业、婚姻家庭；黄凡，中国人民大学社会与人口学院，博士研究生，研究方向：流动人口，公共服务。

新时代城市新青年的缩影。2015 年 7 月，快递员作为新职业纳入中国新修订的 2015 版《中华人民共和国职业分类大典》，这标志着其职业身份首次得到官方确认。据国家邮政局统计，2018 年，全国快递业务量完成 505 亿件，同比增长 25.8%；业务收入完成 6010 亿元，同比增长 21.2%。新增社会就业 20 万人以上，支撑网上零售额 6.9 万亿元，支撑跨境电子商务超过 3500 亿元。

2018 年 7 月 2 日，习近平总书记在同第 18 届团中央领导班子集体谈话时专门点名快递小哥群体，指出团组织要主动关注、积极联系、有效覆盖。2018 年 12 月 31 日，习近平总书记在 2019 年新年贺词中饱含深情地谈到"这个时候，快递小哥、环卫工人、出租车司机以及千千万万的劳动者，还在辛勤工作，我们要感谢这些美好生活的创造者、守护者"。[1][2] 2 月 1 日，在 2019 年农历春节到来前夕，习近平总书记在北京看望慰问基层干部群众时，专门到前门大街的快递服务点，看望仍在工作的快递小哥，询问他们工作生活情况，并祝他们春节快乐。习近平总书记指出，快递小哥工作很辛苦，起早贪黑、风雨无阻，越是节假日越忙碌，像勤劳的小蜜蜂，是最辛勤的劳动者，为大家的生活带来了便利。

随着快递员规模的持续扩大，快递小哥群体的生存状况和价值倾向对整个社会的经济政治影响也日益凸显。快递业属于劳动密集型产业，社会涵盖面广，牵涉群体多，联结民生紧，就业贡献大。研究分析这一新兴群体呈现何种特征，与普通青年的共性与差异，快递行业内部的从业人员存在的类型区别，快递小哥群体的主要诉求和价值判断等，对党和政府准确把握新兴青年群体的生存状态和思想动态，进一步做好新时代的青年群众工作至关重要。基于这种认识，共青团北京市委员会委托对外经济贸易大学廉思教授带领课题组对北京市范围内的快递小哥群体进行了深入调研。

之所以选择将北京作为调研地，是因为对于北京这样的国际化大都市而言，人口规模大、密度高、结构复杂，流动现象差异明显，本地居民与外来

---

[1] 赵文君：《去年突破 500 亿，今年将有哪些变化？——中国快递业发展前瞻》，新华社，2019 年 1 月 3 日。

[2] 习近平：《2019 年新年贺词》，《中华人民共和国国务院公报》2019 年 1 月 20 日。

人口互动频繁，与其他中小城市相比，快递小哥面临的问题更加突出和典型。更为重要的是，北京作为全国第一个推行"减量"发展的城市①，在人口总量上限的红线要求下，如何对待像快递小哥一样的低学历外来流动人口，是一个亟须在理念上和实践中予以审慎对待的重大问题，对构筑我国城市高质量可持续增长模式，探索城市"有界"思维和发展逻辑具有重大意义。

此次调研的对象为16~35周岁（即1983年1月1日~2002年1月1日出生）在北京市范围内从事快件/外卖揽收、分拣、封发、转运、投送的青年快递/外卖服务人员（不包括站长及其他管理人员）。为保证此次调查样本的典型性和有效性，课题组对快递小哥所在公司按照行业性质进行了区分，首先按照配送类型分为传统快递业和新兴快递业，新兴快递行业区别于传统快递行业的特点为"即时配"，即无须经过仓储和中转，是直接端到端的即时性送达服务，重点在于及时性②；其次按照所有制形式将快递公司分为国有经济体和民营经济体两类，由于新兴经济体中无国家所有制的公司，因此，将两个维度合并后可将所有快递公司划分为传统国有快递、传统民营快递、新兴民营快递三类（见表1）。为了便于阅读和简化表述，本报告将"传统国有快递"简称为"国有快递"，将"传统民营快递"简称为"民营快递"，将"新兴民营快递"简称为"新兴快递"。

表1 快递业的类型划分

配送类型＼所有制结构	国有企业	民营企业
传统行业	传统国有:EMS、中铁快运等	传统民营:顺丰、三通一达、京东、百世、德邦、优速、蜂鸟、安能、苏宁快递、天天、丰巢/永嘉服务站等
新兴行业	新兴国有:（国有未介入）	新兴民营:饿了么、美团、盒马鲜生配送、点我达、达达、承诺达、闪送、每日优鲜、肯德基宅急送、近邻宝等

① 2017年，党中央、国务院批复《北京城市总体规划（2016年—2035年）》，明确提出"减量发展"理念，确定了人口总量上限、生态控制线、城市开发边界三条红线。

② 《快递每月谈："即时配"兴起影响快递行业生态》，参见http://www.sohu.com/a/242758853_619359。

课题组根据每一类别的快递员总数比例进行分层抽样，使受访样本尽量来源广泛，可以涵盖当前中国主要的快递公司。其中国有快递包括：EMS和中铁快运；民营快递包括：顺丰、三通一达、京东、百世、德邦、优速、蜂鸟、安能、苏宁快递、天天、丰巢/永嘉服务站等；新兴快递包括：饿了么、美团、盒马鲜生配送、点我达、达达、承诺达、闪送、每日优鲜、肯德基宅急送、近邻宝等。民营快递中的顺丰、韵达、圆通、中通、京东等公司也相继推出了同城即时配送业务，但此次调查的快递小哥为以上公司负责一线配送业务的员工群体，因此仍将这些公司划归到民营快递。

调查自2018年8月启动后，共回收问卷1710份，经筛选甄别后，得到有效问卷1692份，有效率98.95%。样本结构分快递行业类别看，国有行业快递小哥占比10.16%，民营行业快递小哥占比73.17%，新兴行业快递小哥占比16.66%。分具体快递公司看，服务公司为顺丰的快递小哥占比最大，为15.19%，其次是中通和圆通，分别占到9.99%和9.40%（见表2）。在工作类别上，调查样本中快递派送员的比例最大，43.91%属于快递派送员，36.47%属于综合快递员，另外13.77%属于外卖配送员，5.85%属于快递揽收员。

表2 快递小哥公司来源分布

单位：%

行业分类	快递/外卖公司	比例
国有快递业	EMS	9.04
	中铁快运	1.12
民营快递业	顺丰	15.19
	中通	9.99
	圆通	9.40
	韵达	8.51
	京东	8.27
	百世	6.80
	德邦	6.26
	优速	4.31
	申通	3.19
	蜂鸟	0.71
	安能	0.12
	苏宁快递	0.12
	丰巢/永嘉服务站	0.18
	天天	0.06
	其他	0.06

续表

行业分类	快递/外卖公司	比例
新兴快递业	饿了么	5.61
	美团	5.02
	盒马鲜生	2.30
	点我达	1.65
	达达	1.12
	承诺达	0.35
	闪送	0.24
	每日优鲜	0.18
	肯德基宅急送	0.12
	近邻宝	0.06

课题组同时选取了样本中典型性较高的 62 个快递小哥进行了一对一深访，拍摄了 217 张快递小哥工作的照片并分别召开了快递小哥座谈会、管理层座谈会和基层站长座谈会，深入快递小哥工作生活的重要场景进行研究观察，五易其稿，最终形成了共 30 余万字的调研报告、数据报告和深访报告，对城市快递小哥群体的生存状态和思想动态形成了一些认识与研判。

一　快递小哥群体呈现的人群特质

从 2017 年第二季度开始，中国快递业进入单日快递亿件时代，对许多独在异乡打拼的年轻人来说，快递小哥已成为"最熟悉的陌生人"，超过 300 万名快递员成为"最后一公里"的守护者。国家邮政局的数据显示，截至 2018 年 11 月初，在北京从事快件/外卖揽收、分拣、分发、转运、投送的 20 ~ 35 岁快递小哥约为 14.2 万[1]，其中，民营行业快递小哥占比最高，为 78.87%，其次为国有行业快递小哥，占比 10.56%，新兴行业快递小哥占比 8.45%[2]，外资快递小哥占比最少，为 2.11%，与我们此次调研的样本

---

[1] 该数据由国家邮政局发展研究中心提供，由于外资快递企业协调难度较大，且快递人员情况与国内企业差异较大，故此次调研未在外资企业中进行抽样。

[2] 该数据中新兴快递业仅包括美团、闪送、达达、点我达，未包含饿了么、每日优鲜等公司，因此实际上新兴行业快递小哥占北京快递小哥总体的比例应大于 8.45%。

结构基本吻合。那么，快递小哥究竟是什么样的群体？具有怎样的人群特质？此次调研有如下发现。

（一）在人群构成上，以环京流入的乡镇男青年为主，家庭化①趋势初现

此次调查显示，九成以上的（92.32%）快递小哥为非京籍，家乡地主要为环京区域的河北（36.82%）、河南（14.54%）、山西（8.10%）、山东（7.92%）、黑龙江（4.73%）等五个劳动力输出大省。其中，更有超八成（83.33%）的快递小哥出生于乡镇地区，带有浓厚的乡城流动人口属性特征。快递小哥的人员构成集中在个别几个环京省份，这一方面可能是因为环京省份与北京地区地理位置相近，社会文化相似；另一方面或许受同乡文化的影响，地缘乡朋组织为快递小哥提供了实际上的"组织支持"，产生了职业上的"传帮带"协作效应。值得关注的是，这种同乡互助关系本质上是一种自发形成的人际互助网络，正能量的经验鼓励可通过其发挥积极作用；而负能量的宣泄与抱怨也同样可能带来消极情绪的传播。

在性别方面，此次调查男性占总样本的89.54%，与女性快递从业者（10.46%）相比占绝对优势，这与快递一线业务工作强度大、体力劳动多等职业特性有密切联系。分不同快递行业看，新兴快递业中女性比例最低（3.55%），其次为民营快递业（10.02%），国有快递业中女性比例最高（25.00%），由于体力劳动是快递一线业务的基本保障，女性进入快递行业可能会被安排在工作站进行一些快递清点、打包等杂务，传统快递行业中能够为女性从业者提供相应的岗位，而新兴快递行业则流动性更强，户外工作强度更高，因此对女性相对较为排斥。但在快递行业中女性快递员也有其独

---

① 从目前的研究看，学界对流动家庭从"一对夫妻"角度、从"核心家庭"角度、从"携眷形成"角度和从"血缘关系"角度等多个方面进行定义（盛亦男：《中国流动人口家庭化迁居》，《人口研究》2013年第4期），本报告综合学界定义，在血缘和婚姻的基础上对流动人口家庭化进行定义，把具有婚姻和血缘关系的家庭成员一次性或分批次流入同一城市，在同一城市工作、生活的过程称为流动人口家庭化。

特优势，如一位女性快递员在访谈时表示"有的时候去送快递，一些女客户对男快递员比较有戒心，不信任，如果我打电话她们会表现得更加随和有耐心一些"。

结合年龄分布数据，课题组发现，快递小哥并不全是公众所认知的单身青年。从家庭生命周期的角度来看，虽然快递小哥平均年龄为 27.62 岁，但 57.27% 的快递小哥处于已婚状态，55.67% 的快递小哥已生育至少一个孩子，已婚育群体已超半数，已生育孩子的新兴行业快递小哥比例为 59.93%，略高于民营行业快递小哥（55.82%）和国有行业快递小哥（47.67%），这一状况与新兴快递业中非京籍乡镇青年比例高及我国乡镇地区初育年龄早于城市地区、生育率高于城市地区相关。

已婚比例高带来的是快递小哥初显的家庭化流动趋势。此次调查显示，在和快递员一同来京的人员中，有 29.08% 和配偶一起来京，有 7.51% 和父母/岳父母/公婆一起来京，有 5.2% 和子女一起来京，有 4.73% 和兄弟姐妹一起来京。此外，27.66% 非京籍快递小哥在京与配偶共同居住，3.65% 非京籍快递小哥在京与子女共同居住。分不同快递行业看，国有行业快递小哥的家庭化流动趋势最明显，国有行业 41.32% 非京籍快递小哥与配偶在京居住，民营行业非京籍快递小哥及新兴行业非京籍快递小哥与配偶在京居住的比例分别为 27.75%、21.11%。国有行业非京籍快递小哥与子女在京居住的比例为 7.44%，这一比例在新兴行业非京籍快递小哥中只有 1.85%。不同快递行业家庭化流动趋势差异可能源于其流动时间的差异，国有快递业中非京籍快递小哥在京流动时间超过 5 年的比例达到了 36.75%，民营快递业和新兴快递业这一比例分别只有 25.96% 和 14.07%，在京流动的时间长短关系到快递小哥在北京的工作稳定性，工作稳定是流动青年家庭化随迁的重要支撑，因此在京流动时间较长的国有行业快递小哥家庭化流动特征更明显。以上数据说明，在京打拼的快递小哥不仅是个体化群像，而且是家庭化群像，个体的背后是一个需要奋斗支撑的家庭。"家庭化"趋势中蕴含了个体的奋斗动力和恒心源泉，表面上看是个体的流入，实则是为"家"的打拼。

（二）在收入保障上，计件制加大了群内异质性，游牧化①生存凸显

快递小哥的工资计算方式以计件工资为主。此次调查显示，38.53%快递小哥的收入计算方式为无底薪计件工资，32.33%的快递小哥为有底薪计件工资。同时，不同快递行业的工资计算方式存在明显差异，新兴快递业中无底薪计件工资的快递小哥占比最高（63.46%），明显高于其他两个快递业（国有、民营）类别，也明显高于新兴快递业内部其他工资计算方式所占的比例。国有快递业中无底薪计件工资的比例也较高（51.16%），但在民营快递业中，有底薪计件工资计算方式占比要略高于无底薪计件工资计算方式占比，即无底薪计件方式所占百分比呈现"新兴＞国有＞民营"。计件制的工资计算方式虽然在一定程度上保证了劳动者的工作自由，也有利于企业的成本控制，但无底薪计件制这类"游牧式"的工资计算方式无形中加大了快递小哥的工作压力，需要通过更多的工作量来提升工资收入。新兴快递业每月平均工作28天，民营快递业每月平均工作27天，国有快递业每月平均工作25天，即每月工作天数呈现"新兴＞民营＞国有"。正如一位快递小哥所言"你不挣的钱，有的是人挣"。

计件工资方式可提高快递小哥的工作效率，保证一定的工作自由度，且利于企业的成本控制，但快递小哥在为增加收入追求寄件送件高效率的同时，客户投诉风险和交通事故风险也随之增加，由于"五险一金"等社会保障多与工资收入挂钩，无底薪计件工资这类"游牧式"的工资收入也不利于快递小哥及其家人医疗、教育、养老、住房资源的积累。此次调查显示，工资制度为无底薪计件工资的快递小哥"五险一金"享有率在所有快递小哥中比例较低，如无底薪计件工资的快递小哥所在公司为其缴纳了住房公积金的比例为29.45%，而有底薪（包括计时和计件）的快递小哥有住房公积金的比例为50%左右，在访谈过程中有快递小哥表示："住房公积金特别合算，我们如果

---

① 游牧与农耕的生产方式对应，是指在干旱草原地区通过移动放牧的方式获取生活资料的生产方式，这一方式的特点是行动灵活、收益和风险的不确定性强。本报告使用"游牧"一词来描述快递小哥计件制的工作方式，即工作无固定场所、收入无固定额度、工时无固定期限。

每月工资有五千，公积金再发一千两千，我们每个月的月收入就有六七千了。另外，对于我们快递员来说，各种交通事故经常发生，如果没有'五险一金'，发生交通事故后的损失完全要由快递员自行承担，公司是不可能承担的，所以工伤保险和医疗保险大大减轻了我们在这方面的负担。"这位快递小哥表示，正是由于公司为其缴纳了"五险一金"，且他为直营正式员工，他的女儿才得以在北京上学。在计件制的工资制度下快递小哥要想多赚钱，只能付出更多的时间和精力去多接单多送货，因此也间接增加了快递行业的工作时间和压力，在访谈过程中多个快递小哥都表示平日能不休息尽量不休息，因为多干一点就意味着多挣一些钱，而且还怕生病，一是没有医疗保障，二是怕耽误工作没有收入来源，"在外面最怕的就是生病了。所以我们要是觉得自己有些不舒服，就会马上自己先吃些感冒药预防。在外面是真的病不起。要是你病了，去医院看病就要花好多钱，而且还会耽误好几天工作"。

此次调查显示，快递小哥的收入总体水平并不高，月收入集中在3000~8000元（占比84.11%），而月收入超过1万元的个体在快递小哥中并不常见，仅占3.09%。快递小哥的月均工资在6000元左右。对比参考2018年北京市全口径城镇单位就业人员年平均工资为94258元①，折合月平均工资7854.83元（以城镇非私营单位就业人员平均工资和城镇私营单位就业人员平均工资为基础），可见快递小哥的实际收入水平并不如媒体宣传的高，而是处于整体偏低的水平，高工资只存在于个别快递小哥身上。收入高低分配不均是快递行业的显著特点，这种特点与快递业的不同所有制形式相关。此次调查显示，不同快递业的快递小哥月收入水平存在明显差异。新兴行业快递小哥平均月收入最高，为6700元左右；其次为民营行业；国有行业快递小哥平均月工资收入最低，为4300元左右。新兴行业中月均收入超过1万元的快递小哥占比3.90%，而国有行业中只有0.58%的快递小哥月收入达到了1万元。虽然快递行业整体收入不均，但恰恰是高收入的快递小哥成了

---

① 《北京市人力资源和社会保障局2018年本市全口径城镇单位就业人员平均工资情况公布》，https：//baijiahao. baidu. com/s？ id = 1634946419077520394&wfr = spider&for = pc，2019年5月30日。

行业标杆，吸引更多的年轻人进入快递行业，因此近年来从传统快递业转入新兴快递业的青年人数不断增加，座谈中有快递公司负责人表示，2017 年后从传统快递公司进入新兴快递公司的快递小哥明显增多。

（三）在职业发展上，学历经验限制了就业范围，内卷化①属性显现

快递小哥职业稳定性不高，从业时间短且工作更换频繁。此次调查显示，74.29% 的快递小哥累计在快递行业的工作时间不超过 3 年，累计从业时间的峰值组出现在 1 年左右。就目前本份快递工作时间而言，34.10% 的快递小哥在当前工作岗位上的就业时间不超过 1 年，67.14% 的快递小哥不超过 3 年。与快递工作年限短这一状况相对应的是频繁更换工作，62.41% 的快递小哥表示换过工作。在换过工作的快递小哥中，换过 2 次以上工作的快递小哥占到了 61.18%，且上一份工作的从业时间偏短，49.63% 的快递小哥上一份工作的从业时间不超过 1 年，74.63% 的快递小哥不超过 2 年。经济考虑和打拼心态是快递小哥频繁换工作的主要原因。选项排名前两位的是：26.42% 的快递小哥表示"最近一次更换工作的主要原因"是"工作收入低"，15.72% 的表示是"工作没有发展前途"。

虽然快递小哥工作更换频繁，但其围绕快递行业及其周边行业择业者居多。从换过工作的快递小哥工作经历来看，26.04% 的人都曾在快递公司工作，其他职业经历也主要集中于货运、保安、餐馆服务员等类型。职业内卷化是快递小哥职业发展的显著特征，这一特征与其受教育程度及快递行业的就业特性有着紧密联系。一方面，快递小哥的受教育水平普遍偏低，集中在中学水平，27.95% 的快递小哥受教育程度在初中及以下，受教育程度为高中（中专）及以下的快递小哥占比为 81.02%，偏低的受教

---

① "内卷化"一词最早被美国人类学家 Alexander Coldenweiser 用于描述某一类文化模式达到了某种形态后，既无法稳定下来，也无法使自己转变为新形态，最终只能不断地内部复杂化的过程，该概念的分析范围集中在文化、农业、企业、阶层等领域（张红、李航：《"新失业群体"的社会地位及其社会流动——以"内卷化"为分析视角》，《青年探索》2006 年第 4 期），本报告将"内卷化"这一概念用于描述快递小哥的职业选择，指的是快递小哥的职业发展过程出现惰性，职业选择范围出现凝固化和水平流动的趋势。

育水平限制了快递小哥更多的职业选择。另一方面，每月平均 27 天、每天平均 11 个小时的高强度工作极大限制了快递小哥在其他行业探索或深造学习的时间和机会，正如快递小哥所说，"我们工作不按周算的，非按周算的话，就是每周上七天"。此次调查显示，84.52% 的快递小哥目前仅从事 1 份工作。分不同快递行业看，新兴行业中兼职其他工作的快递小哥比例最高，为 17.73%，其次为民营行业（15.91%），国有行业的快递小哥兼职其他工作的比例最低（8.72%），这一状况与新兴快递业的工作时间灵活有密切联系。

在员工类型的区别中，65.07% 的快递小哥属于直营全职员工，24.53%属于加盟全职员工，9.46% 属于兼职员工，另有 0.95% 属于其他类型员工。因此，在此次调查的快递小哥中，全职员工比例远高于兼职员工的比例，且在全职员工中，直营体系的员工比例又远高于加盟体系的员工。分快递行业看，国有快递业中直营全职员工的比例最高，为 80.23%，其次为民营快递业（69.63%），新兴快递业的该比例最低（35.82%）。但新兴快递业中加盟全职员工和兼职员工的比例要高于传统快递行业，如新兴快递业中加盟全职员工的比例为 49.29%，而民营快递业和国有快递业的该比例分别为20.84% 和 10.47%。

分不同工作性质看，全职员工几乎没有时间从事其他工作，直营全职员工和加盟全职员工表示还有其他工作（打零工）的比例只有 12.72% 和13.73%，兼职员工的该比例达到了 40.00%。在兼职其他行业的快递小哥中，从事的兼职职业多为快递员（37.02%）、外卖员（18.32%）、司机（16.79%）和销售（12.60%），这些工作有着很强的同质性且准入门槛不高。此外，在为数不多的休息时间中，快递小哥利用休闲时间参加培训或讲座的比例很低，占 5.26%，远不及把休息时间用于补充睡眠的快递小哥比例（58.75%）。偏低的受教育程度和快递行业低准入门槛使得大量乡镇青年得以进入快递行业，同时受教育程度偏低又进一步限制了快递小哥的职业选择和学习深造意识，较高的工作强度和较长的工作时间也限制了快递小哥接触其他行业和深造学习的机会，因而快递小哥无论是在目前的兼职

工作中，还是在未来的职业规划上选择范围都极其有限，职业内卷性属性显现。

（四）在生活方式上，群体性合住但独立性休闲，伴居化①特征突出

为节省居住成本，快递小哥多生活于"群居"环境。从居住房屋类型来看，此次调查显示，72.10%的快递小哥处于与其他非家属人员共享居住空间的"群居"状态，"群居"类型包括员工宿舍（42.55%）、平房合租（12.06%）、楼房合租（11.58%）、租住地下室（3.25%）、借住他人房屋（2.66%）等，26.94%的快递小哥则处于独居或与家人居住的状态，包括平房独租（18.26%）、楼房独租（5.85%）、自购商品房（2.30%）或自购经济适用房（0.53%）。在这种"群居"环境中，快递小哥与其他同居者在职业、年龄等方面可能都具备相类似的特征，特别是居住在员工宿舍中的快递小哥基本都在同一家快递公司共事，处于熟人网络的可能性极高，这些青年群体内部传递信息、组织社会活动的成功率要远高于其他不同工作性质合租的青年群体，存在潜在风险。

虽然快递小哥多居住在"群居"环境之中，但其业余生活以独立性休闲活动为主。快递小哥的业余生活被睡觉、家务等室内活动占据。此次调查显示，58.75%的快递小哥表示业余时间用于"睡觉"，24.70%的快递小哥用于"看电视或电影"，把业余时间用于"上网"和"收拾家务"的快递小哥比例分别为20.74%和20.51%，而用于"朋友聚会"的比例（16.55%）则相对较低。可见快递小哥的业余生活以个体性的室内活动为主，这些活动主要围绕室内、线上展开，户外、线下的社交活动较少。同时可观测到快递小哥使用手机频繁，网络载体中微信、微博是快递小哥获取各类信息的主要来源。91.67%的快递小哥表示休闲时间会上网，上网是快递小哥除了睡觉、看电视/电影外的第三大业余生活。快递小哥在业余时间的

---

① 伴居指的是快递小哥与室友共同居住，但相互之间并无过多交往的状态。

上网主要用于：看新闻（39.91%），看腾讯、爱奇艺等视频（34.17%），网络社交（微信、QQ等，占28.37%），看抖音、快手等短视频（27.66%）和打游戏（24.37%）。互联网成为当代青年生活中的必需品，网络也成为快递小哥获取各类信息的主要渠道，87.23%的快递小哥表示信息主要来源于微信。快递小哥业余生活的特点与其工作时间长及工作压力大相关。高强度的快递一线工作不允许快递小哥有过多的个人时间和精力去进行户外休闲活动或社交，甚至有时候下班回家后独立性的休闲活动（如玩手机）都无法保证，访谈过程中有快递小哥就表示："我们几乎没有自己的时间玩手机，因为一天工作下来就已经很累了。一般吃完饭给家人打一个电话我就睡了，要不然第二天根本起不来。"还有的快递小哥"每天晚上下班累到看着手机一会就睡着了"，因此快递小哥短暂珍贵的休息时间多用于睡觉这一类纯粹的休息活动，用于娱乐或是爱好的时间较少。

快递小哥与合住者"伴居化"的特征凸显，即在居住环境上快递小哥处于群体性合住的状态，同时由于快递工作的强度和压力大，在生活方式上快递小哥进行独立性活动的概率较高，与同居者沟通交流的机会和时间受限。但由于群居环境和相类似的入住者背景更利于信息的传播和活动的组织，也需加强关注，避免这类群居环境成为快递小哥负能量传递和集聚的温床，形成一定的社会风险。

（五）在融入心态上，来而不留与融而难入并存，浮萍化①心态显著

快递小哥对北京的热爱强烈而显著，可"我爱北京但北京不爱我"这一融而难入的状态明显。此次调查显示，70.86%的快递小哥同意"我喜欢北京"，69.04%的同意"我关注北京的变化"，63.89%的同意"我很愿意融入北京人当中，成为其中一员"，63.94%的认为"自己为北京发展做了贡献"，可见快递小哥对快递行业之于北京贡献的认可度较高，"现在在我

---

① 浮萍常见于水田、池沼或其他静水水域，是密布水面的漂浮群落，特点是无根、随波逐流。本报告借用"浮萍"这一形象化的植物来形容快递小哥在北京的漂浮心态，他们难以真正扎根大城市，流动的不确定性高，对未来去留难以抉择。

们国家哪个城市离得了网购呀？包括农村，我们老家乡村里面都离不开网购。现在说实话，我们就是以前的工人阶级，社会真的离不开（我们），现代人连吃饭都要订个外卖"。但是，不少快递小哥也反映出融入北京生活的困难。仅48.23%的快递小哥同意"我觉得北京人愿意接受我成为其中一员"，53.79%的同意"我感觉北京人看不起外地人"，只有26.83%的快递小哥认同"北京离不开我"这一看法，25.47%的快递小哥认为"自己已经是北京人了"，渴望融入但难以融入的状态十分明显。

快递小哥一方面是热爱北京和对融入的期待，而另一方面是"来而不留"的"候鸟式"迁徙。此次调查显示，流入北京的快递小哥中，75.75%在北京的时间不超过5年，而打算未来离开北京的快递小哥中，66.84%将在5年内离开。北京的生活成本高是快递小哥未来选择离开北京的主要原因。36.25%的快递小哥表示会因北京生活成本过高而选择离京，这在所有离京原因中占比最高。过高的落户门槛和居住成本，使得快递小哥难以真正扎根北京，最终选择离开北京另谋出路，深访中一位快递小哥就表示，"先不说户口问题，北京收入高，但消费也高，房租加上日常开销，收入所剩无几，将来怎么留北京？肯定不留，我打算未来两年就回老家"。

快递小哥来而不留的心态在一定程度上决定其无法真正融入北京的生活。对非京籍快递小哥未来离京计划与融入态度进行交叉分析后发现，未来计划离京的快递小哥的融入态度比未来不计划离京的快递小哥消极，融入的困难性则要高于未来不计划离京的快递小哥。此次调查显示，81.74%未来不计划离京的快递小哥表达了对北京的喜欢，但未来计划离京的快递小哥中这一比例只有57.21%，在对北京变化的关注、融入北京的意愿、自身对北京的贡献这些方面均呈现相类似的结果。在融入过程中，计划离京的快递小哥感受到的困难程度要高于不计划离京的快递小哥，如只有16.80%计划离京的快递小哥觉得自己是北京人，不计划离京的快递小哥认可自己北京人身份的比例达到了35.27%，不计划离京的快递小哥觉得北京离不开自己的比例也明显高于计划离京的快递小哥，但两类快递小哥在北京人对外地人的态度及自身生活习惯与北京市民差距这两点上并无明显差别。可见快递小哥的融入态度和离京计划有着密切关系，甚至是互为因果的关系，快递小哥来而不留的心态决定了其对融入北京生活的无所谓甚至消极态度，但即使快递小哥表现出积极的融入态度，要真正融入北京也具有一定困难，其"浮萍化"的生活状态凸显。

（六）在价值判断上，政策评价高但制度评价低，政治化①意识萌生

快递小哥具有强烈的爱国意识。随着我国综合实力的不断提升，他们的民族自豪感和自信心也日益增强。此次调查显示，同意"即使可以选择，我也更愿意做中华人民共和国公民"这一观点的快递小哥比例高达82.56%。另外，对于我国"在2020年全面建成小康社会"发展目标，很有信心和比较有信心的占比合计为79.61%；对于我国"本世纪中叶，建成富强、民主、文明、和谐、美丽的社会主义现代化强国"发展目标，很有信心和比较有信心的占比合计为82.80%。总体来看，快递小哥群体对国家十分热爱，且对国家未来预期呈积极判断，对社会具有较强信心。

在对各类机构的信任度上，快递小哥高度信任中央政府，对网络大V的信任度最低（46.28%）。此次调查显示，对中央政府表示信任的快递小哥比例高达81.27%，在所有机构中占比最高，快递小哥也对法院、检察院、人民代表大会、公安机关等机构表示了较高程度的信任，对所在公司的信任度也相对较高（74.23%）。对比快递小哥对不同机构的信任程度，可见其对地方政府的信任度（69.03%）不及对中央政府，对基层党组织（68.68%）、团组织（68.74%）和工会的信任度（67.67%）低于对地方政府的信任度。

---

① "政治化"指的是快递小哥对现实生活中的具体问题，倾向于用政治框架的思维去理解和解读，将问题做制度性归因，即认为某种问题的出现，是当前中国特殊的政治制度所导致的。这种思维模式不聚焦于具体问题的解决，而是跨越对问题本身的关注，直接指向背后的体制机制。

快递小哥高度认可共产党在新中国建设和精准扶贫过程中的重要作用，但对社会主义制度和共产党在治理腐败过程中的作用评价较低，呈现对具体政策评价高但对制度评价低的反差现象。此次调查显示，83.69%的快递小哥认同"没有共产党就没有新中国"，另有75.00%的快递小哥肯定了党的精准扶贫政策。但在"中国目前的问题主要是发展阶段的问题，与社会主义制度无关"这一问题上，有33.04%的快递小哥表示不同意，22.93%的快递小哥认为说不清，这两个选项占比之和已经超过半数。此外，有51.01%的快递小哥认同"一党制不可能有效遏制腐败"。可见快递小哥高度认可共产党对中国的历史贡献，对与其利益相关的精准扶贫政策也给予了高度肯定，但在社会制度、反腐问题上，却出现了较为负面的评价。

在关于改革开放的总体评价上，35.52%的快递小哥认为"成绩是主要的，问题是次要的"，20.15%的快递小哥认为"成绩与问题参半"，10.11%的快递小哥认为"问题是主要的，成绩是次要的"，另外有34.22%的快递小哥表示"说不清、不好说"。在对改革下一步重点的看法上，32.98%的快递小哥认为应该集中在"大力推进政治体制改革，加速民主法治进程"，要明显高于对社会保障（27.01%）、经济改革（12.94%）、环境治理（12.83%）、文化教育（12.41%）等问题的关注，快递小哥的政治化意识开始萌生。

理论、制度、政策、利益，是一串紧密相关的逻辑链条。党的思想理论指导行动，在理论基础上建立了制度、在制度规范下形成了政策、在政策执行中实现了利益。没有党的思想理论和体制机制作为保障，不可能出台好的政策，进而实现群众的利益。只有把这根链条上的每一个问题都想明白、捋清楚，人民群众才能把身边发生的巨大变化和自己切身利益的实现同党的思想理论主张建立起必然的联系，从而发自内心地认同党的理论和党的领导。此次调查表明，快递小哥对具体政策的评价高，但一旦上升到制度和理论层面，就出现了认知的脱节。尤其对学历层次本就不高（高中中专及以下学历者占到81.02%）的快递小哥群体而言，他们对民主进程、反腐效果、改革开放等问题的评价与我们通常对这一群体的既有判断形成很大出入，当代青年关注政治生活，具有把现实问题政治化的能力，这种片面的政治化意识一旦持续发酵，很可能导致即使党和政府不断加大改革力度、出台惠民政策，青年反而对党的领导的认可度和社会主义制度的信任度越来越低的改革悖论，即陷入"党和政府做什么都是应该的，但只要出一点问题，就是体制问题"的思维逻辑之中。

从快递小哥的成长背景分析，大多数快递小哥是从农村来到城市打工，在他们的已有经历中，接受的教育比较有限，又缺少一技之长。快递工作虽然辛苦，但入门门槛较低，且在同等教育水平的职业中收入较高。因此，对于乡村剩余劳动力中的低技能人员而言，进入大城市，做个快递员，其实是个尚可的职业选择。但正因为快递员职业门槛低，对大量低技能劳动者具有很强的吸引力，这就给当前的从业人员造成了很大的竞争压力。在这种高压力下，再加之自身受教育程度有限，又没有及时的思想工作予以跟进和有效疏导，部分快递小哥将自身发展中面临的一些瓶颈问题和日常生活中观察到的一些不良现象，错误地归因为体制机制导致的问题，如对我国民主政治建设现状不满意，觉得对政治体制改革效果"没有切身感觉"，对改革开放的评价比较偏颇，对反腐败过程中出现的新情况缺乏正确认识和客观分析，对法治不完善、社会分配不公、贫富差距过大等发展中的问题的解读过于悲观，对党的领导和社会主义制度的前景信心不足等。

二 快递小哥群体蕴藏的社会动能

快递小哥在助推国民经济发展、提高人们生活品质中扮演了重要的角色，是现代生活的重要成员，蕴含着联结城市区块、提供就业机会、构建熟人网络、促进能量交换等社会动能。

（一）互联网经济下，推进城市区块链交互共享的驱动力总集成

智慧零售加速发展，物流成了其重要的环节，快递小哥作为物流的最后一环，成为驱动城市区块链接的动力总集成。美团研究院发布的《城市新

青年：2018 外卖骑手就业报告》显示：美团骑手的外卖订单送往了住宅区、企业/写字楼、学校、商铺、酒店、医疗单位、机关单位、娱乐场所等地，其中送往住宅区的外卖订单比例最高，占所有外卖订单的 54%[1]。快递小哥成为链接各个城市区块的基层力量。第一财经商业数据中心（CBNData）联合苏宁易购发布的《2018 快递员群体洞察报告》则表明：在智慧零售的时代，2018 年快递员上门送货或取件的比例高达 94.2%，相比 2017 年上升了 3.7 个百分点[2]。频繁地与客户接触使得快递员成为互联网经济时代全产业链的业务入口，扮演着举足轻重的角色。饿了么发布的《2018 外卖骑手群体洞察报告》则显示：骑手每天在城市中奔走的路程近 150 公里，骑手分钟级配送范围可触达的 3 公里范围内更是形成了独特的社区经济圈，在这个范围内骑手可给居民提供餐饮、商超、医药、鲜花等多样化的配送服务[3]。快递小哥成为链接城市的毛细血管。

快递行业的快速发展和人们对于快递的需求使得快递小哥能延伸到城市的角角落落，且片区化的承包制度使得快递小哥对其所辖区域了如指掌。快递小哥在做好快递工作的同时，也在向社会贡献自己的价值，在宣传消防安全、发放防诈骗传单、清扫社区等方面发挥着自己的作用。此次调查显示，65.13% 的快递小哥表示在送外卖或者快递的过程中帮助过他人，10.93% 参与过社会公益活动，在给警察提供可疑人员信息、调解邻里关系方面也起到了一定的作用。近年来，不断有新闻报道快递小哥的优秀事迹：每日优鲜快递小哥因救火事迹入选"当代骑侠"，韵达公司快递小哥马俊宏冒雨在街头守候无盖地井，杭城快递哥徒手接住坠楼男童，苏宁快递小哥冬夜跳水救人等，各类暖心事件为快递员正能量形象不断加分。正如一名快递小哥在访谈中所说："在这座陌生的城市里，我们很多时候是孤单一人。开始我也本以为我完成了自己的工作就好，不应该对客人们有更多的打扰。但是他们在不

① 美团研究院：《城市新青年：2018 外卖骑手就业报告》，2019 年 1 月。
② 第一财经商业数据中心（CBNData）、苏宁易购：《2018 快递员群体洞察报告》，2018 年 8 月。
③ 饿了么配送：《2018 外卖骑手群体洞察报告》，2018 年 12 月。

经意间回报给我们的谢意和对我的理解，让我感受到自己确实被这座城市需要着，而不只是孤单的一个人。"

但是，也可以看到快递小哥深入社区、成为城市毛细血管的风险所在。近年来，快递小哥违法犯罪的案例虽然不多，但仍时有发生。更需要引起注意的是，如若这批基层有生力量被敌对势力利用，会对社会的安全稳定造成严重后果，在积极发挥快递小哥正向作用的同时，也需做好风险防控工作，高度重视其背后可能引发的社会风险。

（二）城镇化进程中，撑托乡镇青年人平稳落脚的软着陆缓冲区

快递行业对学历、技能的要求相对较低，逐渐成为乡镇青年来到城市工作的首站。此次调查显示，83.33%的快递小哥来自乡镇，89.96%为外地户口，75.24%为外地农业户口，快递行业相对较低的准入门槛给予了乡镇青年平稳落脚城市的软着陆缓冲区，使得快递行业成为城镇化的融合剂。

流动青年从乡镇进入陌生的城市，首先需要在城市获得一份具有一定收入的工作，才能够安顿下来并开始熟悉这个城市。快递行业作为长期在户外工作的行业，能够让快递小哥迅速熟悉所在城市，且快递行业准入门槛低，对学历、技能的要求不高，收入多以计件方式获得，能够保证流动青年在北京的日常开销。同时，快递行业中独特的师徒制设计，使得很多刚入行的青年都会有"老"师傅带领熟悉业务，并在一定时候给予关怀，此次调查显示，有50.77%的快递小哥表示接受过师傅的帮带培训，在遇到客户投诉或交通事故时也会向师傅求助。当快递小哥熟悉了这个城市后，他可以选择继续留在快递行业，也可以另觅新职。

一方面，快递行业的快速发展为国家提供了大量的就业岗位，有助于流动青年平稳落脚城市，在一定程度上缓解了城市的就业问题。但另一方面，由于快递小哥的学历不高、家庭资源相对有限，因此，他们大多希望通过自己的体力劳动，来弥补自身技能的不足。虽然已经有不少快递企业意识到知识技能的重要性，对从业人员开展了相关的教育培训，但整体来看尚未形成行业共识，企业在人力资源的投入上依旧有限，缺乏正规划、系统化的培训

体系，快递小哥的自身技能和综合素质远远落后于行业发展的速度。同时，由于职业的不确定性强以及对快递业的认知是"吃青春饭"，很多快递小哥不愿意长期从事快递业，职业认同度不高，对工作城市的归属感与融入感不强，对自身的定位停留在"不可能成为城市人，最终还是要回到老家去"。因此，要通过技能提升、职业培训、资格考试等继续教育方式大力提升快递小哥的业务素质和知识水平，改变其消极的认知观念，提升其城市融入度和参与感，这对于电商物流行业的可持续发展具有长远意义。

与此同时，我们也要看到，这些乡镇青年进入城市的软着陆区也可能会成为负能量积聚、风险滋生的温床。具体而言，很多快递小哥尚游离在社会保障体系之外，一些基本的生活需求难以得到有效保障，且没有制度化的平台渠道表达其利益诉求。如在后代受教育方面，由于快递小哥大多不具有本地户口，且自身条件达不到入学标准，很多快递小哥的子女在老家就读，成为留守儿童；在保险方面，快递小哥的工作性质决定了其交通风险系数较高，人身安全保障需进一步加强，但目前的保险制度设计很难有效发挥作用；在住房方面，快递小哥在工作城市的住房自购率较低，由于户口的限制和收入高于最低标准，公租房等优惠政策也很难覆盖该群体，租房支出成为他们日常开支的最大部分和生活压力的重要来源。由此可见，快递小哥在城市的生活处境依然体现出"经济上吸纳，社会上拒斥"的特征，这使得快递小哥的职业认同感缺失。此外，客户投诉率高、工作强度大、社会尊重度低是快递行业的标签，长期在这些负面情绪的影响下工作，不利于快递小哥的身心健康，负能量的集聚和青春期的躁动会加大思想转化为实际行动的风险。在深访中就有快递小哥表示，有时候会气愤到用暴力和顾客解决矛盾，还曾因送件过程中与留学生发生肢体冲突被治安拘留，当访谈员问及以后遇到类似事件是否还会使用暴力解决问题时，这位快递小哥表示："我不但还会这么做，而且会下手更重。"

（三）部落制管理下，身份共享与情感共鸣孕育自组织潜势能

快递行业不同于其他行业，由于员工无须坐班，每天处于流动状态，难

以按照通常的计时工作方法予以管理，因此，快递企业通常依靠特殊的工作制度、工作服装、工作设备等方法来强化对员工的管理，将其整合进生产服务的整个过程之中。如通过特定的工作服装提升其内在的身份意识，使其自觉遵照工作规范，通过业务培训确保其行为符合社会规范，通过定位设备确保其行为随时处于工作场景，通过绩效考核确保其行为保持应有的工作效率，通过现代物流业中物联网的全面发展促使其行为都可能成为被改造、被监控的对象等，通过一定的考核晋升制度促使其行为角色由业务员转化为管理者等①。因此，虽然快递小哥的工作在形式上相对脱离了时间和空间的限制，但是在实际的工作中，快递企业仍可通过部落制的管理模式，即小团队、模块化、分散化的组织和互联网即时管理技术来实现对快递小哥的有效控制。

同时，如前文所述，师徒制是快递行业管理员工的一大特点。师傅在快递小哥熟悉城市环境、熟悉快递业务的过程中起到了十分重要的作用，50.77%的快递小哥表示接受过师傅的帮带培训，在遇到客户投诉或交通事故时也会向师傅求助，在遇到货物丢失等事故时师傅可能也需要承担一定的责任。计件制、户外干、不坐班等工作特点让快递小哥的组织边界模糊，师傅成为快递小哥抱团形成组织的关键力量，且这些"组织"更偏向自组织性质，快递小哥围绕师傅自由组成团队去解决问题，没有正式的组织边界，这种组织自我完善、自我驱动、自我进化的能力很强，且这些完善、进化过程一般来自底层的自我觉悟，而非快递企业的权力中心。

另外，熟人在快递小哥进入快递行业过程中亦扮演了重要角色。在和各快递公司负责人座谈的过程中，多家快递公司人力资源部门负责人表示，为了多招聘员工，员工介绍新人加入公司可以获得一定的奖励，如某快递企业规定，员工介绍一个人加入，干满一个月可以给介绍人奖励300元，干满2个月奖励600元，依此类推，干满三个月奖励金额为1000元左右，因此快递行业吸纳新员工一般靠熟人推荐，通过老乡介绍老乡（地缘）、家人介绍

---

① 浙江省团校课题组：《身体经验及生成逻辑：身体社会学视角下的快递小哥》，《青少年研究与实践》2017年第2期。

家人（血缘）、同事介绍同事（业缘）等方式扩大自身的员工网络。此次调查显示，61.64％的快递小哥是由熟人介绍而获得快递工作的，招聘网站、招聘会应聘的方式相对较少。快递小哥进入快递公司后，在上岗前可在一定程度上自由选择站点，47.22％的快递小哥表示工作站点可以自己选择，在选择过程中快递小哥可能偏向于选择有熟人的地方，熟人可能会进一步成为其帮带师傅，或都在一个帮带师傅手下工作，可以实现高度的身份共享和情绪共鸣。

熟人网络发达、自我完善能力强的自组织并不利于权力中心和行政力量的介入，由于快递小哥在城市区块链接、城镇化和信息传递过程中的作用凸显，这种自组织形态是强有力的工作力量，但一旦其转化为反向力量，需要引起重视。

（四）信息化社会中，流动身份和工作特性同构强能量传输网

快递业工作天然地具有"薪酬计件、时间灵活、地点多变"的原生特性，在互联网技术的普及与商业机构的创新下，"一人、一车、一机"即可接入快递网络完成"接单－取货－送达"的全流程。既有的国家邮政体系，能够将工作触点延伸至传统跨城物流公司之中，但在城市内最后一公里的"众包式"快递领域，灵活多变的人员结构、跨区流动的工作特性，往往会给青年工作的开展带来极大难度。

究其根源，这本质上是现实生活中出现的"灵活生产关系"与"刚性管理制度"间的不匹配、不协调造成的。这种不匹配与不协调，一方面体现为严格科层化的组织制度与部落流动的快递管理制度间的不兼容；另一方面也体现为一系列社保、医疗、税收政策目前尚未完全适用灵活计件收入的快递人员，导致在日常生活中习惯了部落制游牧态工作的快递小哥对刚性科层制度产生难融难入之感。

从虚拟世界来看，新媒体技术在改变社会结构和生产关系的同时，也在不同程度地改变着社会化进程中的青年。互联网，尤其是移动互联网成为当代青年生活的必需品，其共享开放和即时接入的特点使其成为青年获取各类

信息的主要渠道。快递小哥作为大城市新兴青年群体的典型代表，"触网"比例相对较高，手机使用频繁。此次调查显示，91.67%的快递小哥表示休闲时间会上网，上网是快递小哥除了睡觉、看电视/电影外的第三大业余生活，大部分的快递小哥休闲时上网时长维持在2个小时以内。网络因其传播速度快、内容丰富、传播形式多样等优势深受青年的喜爱，从网络上获取信息也成为快递小哥"触网"的主要目的。87.23%的快递小哥表示其获取信息的途径为微信，其次是新闻客户端（27.66%），微博（18.09%）、快手/抖音等短视频APP（17.67%）也占有一定比例，而选择从报纸杂志等纸质媒体获取信息的快递小哥占比较少（3.90%）。互联网能让快递小哥迅速知悉社会信息，了解社会动态。

从现实世界来看，快递小哥不仅要直面较大的投递压力和客户投诉压力，而且还要面临极端天气的考验和自行赔付、交通事故等方面的风险。与此同时，现代物流制度漏洞和商品房社区门禁系统进一步增加了他们工作的难度。从本质上来说，快递业其实是人与人的交互和沟通，屏幕两端联结的是现实生活中的卖家和买家。从仓库到客户，传递的是"物"，更是"情"。作为链接城市区块的毛细血管，快递小哥深入社区之中，是社会信息传递和社会情绪传输的重要渠道。快递小哥本身是共享时代下的能量携带者，而其工作特性又可加速其所携带能量的传播速度并扩大传播范围，能量中的信息和情绪具备两面性，如威胁公共安全的信息和维护公共安全的信息、正向情绪和负向情绪，都使得快递小哥既是城市网格化管理的有效力量，也是关系社会安全稳定的神经末梢。

三 快递小哥群体承受的风险压力

作为快递物流网络的神经末梢，快递小哥群体是链接"货"与"人"的关键节点。与此相伴，快递物流网所内生的诸多风险也会传导至他们，无论是送达延迟引发的客户发泄投诉，还是运输途中潜藏的安全隐患，再或是爆仓爆单带来的过劳风险，还是遭受欺诈引发的次生法律纠纷……凡此种

种，都会在一定程度上给快递小哥的工作生活带来诸多困扰，导致消极情绪的积累，这成为快递小哥群体的切身"痛点"。具体而言，课题组将其总结为以下几个方面。

（一）投诉歧视高发，引发不公平感积聚

快递小哥作为外来流动人口，由于制度性安排和市场化区隔的存在使他们在城市中面临一定的社会排斥和边缘化倾向。劳动技能的缺乏和受教育水平较低使他们在城市中只能从事"脏、累、粗"的体力工作；同时，城市社会身份的缺失使他们缺乏利益表达的工具，也没有联系政府决策部门的有效制度化通道，因此与主流社会形成区隔。在快递行业内部，快递小哥也存在边缘化的倾向。作为联结物流企业和客户的桥梁，其在三者关系中也是权益的弱者，物流企业可以依据公司的规定考核他们并进行奖惩，客户也可以依据消费者权益保护规定对他们的工作进行举报和投诉，而面对公司的处罚和客户的投诉，快递小哥却缺乏相应的话语权，成为三者关系中的边缘者。

其中，职业歧视与恶意投诉是快递小哥的核心痛点。此次调查显示，38.24%的快递小哥表示"在过去一年中遭受过职业方面的歧视"，在快递小哥遭受的社会歧视中排名第一；同时，有42.43%的快递小哥认为本工作的难点是"用户不理解，投诉压力大"，这在所有工作难点中排名第一，远高于排名第二的选项"小区不让进，投递难度大"（31.09%）和排名第三的选项"交通事故风险较大"（25.77%）。一位快递小哥在深访中表示，"遇到客户投诉很正常，物流件没有及时送达，这个件又非常着急，有人就会说不好听的话，经常被投诉"。81.33%的快递小哥表示自己遭遇过"客户态度不好"的情况，71.33%的快递小哥表示自己曾遭遇"被客户投诉"的情况。一位快递小哥表示，"快递行业太累了，倒也不是身体的累，心里累，很多人都太不好说话了。你说现在天这么冷，送快递已经紧赶慢赶了，人家拿到手连个'谢谢'也没有，还说'怎么才送过来'，让人觉得挺伤心的"。16.02%的快递小哥认为"社会尊重度低"是导致公司快递员离职的主要原因，且新兴行业快递小哥比传统快递行业可能还要多面临商家的刁

难，正如一位外卖小哥所说，"干我们这一行的，就得受得住气。送外卖啊，顾客和商家我们都不敢惹"。当前，我国物流行业竞争已经进入白热化阶段，行业利润持续"摊薄"，进入"微利化"时代，大部分快递企业实施"以价换量"的发展模式，压低快递员的工资导致服务质量变差，客户投诉增多，客户与快递员之间形成了互相抱怨、互相投诉的恶性循环，进而增加了对快递小哥的职业歧视。这种职业歧视来自社会各阶层，甚至包括与快递小哥相似职业的保安、餐馆服务员等，"比如我刚才去买水。今天我穿的便服，如果我穿外卖的衣服，他们很可能不搭理我，或者说很敷衍，这就是歧视。那些把自己生活中的痛苦、压力发泄在外卖小哥上的，说白了，还是因为很多人瞧不起送外卖的，这里面甚至包括很多保安和那些店员"，"现在去相亲，当人家听到自己是干快递的，扭头就走了"。社会的歧视也使得快递小哥群体内部对自身职业的负面认识在加深，一位快递小哥在深访中表示，"我永远也不会告诉我儿子，他的爸爸送过外卖"。

在深访中课题组发现，遭受职业歧视的负能量经历往往在快递小哥群体中极易传播，例如一位深访对象向我们所复述的网络热帖："……下暴雨没能按时送达，被顾客在家门口足足辱骂了几分钟，对方用手指戳着他说：'你永远都是个送餐的，知道不？'最后还把饭菜扔在地上。"类似经历往往能够在快递小哥群体中引发强烈共鸣，激发起更多类似被歧视的经历分享。个体心中所郁积的消极情绪，一方面在这种共情共鸣中达成了宣泄，另一方面也在某种程度上强化了遭受职业歧视的认知，激发了对社会不公的极端感知。此次调查显示，遭受过职业歧视的快递小哥中认为"当今社会不公平"的比例达34.46%，远高于未遭受过职业歧视快递小哥25.55%的水平，揭示了"职业歧视"与"社会不公平感"二者间的关联。深访中就有快递小哥抱怨，将自己曾遭受的职业歧视向社会层面归因："快递员就是你手脚的延伸，如果一个人连自己的手脚都要歧视，我真的不知道这个社会怎么了。"

（二）超时压力传导，酝酿交通安全隐患

近年来，时间效率愈发成为整个物流行业的核心关切，消费者对送货速

度的追求愈发迫切。然而，对于时间效率的追求虽然一部分可以由基础仓储及科学调度予以实现，但最终还是要靠快递员本身的配送予以达成。快递员是物流环节的最后一公里，快递公司和消费者都对其送货速度寄予了厚望，但前面所有环节的延时风险都存在向其传递乃至叠加的可能性，一旦前面的环节超时，那么必须要在最后环节完成补位补时，以确保整个过程的相对高效率。因此，对快递业而言，时间就是效率，时间就是市场竞争力。因此，更短的配送时间是快递行业给予客户的承诺，也是快递行业对快递小哥的要求。而随着智慧零售的加速落地，分钟级即时配送成为快递行业的新标准。例如，苏宁物流推出了"苏宁秒送"，围绕苏宁小店等线下多种业务形态，打造 30 分钟送达、1 小时送达的配送体系。新兴快递业的"闪送"，为用户提供 7×24 小时，平均 1 分钟响应、10 分钟上门、同城 1 小时服务。这些不断提高的行业标准要求快递小哥随叫随到、限时送达。为了督促和激励快递小哥在规定的时间内接单和送达，快递行业制定了相应的奖惩机制，如夜间单补助和超时单扣款等，而这也成为悬在快递小哥头上的"达摩克利斯之剑"①，一方面使快递小哥能够享受到行业的福利补贴，另一方面也让他们面临巨大的超时压力，这一状况在新兴快递行业尤其突出。一位快递小哥表示"接单之后，整个人的状态都变了，时间滴答滴答地走，每一分每一秒都走在心尖上"，因为超时可能带来的就是投诉，"超时就会被投诉，根据公司的规定，只要客户有一定的理由，我们就要受罚，扣除 50 元以上的工资，5 单左右的辛苦就白费了，要知道我们辛苦路上跑一单大概也就七八块钱，一个月经不起几次投诉的"。投诉次数多了带来的不仅是扣钱的惩罚，还可能是公司"由于本月投诉过多需要接受公司培训"字样的短信，不仅损失了金钱，也进一步从心理层面对快递小哥形成了再次打击，"心情总会很失落，明明自己每天都很辛苦，但还是会被投诉"。

在这样的大背景下，快递小哥在日常的交通运输途中"抢时间"心态突出，甚至不惜交通违规，加之其运输工具存在安全隐患，交通安全问题成

---

① 源自古希腊传说故事，意指随时可能出现的严重后果。

为困扰快递小哥的又一"痛点"。此次调查显示，快递小哥主要通过三轮车和二轮车进行投递、揽件作业，其中70.21%的快递小哥使用的交通工具是三轮车（含电动），17.43%使用的是两轮车（含电动），4.55%使用的是轻型货车，而使用步行、公共交通（公交车、地铁等）、轿车、自行车（不含电动）、重中型货车、马驴或骡子等运输动物及其他方式的则不超过8%。在都市道路中车流人流密集，三轮车和二轮车虽然具有性价比高、可承载量大、灵活易穿行的特征，但其安全属性也相对较差，对驾驶者和行人都缺乏有效的保护，对安全谨慎驾驶的要求较高。然而由于超时压力的传导机制，快递小哥在揽件送件中，几乎很难做到安全依规驾驶，高达39.24%的快递小哥表示在送快递过程中遭遇过交通事故。而究其原因，往往都是因为"赶时间"心态下的危险驾驶所致，诚如深访对象所言"对于我们来说，逆行，闯红灯，占用机动车道，那已经是很正常的事情……一旦超时被顾客打差评，就要面临平台的高额罚款，那可能半天就白干了……为了不超时，只能心存侥幸，通过交通违法来换时间"。

更值得担忧的是，此次调查显示，仅有32.98%的快递小哥有公司提供的意外险，另有16.31%的快递小哥自行参保了意外险，也就是说合计只有不到五成的快递小哥有意外险保障。而在实际的交通事故案例中，高达60.09%的快递小哥选择通过"与对方协商解决"来处理交通事故，18.83%的快递小哥会联系公司，公司有专人解决交通事故，仅11.30%和7.38%的快递小哥会选择"找交警解决"及"联系保险公司解决"。这凸显了大多数快递小哥实际上完全依赖自身去承担潜在的交通安全风险，而一旦遭遇严重事故，则很可能会面临身体与财务上的双重打击。

（三）计件激励异化，被动承载过劳风险

如前文所言，快递小哥的工资计算方式多以计件模式为主，其显著特点是将劳动报酬与劳动成果最直接、最紧密地联系在一起，能够直接、准确地反映出劳动者实际付出的劳动量。虽然计件工作能够更好地体现按劳分配原则，但也刺激劳动者只从物质利益上关心自己的成果，导致快递员片面地追

求"件"的数量，而体现在形式上，就是"送货速度"。深访中有快递小哥表示，"最忙的时候自然是 11 点到 14 点的午饭时间以及 16 点到 20 点的晚饭时间，当然也会在下午不那么忙时找个地方睡一小会儿。晚上的接单量不定，忙的时候可能 23 点才下班，回到宿舍打扫清理洗漱，要大约凌晨一点多才能睡觉。周末一般不休息，赚钱嘛，少跑一天少一天的钱，而且你不跑公司还要扣，可能生病的时候才会在宿舍休息一下"。这种计件式的工资制度在客观上激励了工作积极性，达成了"加班心态"的异化，是一种看似主动、实则被动的"甘愿忙"，诚如深访对象所言"固定收入不高，工资高低可以说完全取决于工作量，因此一分钟都不肯懈怠，多送两件就是一顿饭"。此次调查显示，在实际工作过程中，快递小哥平均每月工作 27 天，平均每天工作 11 个小时，闲暇时间极为有限，难以得到有效的休息。

长时间的高强度工作对快递小哥的身心健康造成一定的负面影响。在心理健康层面，46.10% 的快递小哥表示工作压力大，46.22% 觉得压力一般，只有 7.68% 的快递小哥觉得工作压力小或完全没压力。这凸显过劳工作带给快递小哥的心理不适。而在身体健康层面，饮食不规律引发的胃病、重体力劳动导致的腰肌劳损、送货途中无暇如厕的憋尿等等都是困扰快递小哥群体的健康问题。深访中一位外卖小哥就提及"我们没有正点吃过饭，八点才能下班，吃饭就到九点了，我们这一行的胃都是在熬"。而在重体力劳动层面，此次调查发现，近八成（79.26%）快递小哥都有从事重体力劳动的经历，而这种长期的重体力劳动也难免会造成一些机体损伤，深访中一位快递小哥表示："一个月里几乎每天都在没日没夜地赶……几乎没有什么休息……记得有一次腰疼得实在受不了……医生说是因为过度劳累而导致的腰肌劳损……有时候会送桶装水，都是要爬楼梯搬上去。每天都重复着大量的工作，虽然简单，却是用体力一分一毫地赚着。"

当然，有人会说，很多快递小哥是"自愿"接单的，并没有谁强迫他们必须超负荷工作。那么，自愿加班真的存在么？快递小哥看似自由自主的过劳工作，实际上是渴望被别人承认、获得内在充实感和成就感。如果没有某种强制、压力、竞争或制度性动机的存在，纯粹"自发的"过度劳动几乎是难以想象的。所以，快递小哥的过劳问题是在制度设计的"倒逼"机制中逐步形成的。更广泛来看，越来越快的送达，越来越拼命地工作，也会对整个社会带来协同效应。每一个人既是优质服务的消费者，也是优质服务的提供者。作为买方的我们，越容易选择更便捷的快递服务，作为卖方的我们也会越想方设法吸引消费者、维持客户、抓住机会、签订合同，并更拼命地工作。在深访中有快递小哥说："作为提供服务的乙方，我们没有太多话语权，甲方客户一发单，我们就要以最快的速度送达。"但在实际生活中，没有谁是永远的"甲方"。最终的结果就是，所有人的工作节奏都越来越快，越来越紊乱，倒逼机制在社会各个行业广泛存在，给每个人都带来了巨大的精神压力。

在这种高强度的工作状态下，客户对快递小哥的理解和支持就显得特别重要，深访中有快递小哥说："有些客户下单后会在手机上提前观察外卖员的定位，然后在适当的距离提前下来取餐，这让我们节省了很多时间。还有的客户，他们会在备注里写上'不急''注意安全'等，也让我们感到特别温暖。"

（四）赔付风险转嫁，遭受纠纷次生损失

随着互联网技术的进步和电子商务的发展，中国传统物流模式遭到极大挑战，信息化、网络化、人性化、科技化和多功能化的现代物流体系开始兴起。但作为尚处于发展阶段的新生事物，中国新兴物流体系还不健全，制度管理尚不规范，存在诸多物流管理漏洞，诸如运费价格不统一、单货不匹配、信息化系统不健全等问题尚且存在。但这些因物流管理而存在的漏洞却在快递小哥劳动权益缺乏保护的情况下被转嫁到快递小哥身上。例如，物流企业的员工激励机制和考核制度一方面提升了快递小哥的派件量，另一方面也提高了快递小哥的派件速度，从而增加了物流企业的效率并给企业带来了巨大的利益。但是对于快递小哥而言，客户揽收的时间是不可控的，为了完成企业每天的考核任务，快递小哥只能替客户签收，而这可能会招致顾客的投诉从而被公司罚款。因此，对于快递小哥而言，完成考核任务与降低客户投诉永远是一个硬币的两个方面，无法完全分离。而这种混乱和矛盾却是物

流企业管理，甚至是整个快递行业的制度设计漏洞所造成的。面对这种矛盾与冲突，他们往往被动承担着这些物流漏洞的风险与压力，正如一位快递小哥在访谈时所说，"你无可奈何！"

另外，除物流漏洞外，快递小哥的工作环境和行业特性也导致他们面临较大的赔付风险，遭受纠纷次生损失。此次调查显示，89.48%的快递小哥的主要工作环境是户外，根据快递公司的要求，快递小哥是货物"最后一公里"的时效守护者，送货上门是快递公司承诺给客户的最基本服务。特别是2018年5月1日开始实施的《快递暂行条例》规定，如果未征得收件人同意，快递企业无权强制将快递件投放在快递柜中。而现代社区为保障居民隐私和安全而设置的出入门禁系统，却增加了快递小哥派送的难度，从而使派件超时、货品破损、货物丢失等现象时有发生，而这些风险却由快递小哥自行承担。一位快递小哥在访谈中说，"其实派件不成功也不能全怪我们，派件的片区内有一个小区物业不让快递员进，所以才导致每天都无法把快递包裹送完。但是，送不完就要扣工资，上个月交罚款就交了3000多，占了工资的三分之一"。

此外，在日常工作中，快递小哥接触的社会人员构成相对复杂，除了常规的揽件派件外，还经常会遇到一些极端情况，一方面是不法分子的恶意欺诈以及快件或交通工具被偷，另一方面则是丢件少件、交通工具被偷后延误送件伴生的赔付纠纷。多位快递小哥在深访中都谈到了货物或交通工具被偷的经历，传统行业快递小哥面临的多是货物丢失的问题，"小车上的锁很好撬，偷货、偷电瓶，甚至还有偷走车的，锁上也会被撬。丢了是自己赔偿，所以倒觉得被偷一两件货还算幸运"。但若较贵重的包裹丢失，将对快递小哥造成很严重的后果，一位快递小哥在深访谈中说，"之前有一个在快递业干了四五年的老大哥因为自己送的一个快递被偷了，据说是一个很贵的包，赔了两万，把他的积蓄全都赔进去了。这件事情发生后，他就离开了我们公司，据说是不再干快递了"。与传统行业快递小哥快件容易丢失相比，新兴行业快递小哥的交通工具更容易丢失，一位快递小哥跟课题组聊到了电瓶车被偷的经历，她去一栋写字楼上送外卖后下来发现车被偷了，但手上还有5单外卖未送出去，等反应过来应该报警的时候，她已经坐在原地掏出手机，等那 5 单之一的顾客接电话了,"一单电话一单电话地打过去,慢慢加顾客的微信,把餐费补给顾客。这样下来,加上丢掉的电动车,大半个月的辛苦就打了水漂"。新兴行业快递小哥交通工具丢失率高的原因,可能与不同类型快递业使用的交通工具不同有关,传统快递行业使用的交通工具主要为三轮车,国有行业快递小哥使用三轮车的比例为 68.02%,民营行业快递小哥使用三轮车的比例为 83.28%,而新兴行业快递小哥使用的交通工具则主要为两轮车(包含电动),比例为 80.85%。

如上文所述,由于快递小哥较公司处于相对弱势地位,往往会为了保住工作,而选择"私了",自行协商赔付以应对复杂纠纷。此次调查显示,59.87% 的快递小哥表示遭遇过"自行赔付非本人原因造成的损失";同时,有 57.44% 的快递小哥表示遇到过"因揽送环节存在漏洞被某些客户钻空子"情况。值得关注的是,除了不法分子本身的原因外,公司未提供及时的法律援助并"不愿主动承担相应的责任"也是出现这一现象的重要背景。在深访中很多快递小哥表示,"无论是谁的责任,如果自己不赔偿,让公司赔,那肯定要被开除"。

从本质上看,遭遇纠纷后由快递员自行与客户协商赔付的做法实则是一种物流风险从公司层面向职工个体层面转嫁的过程。这种转嫁对于公司经营而言是规避了风险、降低了成本,但对于快递小哥而言,则会引发各种次生损失的"不能承受之重"。由于工作本身的收入有限,一旦遭遇恶意纠纷,自行协商赔付后,为了缓解短时间内激增的工作压力,在"计件制"工资分配的激励下会自发更多更快地送件,进而加大了交通安全隐患与过劳风险,陷入风险叠加的"螺旋"。一旦此时再发生任何纠纷或交通意外,其生活往往会陷入相对困境,或返乡休养或被开除待业。

(五)劳动关系复杂,员工权益难以保障

员工权益是企业为保证员工基本的工作条件,提高员工工作的积极性、员工生活水平,向员工提供的福利补助或实物补贴。一般情况下,我国员工权益可以分为两类,一类是法定权益,即国家劳动合同法等相关规律规定的

强制性基本社会保险，包括养老保险、失业保险、医疗保险、工伤保险、生育保险和住房公积金；另一类是企业自主设置的福利，包括经济性福利，如住房补贴、带薪休假等，还包括非经济性福利，如法律咨询、心理健康咨询等。此次调查显示，国有行业快递小哥福利最好，不仅法定福利"五险一金"方面在三类快递行业中覆盖率最高，而且还可以享受到餐补、高温补贴、交通补助等企业经济性福利和员工宿舍、高温送清凉/冬日送温暖等企业非经济性福利。而新兴行业快递小哥福利水平最低，不仅在法定福利"五险一金"方面覆盖率较低，分别仅有 7.80%、15.60%、4.96%、21.63%、3.19% 和 2.84% 的新兴行业快递小哥享受公司提供的养老保险、医疗保险、失业保险、工伤保险、生育保险和住房公积金；而且新兴行业的快递小哥在企业自主设置的福利方面也受益较少，明显少于传统快递业（见表3）。

表3 分行业类型快递小哥的福利待遇比例

单位：%

福利类型 \ 行业类型	整体	国有	民营	新兴
员工宿舍	56.32	50.58	62.04	34.75
餐补	42.02	79.07	43.54	12.77
交通补助	22.10	22.67	24.56	10.99
养老保险	36.17	67.44	38.29	7.80
医疗保险	40.48	73.84	41.52	15.60
失业保险	29.37	62.21	30.37	4.96
工伤保险	36.88	62.21	36.83	21.63
生育保险	24.65	52.33	25.69	3.19
住房公积金	17.14	48.26	16.07	2.84
意外险	32.98	35.47	29.73	45.74
高温补贴	33.39	56.40	29.73	35.46
带薪休假	17.97	31.98	19.31	3.55
生日福利	24.00	42.44	24.15	12.06
住房补贴	11.05	15.12	11.47	6.74

从快递小哥福利的占比来看，国有行业最大的员工福利是餐补，有79.07%的快递小哥享受企业为员工提供的餐饮补助，其次是"五险一金"和高

温补助。民营行业最大的员工福利是员工宿舍，有62.04%的快递小哥居住在企业提供的员工宿舍中，其次是"五险"、意外险和高温补贴，仅有16.07%的快递小哥享受到公司提供的住房公积金。新兴行业最大的员工福利是意外险，有45.74%的快递小哥通过企业获得意外险，是三类快递行业中比例最高的，其次是高温补贴、工伤保险。可见依托国有和民营行业建立起比较全面的员工福利体系，能够保障快递小哥工作过程中的基本劳动权益，而新兴行业不仅员工福利体系有待健全，并且国家规定的法定福利也较少覆盖到快递小哥中。正如一位新兴行业快递小哥在访谈中所说，"没有'五险一金'，感觉就不是正式员工。干快递毕竟不是一个稳定的工作，我打算再干几年就不干了。这个工作太消耗人的精力和体力了，其实我们吃的就是年轻的资本和身体的本钱。可年纪大了，体力不行了怎么办？总得为家庭着想吧。"

不同快递行业员工福利差异不仅与快递行业企业类型和企业资源差异有关，也与快递行业不同类型员工的劳动合同关系紧密相关。从此次调查中快递小哥的合同签订情况来看，50.30%签订了固定期限劳动合同，8.45%签订了无固定期限劳动合同，3.19%签订了试用期劳动合同，整体来看，签订劳动合同的比例为61.94%。此外，签订劳务合同的比例为22.87%。但是仍有9.22%的快递小哥没有签订劳动合同，5.73%的快递小哥不清楚自己的合同状况。分类别来看，传统快递业以直营全职员工为主，员工和企业签订正规的劳动合同，由企业承担员工的法定福利，并由企业为员工提供其他自主设置的福利。而新兴快递业则以加盟员工为主，员工有全职有兼职，员工和企业之间的关系是外包关系。这种劳动关系，表面上看是企业给了员工更多的"自由自主"权，但实质上企业将本应由自己承担的员工权益和劳动保障，转嫁给劳动者个人和整个社会，企业在节约了自己用工成本的同时，却增加了整个社会的运营成本。

因此，在新兴业态不断涌现的新形势下，如何保障快递小哥的员工福利和劳动权益，是值得重点关注的问题。当前我国快递业用工形式多样，一般而言，快递公司的总部和管理层岗位是劳动合同工，大的区域加盟商以劳动

合同用工为主，同时辅以劳务派遣等其他用工形式。但是，基层加盟商层面用工较为复杂，除了劳动合同与劳务派遣以外，还存在承包、众包、非全日制用工等。形式上的复杂带来了劳动关系难以判断的问题。具有法人资格的快递公司之间存在着事实层面的复杂关联，这种关联就是经由加盟协议构建起的以"商标、商号或快递运单所属企业"（《快递暂行条例》用语）为中心的加盟王国。加盟制与直营制的区别在于公司是否参与直接运营寄递的全流程。直营快递整个网络从总部到收派件末端全部自行建设，分中心、人员、车辆等全部自持。加盟制快递则是多个独立法人构成的联合体，快递从收件到派件被分解为若干环节：收件端加盟商，总部干线平台，派件端加盟商等。在这个模式中，由总部对接加盟商，由加盟商对接用户。快递公司总部与加盟商之间不存在股权关系，二者之间的加盟关系由合同确定。当下除顺丰快递和京东等电商物流实行直营外，国内主要快递公司依然采取的是加盟模式。

可见，未来随着新业态向更为智能、灵活、多样的方向发展，传统的基于工业时代的劳动法律规范必然要在结构层面做出调整。这种调整一方面要求劳动法不忘初心，在劳动者权利保护这个根本目标之下，回归对劳动基准的重视，重新装配法律责任和执法手段；另一方面，也要认识到劳动法管制能力的局限，注重社会保障法的补充功能，特别是在劳动关系暧昧不明的状态下社会保障的托底功能更具即时性。

四　做好快递小哥群体管理服务工作的若干建议

通过创新工作方法以组织为载体对快递小哥进行有效引导和管理服务是群团工作的重要内容。在调研中课题组了解到，有些基层组织已经结合地方实际在与快递小哥的接触、引导和管理方面进行了不同的尝试，甚至有些已经开始着力调整自身的组织形态和工作方式。此次调查显示，19.68%的快递小哥明确表示自己的公司有团组织。在知道有团组织的快递小哥中，经常参加共青团组织的活动的有11.41%，偶尔参加的有50.45%，没有参加过的有 38.14%。这表明快递小哥在公司共青团组织的活动中参与度不是很高，在有的公司甚至完全没有参与。此外，快递小哥对共青团的活动有不少期待，有 37.35% 和 34.52% 的快递小哥希望参与共青团组织的拓展郊游和学习培训活动，其次是交友联谊（24.29%）和文体活动（23.35%）。希望参加其他活动的比例分别为：网上交流（18.32%）、参观访问（13.30%）、亲子活动（11.70%）、读书演讲（9.57%）等。我们可以很明显感觉到，快递小哥希望通过共青团组织更多地参与到集体性和户外性的社交活动中去。

课题组从调查结果出发，综合访谈洞察与量化数据，对快递小哥未来的管理和服务工作，提出以下建议和思考。

（一）性质研判，工作原则

首先，综合调研结果，课题组认为：快递小哥是伴随网络经济新业态而产生的庞大就业群体，他们大多出身农村，普遍学历不高，在社会学属性上，应归类为新生代农民工。对于大多数快递小哥而言，职业的非长久性和农民工身份的边缘性让他们的发展陷入困境，但仍有不少人将其视作在大城市寻求过渡的最佳选择。与其他行业农民工显著不同的是，其工作状态具有独立性（一个人独自配送）、动态性（工作地点不确定）和自主性（随时接单随时下线）的"游牧式"特点，计件制的结算方式和限时配送的惩罚机制形成了"倒逼"的工作节奏，加之新兴业态快递企业复杂的加盟和共享管理模式，使得传统的劳动关系、社会保障和福利制度难以有效覆盖他们，他们的职业认同感、社会公平感都处于较低水平。随着电商网购平台的迅速发展和城市功能区块的不断拓展，他们既是现代服务业的推动者以及和谐社会关系的构建者，也是负面情绪的发泄点和潜在矛盾的聚焦点。因此，不能将快递小哥视为单纯的"跑腿工"或"送货员"，他们是本地生活需求与消费产业链进行对接的路由器，是社区生态的基层力量和社会情绪的传输导管。

与快递小哥相关的一系列社会管理问题，既有进城务工人员面临的城市

融入、生活保障等方面的"老大难"，也有技能提升、行业监管等方面的新情况。目前，国家相继出台了促进快递行业健康发展的政策建议，也提出了关于提升快递从业人员素质的指导意见，已有不少地方政府在生活保障和城市融入等方面采取了一些措施①，一些企业也努力改善快递小哥的工作和生活条件，但整体而言，还处于探索阶段，对快递小哥各方面的管理服务工作仍缺乏系统性的顶层设计。

课题组认为，做好快递小哥工作，至关重要的是深入学习贯彻党的十九大精神，以习近平新时代中国特色社会主义思想为指导，按照中央对群团工作和邮政工作的总体要求和部署，着眼于推动治理体系和治理能力现代化，努力把快递小哥更广泛地团结在党和政府周围。

做好快递小哥的工作，根本在于坚持树立高线和坚持底线相结合，坚持政策扶持和行为规范相结合，坚持开展服务和加强管理相结合，坚持政府引导和自我管理相结合，坚持依法治理和排忧解难相结合，更好地发挥快递小哥群体在促进中国特色社会主义现代化事业方面的重要作用。

（二）凝心聚力，积极引导

以习近平新时代中国特色社会主义思想为指导，为认真贯彻《国务院关于促进快递业发展的若干意见》（国发〔2015〕61号），以培育良好职业精神和职业道德为基础，以社会主义核心价值观为引领，加强思想作风建设，以服务促引导，鼓励快递小哥在为人民服务的过程中成就自身价值。

1. 加强政治引导

建立健全制度安排，构建快递小哥多层次利益表达机制，开辟建言献策"绿色通道"，定期听取意见建议；加强协商制度建设，保证快递小哥在日常政治生活中有广泛持续深入参与的权利；落实挂靠或属地管理、推动建立

---

① 比如《南京市邮政条例》（2016），天津市政府《支持快递业加快发展十项措施》（2016），重庆市政府《促进快递业发展的实施意见》（2016），济南市政府《加快快递、外卖行业管理的"十二项规定"》（2018），山东省《快递暂行条例》（2018），内蒙古自治区邮政管理局、住房和城乡建设厅、民政厅、商务厅《关于推进快递服务进社区的指导意见》（2017）等。

党组织等举措，创新组织生活的内容、形式、载体，使党组织成为引导、服务、管理快递小哥的重要阵地；建立邮政系统、群团组织与快递小哥所在单位交流合作机制，定期安排快递小哥代表人士到邮政主管部门、企事业单位、群团组织交流座谈；重视发挥快递小哥的专长优势，支持他们参加党和政府有关决策过程中的咨询活动，参与邮政领域、交通领域、社区管理领域等重要工作的研究论证。

2. 坚持思想引导

快递小哥是与社区居民直接接触、频繁交往的一线工作者，必须把思想建设放在首位。充分发挥工会、共青团、妇联等群团组织的作用，加强对快递小哥的思想引领；将快递小哥的思想引导纳入各类教育和培训体系，依托各级团校和各类社会力量开展各种职业培训和技能培训，把思想道德建设融入培训内容，邀请专业人士帮助解读热点难点问题，合理引导其预期；通过行业协会，平台型企业完善职业培训机制、畅通职业晋升渠道，引导快递小哥进行合理的职业规划，增强快递小哥的职业认同感。

3. 注重价值引导

积极引导快递小哥树立社会主义核心价值观，自觉践行核心价值观；通过精彩的故事、鲜活的语言、丰满的形象诠释核心价值观；按照分众原则，深入了解把握快递小哥不同所有制类别下的心理状态，精心定制具体而微的专门方法，打动人心；充分发挥各类媒体的舆论导向作用，广泛宣传加强快递小哥工作的重要意义、充分肯定他们的职业精神和社会贡献，让全社会都能关注、关心快递小哥的工作，给他们营造良好的发展环境；鼓励快递小哥积极参与社会实践活动，支持快递小哥注册成为志愿者，组建快递小哥志愿服务团，进入社区或乡村开展社会公益活动。

4. 重视行为引导

进一步强化对快递小哥的交通安全知识、交通安全意识和交通安全行为的培训，建立定期考评制度；加大对快递小哥交通违规举报的惩罚力度，提升快递小哥安全通行的意识；对快递小哥派送车辆的车型、重量、制动标准等进行统一规定，并定期对快递小哥的派送车辆进行安全检修，保障车辆的

安全性符合出行要求；推行车辆保险制度，对符合注册登记条件的派送车辆予以注册登记，分别纳入机动车和非机动车管理；推行信用惩戒机制，在对快递派送车辆交通违法行为实施依法处罚的同时，对车主身份进行确认登记，将其纳入实体网点和个人双重诚信管理；公安交管部门应深化宣传教育，培育快递小哥的交通安全意识，充分发挥新闻媒体的宣传教育功能，并组织民警对快递小哥开展交通安全的常态化培训，确保快递小哥文明出行、安全出行，全力预防交通事故。

（三）激发活力，发挥作用

更加注重激发快递小哥的奋斗拼搏、诚实守信和乐观向上精神，更加注重充分发挥快递小哥在撬动地方经济、促进社会治理、构建和谐关系、驱动物流发展等方面的积极作用。

1. 对地区活力的撬动作用

快递业是现代服务业的重要组成部分，是推动流通方式转型、促进消费升级的现代化先导性产业。我国快递业发展迅速，企业规模持续扩大，服务水平不断提升，在降低流通成本、支撑电子商务、服务生产生活、扩大就业渠道等方面发挥了积极作用；积极鼓励快递业更好地为各个行业提供服务，并通过这些行业为更下游的行业提供产品和服务，这种行业间的供给——消耗关系延续和传递下去，形成产业链条上的波及效应，快递业通过一层或多层的中间环节间接影响各个行业的产出规模，进而提升各个行业的附加值；大力宣传快递服务对经济活动的连带影响，快递业的服务过程就是将商品快速递送到消费者手中的过程，快递服务具有快速性、便捷性、上门递送的方便性，消费者的购买欲望会被激发出来，由此扩大了商品的消费，提升了全社会商品的销售额。

2. 对社区治理的促进作用

通过引进快递企业或具有快递业务经营许可资质且经营多家快递品牌业务的第三方快递企业，在有条件的社区快递服务点开展快件收寄服务，为居民提供更加便利优质的快递服务；社区居委会应当指导物业服务企业在征得业主委员会同意后，以小区部分经营性用房、保安室、活动中心等场地作为快递服务点，快递服务点为小区居民提供快件存放、代投、查询等相关便民服务；鼓励各类市场主体参与快递服务，支持社区小商超、便利店等与快递企业开展合作，鼓励就业困难的社区居民利用自有或者租赁场地作为小区快递代投点，为社区群众提供快件存放、代投、查询以及生鲜配送、电商购物等快递相关便民服务。

3. 对和谐关系的节点作用

改善快递小哥的社会形象，发动主流媒体多方位展示快递小哥的职业风采，宣传快递小哥爱岗敬业、自强不息、乐于助人的向上向善青年形象，引导公众尊重、理解、关心这一群体，让快递小哥工作有尊严、有底气、有面子；通过举办短视频大赛、快递故事征集、快递分拣技能大赛等主题活动，以趣味性、高参与度的方式丰富快递小哥的业余生活，在活动的传播过程中，讲述快递小哥的故事，引发社会的理解与关注；鼓励快递小哥的社会参与，通过社区活动等形式加强快递小哥与城市居民的交往互动，强化其融入意识，增强对城市的归属感和认同感；倡导城市居民树立开放包容意识，营造和谐有序的社会氛围，引导城市居民理解快递业的难处、尊重快递小哥的工作，提升快递小哥的社会融入感和职业自信心。

4. 对物流发展的驱动作用

鼓励末端共同配送服务模式创新，鼓励电商、快递企业与超市、便利店、社区综合体等合作开展末端共同配送服务；鼓励有条件的社区设置符合行业标准的智能快件箱、智能信包厢、"E 邮柜"等智能投递终端，鼓励快递企业、社区居民使用智能快递投递终端[①]；快递公共服务站和智能快件箱要纳入城市基础服务设施，机关、企事业单位、住宅小区及物业需提供便利

---

① 国家邮政局近日公布的《智能快件箱寄递服务管理办法》规定，从 2019 年 10 月 1 日起，企业使用智能快件箱投递快件，应当征得收件人同意；收件人不同意使用智能快件箱投递快件的，智能快件箱使用企业应当按照快递服务合同约定的名址提供投递服务。参见《快件箱寄递管理办法 10 月施行：放不放快件箱，收件人说了算》，《经济日报》2019 年 7 月 30 日。

的场所或地下空间作为快递公共服务站和智能投递终端，为用户提供收件、派件、智能自取、共同配送、OTO等多种服务；为解决快递车充电问题，鼓励电商、快递和第三方企业，在具备条件的末端配送网点，建设配套充电设施，对符合条件的项目给予资金支持；将快递终端设施纳入公共服务基本建设，建立多个企业共享的末端投递"超市"，增设专业投递柜，减少无效投递，终结投递"摆地摊"方式。

（四）广泛联系，密切关注

坚持工作全覆盖。面向基层、面向一线，把快递小哥作为工作对象，纳入联络、服务、管理范围。完善党的领导、行业管理与属地管理相结合的组织体系和工作机制，努力把工作覆盖到所有快递小哥。

1. 加强对快递小哥代表人士的联系工作

建立邮政系统列名联系快递小哥代表人士制度。邮政领导班子要明确一定数量的重点联系对象，主要负责同志联系本地区具有较强影响力的快递小哥代表人士，班子成员负责联系本地区有代表性的快递小哥，开展经常性走访慰问、座谈交流活动，听取意见建议。

2. 加强对重点区域快递小哥的联系工作

加强工作力量配备，在国家机关、高教园、文化街、科研基地、使馆区、城中村等较为敏感的政务区、商务区、开发区和高校区等，由各级群团组织建立联系人制度，与区域内快递站点等进行点对点、经常性联系，通过沟通交流宣传党的方针政策，不断增强快递小哥的"四个自信"和对国家发展的信心。

3. 加强对新兴经济体快递小哥的联系工作

新兴行业快递小哥比传统行业快递小哥面临更多的超时压力、过劳风险和次生纠纷，对于新兴行业快递小哥的生存压力、职业倦怠、思想状况要给予更多关注，尤其对新兴行业快递小哥高收入、低福利并存的现象予以重点关心爱护，在子女教育、社会保障方面提供更多的支持和帮助。

4. 加强对快递小哥"自组织"的联系工作

网信部门和公安部门要对在社会和网络上广泛存在的以"快递小哥"为主题的论坛、沙龙和公众号、直播群、QQ 群、微信群等兴趣、职业、公益、交友类"自组织"加强关注、密切跟踪，及时掌握信息，重点联系一些健康、正向、有影响力的快递小哥"自组织"，符合条件的可将其纳入群团组织的联系和服务对象中。

（五）精准服务，分类施策

坚持用人性化、开放式和服务式理念，加强对快递小哥的精准管理，坚持在管理中服务，在服务中管理，不断提升管理水平，解决城市快递末端投递难题，维护广大人民群众的用邮权益，更好地促进整个社会的和谐稳定。

1. 提升研判水平

要通过扎实的调查研究、下沉锻炼、建立联系机制等途径走到快递小哥当中，充分发挥"社区工作站""社区青年汇"的积极主动性，对尚未纳入管理体系的快递小哥党员团员青年做摸查，打破科层制束缚，变通管理方法，尝试对部分集中性的民营行业和新兴行业快递公司进行重点派驻，做到底数清、情况明和对策准；重点关注那些对快递小哥具有特殊意义的日期如"双 11""双 12"，具有引发社会公众情绪的快递小哥公共事件（如快递小哥被打、快递小哥被偷货物、快递小哥涉及治安或刑事案件等），以及可能激化社会矛盾的公共政策（如限时清理外地人口等）；将常态的信息观察处理机制与特殊时期的应急反应机制相结合，将及时有效的信息披露机制与勇于承担事件责任的约束机制相结合，加强对重点领域和敏感时期的信息采集分析，努力提高对新兴青年群体社会思潮大趋势的预测和把握能力。

2. 疏解负面情绪

快递小哥的负面情绪主要来源于客户的不理解和社会认同度、尊重度较低，要抓准关键场景，疏解负向情绪。党政部门不宜直接介入快递员的个案纠纷之中，相关责任的认定与权益的保障应有专业的法律部门或管理部门处理。要保持"半臂间隔"，在纠纷发生时，协助快递小哥找到对应资源，包

括但不限于法律援助、劳资纠纷咨询等；在纠纷发生后，引入专业社会工作团队，提供创新有趣的心理疏解活动，在他们最需要心理关怀时送上正能量的组织温暖；同时，继续做好对快递小哥的日常关怀，改善他们的交通工具、通信设备和休息站点等，并提供定期体检、夏送清凉、冬送温暖等服务；鼓励企业建立帮扶互助保障基金，就快递小哥的重大疾病、安全事故、意外伤害等给予一定的帮扶。此外，还要注重工作"节奏"，快递业忙闲分布具有一定的节奏属性，全年来看，多以电商大促节点为忙碌峰值。因此，相应活动的开展也需考虑这一实际情况，错峰开展，避免蚕食本已相对较少的快递小哥的休闲生活时间，不必要地激发快递小哥的负面情绪。

3. 加强权益保障

面对快递业薪酬计件灵活难以折算全年收入、跨平台接单、社保付费较难的现状，政府有关部门应制定并完善关于快递小哥岗位流动、薪酬标准、社会保障等方面的政策。因此，需进一步完善社会保障制度，完善就业、劳动权益保护机制，规范快递小哥的工资标准、合同条款、商业保险、纠纷解决等内容；建立健全共享经济新业态劳动标准体系，对劳动者的最低工资标准、工作时间标准、休息休假标准、劳动安全卫生标准等方面做出规定；引入网络合同，由政府会同专业机构、法律组织、平台企业研究出台快递业"网约工"合同标准化模板，企业可以根据实际情况对非强制性条款进行增删修改，"网约工"真实身份则可以在企业、政府数据共享的前提下，通过人脸识别等进行验证，合同在签署后同步向企业所在地的劳动监管部门备案；推进快递业制定合理的参保方案，根据职业环境和行业特性，建立多层次社会保险体系，鉴于快递业容易产生交通事故，考虑引入企业强制责任险，并加大意外伤害险的商业弥补力度[①]，研究探索开放快递专项险种，并按照市场化原则，根据快递行业特点，积极推动支持商业保险公司探索开放

---

① 2017年4月国务院常务会议通过的《关于做好当今和今后一段时间就业创业工作的意见》，对于包括快递业在内的新兴行业用工和社保制度作出规定：与职工签订劳动合同的企业需为职工缴纳社保，并可享受就业方面的补贴。其他从业者可按灵活就业人员身份参加养老、医疗和缴纳公积金。

针对快递业的专项商业保险产品，不断满足行业劳动保障需求；加快建设网上社保、全国住房公积金异地转移接续等平台，为快递小哥跨地区参保提供便利条件，通过提供集体宿舍、住房租金补贴、纳入廉租房统筹等方式，尽量改善快递小哥的居住条件①。

4. 推动行业监管

引导快递行业健康有序发展，避免行业过度竞争转嫁给快递小哥的行业风险；鼓励支持快递行业向服务细分、服务精准化升级，从而推动企业制定合理的工资标准，通过合理有效的绩效考核制度对快递小哥的工作强度、难度进行合理评估，对快递小哥的接单量、派送量进行合理的优化和控制，完善配送考核制度；加强快递车辆管理，社区应当为快递车辆、快递小哥进入小区提供便利，快递企业要加强对快递服务车辆的管理，使用适合的车辆从事社区配送，进入小区的快递服务车辆应统一标识，并按照小区规定的方向、路线和限速行驶；快递小哥要统一着装，配合物业服务企业的管理，快递企业要加强对快递小哥的培训与教育，切实提升快递小哥的业务素质和服务能力，以更好地服务于社区群众；此外，对于直营全职员工，企业部门要建立全面有效的员工福利体系和社会保障支持，对于加盟、承包和代理主体，企业主管部门需要加强对企业劳动用工的实地督查。

（六）创新机制，规范管理

创新体制机制，将快递小哥的引导、服务、管理工作做细做实，加快快递业的资源整合，促进信息与咨询的沟通交流，总结推广行之有效的好做法、好经验，共同研究务实有效的管理举措，提高管理效能。

1. 建立管理平台

梳理国外政策做法，立足中国快递业发展实际，进一步明确快递小哥不同类别的身份边界、群体特征和评价标准等，建立统计指标体系，为制定相

---

① 调研中课题组了解到，2018 年 4 月，经北京市东城区邮政管理局和朝阳区政府协调，朝阳区邮政分公司以及中通、天天、百世等快递企业部分一线员工拿到了公租房钥匙，租金低于市场价 30% ~ 50%。

关政策、开展相关工作提供理论支撑；加强基础数据统计分析，建立数据采集互联网平台和调查管理系统，加强群体数量、结构、流向的信息录入和情况调查；加强快递小哥的信息采集与录入，创建数据库，加强动态管理，促进管理部门的沟通，打消管理中存在的"盲点"，提高管理的科学化水平；完善舆情监测、行风监督和惩戒机制，建立从业人员、机构的信息档案、黑名单制度和退出机制，推动有关部门实施联合惩戒，对个人、机构失信失德、违法违纪行为依法依规进行规范和处置；探索建立专门针对快递行业的表彰奖励制度，纳入政府嘉奖范围，适当提高快递小哥在各级奖励的名额和比例，提升他们的职业归属感和身份认同感；根据快递行业市场需求，建立符合快递小哥特点的培训机制，在增加快递小哥相关专业知识和提升快递员相关专业技能的同时，提升快递小哥在城市就业的稳定性。

2. 出台管理政策

深化"放管服"改革，根据快递小哥的管理现状、特点及存在的瓶颈问题，建立由邮政部门牵头、群团组织参与的管理平台，加强顶层设计、统筹协调，抓好层层落实，建立例会及信息交流、督办、绩效评估等机制，统筹推进快递小哥的管理工作；探索建立全国范围内的快递员行业工会[①]，把快递小哥的工资薪酬、福利待遇、劳动强度等纳入集体协商范围，推动落实最低工资标准和欠薪报告制度，建立行业管理规范和标准；加大劳动保障监察执法、争议调解仲裁力度，加大法律法规宣传，规范用人单位劳动用工和遵守社会保障法律法规的行为，督促用人单位与快递从业人员建立稳定的劳动关系，按规定参加基本医疗、工伤保险等，保障员工基本权益；对企业实行守信联合激励和失信联合惩戒，规范各类经营主体，适应新兴经济体依托互联网和电子商务发展的行业特点，明确加盟、承包、代理的主体资格及其责任义务，通过规范经营主体来规范劳动关系，加强加盟网点管理，企业总部和劳务发包方对网点和承包方不能"一包了之"，应明确其负有管理责

[①] 在调研中课题组了解到，上海市已成立全国首家网约送餐行业工会，沈阳市快递行业工会联合会也正式成立。

任,主管部门应加强对企业劳动用工的监管,对加盟网点也要进行实地督查;对快递配送车辆的车型、重量、制动标准进行统一规定,公安交管部门制定上路行驶和停靠标准,保险公司配套出台针对性的保险投保产品,完善市区停车设施,改善配送车辆的停靠条件;加大对物流末端平台建设的政策支持力度,将快递末端服务体系纳入城市配送体系,编制服务网络规划,对小区快递服务点,邮政管理部门要简化许可手续,核发备案证明,政府相关部门要积极配合、落实政策、协同推进末端服务平台建设。

3. 延伸管理手臂

快递服务是民生事业,当前一些地方快递末端投递问题较为突出,快递小哥逐户投递时用户不在的情况比较普遍,部分小区物业虽提供地方存放快件,但缺乏管理,快件遗失、损毁等情况时有发生。邮政、住建、民政、商务等部门要重视快递服务进社区工作,深刻认识快递服务进社区的重要意义,要因地制宜地推进此项工作,积极引导社区居委会、物业服务企业与快递企业开展合作,为快递服务进社区营造良好的氛围,有效推进快递服务进社区工作的落实;加强对快递服务进社区工作的指导和管理,有效整合各类资源,引导各类市场主体参与快递服务进社区工作,及时协调解决工作中遇到的相关问题,为快递服务进社区创造条件,同时要高度重视小区公共安全,加强甄别和安全防范;落实对社区快递服务点、智能投递终端和快递企业的管理,规范小区快递服务流程、规范存放设施,明确责任分工、收费标准、快件管理等内容,推进快递服务进社区工作顺利开展;认真落实社区减负增效工作的相关要求,在推进快递服务进社区的同时,不给社区增加台账编制、达标评比等工作任务,确保社区干部有更多精力、更多时间服务居民,提升社区为民服务功能。

4. 创新管理方式

面向基层和生产一线,把快递小哥作为工作对象,纳入联络、服务、管理范围,打破户籍限制,以快递小哥实际工作地(或社保缴纳地)为主体,把那些长期在本区域工作的快递小哥纳入管理体系;以市辖区、县为基本单位,与行业管理、社会治理相结合,探索条块结合、以块为主、分级管理的

办法；完善宣传、交通、群团等单位信息共享工作机制，强化邮政部门与公安、人社、税务、市场监管等相关部门的沟通机制，延伸管理触角，扩大治理范围；各级党委团委以行业组织为依托开展党建团建工作，对快递小哥的党建团建工作进行指导，发挥党团优势，建立行之有效的属地化组织覆盖，具备组建条件的单独成立党的组织或建立联合党组织，暂不具备组建条件的，可通过选派党建工作指导员、联络员或建立工会、共青团组织等途径开展党的工作；要结合群体特点和需求，因势利导创新党团组织活动内容和方式，增强党建团建工作的针对性实效性，针对快递小哥的行业特点，本着统分结合、忙闲结合的原则，以小型、就近、分散、业余为主，做到宜统则统、宜分则分，忙闲兼顾，常年坚持，活动的开展不要打扰社区居民的日常生活、不要干扰快递小哥的正常工作，做到大活动精心组织搞出精彩，小活动遍地开花各有千秋，充分发挥出党团组织的战斗堡垒作用和党员团员的先锋模范作用。

综上所述，课题组综合快递小哥各方面的特征，将其称为城市的"蜂鸟"。这种鸟色彩鲜艳，有着红、黄、蓝、绿等耀眼的光泽，夺目异常。其飞翔时两翅急速拍动，快速有力而持久，通过快速拍打翅膀得以"悬浮"停在空中，是唯一能悬停飞行的鸟类。因此，"耀眼"和"悬浮"是蜂鸟的两大特点。

快递小哥穿着不同颜色的快递服，穿梭在城市楼宇和街头巷尾，就像蜂鸟一样"光彩夺目"，他们阳光、乐观、向上的精神风貌，也正如蜂鸟的飞行姿态，向往光明前途，对未来充满希望。同时他们也"悬浮"在城市上空，并没有真正落脚在城市，这种"悬浮"可以从两方面来理解：一方面，虽然他们的家乡在农村和小城镇，但他们没有种过地，在土地关系和血脉联系上远离故土，不像自己的父辈，他们不可能再回到农村去。在中国城乡二元结构的制度障碍下，他们在大城市里也很难立足。因此就整体而言，他们是"悬浮"于城市和农村之间的。另一方面，在工作经历和生活体验上，他们也"悬浮"于既有制度设计之外。体制内的各种保障，由于身份户籍所限，他们不能满足准入条件；制度外对低收入群体的各项福利照顾，由于其收入高于政策标准，他们也无法享受，他们是制度政策的夹心层。高强度的工作，频繁的跳槽，超时的压力，快递小哥用力拍打着自己的翅膀，游走在城市空间，努力向上流动。计件制的工作方式以及无底薪和少保障的生活条件下，他们的每一笔收入，都要靠出卖自己的劳动力赚取。他们没有经济实力在物理空间里沉淀下来，也没有社会网络在城市关系中嵌入进去，只能依靠拼命扇动自己的翅膀，在不断的跳跃中"悬浮"在城市中生存。

参考文献

1. 林原、李晓晖、李燕荣：《北京市快递员过劳现状及其影响因素——基于 1214 名快递员的调查》，《中国流通经济》2018 年第 8 期。
2. 章正、杜沂蒙、杨宝光：《给"快递小哥"快递一份保障》，《中国青年报》2019 年 2 月 26 日。
3. 章正：《共青团中央、全国青联为快递小哥代言》，《中国青年报》2019 年 3 月 12 日。

B.3

"蜂鸟"的真实形态

——城市快递小哥群体数据分析报告

廉思 曹轶昕 李颖 刘一锐*

摘　要： 新兴青年群体工作是党中央交给群团组织的重要任务，是群团组织的重点工作之一。本报告基于对外经济贸易大学对北京市范围内的快递（外卖）小哥群体调研的 1692 份有效样本数据，分基本情况、工作状况、权益维护与社会保障、生活质量、社会态度五个方面进行了图表呈现，不做任何深度加工和学术理论解读，保证了数据的真实性和鲜活性。

关键词： 快递小哥　权益维护　社会保障　生活质量　社会态度

近年来，随着网络零售市场和快递物流行业的跨越式增长，我国物流从业者群体规模也快速扩大，第一财经商业数据中心联合苏宁易购发布的《2018 快递小哥群体洞察报告》显示，2016～2018 年我国快递小哥数量增长了 50%，总规模已突破 300 万人。正是这百万级规模的快递/外卖配送大军给我国网络零售市场提供了强有力的支撑，对我国经济有着不可忽视的助推作用。

---

* 廉思，对外经济贸易大学公共管理学院，博士（后），教授，博士生导师，研究方向：青年问题、社会阶层、社会治理等；曹轶昕，对外经济贸易大学公共管理学院，硕士研究生，研究方向：青年问题；李颖，对外经济贸易大学公共管理学院，硕士研究生，研究方向：青年问题；刘一锐，中国人民大学附属中学 ICC 高二 1 班，研究方向：青年问题。

新兴青年群体工作是党中央交给群团组织的重要任务，是群团组织的重点工作之一。为深入学习贯彻习近平新时代中国特色社会主义思想和党的十九大精神，把团的十八大关于做好新兴青年群体的工作要求完成好落实好，准确把握快递业服务人员的基本情况，给快递小哥多一份关爱和保障，对外经济贸易大学廉思教授课题组对北京市范围内的快递（外卖）小哥群体进行了深入调研，对其基本情况、工作状况、权益维护与社会保障、生活质量及社会态度五个方面进行了系统的问卷调查，并在此基础上形成了数据分析报告。

本次调查的调查对象为 16~35 周岁（即 1983 年 1 月 1 日~2002 年 1 月 1 日出生）在北京市范围内从事快件/外卖揽收、分拣、封发、转运、投送的青年快递/外卖服务人员（不包括站长及其他管理人员）。为保证此次调查样本的典型性和有效性，课题组对快递小哥所在公司按照行业性质进行了区分，首先按照配送类型分为传统快递业和新兴快递业，新兴快递行业区别于传统快递行业的特点为"即时配"，即无须经过仓储和中转，是直接端到端的即时性送达服务，重点在于及时性；然后按照所有制形式将快递公司分为国有经济体和民营经济体两类，由于新兴经济体中无国有所有制公司，因此，将两个维度合并后可将所有快递公司划分为传统国有快递、传统民营快递、新兴民营快递三类。[①]

调查时间为 2018 年 8 月至 2019 年 2 月，共回收问卷 1710 份，经筛选甄别后，得到有效问卷 1692 份，有效率 98.95%。本报告基于 1692 份有效样本数据分析得出，不做任何深度加工和学术理论解读，保证数据的真实性和鲜活性。

一 基本情况

此部分主要从工作基本特征、性别、年龄、民族、宗教、政治面

---

① 为了便于阅读和简化表述，本报告将"传统国有传递"简称为"国有快递"，将"传统民营快递"简称为"民营快递"，将"新兴民营快递"简称为"新兴快递"。

貌、受教育程度、婚育状况、流动特征等方面说明快递小哥群体的基本情况。

（一）工作基本特征

1. 服务的公司品牌

从服务的公司品牌来看，此次调查的快递小哥公司来源较广泛，基本涵盖了中国目前常见的快递公司。分快递行业类别看，国有行业快递小哥占比10.16%，民营行业快递小哥占比73.17%，新兴行业快递小哥占比16.67%。分具体快递公司看，服务公司为顺丰的快递小哥占比最大，为15.19%，其次是中通和圆通，分别占到9.99%和9.40%。

表1　快递小哥公司来源分布

单位：%

行业分类	快递/外卖公司	比例
国有快递业	EMS	9.04
	中铁快运	1.12
民营快递业	顺丰	15.19
	中通	9.99
	圆通	9.40
	韵达	8.51
	京东	8.27
	百世	6.80
	德邦	6.26
	优速	4.31
	申通	3.19
	蜂鸟	0.71
	安能	0.12
	苏宁快递	0.12
	丰巢/永嘉服务站	0.18
	天天	0.06
	其他	0.06

续表

行业分类	快递/外卖公司	比例
新兴快递业	饿了么	5.61
	美团	5.02
	盒马鲜生	2.30
	点我达	1.65
	达达	1.12
	承诺达	0.35
	闪送	0.24
	每日优鲜	0.18
	肯德基宅急送	0.12
	近邻宝	0.06

2. 工作类别

在工作类别上，调查样本中快递派送员的比例最大，43.91%属于快递派送员，36.47%属于综合快递员，另外13.77%属于外卖配送员，5.85%属于快递揽收员。

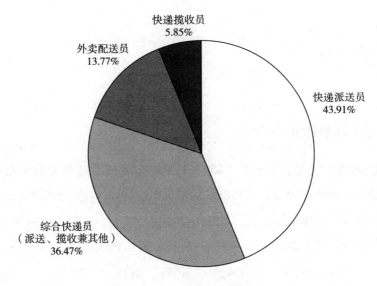

图1 快递小哥的工作类别

（二）性别特征

样本中男性快递小哥占绝大多数，男性青年比例为 89.54%，女性青年比例为 10.46%。不同快递行业的男女比例存在明显差异，国有快递业的女性占比最高，为 25.00%，其次为民营快递业（10.02%），新兴快递业中的女性占比最低，为 3.55%。

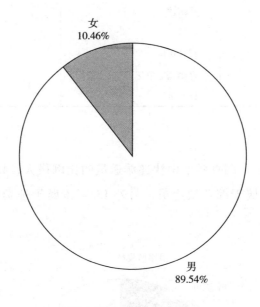

图 2　快递小哥的性别分布

（三）年龄特征

此次调查的快递小哥多为"85 后"和"90 后"，这部分青年占总样本的 69.33%，其中"85 后"（1985～1989）快递小哥占比 35.53%，"90 后"（1990～1994）快递小哥占比 33.80%。"95 后"（1995～1999）快递小哥也占一定比例（19.26%），"80 后"（1980～1984）小哥占比较少，为 9.81%，另外还出现了一定比例的"00 后"群体（1.60%）。分不同快递行业看，出生于 1990 年及以后的国有快递业小哥占比 44.77%，在民营快递业这一比例为54.52%，在新兴快递业中则上升至61.35%，可见在新兴快递业中小哥更为年轻化。

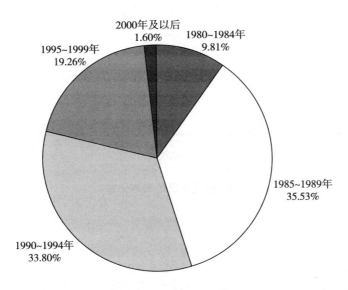

图3　快递小哥的出生年份

（四）民族、宗教特征

从民族特征来看，此次调查的快递小哥中有95.74%是汉族，占绝大多数；有2.19%是满族，有0.95%是回族；蒙古族、壮族、维吾尔族、苗族、藏族分别占有一定的比例，但相对较少；另有0.30%的人属于其他民族。

从宗教倾向来看，此次调查的快递小哥绝大多数无宗教信仰，占比91.43%；信仰的宗教占比最高的是佛教，占比5.02%；其次是基督教和伊斯兰教，比例分别为1.36%和0.83%；另外，有0.77%的快递小哥信仰道教，还有0.3%的快递小哥信仰天主教，信仰其他宗教的比例为0.30%；可以看出，该群体宗教信仰存在着"信众较少，宗教多元"的现象。

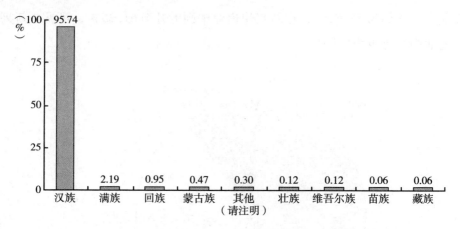

图4 快递小哥的民族分布

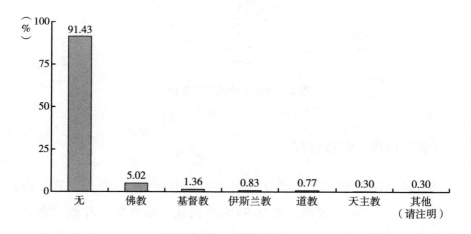

图5 快递小哥的宗教倾向

（五）政治面貌特征

从政治面貌来看，快递小哥以群众为主，占比79.67%；其次是共青团员，占13.95%；中共党员和各民主党派分别占6.26%和0.12%。分不同快递行业看，国有快递业的共青团员占比最高，为21.51%，其次为民营快递业（13.41%），新兴快递业的该比例最低（11.70%），相应地新兴快递业中政治面貌为群众的占比最高（85.11%）。

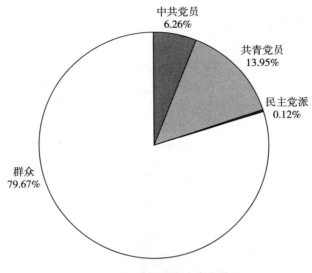

图6　快递小哥的政治面貌

（六）受教育程度特征

从受教育程度来看，受教育程度为高中的快递小哥占比较多，比例为34.28%；其次是初中学历和中专学历，占比分别为26.12%和18.79%；再次为高职高专和大学本科学历，分别为11.05%和7.33%；小学学历的占比为1.24%；未上学和硕士、博士学历的占比均不足1%。可见快递小哥的学历水平总体不高，高中（中专）学历及以下占比81.02%，高职高专及以上占比18.97%。

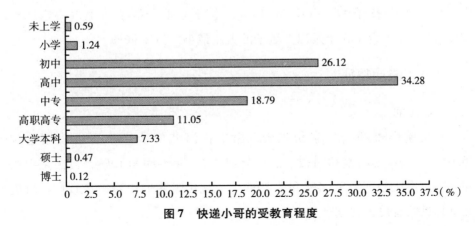

图7　快递小哥的受教育程度

（七）婚育特征

从快递小哥的婚恋情况来看，已婚的占比最高，达到 57.27%，未婚无恋爱对象的占比为 26.24%，未婚有恋爱对象的占比为 14.01%，离婚和丧偶的占比分别为 2.19% 和 0.30%。

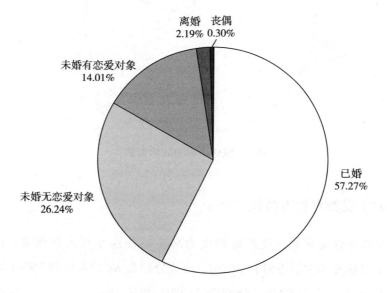

图8 快递小哥的婚恋状况

从快递小哥的生育数量看，未生育孩子的比例最高，为 44.33%，其次为生育了 1 个孩子的，占比 27.30%，生育了 2 个孩子的也占一定比例（25.41%），生育了 3 个及以上孩子的占比最小，为 2.96%。

（八）流动特征

1. 出生地

从快递小哥的出生省份来看，出生在河北的快递小哥占比高达到 36.64%，其次是河南和山西，占比分别为 14.36% 和 8.10%，再次是山东和北京，占比分别为 8.04% 和 7.39%。由此可见快递小哥来源较广，且离北京越近的省份占比越高。

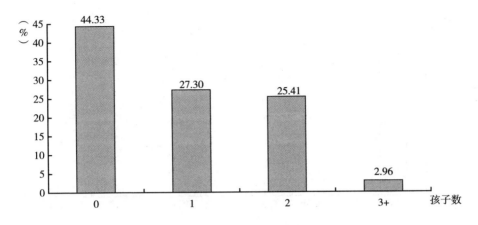

图9 快递小哥的子女数量

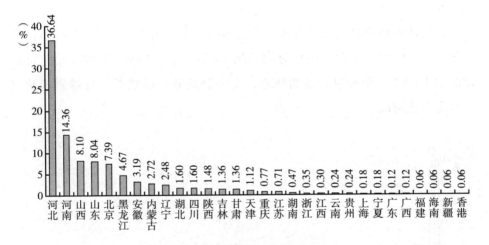

图10 快递小哥的出生省份

从快递小哥的出生地所属行政级别来看，来自乡镇的快递小哥居多，达到83.33%。其次为来自县城及县级市区，占比8.75%，再次是属于地级市区和直辖市区，分别为3.25%和3.13%，来自省会城区的占比最低（0.65%）。可见快递小哥大多出生于乡镇地区，出生地行政级别越高占比越少。

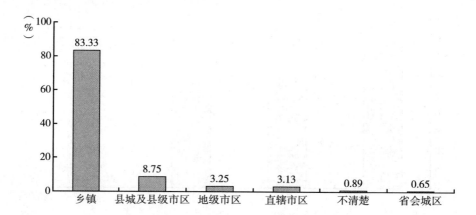

图11　快递小哥的出生所在地行政级别

2. 户籍状况

在快递小哥户籍登记地方面，占比最高的是河北籍，高达 36.82%；其次是河南、山西、山东，占比分别达到 14.54%、8.10%、7.92%，北京户籍的为 7.68%，呈现以北京为核心，全国分散分布的状况，且越靠近北京的省份占比越高。

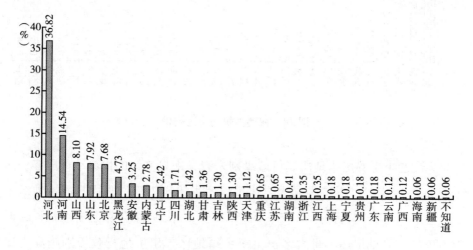

图12　快递小哥的户籍登记省份

在快递小哥户籍状况方面，总体上户口性质为外地农业户口的快递小哥居多，占比为75.24%；其次为外地非农业户口，占比为14.72%；北京非农户口占比为7.09%，北京农业户口占比为2.96%。

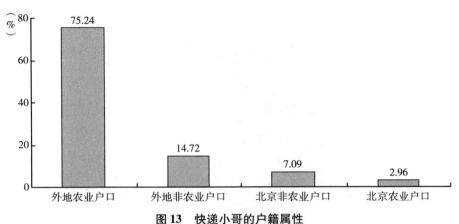

图13 快递小哥的户籍属性

3. 来京时间及一同来京人员

从在京时间来看，快递小哥来京时间多集中在5年内（包含5年），而来京5年内的主要集中在3年内，如图14所示。可见快递小哥来京打拼时间并不长。

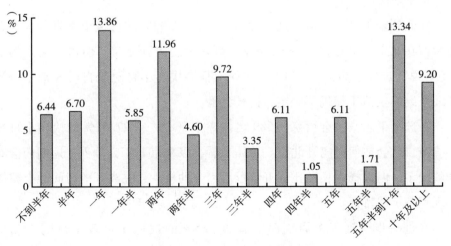

图14 快递小哥的来京时间

在调查和快递小哥一同来京的人员时发现，有 32.51% 的快递小哥独自来京，有 29.08% 的和配偶一起来京，有 21.39% 的是和同事一起来京。快递小哥独自来京的比例最大，但与和配偶一起来京的比例相差不大。

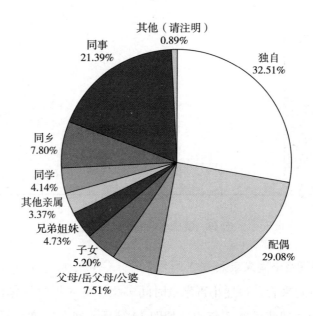

图 15 　与快递小哥一同来京人员

4. 未来计划

在问到未来是否会留京这个问题时，有 22.99% 的快递小哥表示未来会继续留在北京，也有约 20% 的快递小哥认为会离开北京。但占比最大的是"不好说"选项，高达 57.80%，这说明很多快递小哥对于自己未来是否要在北京继续生活工作仍不确定，比较犹豫。

在选择了未来不会留京的 389 名快递小哥中，有 27.51% 的快递小哥并不确定自己会在何时离开北京。总体来看，以来京五年为分界，短期内会离开的较多，但选择在长期比如五年以后离开的较少，在离开的时间性上整体呈现不确定的特征。

在进一步谈到离京原因时，有 36.25% 的快递小哥表示是因为北京生活成本过高，这与北京的城市属性有关；排名第二的原因是看不到职

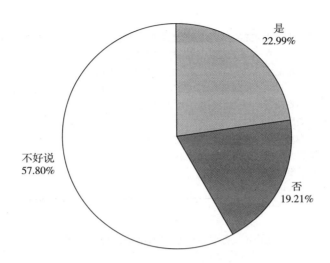

图16 快递小哥的未来留京计划

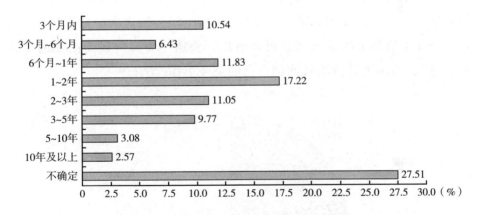

图17 有离京计划快递小哥的离京时间分布

业发展前景，占比19.54%，这与快递行业自身属性有关；排名第三的是子女回老家上学，占比19.02%，这主要是受到家庭因素的影响；其余影响因素分别为，工作压力大（17.99%）、经济状况长期得不到改善（16.71%）、给父母养老压力大（15.17%）、长期两地分居（14.40%）、无法置办房产（11.31%）、找不到结婚对象（5.66%）、其他（3.08%）。

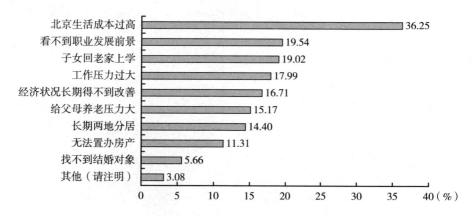

图18 有离京计划快递小哥的离京原因

对于389名选择了未来不会留京的快递小哥来说，绝大部分人选择返回到自己的家乡发展，占比68.12%；离开北京后会去除了家乡以外的其他城市的，占比10.28%；另外还有21.59%的快递小哥暂时还没想好离开北京后要去哪里发展。可以看出，快递小哥有着较为浓重的"返乡情结"，很多人希望能够回到自己的家乡工作。

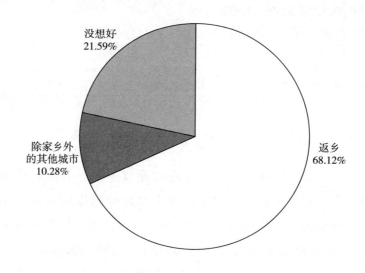

图19 有离京计划快递小哥的返乡计划

　　在267名选择了返乡的快递小哥中，问及返乡原因时，有25.84%的人选择了需要照顾老人，有23.60%的人选择了返乡创业，有19.48%的人选择了小孩回家上学，也有19.48%的人选择与家人两地分居。其他原因呈多样化的特点，家乡生活成本低（16.48%）、在北京事业很难发展（12.73%）、外面就业形势不好（8.99%）、结婚生育（8.61%）、家乡自然环境好（7.87%）、北京空气污染严重（7.12%）、很难融入北京（5.99%）、家乡就业机会多（5.62%）、家里劳动力不足（4.87%）、年龄太大（3.37%）、不习惯外地生活（3.00%）、身体不好（2.25%）、土地需要打理（1.50%）、其他（1.50%）。可见家庭因素对于目前快递小哥的返乡行为有着较为深刻的影响。

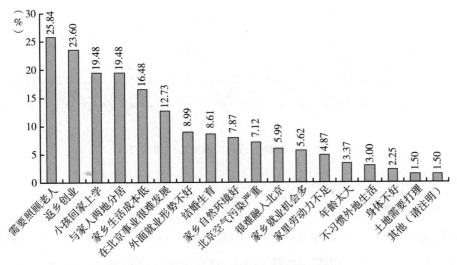

图20　有离京计划快递小哥的返乡原因

二　工作状况

　　此部分主要从工作年限、职业流动性、工作类型、收入情况、兼职情况、工作时长、工作强度、工作压力及工作满意度等方面展现快递小哥的工作情况。

（一）工作年限

1. 工作年限

从工作年限来看，以初次工作时间为 2008 年为分界，工作年限为十年以内（包括十年）的快递小哥占绝大部分，合计比例达到 74.65%；工作年限在十年以上的快递小哥只占到 25.35%。

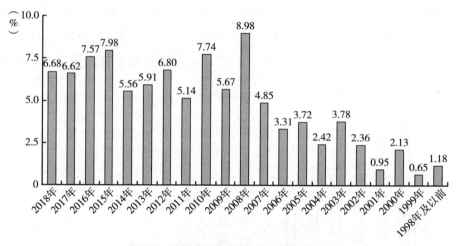

图21　快递小哥初次参加工作的年份

2. 快递行业工作年限

快递小哥在快递行业的工作年限呈现向两端集中的趋势，可明显看出从事快递行业年限为两年内（包括两年）的占有较大比例，合计比例为 61.40%；同时五年以上（包括五年）的占比合计也达到了 16.90%。可见快递行业是一个"新手"与"老手"并存的行业，且对于老手来说，快递职业可能已成为较为稳定的职业选择。

3. 从事当前快递工作的年限

快递小哥从事目前这份快递工作的年份由近到远呈现递减的趋势。2018 年从事当前工作的快递小哥占比最高，达到 34.10%，2017 年从事当前工作的快递小哥占比为 20.21%，2016 年从事当前工作的快递小哥占比为 12.83%，依次递减。

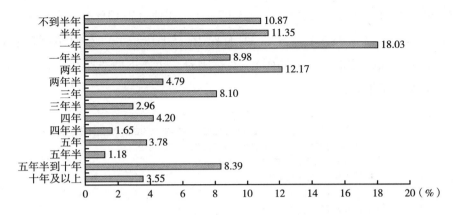

图22　快递小哥进入快递行业的时间分布

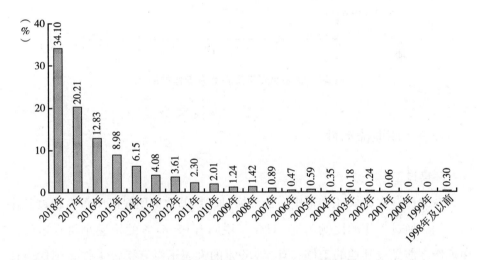

图23　快递小哥从事当前快递工作的年份

（二）在北京工作的原因

关于快递小哥选择在北京工作的原因，此次调查发现，首选的原因是收入水平高，占比达到39.07%；其次是为了更大的个人发展空间，占比为25.59%；再次是为了积累更多的工作经验，占比也达到了16.02%；其余原因占比分别为：城市交通发达（6.38%）、家人习惯在北京生活

（3.49%）、社会关系网都在北京（3.07%）、其他（2.13%）、子女有更好的教育机会（1.83%）、与北京人结婚（1.06%）、政府管理规范（1.00%）、医疗技术好（0.35%）。总体来看，快递小哥选择在北京工作的原因呈现多样化的特点。

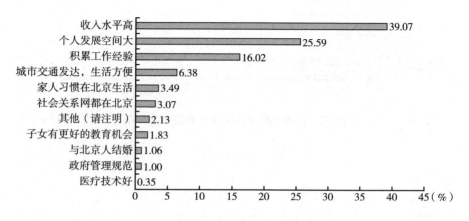

图 24　快递小哥选择在北京工作的原因

（三）职业流动性

1. 换过工作次数

在此次调查的快递小哥中，曾经换过工作的比例明显高于没有换过工作的比例。换过工作的比例为 62.41%，说明有 62.41% 的快递小哥在这份快递工作之前做过其他的工作；有 37.59% 的人表示没有换过工作，则代表这份快递工作是他进入职场后的第一份工作，并且一直持续到现在。换过工作的快递小哥中，换工作次数主要集中在 5 次以内（占 94.98%），平均换工作次数为 3 次左右。

2. 上次换工作的原因

在快递小哥认为的上一次换工作的原因中，排名前三的是工作收入低、工作没有发展前途和家庭原因，占比分别是 26.42%、15.72% 和 10.04%。离家较远、公司或单位裁人或倒闭、工作内容乏味等原因也占据一定的比

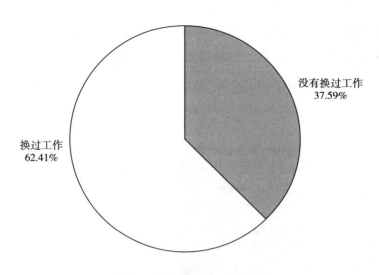

图 25 快递小哥换工作比例

例。由此可见，在快递小哥选择职业的时候，着重考虑的是这份工作带给自己的收入和回报，其次是家庭原因，最后考虑的才是工作本身相关的构成因素。

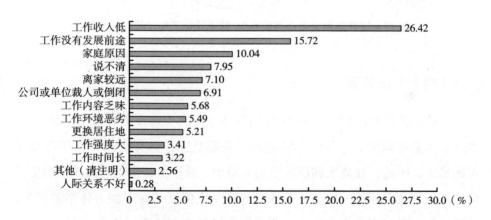

图 26 换过工作的快递小哥上一次换工作的原因

3. 是否在其他外卖/快递工作岗位干过

关于快递小哥在此份快递工作之前是否在其他外卖或快递公司工作过的问题，73.96%的快递小哥表示之前没做过其他快递工作，表明这份快递工

作就是他的第一份快递工作；另外有 26.04% 的快递小哥之前在其他的快递
公司也做过相关的快递工作，分散分布于圆通、顺丰、美团、中通等快递公
司，均占有较小的比例。

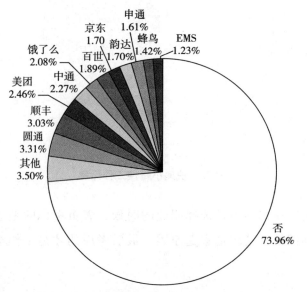

图27　快递小哥是否在其他外卖/快递公司工作过的情况分布

（四）工作类型

在员工类型的区别中，65.07% 的快递小哥属于直营全职员工，24.53%
的属于加盟全职员工，有 9.46% 的属于兼职员工，另有 0.95% 属于其他类
型的员工。因此，在此次调研的快递小哥中，全职员工比例远高于兼职员工
的比例，且在全职员工中，直营体系的员工比例又远高于加盟体系的员工。
分快递行业看，国有快递业中直营全职员工的比例最高，为 80.23%，其次
为民营快递业（69.63%），新兴快递业的直营全职员工的比例最低
（35.82%）。但新兴快递业中加盟全职员工和兼职员工的比例要高于传统快
递行业，如新兴快递业中加盟全职员工的比例为 49.29%，而民营快递业和
国有快递业的该比例分别只有 20.84% 和 10.47%。

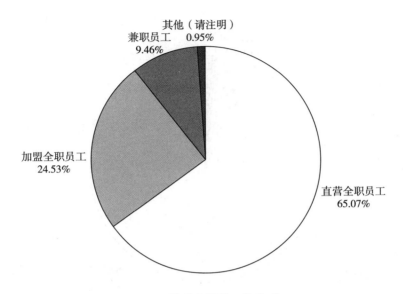

图28　快递小哥的工作类型

（五）兼职情况

1. 一共从事几份工作

只有快递一份工作的快递小哥的比例为84.52%，把快递工作作为自己唯一的收入来源，且占绝大多数；同时做两份工作的比例为8.39%，同时做三份工作的比例为3.61%，同时做四份工作的比例为1.83%，另外还有1.65%的人同时承担着五份以上的工作，他们在快递工作之余仍有较大的生活压力和经济压力，快递工作则成为他们收入来源的重要补充。

2. 本份工作是不是主要工作

在选择了从事一份以上工作的262人中，在被询问到本份快递工作是不是目前主要工作时，有89.69%的快递小哥回答了"是"，表明快递工作是他们目前从事的主要工作和主要收入来源；同时也有10.31%的快递小哥回答了"否"，表明除了本份快递工作外，他们在一定程度上仍依赖于其他工作和收入，快递工作只是他们的补充工作。

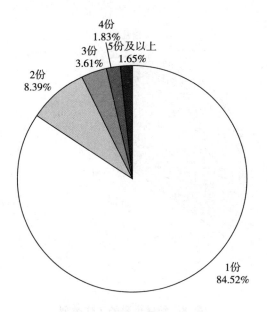

图 29　快递小哥的工作份数

3. 其他职业类型

紧接着课题组向这 262 名从事一份以上工作的快递小哥询问了他们除快递以外的其他职业类型有哪些。有 37.02% 的快递小哥除了本份工作外还兼

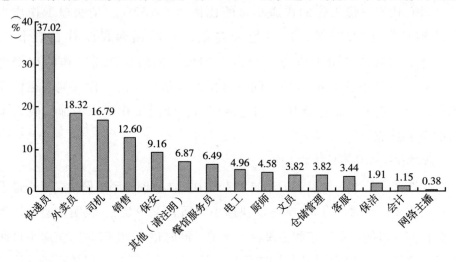

图 30　快递小哥的兼职工作情况

职着其他公司的快递小哥工作，有 18.32% 的还兼任着其他公司的外卖员工作；此外，同时兼职司机、销售、保安工作的比例也较高，分别为 16.79%、12.60% 和 9.16%；餐饮服务员（6.49%）、电工（4.96%）、厨师（4.58%）、文员（3.82%）、仓储管理（3.82%）、客服（3.44%）、保洁（1.91%）、会计（1.15%）、网络主播（0.38%）等工作也占了一定的比例，但相对较少。我们可以发现快递小哥的其他职业类型总体呈现丰富多样的特点，文职工作和体力劳动均有涉及，但从事劳动密集型的工作明显多于文职类工作。

（六）收入情况

1. 工资计算方式

快递小哥工资计算方式中占比最高的是无底薪计件工资，占比 38.53%，其次是有底薪加计件工资，占比 32.33%；有底薪加计时工资占比 17.02%，无底薪计时工资占比 11.17%；其他工资计算方式占比为

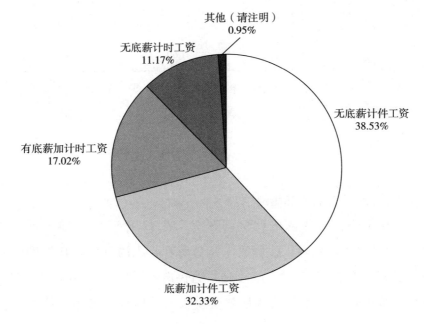

图 31　快递小哥的工资计算方式

0.95%，主要包括按月固定发放工资的类型。整体来看，快递行业目前应用计件工资制度多于计时工资制度；在计件方式中无底薪的要多于有底薪的，在计时方式中有底薪的多于无底薪的。

2. 平均月收入

在快递小哥的平均月收入上，呈现正态分布的特征。平均月收入集中在 3000～8000 元，且在 5000～6000 元区间达到峰值；同时我们也可以看到有 0.24% 的快递小哥月均收入在 21000 元以上。后据深入了解，这部分快递小哥是专送大客户的快递专员。总体来看，在平均月收入上，受访快递小哥呈现收入不均、高低不等但相对集中的特点。

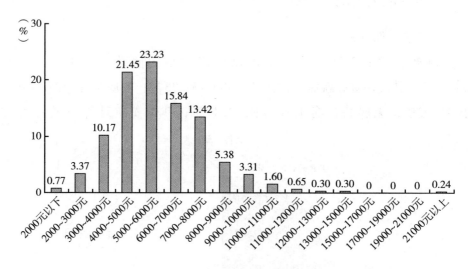

图32 快递小哥的平均月收入分布

3. 本份工作占总收入的比例

在本份工作占总收入的比例问题上，有 42.85% 的快递小哥选择了 100%，也就是本份快递工作的收入是其所有收入的总额；有 9.93% 的快递小哥选择了 90% 的比例，有 7.45% 的快递小哥选择了 80% 的比例。随着比例的减少快递小哥的选择呈现波动状态，具有一定的个体选择差异性。

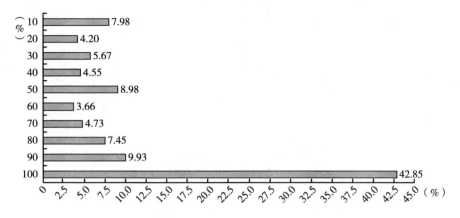

图33 快递小哥本份工作占总收入的比例

（七）工作时长

1. 每日工作时长要求

在公司每日工作时长方面，有64.13%的快递小哥表示公司并无硬性要求，员工可根据自身需要灵活调整工作时间，灵活机动性较强；但也有35.87%的快递小哥表示公司对于每日工作时长是有硬性要求的，每天有最低需要的工作时长。在表示公司有工作时长要求的快递小哥中，去掉18个小时以上的奇异值后，该群体的平均工作时长要求为9.6个小时，其中有52.20%的快递小哥表示最低工作时长为8小时，表明快递行业的工作时长要求要高于一般行业。

2. 每月工作时长要求

在公司每月工作时长要求方面，有65.07%的快递小哥表示公司并无硬性规定每月工作时长，看员工个人需要；另外有34.93%的快递小哥表示公司对于每月工作时长是有要求的。这与上题中公司对每日工作时长是否有要求的统计数据基本保持了一致。在表示公司有月工作时长要求的快递小哥中，去掉31天以上的奇异值后，快递小哥的平均月工作时长要求为25天。

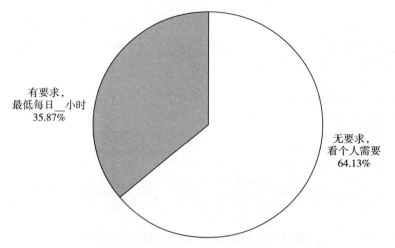

有要求，
最低每日__小时
35.87%

无要求，
看个人需要
64.13%

图34 快递小哥所在公司是否有日工作时长要求

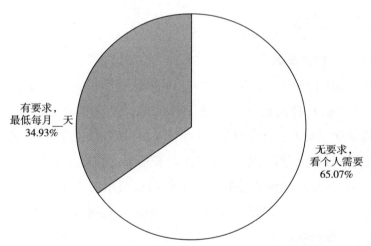

有要求，
最低每月__天
34.93%

无要求，
看个人需要
65.07%

图35 快递小哥所在公司是否有月工作时长要求

3. 实际月工作天数

快递小哥实际每月工作的平均天数为27天，而普通上班族一个月的工作日约为20~23天，且月工作天数超过26天的快递小哥占比85.11%，可见快递小哥月工作时长长于普通人群。

4. 实际日工作小时数

快递小哥实际每天工作的平均小时数为10.92个小时，约比普通的8小时工作时间多3个小时，可见快递小哥的每天工作时间长于普通人群。快递小哥的日工作时长主要集中在9~12小时，占比59.63%。

（八）工作量

1. 每日派件数量

在每日派件数量上，有1081名快递小哥每日派件在0~100件，有554名快递小哥每日派件在101~200件，有34名快递小哥每日派件在201~300件，每日派件300件以上的总体人数较少，但我们可以看到每日派件在901~1000件的仍有8名快递小哥，经进一步了解得知，这8名快递小哥是应对大客户的快递专员。整体来看，快递小哥每日派件数集中在0~200件，大多数是100件以内。快递小哥派件数量较多，派件工作压力较大。

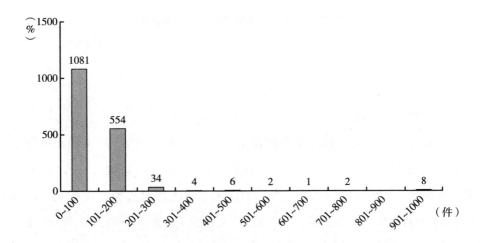

图36　快递小哥的每日派件量分布

2. 每天繁忙时段

从快递小哥每天的繁忙时段来看，繁忙时间分布在全天各个时段。在全天的工作时间内，上午8~12点、下午16~20点为快递小哥最繁忙的时间；在夜间快递小哥也没有休息，有7.45%的快递小哥选择了凌晨4~6点为繁

忙时段，有 6.03% 的快递小哥选择了 20~22 点为繁忙时段，另外还有
2.48% 的快递小哥选择了其他时间。可见快递小哥大部分时间都处于忙碌状
态，工作较为紧张。

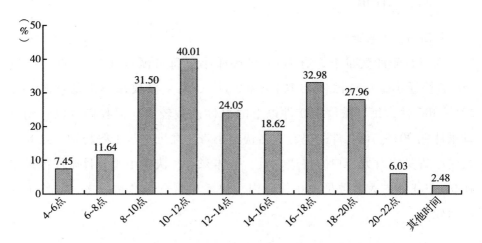

图37 快递小哥每天工作繁忙时段分布

（九）交通工具

1. 主要交通工具

在调查快递小哥送快递主要使用的交通工具时，有 70.21% 的人选择了
三轮车（含电动），有 17.43% 的人选择了两轮车（含电动），这两种方式
累计比例为 87.64%，说明绝大部分的快递小哥工作时选择两轮车和三轮车
作交通工具的。选择其他交通工具的比例较小，分别为：轻型货车
（4.55%）、步行（3.01%）、公共交通（1.71%）、轿车（1.18%）、自行
车（0.83%）、重中型货车（0.65%）、其他（0.35%）、马驴骡子等运输动
物（0.06%）。可见快递小哥使用的交通工具多种多样，但还是以三轮车、
两轮车为主。

2. 交通工具归属

在调查中有 53.19% 的快递小哥表示工作时使用的交通工具属于公司，

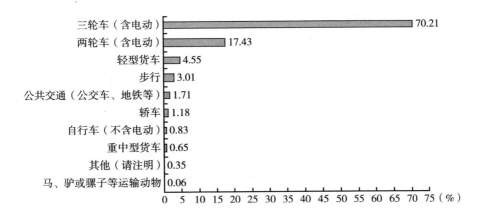

图38　快递小哥工作时的主要交通工具

但免费配置给个人使用；有 16.13% 的快递小哥表示虽然车属于公司，但个人垫付押金或租金后才可使用；另外还有 28.37% 的小哥使用自己的交通工具，2.07% 的快递小哥使用公共交通工具送快递。总的来看，快递小哥使用公司配置的交通工具明显多于使用自己的交通工具。

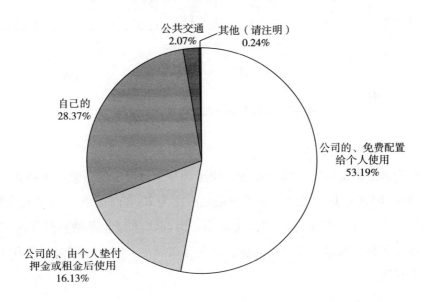

图39　快递小哥所使用交通工具的归属

（十）工作获得

1. 公司对个人的吸引力

谈到公司对个人的吸引力问题时，快递小哥表示首要的因素还是工资高，占比达到28.84%；其次是时间灵活，占比达到22.46%；排名第三的是公司关心员工，占比为17.97%；再次是提供员工宿舍、福利高、晋升快和其他，占比分别为14.13%、8.39%、4.73%和3.49%。由此可见，在公司对快递小哥的吸引力因素中，排名首位的还是收入因素。

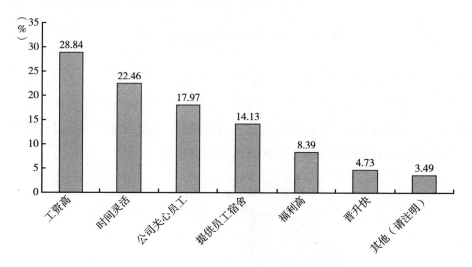

图40　快递小哥所在公司对其吸引力

2. 如何获得这份工作

对于获得本份快递工作的途径，快递小哥选择最多的是靠熟人推荐，占比达到61.64%；其次是浏览招聘网站，占比为20.86%；再次是公司官网，占比达到8.81%；其余途径均占比较小。因此快递行业吸纳新员工大多靠的是熟人推荐，通过老乡介绍老乡、朋友介绍朋友、同事介绍同事的方式扩大员工网络。

3. 工作站点选择

在工作站点选择是否自由的问题上，有47.22%的快递小哥表示站点可

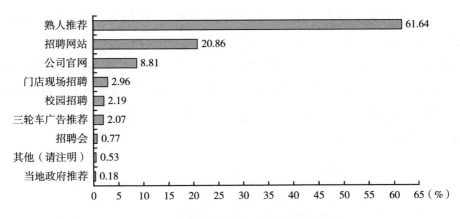

图41 快递小哥本份工作的获得方式

以由自己进行选择，有39.66%的快递小哥表示站点是公司安排的，也有12.77%的人表示站点的选择是公司和个人共同协商的结果，也就是在公司的需求基础上再满足个人意愿。选择其他站点分配方式的占0.35%。

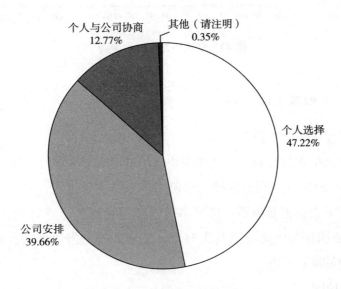

图42 快递小哥站点的选择方式

4. 公司培训

本题反映的是快递小哥在进入快递公司后受到的培训情况。在所有培训

种类中，公司统一培训业务操作是最为普遍的，比例高达71.57%，其次为服务意识培训（55.73%）、交通安全培训（54.26%）、企业文化培训（50.95%）、师傅帮带培训（50.77%），在其他（0.95%）选项中，快递小哥主要反映的是公司没有任何类型的培训。由此可见，快递公司在设置培训内容时是以业务为主要导向的，交通安全、服务意识等必备技能培训的普及度还不够高。

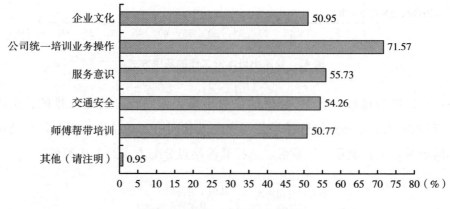

图43　快递小哥受过的培训

（十一）未来工作计划

1. 是否会辞掉这份工作

对于未来的工作计划，课题组向快递小哥询问了三年内是否会辞掉这份工作。有15.31%的认为会辞掉，这份工作只是一个过渡；有28.31%的认为会一直干下去，不会辞职；但更多的快递小哥选择了不好说，比例高达56.38%，表明很多快递小哥其实对于自己未来的工作计划是有些迷茫的，并没有清晰的职业规划。

2. 离职原因

在问到可能的离职原因时，快递小哥认为的原因中排名前三的为：北京生活压力大（33.45%）、个人家庭原因（26.60%）、工作时间长（20.04%）。其他原因多种多样，但大多离不开快递行业本身具有的特性。

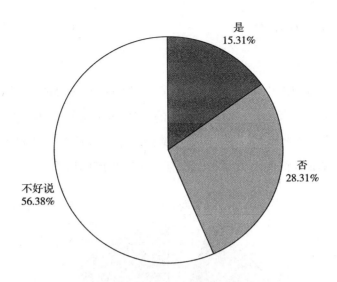

图44　快递小哥未来工作计划

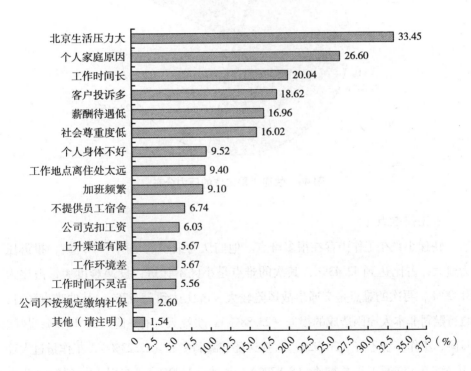

图45　快递小哥认为本工作可能的离职原因

（十二）工作压力

1. 压力大小

就工作压力的大小来说，只有 2.36% 和 5.32% 的快递小哥觉得工作压力较小或者完全没有压力；有 46.22% 的快递小哥觉得压力一般，还可以承受；另外有 28.61% 和 17.49% 的小哥觉得工作压力较大或者非常大。因此，总体来看，大部分快递小哥觉得工作存在不同程度的压力。

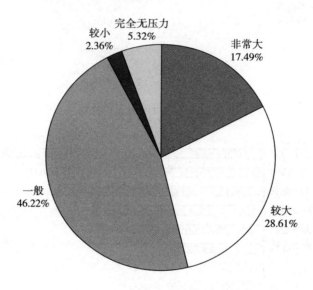

图 46 快递小哥工作的压力分布

2. 工作难点

快递小哥在工作中存在很多难点。他们认为最多的是用户不理解，投诉压力过大，占比达到 42.43%；其次的难点是小区不让进，投递难度大，占比为 31.09%；再次的难点是交通事故风险较大，占比达到 25.77%；其他难点还有：自行赔付非本人原因造成的损失（23.88%），极端天气有危险（21.10%），风吹日晒、工作环境不好（20.92%），揽送环节漏洞多等（12.23%），工作量过大等（9.75%），交通工具总被查（8.87%），其他（1.42%）。在以上提到的这些难点中，有个别是天气原因导致的，但大部分还是人为因素导致的。

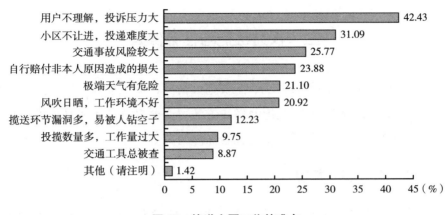

图47 快递小哥工作的难点

（十三）工作满意度

在工作满意度方面，在0~10分中，0分为完全不满意，10分为完全满意。快递小哥对工作的满意度平均分为7.48分。4分及以下（包含4分）的累积比例只有7.32%；而评分在5分及以上（包含5分）的累积比例为92.68%，其中占比最大的是10分（24.17%）。由此可见，虽然很多快递小哥觉得工作中存在较大压力、较多困难，但对于目前工作的满意度仍相对较高。

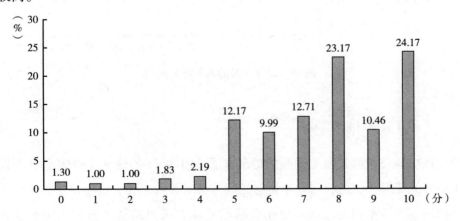

图48 快递小哥对工作的满意度评价分布

三 权益维护与社会保障

此部分主要从合同签订情况、工资拖欠情况、员工福利、社会保障、工作上遇到的困难、客户投诉情况及解决方法、交通事故遭遇情况及解决方法等方面说明快递小哥的权益维护与社会保障情况。

（一）合同签订情况

从快递小哥签订合同的状况来看，50.30%签订了固定期限劳动合同，占比最高；22.87%签订了劳务合同；9.22%没有签订劳动合同，8.45%签订了无固定期限劳动合同。整体来看，签订劳动合同的比例为61.94%，签订劳务合同的比例为22.87%，大多数快递小哥签署了正规的合同。

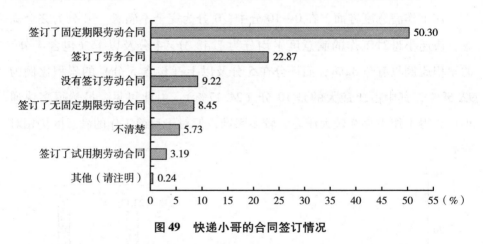

图49 快递小哥的合同签订情况

（二）工资拖欠情况

从快递公司拖欠员工薪酬的情况来看，91.43%的快递小哥表示没有拖欠薪酬的情况，快递公司基本能够按时为员工发放工资，这与快递小哥按件计酬的工资体系相关，公司对于快递小哥基本按月结清工资，采用现结方式，拖欠工资情况较少。

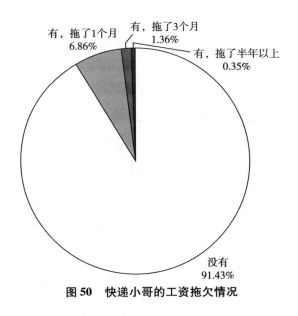

有，拖了1个月
6.86%

有，拖了3个月
1.36%

有，拖了半年以上
0.35%

没有
91.43%

图50 快递小哥的工资拖欠情况

（三）员工福利

在员工福利类型上，56.32%的快递小哥表示公司会提供员工宿舍，42.02%的有餐补。但是对于员工的基本权益来说，仅有40.48%的快递小哥有医疗保险，36.88%有工伤保险，36.17%有养老保险，29.37%有失业保险，24.65%有生育保险，17.14%有住房公积金，这说明基本的社保在快递小哥中还没有得到普及，参保率较低，值得关注。

（四）社会保障

此次调查显示，快递小哥涉及较多的是医疗、养老、工伤、意外保险。如有40.48%享受城镇职工医疗保险，因为不少快递小哥来自农村，有39.83%参保了新型农村社会养老保险，25.35%参保了新型农村合作医疗。除了在公司和在家乡地加入的社会保障外，部分快递小哥还自行购买了一些商业保险，如16.31%自行购买了意外险，10.40%的快递小哥自行购买了重大疾病险，可见少数快递小哥的风险防范意识较强，但大部分快递小哥仍只参加了基本社会保障，没有购买商业险种的意识。

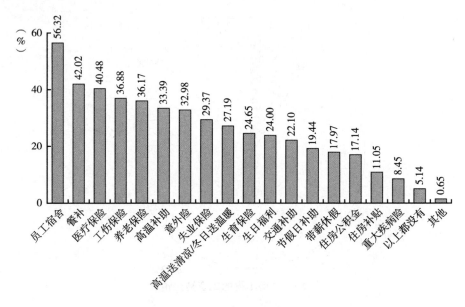

图51 快递小哥的员工福利情况

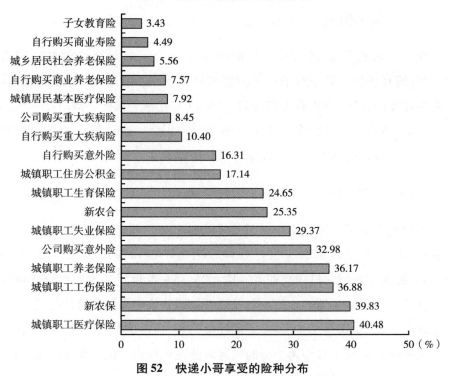

图52 快递小哥享受的险种分布

（五）工作上遇到的困难

44.86%的快递小哥表示在工作中有时会遇到重体力活，18.03%的快递小哥在工作中经常会遇到重体力活，16.37%的快递小哥一直以来都在从事重体力活，可以看出快递工作以从事体力劳动为主。

快递小哥以从事户外工作为主，46.63%的快递小哥表示一直从事户外工作，23.64%的快递小哥经常会从事户外工作，19.21%的快递小哥有时会从事户外工作，只有5.38%的快递小哥几乎没有从事户外工作，仅有5.14%的快递小哥从未从事户外工作。这与快递小哥以"收、派"为主的工作属性较为一致。

有36.88%的快递小哥遇到过交通工具被查的问题，9.04%和9.52%的快递小哥经常和一直面临交通工具被查的情况。快递小哥面临的交通风险较大，除了交通事故之外，还有交通工具被查的问题。

54.02%的快递小哥有时会遇到极端的天气，20.33%和13.36%的快递小哥会经常和总是面临极端气候的问题。这与快递小哥基本从事户外工作相关。极端天气使快递小哥的工作周期变长，工作难度加大。

在快递小哥的加班问题上，42.91%的快递小哥表示有时会加班，23.52%的表示会经常加班，18.79%的快递小哥一直加班，总体来看，85.22%的快递小哥面临着加班的问题，快递小哥工作时间较长。

41.08%的快递小哥表示自己有时遭遇过客户催促的问题，30.67%的快递小哥经常遇到客户催促的问题，16.02%的快递小哥表示自己一直会遇到客户催促的问题，从中可以看出，快递员的工作压力较大，往往会面对来自顾客的催促。

在客户投诉的问题上，48.17%的快递小哥表示自己有时会遇到客户投诉，12.29%的快递小哥经常会遇到客户投诉，10.87%的快递小哥表示自己一直以来都会遇到客户投诉问题，几乎未遇到的占19.68%，从未有过的占8.98%。由此可见，大部分快递小哥都遇到过客户投诉的问题。

53.49%的快递小哥有时会遇到客户态度不好的情况，16.37%的快递小

哥经常会遇到客户态度不好的情况，11.47%的快递小哥一直以来面临着客户态度不好的问题，几乎未遇到的占12.41%，从未有过的占6.26%。

关于交通安全问题，43.32%的快递小哥有时会遇到交通安全问题，10.87%的一直以来都有遇到交通安全问题，9.16%的快递小哥经常遇到交通安全问题。可见快递小哥面临着严峻的交通安全问题，从业过程中存在着较大的安全隐患。

关于工作是否会影响家庭生活，快递小哥认为工作有时会影响家庭生活的占比最大，为38.95%，这与快递小哥的工作时长和工作时间相关。

35.76%的快递小哥表示自己在工作中从未遇到过主管的刁难，29.73%的快递小哥几乎从未遇到过主管的刁难。快递小哥在工作中较少遇到主管的刁难，一直和经常会遇到主管刁难的情况占比较少，分别为6.74%和5.67%。

在快递损坏需赔付的情况下，有时需要自行赔付非本人原因造成的损失占比最大，为40.90%，经常会赔付非本人原因造成的损失占9.87%，一直以来都是自己承担非本人原因造成的损失占9.10%，几乎没有赔付过非本人原因造成的损失占22.10%，从未赔付过非本人原因造成的损失占18.03%。可见快递公司对于赔付还没有一个特别明确的规定，大部分还是由快递小哥承担。

41.78%的快递小哥表示自己有时会遇到因揽送环节存在漏洞被某些客户钻空子的问题，7.92%的快递小哥经常会遇到此类问题，7.74%的快递小哥一直遇到此类问题，24.00%的快递小哥几乎没有遇到过此类问题，18.56%的快递小哥从未遇到此类问题。

（六）客户投诉情况及解决方法

在客户投诉方面，71.81%的快递小哥表示曾经遭遇过客户投诉的问题，这与上文数据基本一致，由此可见快递小哥会经常遇到客户投诉问题。从投诉的原因来看，以物品破损和快递不及时为主，分别占比37.78%和35.39%。

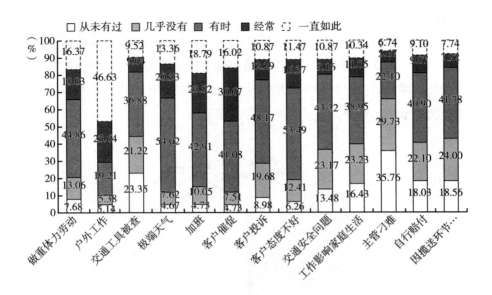

图53 快递小哥遇到工作困难的频率分布

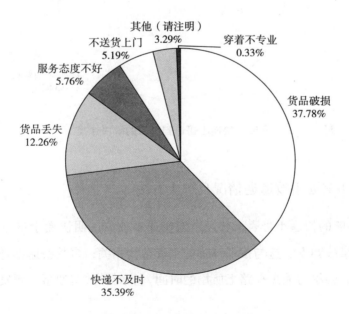

图54 快递小哥遇到的投诉原因

目前，快递小哥在面对投诉时，主要以与客户协商解决为主，占比83.62%，可见面对投诉解决办法较为单一。4.36%的快递小哥在面对投诉时会选择独自承受处罚，4.03%的快递小哥会找站长帮忙，3.54%的快递小哥会找公司帮忙解决，2.30%的快递小哥会找师傅帮忙解决，1.32%的快递小哥会找同事帮忙解决。

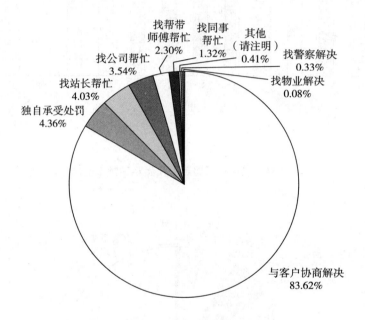

图55　快递小哥遇到投诉的解决途径

（七）交通事故遭遇情况及解决方法

39.24%的快递小哥表示曾经遭遇交通事故，说明快递小哥在送快递过程中交通事故频发。这与按件计酬的工资结构相关，多数快递小哥为了能够多送快递，会尽力缩短在路上所用的时间，从而导致交通事故频发，安全隐患较大。

在交通事故的处理方法上，快递小哥基本会采用与对方协商解决的处理办法，占比60.09%；18.83%的快递小哥会联系公司，公司会专门派人协助解决；11.30%的快递小哥会找交警进行认定处理，7.38%的快递小哥会联系保险公司进行解决。

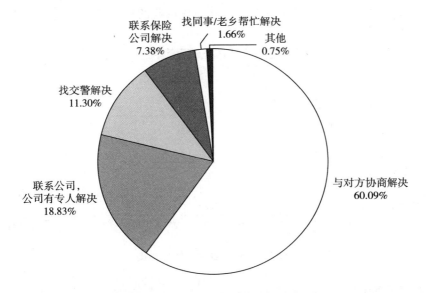

图56　快递小哥遇到交通事故的处理方法

四　生活质量

此部分主要从居住环境、收入水平自评、健康状况、休闲时间分配、共青团活动参与、休闲时间上网频率及网络偏好、信息获取渠道、社会参与、生活满意度等方面说明快递小哥的生活质量情况。

（一）居住环境

1. 房屋类型

在居住的房屋类型选择上，快递小哥住在员工宿舍的比例最高，为42.55%；其次是平房独租和平房合租，比例分别为18.26%和12.06%；再次是楼房合租和楼房独租，占比为11.58%和5.85%；租住在地下室的比例为3.25%，借住他人房屋的比例为2.66%；另外只有小部分人住在自购房

屋中，包括自购商品房（2.30%）和自购经济适用房（0.53%）。从调查结果看来，快递小哥群体的居住环境普遍不如人意，住在多人员工宿舍或平房的占据了较大的比例，只有极少数能够住在自购的房屋中。

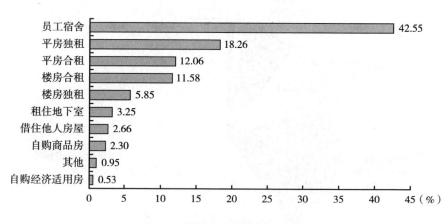

图 57　快递小哥在京居住类型

2. 房屋面积

在居住面积上，有 15.37% 的快递小哥住在人均不足 5 平方米的房屋内，有 28.66% 的人住在人均 5~9 平方米的房屋内，有 30.44% 的人住在人

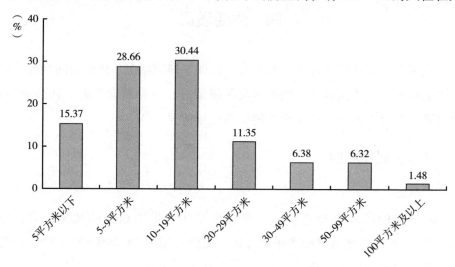

图 58　快递小哥在京人均居住面积

均 10 ~ 19 平方米的房屋内，有 11.35% 的人住在人均 20 ~ 29 平方米的房屋内，住在人均 30 平方米及以上房屋内的快递小哥累积占比 14.18%。

3. 居住位置

按照快递小哥居住位置距离市中心远近来划分，主要居住位置集中在三环到四环间（20.69%）、四环到五环间（24.76%）、五环到六环间（26.36%），居住在六环外（12.83%）和三环以内（15.36%）的快递小哥占比较小。快递小哥的居住位置呈现远离市中心、向外发散、向六环靠近的特征。

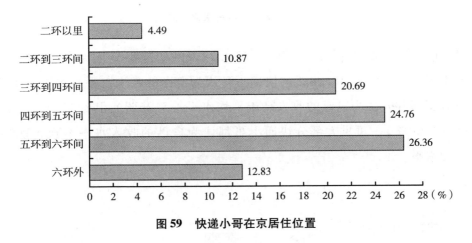

图 59　快递小哥在京居住位置

4. 通勤时间

快递小哥每天上下班的通勤时间从半小时内到两小时以上不等，但通勤时间越长所占比例越小，有 57.27% 的快递小哥每天的通勤时间控制在半小时内，有 28.25% 的快递小哥每天通勤时间在 0.5 ~ 1 小时，说明快递小哥在选择居住地点和工作站点的时候会较为充分地考虑到距离远近和通勤时间长短的问题。

（二）收入水平自评

1. 在北京的水平

在北京，相对于其他人的收入水平，有 21.22% 的快递小哥认为自

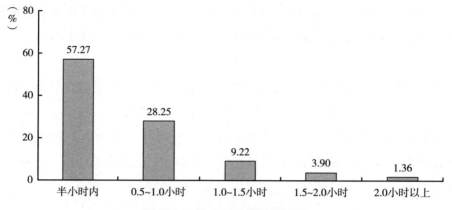

图60　快递小哥在京通勤时间

己的收入是远低于平均水平的，有34.28%的快递小哥认为自己的收入低于平均水平，有38.24%的快递小哥认为自己的收入与平均水平持平，只有少部分人认为自己的收入高于平均水平（5.26%）和远高于平均水平（1.00%）。可见大部分快递小哥都认为自己的收入水平不到北京的平均水平。

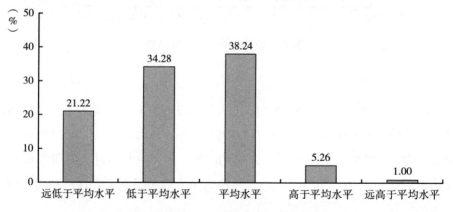

图61　快递小哥与北京人相比的收入自评

2. 在老家的水平

在询问了快递小哥觉得自己的收入在北京处于什么水平之后，课题组紧接着询问了他们觉得自己的收入在老家处于何种水平。结果显示有

9.93%的快递小哥仍认为自己的收入水平远低于老家的平均水平，有11.17%的快递小哥认为低于老家的平均水平，有39.36%的小哥认为自己的收入水平和老家平均水平一致，有部分快递小哥觉得自己的收入水平是高于老家平均水平（35.82%），甚至远高于老家平均水平的（3.72%）。

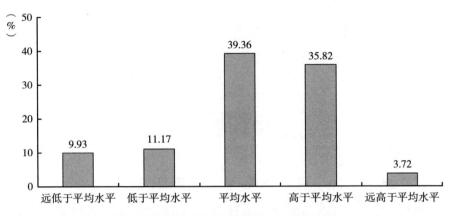

图62　快递小哥与家乡人相比的收入自评

（三）健康状况

本题是快递小哥对于个人健康状况的自我判断。此次调查显示，有42.26%的快递小哥觉得自己身体是非常健康的，有28.25%的快递小哥觉得自己很健康，有25.71%的快递小哥觉得自己的身体状况一般；另外还有小部分人觉得自己身体不健康（3.13%），甚至是非常不健康（0.65%）。由此可见，快递小哥对于自我身体状况的认知总体较好，只有很小比例的快递小哥认为自己身体状况糟糕。

（四）休闲时间分配

在工作之余的休闲时间，快递小哥做得最多的事情排名前三位的首先是睡觉，占比达58.75%，其次是看电视或电影，占比达24.70%，再次是上网，占比为20.74%。由此可见，快递小哥平时休息时间较少，空余时间或

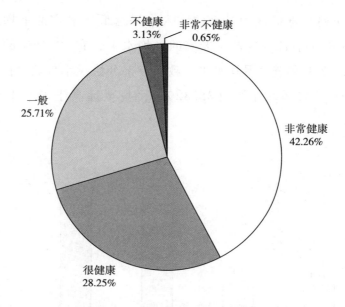

图63 快递小哥的健康状况自评

用来睡觉，或用来上网看电视/电影，主要是进行单独性的室内活动，聚会、运动、逛街、旅游、培训等外出性和集体性活动参与较少。长期单独工作，空余时间也常常独处，可能加剧快递小哥的生活孤独感。

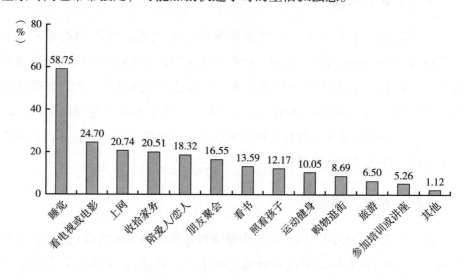

图64 快递小哥的业余活动

（五）共青团活动参与情况

1. 公司是否有共青团组织

对于所在公司是否有共青团组织，19.68%的快递小哥表示所在公司有团组织，46.16%的小哥表示所在公司没有团组织，同时有34.16%的小哥对此关注不多，不知道所在公司是否有团组织存在。

2. 活动参与情况

在333位明确知道公司存在团组织的快递小哥中，经常参加共青团组织的活动的有11.41%，偶尔参加的有50.45%，没有参加的有38.14%。表明快递小哥在公司共青团组织的活动中参与度不是很高，甚至完全没有参与。

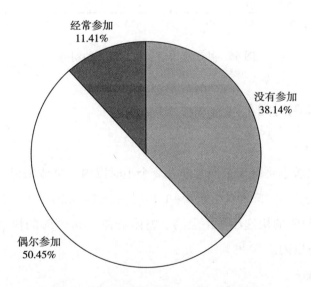

图65　快递小哥团组织活动的参与情况

3. 对共青团的期待

进一步谈到对于共青团的期待和希望共青团组织哪些活动时，有37.35%和34.52%的快递小哥希望参与共青团组织的拓展郊游和学习培训活动，其次是交友联谊（24.29%）和文体活动（23.35%）。其他活动的比

例分别为：网上交流（18.32%）、参观访问（13.3%）、亲子活动（11.7%）、读书演讲（9.57%）、其他（3.01%）。从数据中我们明显可以感觉到，快递小哥希望通过共青团组织的活动更多地参与到集体性和户外性的社交活动中去。

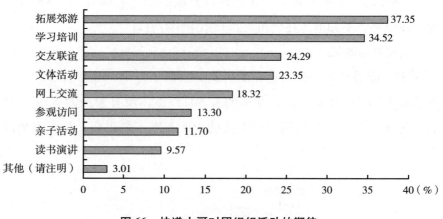

图66　快递小哥对团组织活动的期待

（六）休闲时间上网频率及网络偏好

1. 上网时间

大部分快递小哥每天上网时间在 2 个小时以内，具体来说，每天上网时间为半小时的占比 25.53%，0.5~1 小时占比 24.23%，1~2 小时占比为25.89%，8.33% 的快递小哥不上网。整体来看，75.65% 的快递小哥上网时间在两个小时以内。

2. 上网偏好

关于快递小哥的上网偏好，值得注意的是 39.91% 的快递小哥会看网络新闻，占比最大；34.17% 的快递小哥看腾讯/爱奇艺等视频；28.37% 的进行网络社交；27.66% 的快递小哥看抖音/快手等短视频；24.37% 的快递小哥打游戏，17.47% 的快递小哥阅读电子书。其余像刷微博、用知乎、找对象等用途选择不多。

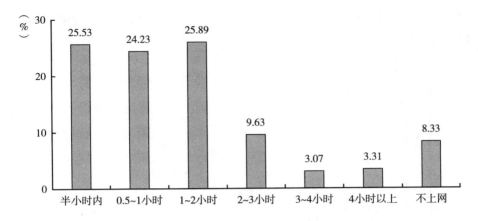

图 67　快递小哥业余上网时间

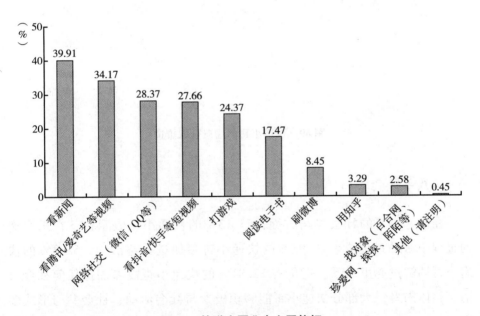

图 68　快递小哥业余上网偏好

（七）信息获取渠道

快递小哥信息获取途径主要为微信，占比 87.23%；其次是新闻客户端，占比 27.66%；选择微博的占 18.09%；选择抖音/快手等短视频

APP 的快递小哥占比 17.67%；较少的人会选择报纸、杂志等纸质媒体，仅占 3.90%。

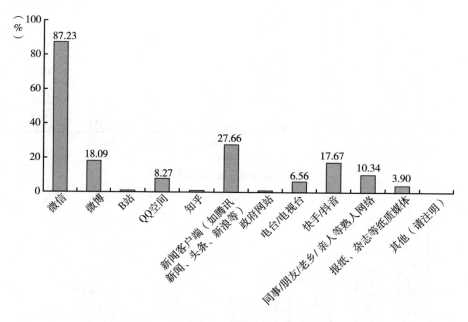

图 69　快递小哥的信息获取渠道

（八）社会参与

在快递小哥的社会参与方面，65.13% 的快递小哥表示自己在送快递的过程中帮助过他人。10.93% 的快递小哥参加过公益活动，6.03% 的快递小哥调解过邻里关系。但仍有 22.81% 的快递小哥没参加过任何社会活动。整体来看，大部分快递小哥能够积极参与社会活动，社会参与形式多样。

（九）生活满意度

关于快递小哥的生活满意度方面，整体呈现满意趋势。快递小哥对生活的满意度均分为 7.11 分（0 ~ 10 分，0 为完全不满意，10 分为十分满意），快递小哥评分为 10 分的占比 22.64%，满意度为 5 分的占比 15.78%。总体

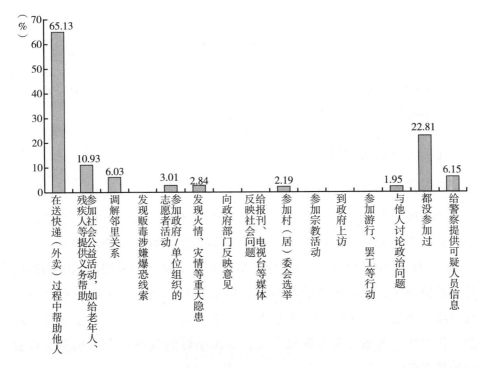

图70 快递小哥的社会参与情况

来看，满意度 5 分及以上的整体占比 89.37% 。虽然快递小哥会面对很多困难，但对生活的满意度仍然较高。

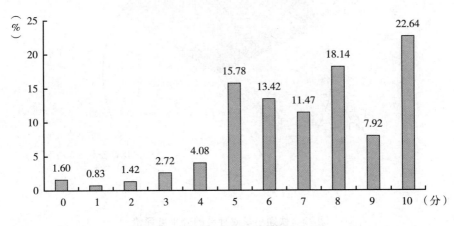

图71 快递小哥对生活满意度评价

五　社会态度

此部分主要从社会公平感、社会信任感、社会歧视遭遇情况、社会融入、爱党爱国态度等方面说明快递小哥的社会态度。

（一）社会公平感

在对社会公平的认同感上，有 16.08% 和 41.78% 的快递小哥认为社会总体来说完全公平和比较公平，合计占 57.86%。有 24.11% 的快递小哥认为社会不太公平，有 4.85% 的快递小哥认为社会完全不公平，合计占 28.96%。另外 13.18% 的快递小哥表示说不清。相较课题组之前调研过的其他群体，快递小哥的社会公平感水平并不高。这表明在社会发展现阶段，随着社会矛盾的不断增多，快递小哥对社会的公平感知并不理想。作为社会关系的重要联结节点，快递小哥的公平感会影响整个社会的情绪走向。

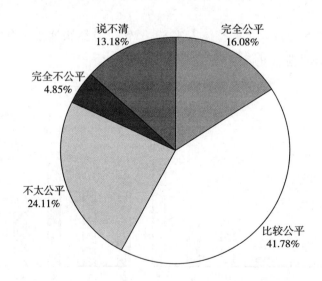

图72　快递小哥对社会的公平度评价

（二）社会信任感

1. 社会信任度

社会信任的评价从 0 到 10 分，0 为完全不信任，10 分为完全信任，快递小哥对整个社会人与人之间的信任评分均分为 5. 91 分。图 73 中横轴的数值代表快递小哥对社会信任水平的认知，数值越高表示信任度越高，数值越低则表示信任度越低。从图中可以看出，10. 87% 的快递小哥认为人与人之间是完全信任的，26. 71% 的快递小哥持中立态度，3. 49% 的快递小哥认为人与人之间是完全不信任的。从总体来看，该信任水平认知的分布是偏右的，大部分快递小哥认为当今社会人与人之间的信任水平较高，持该态度的快递小哥占总数的 51. 48%，持相反态度的快递小哥占总数的 21. 80%。

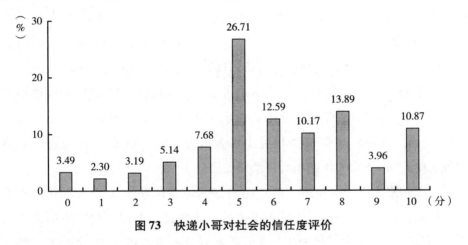

图 73　快递小哥对社会的信任度评价

2. 对不同组织的信任程度

对于中央政府，57. 45% 的快递小哥表示非常信任，23. 82% 的快递小哥表示比较信任，7. 74% 的快递小哥表示不太信任，1. 89% 的快递小哥表示完全不信任，另外 9. 10% 的快递小哥表示说不清。81. 27% 的快递小哥持积极态度，9. 63% 的快递小哥持消极态度。

对于地方政府，41. 78% 的快递小哥表示非常信任，27. 25% 的快递小哥表示比较信任，16. 90% 的快递小哥表示不太信任，3. 61% 的快递小哥表示

完全不信任，另外 10.46% 的快递小哥表示说不清。69.03% 的快递小哥持积极态度，20.51% 的快递小哥持消极态度。

对于人民代表大会，49.53% 的快递小哥表示非常信任，26.71% 的快递小哥表示比较信任，10.17% 的快递小哥表示不太信任，2.90% 的快递小哥表示完全不信任，另外 10.70% 的快递小哥表示说不清。76.24% 的快递小哥持积极态度，13.07% 的快递小哥持消极态度。

对于法院、检察院，48.58% 的快递小哥表示非常信任，28.43% 的快递小哥表示比较信任，9.75% 的快递小哥表示不太信任，2.90% 的快递小哥表示完全不信任，另外 10.34% 的快递小哥表示说不清。77.01% 的快递小哥持积极态度，12.65% 的快递小哥持消极态度。

对于官方新闻媒体，39.89% 的快递小哥表示非常信任，29.49% 的快递小哥表示比较信任，15.37% 的快递小哥表示不太信任，3.43% 的快递小哥表示完全不信任，另外 11.82% 的快递小哥表示说不清。69.38% 的快递小哥持积极态度，18.8% 的快递小哥持消极态度。

对于公安机关，45.80% 的快递小哥表示非常信任，29.91% 的快递小哥表示比较信任，11.47% 的快递小哥表示不太信任，2.78% 的快递小哥表示完全不信任，另外 10.05% 的快递小哥表示说不清。75.71% 的快递小哥持积极态度，14.25% 的快递小哥持消极态度。

对于网络大 V，24.47% 的快递小哥表示非常信任，21.81% 的快递小哥表示比较信任，28.19% 的快递小哥表示不太信任，9.63% 的快递小哥表示完全不信任，另外 15.90% 的快递小哥表示说不清。46.28% 的快递小哥持积极态度，37.82% 的快递小哥持消极态度。

对于所在公司，36.52% 的快递小哥表示非常信任，37.71% 的快递小哥表示比较信任，11.35% 的快递小哥表示不太信任，3.19% 的快递小哥表示完全不信任，另外 11.23% 的快递小哥表示说不清。74.23% 的快递小哥持积极态度，14.54% 的快递小哥持消极态度。

对于基层党组织，40.13% 的快递小哥表示非常信任，28.55% 的快递小哥表示比较信任，13.77% 的快递小哥表示不太信任，3.49% 的快递小哥表示完全不信任，另外 14.07% 的快递小哥表示说不清。68.68% 的快递小哥持积极态度，17.26% 的快递小哥持消极态度。

对于工会，37.29% 的快递小哥表示非常信任，30.38% 的快递小哥表示比较信任，13.89% 的快递小哥表示不太信任，3.43% 的快递小哥表示完全不信任，另外 15.01% 的快递小哥表示说不清。67.67% 的快递小哥持积极态度，17.32% 的快递小哥持消极态度。

对于团委，38.24% 的快递小哥表示非常信任，30.50% 的快递小哥表示比较信任，12.35% 的快递小哥表示不太信任，2.90% 的快递小哥表示完全不信任，另外 16.02% 的快递小哥表示说不清。68.74% 的快递小哥持积极态度，15.25% 的快递小哥持消极态度。

其中，快递小哥对中央政府的信任度最高，对网络大 V 的信任度最低。从整体来看，快递小哥对中央机构的信任度高于对地方政府和基层党组织的信任度。信任会降低社会交往的成本，对政府而言，高的信任度亦会降低执政的成本。快递小哥对政府的信任呈现中央和地方较为分化的情况，他们在工作中大量接触的是基层政权和基层党组织，这对基层政府和基层党组织的执政能力和治理水平提出了挑战。

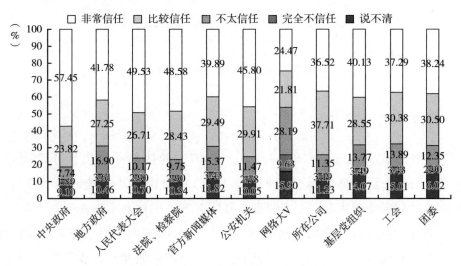

图 74　快递小哥对不同组织的信任度情况

（三）遭受的社会歧视

在过去的一年中，有 38.24% 的快递小哥表示在职业方面受到了歧视，24.65% 的快递小哥表示在收入方面受到了歧视，16.25% 的快递小哥表示在受教育程度方面受到了歧视，15.60% 的快递小哥表示在家庭背景及社会关系方面受到了歧视，13.89% 的快递小哥表示在户口方面受到了歧视，6.68% 的快递小哥表示在年龄方面受到了歧视，3.25% 的快递小哥表示在民族方面受到了歧视，2.78% 的快递小哥表示在性别方面受到了歧视，1.54% 的快递小哥表示在其他方面受到了歧视，只有 25.47% 的快递小哥表示没有在任何方面受到歧视。

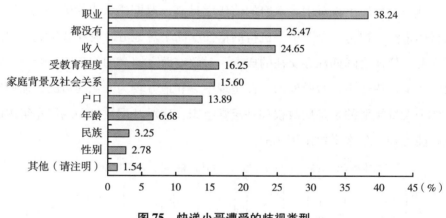

图 75　快递小哥遭受的歧视类型

（四）社会融入

对于"我喜欢北京"这一观点，28.07% 的快递小哥表示非常同意，42.79% 的快递小哥表示比较同意，15.72% 的快递小哥表示不太同意，3.43% 的快递小哥表示完全不同意，另外 9.99% 的快递小哥表示说不清。

对于"我关注北京的变化"这一观点，24.00% 的快递小哥表示非常同意，45.04% 的快递小哥表示比较同意，16.55% 的快递小哥表示不太同意，3.37% 的快递小哥表示完全不同意，另外 11.05% 的快递小哥表示说不清。

对于"我很愿意融入北京人当中，成为其中一员"这一观点，25.83%的快递小哥表示非常同意，38.06%的快递小哥表示比较同意，18.74%的快递小哥表示不太同意，6.44%的快递小哥表示完全不同意，另外10.93%的快递小哥表示说不清。

对于"我觉得北京人愿意接受我成为其中一员"这一观点，19.50%的快递小哥表示非常同意，28.72%的快递小哥表示比较同意，23.88%的快递小哥表示不太同意，12.35%的快递小哥表示完全不同意，另外15.54%的快递小哥表示说不清。

对于"北京离不开我"这一观点，11.58%的快递小哥表示非常同意，15.25%的快递小哥表示比较同意，26.71%的快递小哥表示不太同意，32.51%的快递小哥表示完全不同意，另外13.95%的快递小哥表示说不清。

对于"我为北京发展做了贡献"这一观点，23.40%的快递小哥表示非常同意，40.54%的快递小哥表示比较同意，15.84%的快递小哥表示不太同意，6.56%的快递小哥表示完全不同意，另外13.65%的快递小哥表示说不清。

对于"我感觉北京人看不起外地人"这一观点，24.65%的快递小哥表示非常同意，29.14%的快递小哥表示比较同意，21.63%的快递小哥表示不太同意，8.69%的快递小哥表示完全不同意，另外15.90%的快递小哥表示说不清。

对于"我的生活习惯与北京市民存在较大差别"这一观点，18.26%的快递小哥表示非常同意，31.38%的快递小哥表示比较同意，26.24%的快递小哥表示不太同意，9.10%的快递小哥表示完全不同意，另外15.01%的快递小哥表示说不清。

对于"我觉得我已经是北京人了"这一观点，12.88%的快递小哥表示非常同意，12.59%的快递小哥表示比较同意，24.53%的快递小哥表示不太同意，36.05%的快递小哥表示完全不同意，另外13.95%的快递小哥表示说不清。

总体上，快递小哥表达了对北京的喜爱和融入北京生活的高度意愿，但

在对北京本地人对自己的接受程度和北京对快递小哥的需求度上态度并不乐观，且多数快递小哥并不认可自己是一个北京人。

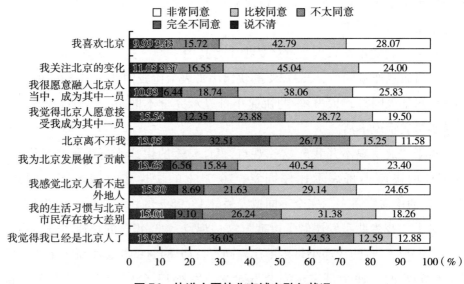

图76　快递小哥的北京城市融入状况

（五）爱党爱国态度

1. 对祖国发展的信心

对于我国"在2020年全面建成小康社会"发展目标，52.19%的快递小哥表示很有信心，27.42%的快递小哥表示比较有信心，这两项合计占79.61%。11.05%的快递小哥表示不太有信心，3.07%的快递小哥表示完全没信心，另外6.26%的快递小哥表示不关注。八成的快递小哥对祖国的未来发展有信心。

对于我国"本世纪中叶，建成富强、民主、文明、和谐、美丽的社会主义现代化强国"发展目标，53.84%的快递小哥表示很有信心，28.96%的快递小哥表示比较有信心，两者合计占比82.80%。8.45%的快递小哥表示不太有信心，2.07%的快递小哥表示完全没信心，另外6.68%的快递小哥表示不关注。

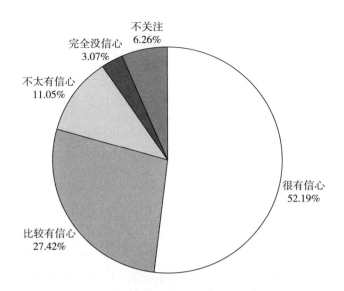

**图 77 快递小哥对我国达成"在 2020 年全面建成小康社会"
发展目标信心分布**

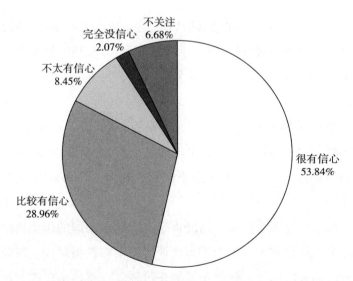

**图 78 快递小哥对我国达成"本世纪中叶，建成富强、民主、文明、
和谐、美丽的社会主义现代化强国"发展目标的信心**

总体来看，快递小哥群体对祖国发展的未来预期更多地是积极判断，对
社会具有较强的信心。

2. 对党和国家的评价

对于"中国目前的问题主要是发展阶段的问题，与社会主义制度无关"这一观点，22.81%的快递小哥表示非常同意，21.22%的快递小哥表示比较同意，22.46%的快递小哥表示不太同意，10.58%的快递小哥表示完全不同意，另外22.93%的快递小哥表示说不清。

对于"即使可以选择，我也更愿意做中华人民共和国公民"这一观点，59.81%的快递小哥表示非常同意，22.75%的快递小哥表示比较同意，7.21%的快递小哥表示不太同意，1.95%的快递小哥表示完全不同意，另外8.27%的快递小哥表示说不清。

对于"没有共产党就没有新中国"这一观点，62.77%的快递小哥表示非常同意，20.92%的快递小哥表示比较同意，6.68%的快递小哥表示不太同意，1.83%的快递小哥表示完全不同意，另外7.80%的快递小哥表示说不清。

对于"一党制不可能有效遏制腐败"这一观点，27.84%的快递小哥表示非常同意，23.17%的快递小哥表示比较同意，18.38%的快递小哥表示不太同意，10.17%的快递小哥表示完全不同意，另外20.45%的快递小哥表示说不清。

对于"党的精准扶贫政策好"这一观点，48.05%的快递小哥表示非常同意，26.95%的快递小哥表示比较同意，10.40%的快递小哥表示不太同意，2.54%的快递小哥表示完全不同意，另外12.06%的快递小哥表示说不清。

可见快递小哥爱国心较强，高度肯定共产党对中国的历史贡献，对与其利益相关的精准扶贫政策也给予了高度评价。但对社会制度、腐败治理等与政治体制密切相关的问题，快递小哥的评价较低。整体呈现政策评价高、政治评价低的情况，快递小哥的思想状况值得关注。

3. 对改革开放40年的评价

关于对我国改革开放40年的总体评价，35.52%的快递小哥持"成绩是主要的，问题是次要的"态度，20.15%的快递小哥持"成绩与问题参半"

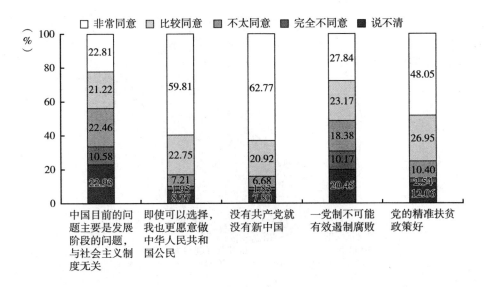

图79　快递小哥对党和国家的评价

态度，10.11％的快递小哥持"问题是主要的，成绩是次要的"态度，另外有34.22％的快递小哥表示"说不清、不好说"。快递小哥对改革开放的总体评价并不是很高，说明这一群体对过去四十年党取得的历史成就存在较大困惑或质疑，需要引起重视。

4. 对改革方向的看法

关于改革下一步的重点，32.98％的快递小哥认为应该集中在"大力推进政治体制改革，加速民主法治进程"，12.94％的快递小哥认为应该集中在"进一步推进经济体制改革，建立成熟的市场经济体制"，27.01％的快递小哥认为应该集中在"进一步完善社会保障和社会分配制度，减少贫富差距"，12.41％的快递小哥认为应该集中在"加大文化教育投入，提高人民文化素质和教育水平"，12.83％的快递小哥认为应该集中在"加强环境综合治理，改善生态环境质量"，另有1.83％的快递小哥认为应该集中在其他方面。可见，对于以高中（中专）及以下学历为主的快递小哥群体，其对政治体制改革的关注度，超过社会上对这一群体的一般认知。长期性常态化的思想政治教育使得这一群体对政治的关注超乎以往，喜忧参半。

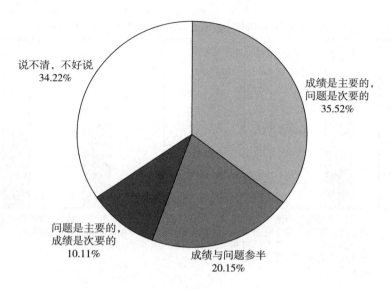

图80　快递小哥对我国改革开放40年的评价

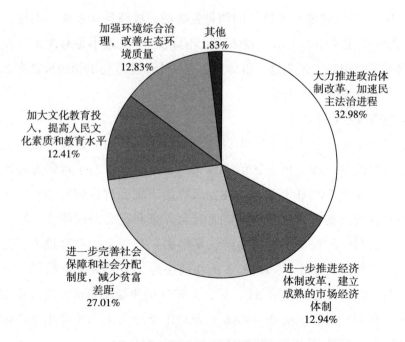

图81　快递小哥对我国改革方向的看法

专题篇

Special Reports

B.4

城市快递小哥职业身份认同研究

——基于社会互构论的质性分析

廉思 曹轶昕*

摘　要： 随着电商业务在我国的不断扩张，快递小哥在配送末端承担着不可或缺的传输功能。作为城市新生代青年群体的典型代表，快递小哥面临着城市融入缓慢、职业身份认同威胁等社会问题，成为长期游离在城市边缘的群体。本文基于对外经济贸易大学"快递（外卖）小哥调查"课题组调研的问卷数据及深访材料，以社会互构论为基础构建了"正向谐变—反向递变"作用下"自我认同—他者认同"的研究框架，研究分析了快递小哥职业身份认同的现状及互构机制下认同困境

* 廉思，对外经济贸易大学公共管理学院，博士（后），教授，博士生导师，研究方向：青年问题、社会阶层、社会治理等；曹轶昕，对外经济贸易大学公共管理学院，硕士研究生，研究方向：青年问题。

的形成过程。

关键词： 快递小哥　职业身份认同　社会互构论

一　问题提出

"互联网＋"的经济形态在我国不断发展，电商同我国其他各行各业一样，也积极地将这种新兴经济形态融入自身的经营领域中。在"互联网＋"经济形态与消费者个人的交互过程中，快递小哥在快递业的配送末端承担着"最后一公里"的传输功能。

2019年2月，习近平总书记来到快递服务点，看望仍坚守在岗的快递小哥并了解他们的生活工作近况①，社会各界对于该群体的关注与日俱增。但同时，快递小哥在城市中的生存现状、社会保障、职业发展、社会融入等方面的情况仍不容乐观，存在一些亟待解决的瓶颈问题。目前对于快递小哥的描述多以新闻报道的形式存在，内容主要聚焦于快递小哥生存现状的基本描述和对整个快递行业的市场分析，从理论视角出发针对该群体的深入研究不多，质性的分析更是鲜见。作为新经济形态下城市新生代的典型群体，本文尝试运用质性研究材料分析快递小哥职业身份认同困境的形成过程及其原因。

二　社会互构：我们身处互构共变时代

社会互构论的核心观点是"社会互构共变"，旨在促成各个主体与社会

---

① 北京市商务局：《市商务局、市邮政局慰问坚守工作岗位的"勤劳小蜜蜂"快递小哥》，http://sw.beijing.gov.cn/sy/nsjg/dzsw/dszwxx/201902/t20190203_91328.html，2019-02-03。

的"求同存异、兼而谐之"①，强调社会实践过程中的"多元主体互构"，并认为目前存在的主流社会问题很多都可以用"互构共变"的关系来进行诠释。

"互构共变"具有不同的形态类型，依据不同的"向度"和"量级"，可划分为两种主要的互构机制："正向谐变"，指社会及其社会中个体的社会行动具有正向关联性，产生合作共赢、和谐稳定、持续性发展的作用；"反向递变"，指个体的社会行动具有反向关联性，产生分歧、矛盾关系、不认同的作用。二者具有共时性和非纯一性，发挥不同的互构作用②（见图1）。

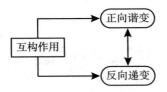

图1　互构作用机制的类型

同时，该理论认为个体在自我具体形式表达上呈现"二重性"的特征，即"自我"与"他我"互构的二重维度。"自我"即要素对自身的意念性认知，属内在、主观的自我定位行为，由"公共性自我"与"私有性自我"因素构成；"他我"即不完全受要素自身意向支配的外在于并与自身相关的一系列社会现象、事件和过程，主要由"国家、利益群体、个人丛"三个互构的结构性要素组成③（见图2）。

因此，本文基于社会互构论"正向谐变"和"反向递变"的作用机制，并结合社会个体在自我呈现过程中"自我"与"他我"的二重维度，构建了快递小哥职业身份认同研究的理论框架。通过分析"正向谐变—反向递

---

① 杨敏、郑杭生：《社会互构论：全貌概要和精义探微》，《社会科学研究》2010年第4期。
② 郑杭生、杨敏：《社会互构论：世界眼光下的中国特色社会学理论的新探索》，中国人民大学出版社，2010。
③ 郑杭生、杨敏：《社会互构论：世界眼光下的中国特色社会学理论的新探索》，中国人民大学出版社，2010。

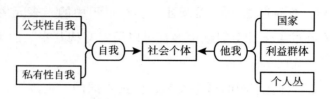

图2　个体的二重互构维度

变"作用下的"自我认同—他者认同"维度不同互构因素的影响，研究该群体职业认同形成背后的逻辑（见图3）。

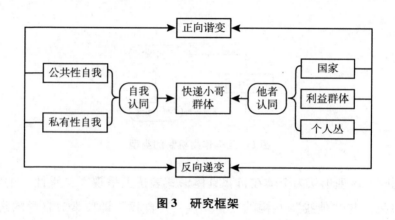

图3　研究框架

三　数据来源及变量选取

本文所采用的访谈资料和定量数据来自对外经济贸易大学"快递（外卖）小哥调查"课题组2018年8月至2019年2月进行的调查，调查对象为年龄在16～35岁、在北京市范围内从事快递行业的快递（外卖）揽收、分拣、封发、转运、投送的一线快递/外卖服务人员（不包括站长及其他管理人员），依据不同配送类型快递小哥总数以及地域划分进行分层抽样，共回收有效问卷1692份，并在此基础上从样本中选取了62个典型个案进行深度访谈。

本文以质性访谈材料为主，兼用问卷统计数据，两者的结合使分析内容兼具广度和深度，为研究快递小哥职业身份认同问题提供了重要的支撑。首先，在调查过程中将受访者的年龄集中于青年群体，便于发掘和分析出该群体的共同特质，减少干扰因素，从而更好地寻求其认同问题上的共同困境；其次，本次调查中的访谈均采用一对一、面对面深度访谈的形式，依据访谈提纲进行 1.5~2 小时的半结构化深访，真实客观地记录访谈内容，最终共形成 110 小时的录音资料以及 37 万余字的深访报告。在下文对访谈内容的分析中，根据受访的时间顺序对访谈个案进行了编码，依次为 No.1~No.62。

依据社会互构论的内涵，结合快递小哥的群体特征，我们选取了相关的变量并做如下说明（见表 1）。

表 1　研究变量

一级指标	二级指标	三级指标与对应研究对象	"正向谐变—反向递变"机制下研究的问题	
			正向	反向
快递小哥群体职业身份认同状况	自我认同	公共性自我——工作职业	职业优势、职业回报	职业前景、未来发展
		私有性自我——人际生活	对生活的支持	生活的受困现状（居住条件、业余爱好、人际关系）
	他者认同	国家——政府与城市	对城市的贡献	政府的政策限制（接纳、社会福利、子女）
		利益群体——公司行业	对行业的贡献	公司组织规制的对抗
		个人丛——客户	对客户的支持	受到的客户偏见

（一）快递小哥的自我认同

公共性自我认同：指在国家、政府和社会等公共空间环境下参与社会活动互构形成的自我认同，受到公共空间内制度、规范、惯例与公共空间其他参与者的影响[1]。对于快递小哥，则主要指在公共领域对从事快递职业的自我认知判断。

私有性自我认同：指个体在日常生活空间中通过家庭、人际交往和结群

---

① 郑杭生、杨敏：《社会互构论：世界眼光下的中国特色社会学理论的新探索》，中国人民大学出版社，2010。

的互构形成对生活风格和方式的自我认同①。对于快递小哥，则主要从人际生活维度来分析私有性自我认同。

（二）快递小哥的他者认同

国家认同：在社会互构过程中，国家和政府对于社会个体、集体之间复杂的行为和利益采取统筹调节的措施②。在本文研究中，选取政府公共政策和城市整体氛围这两个在国家层面具有整体性的要素来分析其对快递小哥的他者认同塑造。

利益群体认同：利益群体对于社会互构的影响来自团体的组织形式、行动方式、制度化程度等方面③。本文主要研究与快递小哥相关的利益群体，从快递行业和公司组织规制视角出发，分析该要素对于快递小哥他者认同形成的作用。

个人丛认同：相对于利益群体，个人丛表现为个人间集结或分散的不稳定状态，具有明显的流动和变化性④。对于快递小哥，个人丛则主要指在工作进行过程中建立起短暂关系的客户群以及其他与工作无关的社会个人集合的认同态度。

四　正向谐变：协调——共赢的机制作用

（一）自我认同下的行为协调

1. 公共性自我的认同：职业优势与职业回报

处于公共空间中的快递小哥职业身份自我认同来源于群体自身对职业优

---

① 郑杭生、杨敏：《社会互构论：世界眼光下的中国特色社会学理论的新探索》，中国人民大学出版社，2010。

② 郑杭生、杨敏：《社会互构论：世界眼光下的中国特色社会学理论的新探索》，中国人民大学出版社，2010。

③ 郑杭生、杨敏：《社会互构论：世界眼光下的中国特色社会学理论的新探索》，中国人民大学出版社，2010。

④ 郑杭生、杨敏：《社会互构论：世界眼光下的中国特色社会学理论的新探索》，中国人民大学出版社，2010。

势的认知。首先是快递业具有的"正式感"，主要体现在形式的正式与回报的正式。调查数据显示，快递小哥与公司签订劳动、劳务合同的比例为61.94%和22.87%，大多数都签署了正规合同，且有40.48%的快递小哥在公司享受城镇职工医疗保险。No.14在访谈中提到，这种从形式上体现出的"正式感"比网络主播、清洁工、服务员等职业更加体面，也更具有社会价值。在认同需求方面，他们希望所从事的职业能称得上一份"正式工作"，同其他职业一样具有"体面性"。

> "快递看起来更像是一份正式的工作，真正养家糊口的工作，作为家里唯一的经济来源，我没办法接受那种看起来像是兼职的朝不保夕的工作。如果没有送那么多单，公司会有个四五千的保底工资，这让我觉得很有保障。"（No.34）

同时，付出与回报中的平衡性能够基本满足自身职业预期，形成收入上的正式感。在快递小哥的计薪方式中计件工资制（70.86%）占比最高，在"计件制"的工作模式下，劳动者的劳动付出与劳动回报直接联系在一起，平均月收入5000~6000元区间内达到峰值，且有0.24%的快递小哥月均收入在21000元以上。

> "最开始干快递，是因为它完全和自己付出的劳动成正比，只要多干活，肯定饿不死。"（No.31）

其次在具有"正式感"的同时，快递行业更具有灵活自由的特性。受访的快递小哥中，部分表明选择快递外卖行业是因为偏好灵活自由的工作形式。在公司对于个人影响力的调查中，"工资高"（28.84%）排在首位，其次为"时间灵活"（22.46%）。由于快递小哥过往的工作经历多为务农或个体经营，该群体进入城市后短期内无法适应局限性、管控性更强的办公室工作，因此倾向于快递外卖行业在时间、强度、管理上更为灵活的工

作性质。

在职业身份认同互构过程的公共职业领域中，对灵活工作形式的正向认同使该群体认为快递职业是目前职业生涯中最自由的、最满意的职业，并享受在这种具有"正式感"的自由之中。

> "送快递是（在做过的工作中）我觉得最自由的职业。"（No.13）
> "（问：为什么选择干快递？）当然是自由呀。干我们这一行是忙，但是我们也算是自己给自己打工嘛。平时也没人管你，大伙没单的时候遇到就说说笑，打打趣，而且想啥时候看一下手机都可以。要是在别人店里打工，那还不是一天到晚让人盯着？"（No.53）

2. 私有性自我的认同：对生活的支持

从快递业的从业时间来看，年限在两年内（包括两年）的占比高达61.4%，其中不到半年的为10.87%，快递小哥在行业停留时间总体偏短。由于自身学历、生存技能等条件受到限制，最初脱离家乡进入城市时往往首先选择一份门槛低、易上手的工作，以期在进行这份工作的同时实现初步的城市融入，掌握城市生存的基本技能，在陌生环境中得以暂时地安定生活。此时，快递小哥职业身份在私有空间下的自我认同来自快递工作特有的"临时性支持"。

> "干快递就适合农村出来的，没见过世面的，什么样的人都能见到，非常能锻炼一个刚踏入社会的人，比任何一个工作都能锻炼人，好人、坏人、不好不坏的什么人都能见到。快递干的时间长了，估计干任何一个营销都能干得特别好，只要不是特别高科技的。"（No.35）

同时，快递工作不仅为初入城市的青年提供临时性港湾，也为处于事业空窗期和生活困难期的底层青年提供了过渡的平台。由于对原有生活状态不满，他们试图尝试新鲜的生活方式和工作形式，或期望将快递、外卖行业作为人生的转机。

> "像我们站有一个同事，以前是在一家大酒店当总经理的，结果后来不知为啥就把工作辞了，跑来送外卖了。我下铺那个，以前是某个公司的老总，开保时捷的。但最后公司亏了，欠了一屁股债，来北京这边谋个生路，开始跑外卖还债。"（No.7）

快递工作对于事业空窗期起到支持性的作用，使他们认为这是一份"在不知如何选择时候的选择"，认可其在初期城市融入和稳定生活上的作用优势。在互构机制中，这种正向意义的自我认可对于该群体职业身份认同的良性发展有促进作用，使其在事业空窗期更愿意暂时选择快递平台。

> "也没有储蓄做其他生意，就想着先来干快递，作为一个过渡吧，也一直在观察着有什么其他机会。"（No.25）

（二）他者认可下的社会共赢

在多元主体参与的条件下，"他者"在社会实践中或多或少地对快递小哥形象的塑造产生着影响，而正向的他者认可会在一定程度上造成快递小哥对于自身职业身份更为积极的认同，对于其社会价值的认可也将促使该群体做出更多的社会贡献。在这过程中职业身份认同具有了"传导"的特征，他者认可在形成的过程中同时也将认同传导给群体自身，使其形成基于他者的自我认同，体现出互构的性质。

1. 国家的认同：对城市的支持

在电商业务和外卖订单业务持续增长的状况下，快递和外卖的业务布局到社会生活的大多数场景之中，例如小区、学校、酒店、医院、办公写字楼等，服务对象具有广泛性，将大街小巷的最末端连接了起来。该群体

大部分人都认为所从事的职业具有较大的社会贡献度，现代的经济生活已离不开快递小哥的存在，且更倾向于将快递业的"社会贡献能力"视为他者认同的表现。调查数据显示，对于"我为北京发展做了贡献"这一观点63.94%的快递小哥表示同意，且对于"北京离不开我"这一观点也有26.83%表示同意。他者的认可让他们有动力去完成好每一笔订单，并在心理上形成较好的价值实现感，在这个过程之中他者认同也完成了向自我认同的传导。

"我对快递工作还是比较满意的，我觉得快递对于社会和北京的发展都做出了许多贡献，最大的贡献就是为人们的生活带来了方便。所以我个人觉得社会对于快递员的认同程度应该是高的，毕竟快递已经成为人们生活中不能缺的一部分了。"（No.58）

"就比如我们送外卖的吧，我觉得就是能为大家省时间，像办公室的白领呀，也许他们的工作正常干要用两个月，但叫个外卖多省时间，既不用路上消耗也不用等餐，在吃饭的时候工作也许一个多月就把两个月的事干完了。"（No.55）

2. 利益群体的认同：对行业的支持

对于不具备深入每家每户提供上门服务能力的电商和外卖行业商家而言，快递小哥则充当了临时性关系的纽带，与客户需要提供优质上门服务的需求达成匹配，准确高效地完成配送任务，维持快递行业的良性运转。一旦配送链末端形成断裂，则与配送有关的经济形态就会相应受到影响。配送链上的不可或缺性强化了电商企业、快递公司等相关利益群体对于快递小哥的职业身份认同，并将这种认同传导给自我认同，使快递小哥意识到自己对于物流电商行业的支撑能力。

"我觉得快递配送员这份工作很有意义。我家那边是农村。随着现在网购的发展，家乡也在倡导农村电子商务。如果没有快递，我们那里

的农民根本就没有办法把货卖出去。所以说我们的工作还是很重要的。"（No. 59）

3. 个人丛的认同：对客户的支持

大量的递送服务需求使快递、外卖行业向片区化的趋势发展。一个区域内的配送人员趋于固定，相应的对区域内情况熟悉度较高，在提高配送效率的同时，也承担了一部分其他职业难以涉及的社会意识与社会责任，对所服务片区的客户与其他个人丛形成一定的"社区支持"[1]。从调查数据来看，65.13%的快递小哥表示自己在送快递过程中有过帮助行为，10.93%参加过公益活动，6.03%参与过邻里关系的协调，例如帮高层住宅的客户搬运重物、帮独居老人下楼倒垃圾、送迷路的幼童找到亲人等行为，在社区内形成良好的"社区支持"，营造了良好的客户支持氛围。

> "我负责的基本都是老式小区的快件，上下楼基本都是楼梯的，经常碰到老爷爷老奶奶提着菜篮子的，我就帮他们拎点重物上楼呗。这我觉得没啥啊，谁碰见都会出手相助的嘛，举手之劳呗！"（No. 25）

在访谈中课题组发现，大多数快递小哥认为自己或多或少地承担了一部分社会责任，至少是弘扬社会的正能量。既有服务外支持的提供使快递小哥更容易获得客户的认同。受到支持的客户往往会对该群体有回报性的行为，给予言语或行为上的感谢和赞扬，在快递小哥与客户之间建立起良性互动，利于形成良好的他者认同。这种正向的他者认同使快递小哥更乐于承担责任，提供更丰富的帮助和服务，在互构的过程中实现与社会的共赢。

> "有时候送件送到六楼，顾客说你挺累的吧给你倒杯水；或者抱个

---

[1] Niamh McNamara, Clifford Stevenson, Orla T. Muldoon, "Community Identity as Resource and Context: A Mixed Method Investigation of Coping and Collective Action in a Disadvantaged Community", *European Journal of SocialPsychology*, 2013, 43 (5).

特别沉的猫砂上去，有老太太很热情地说小伙子吃点水果喝瓶可乐，我很满足，我愿意给他们干。"（No. 35）

五　反向递变：对抗——远离的机制作用

（一）自我否定下的城市疏离

1. 公共性自我的否定：职业前景与未来发展困境

职业发展前景是指一种职业的存在形态、功能、变化趋势与社会目前经济形态和发展规律的契合度，且契合度与职业发展前景呈同向变动的趋势。就职业发展前景与自我认同的关系来说，如果个体明显感受到职业发展前景受限，则更倾向于认为自身在该职业中获得实践能力和素养提升的机会减少，向上流动晋升的机会也减少，习得的成就感随之降低，进而形成公共域内职业上的自我否定。

快递小哥对于所在行业的认同困境主要体现在以下三点：首先，体现在职业功能本身，功能的重要程度影响着职业地位的形成；其次，在任职资格上，学历和自身技能水平受限，使其在晋升管理层时受到限制；最后，体现在晋升路径上，由基层岗位向中层管理岗的流动过程中岗位需求锐减。

"我们送快递的再重要也只是个不太核心的职业啊，与那些高精尖的没法比。"（No. 23）

"以我的能力顶多能当一个站点的站长，一个站的负责人而已，再往上走的话，凭我的能力、我的知识水平，不太现实。"（No. 43）

"长期干下去，晋升空间也很小，一个工作站有很多人，只有业务质量评价很好、能解决问题、站长或助理职位有空缺等条件都满足下，才有可能晋升为站长或助理。"（No. 40）

在职业前景受到限制的前提下，快递小哥大多有对于未来发展的困惑，即产生了自我归属迷茫。调查数据显示，在被问到"未来是否会留在北京工作"时，有22.99%的快递小哥表示未来会继续留在北京工作，也有19.21%认为可能会离开北京。但占比最大的是不好说选项，高达57.8%。访谈中的回答显得更为果断，大部分快递小哥认为自己不会在北京定居，对未来的工作也没有明确计划，表达出了个体对于"城市身份"仍保持的较强距离感以及对于自我身份的否定和不认同。

> "我挺迷茫的，没啥具体的计划，只是希望自己能够在四五年内把欠的债还清，再存点钱回老家贷款买房。"（No.3）
> "我没有留京的打算，甚至从来没有一刻真正觉得自己属于过这里。"（No.11）

2. 私有性自我的否定：生活的受困现状

与本土生活的脱离首先体现在居住困境上。快递小哥居住位置呈现出远离市中心、向外发散、向六环靠近的居住特征。调查数据显示，在房屋类型选择上，42.55%的快递小哥住在员工宿舍，平房独居和平房合租的比例为18.26%和12.06%，有3.25%仍租住在地下室，2.66%借住在他人的房屋，只有2.83%住在自购房屋中；在人均面积上，有15.37%的快递小哥住在人均不足5平方米的房屋内，有28.66%的人住在5~9平方米的房屋内，居住情况总体不容乐观。但在访谈中发现，并不是所有快递小哥都对自己的居住环境表示不满，反而有部分人表示对于居住环境要求很低，只要能栖身即可，究其原因，与该群体自我身份的认同仍停留在制度性身份密不可分。居住距离的外移和环境的恶劣使其不断对自我身份产生怀疑，对于职业身份的认同也被削弱。

> "这感觉都不是人住的地方，10平方米挤7~8个男的，环境还不好，外面就是停电瓶车、丢垃圾的地方。在自己家的时候哪有想过会这

样呀。"（No. 7）

"白天在人间游荡，夜晚就要回到阴曹地府。"（No. 10）

"好在暖气还可以，房间也小，冬天起码不会被冻。没啥不能接受的，有个住的地方足够了，我们也不要求住得多舒服。"（No. 45）

其次体现在人际关系与本土的疏离。滕尼斯在阐释理想社区生活的概念时提出，一个理想的社区生活环境应包括"舒适感、安全感、交流感、成就感等精神和生活的意义"[①]，具有以上价值意义的融入才可成为具有成功象征的城市融入。大多数快递小哥的居住环境和群居社区带来的不舒适与不安全感都对其城市融入与身份认同产生了反向递变的作用。人际生活与本土的疏离则体现在"交流感"的缺失上。调查数据显示，休闲时间快递小哥做得最多的事排名前三为睡觉、看电视或电影、上网，占比分别为58.75%、24.7%、20.74%。几乎满负荷的工作量使快递小哥们很少有时间参与常规的社交活动，即使有时间也缺少精力和机会，导致与社区、周围其他群体缺乏互动"交流感"，业余时间多用于睡觉、刷手机、与家人联络等单独性的室内活动，难以从人际生活上形成本土融入的自我认同。

"我每个月大概工作26天，休息日基本待在宿舍，平时没怎么出去过，也不知道去哪里玩，都待在家里上网、看视频、看书、睡觉。"（No. 17）

"平时工作也只是一直在单调地送快递，没时间出去玩，更没有什么机会认识新朋友，最多下班后和同事喝点啤酒吃个烧烤。"（No. 25）

"像我们这种人还哪来的兴趣爱好啊，累了一天回家了动都不想动，最多和家里人通个电话就赶紧睡了，第二天还要早起上班。"（No. 26）

[①] 〔德〕斐迪南·滕尼斯：《共同体与社会》，林荣远译，北京大学出版社，2001。

（二）他者歧视下的规制对抗

1. 国家的偏见：政府的限制政策

规制政策对于快递小哥的限制是刚性的。从访谈材料来看，受访者对于政府政策限制的关注主要集中三个方面。

首先在外地人接纳政策方面。2017 年以来北京人口疏解计划的实施对外来人口政策管控更加严格，不少受访者表明政策在实施过程中给他们带来了"驱赶外地人"的负面感受。

> "这几年（撵外地人）撵得更凶了，我住在（北京周边）村庄里面的朋友说现在（住在北京周边的村庄）不允许骑电动车，不允许烧煤气，每天晚上都会检查，就是为了把外地人赶走。现在北京使劲儿撵我们外地人，但是如果我们真的回家了，谁来为这个城市服务？"（No. 9）

其次在外地人社保同权问题上。No. 15 在访谈中表明，"只有快递业中排名前几的龙头企业的员工与公司签有正式合同且享有五险一金等福利"，行业中大量非正式合同的快递小哥均无法享受基本福利，使其无法享受与城市职工相同的社保待遇。

> "我和我的同事都没有社保，即使有规定有些员工需要上社保，公司一般也会用假的社保号，这在我们这个行业已经是心照不宣的秘密了。"（No. 54）

再次在外地人随迁子女上学方面。根据《2017 年进城务工人员随迁子女在京参加高等职业学校招生考试实施办法》①，进城务工人员的随迁子女

---

① 学信网：《2017 年进城务工人员随迁子女在京参加高等职业学校招生考试实施办法》，https://www.sogou.com/link? url = MRoBrhLn5VNeGO3AM46AYrZgtbAJd62qdPNkDGuxUXHXr7EhU0auXCdCPIiktNwrGWKx3e_ lVYT - jzbGLLX3zNM7Xe6uZ5eq，2016 - 09 - 30。

满足条件后只能参加高等职业学校招生考试，不得参加普通高考。在访谈中涉及"会因为何种原因离开快递行业"时有快递小哥表明，会因子女无法在京继续读书而辞职回家乡。

> "但是因为我家孩子没有北京户口，根据当前北京市的政策，无法在北京参加高考，必须回到四川，我们不跟着回去就只能两地分居了。"（No. 9）

城市现有的人口政策引发了该群体对于人口政策公平性的争议。调查数据显示，认为"社会总体来说完全公平或比较公平"的快递小哥占58.06%，认为"不太公平或完全不公平"的占比高达28.96%，即近三成的快递小哥都有过不公平的感受。而公平感越弱，他者认同感相应越弱，其在城市中从事快递行业的稳定性和持续性就越弱。

> "我倒没有想过这些个外来人口的政策能不能真的实现公平，因为起码我自己觉得自己就没有得到公平的对待。"（No. 5）

2. 利益群体的偏见：公司组织规制的对抗

"差评制"是快递与外卖行业中最常见的绩效考评方式。虽各公司奖惩力度和金额不同，但基本为"罚款＋强制再培训"的形式。在"差评制"实施的过程中，快递公司通常只以收到"差评"的最终结果为处罚标准，客户可通过客服等形式对快递小哥进行单向投诉，平台虽存在审查机制但大多情况下采取息事宁人的态度，倾向于客户方。调查数据显示，在快递损坏需赔付的情况下，有59.87%的快递小哥都表示"需要自行赔付非本人原因造成的损失"；在工作遇到的困难上，41.78%的快递小哥表示自己有时会遇到"因揽送环节存在漏洞被某些客户钻空子"；工作难点调查中排名第一的也是"投诉压力过大"（42.43%）。单向投诉机制的不完善使得快递小哥面对与自身工作失职无关的投诉只得被动接受结果，自行赔付无关损失或失去工作，利益维护无门。

"快递小哥月入万，罚款没一半。"（No. 19）

"虽然我一点错也没有，就因为他是顾客我是快递员，我就得受这份气，虽然说顾客是永远的上帝，但是公司作为快递员和顾客之间的那个杆，我现在越来越觉得倾斜了，你说倾斜一点点也行，但是现在已经太倾斜了，未来还有更加倾斜的趋势。"（No. 45）

"现在处理客户关系就只坚持一个原则：客户说什么都是对的，对待客户要低头。在客户投诉方面虽然机制较为完善，但是缺少为快递小哥设计的申诉渠道。"（No. 47）

快递行业长期存在的考核方式在一定程度上被视为具有"偏向性"的行业规制，这种"偏向性"可能会使快递小哥感受到在工作关系中长期处于相对弱势的一方，且没有申诉渠道来维护合理的利益，倾斜的组织规制加剧了该群体的他者认同困境，使其易形成与规定对抗的压力与行为。

3. 个人丛的偏见：受到的客户偏见

客户等个人丛对快递小哥的日常接触停留在表层且较少有深入接触，易形成对该群体简单化的群体分类和特征概括，导致对于群体的认知与事实不完全相符，进而形成认知上的刻板效应。

对于快递小哥来说，工作中使用的工具、穿戴的服装都可能成为其受到偏见的来源，刻板效应往往会成为造成他者认知偏差和歧视对待的主要原因。此时对于快递小哥的偏见并不直接来自于当下场景中的具体某个小哥，而是由于群体自带属性在他者刻板印象中的反馈，可将其视为"天然性"对抗。调查数据显示，"小区不让进，投递难度大"在快递小哥面临的工作难点中排名第二，占比高达 31.09%。在访谈中受访者也或多或少反映了自己所受到的天然性歧视，表示这种歧视让他们真实感受他者眼中不同行业的区分。

"租的房子不知道还能住多久，中介也不太愿意给外卖员找房子。" (No. 22)

"最可气的是，我们主管也见过群租在附近的一些保安公司的，好像就没被赶走。按我们主管的话说，快递被歧视了。" (No. 45)

"（店员、保安等）大概就是觉得你就是个送外卖的，你这个行业就是比别人差一些。外卖的衣服太显眼了，在小区还得趁保安不注意装成住户跑进小区。" (No. 44)

"天然性"认知一旦形成，通常很难通过个人的行为主动改变，不仅使群体中的个人在工作中受到歧视性限制且易形成对抗性的认同，对于自我认同及群体社会认同有双重损害。

六　研究结论

通过对社会互构理论框架"正向谐变—反向递变"作用下的"自我认同—他者认同"维度互构要素的分析，我们发现快递小哥职业身份认同的形成是正向机制与反向机制共同互构作用而成的结果，且从中体现出该群体在职业身份认同形成互构过程中的两对矛盾。

首先，从互构机制作用来看，形成了"正向谐变"与"反向递变"共同作用下认同反复交杂的矛盾。两种机制在快递小哥职业身份认同形成的过程中同时发挥着作用，在不同的认同维度下，正向与反向机制作用此消彼长，发挥着不同程度的互构。且从问卷和访谈结果总体来看"反向递变"对于职业身份认同的对抗作用与"正向谐变"的和谐共赢作用相比更为明显。两种机制交杂发生作用使该群体在职业选择时产生矛盾心理，呈现出不确定、反复交杂的矛盾困境。

其次，从互构的二重维度来看，形成了"自我认同"与"他者认同"的认同负向传导的矛盾。对生活、城市、行业、客户的贡献和支持使该群体对于快递职业有相对较好的"自我认同"，但在"他者认同"视域，城市、行业、客户等互构要素都在不同程度上存在着对快递职业和快递小哥身份的偏见和规制限制，这可能会成为强化该群体离开快递行业意愿的因素，同时将他者否定的认同态度传导给快递小哥，对自我认同态度的形成产生不利影响，"自我认同"与"他者认同"之间的互相影响、互相传导加剧了快递小哥职业身份认同的困境。

本文从社会互构论"正向谐变—反向递变"机制下"自我认同—他者认同"维度出发，分析了各个互构要素对于快递小哥职业身份认同形成的影响，展现了互构的过程以及该群体职业身份认同的困境所在。利用认同形成过程中发生的互构作用和二重维度对于认同的传导塑造作用，针对快递小哥特有的群体特征和认同形成的矛盾性困境，进一步探究更为有效的认同构建方式，成为解决该群体认同问题的关键性路径。

B.5
职业歧视对城市快递小哥
社会公平感的影响研究

——兼论主观经济地位及社会融入程度的调节作用

周宇香*

摘 要： 随着快递从业青年规模的快速增长，其社会公平感对维持社会的稳定发展愈发重要。本文基于对外经济贸易大学"快递（外卖）小哥调查"的实证数据，研究了职业歧视经历对一线快递从业青年社会公平感的影响。分析发现：经历过职业歧视的快递小哥更可能有社会不公感；虽然主观经济地位的提升和社会融入程度的加深能够降低快递小哥认为社会不公的概率，但这两个因素并无法削弱职业歧视经历对快递小哥社会公平感的负面影响。因而，需要从职业歧视本身出发，降低甚至消除对快递小哥的职业歧视，从而达到提升其社会公平感、防范社会风险的目的。

关键词： 快递小哥 职业歧视 社会公平感

一 问题提出

近年来，随着中国电商物流与快递行业的跨越式增长和快递从业青年规

---

* 周宇香，博士，中国青少年研究中心助理研究员，研究方向：青年、就业、婚姻家庭。

模的持续增长，快递小哥的生存状况和价值倾向对整个社会的影响日益凸显。因此加大对快递小哥群体的研究是准确把握新兴青年群体的动态、进一步做好新时代青年群众工作的重要手段。其中，对城市快递小哥社会公平感的研究尤为重要。快递小哥作为社会经济转型过程和互联网时代下的独特群体，其对社会现实公平与否的判断对促进这些乡镇青年平稳落脚城市乃至整个社会的稳定发展都至关重要。在现实中，我们观察到一线快递从业者多为来自农村地区的流动人口，与城市工人相比，在经济收入、社会地位、社会保障等方面皆存在较大差距，且城市身份的缺失导致他们普遍缺乏利益诉求表达渠道及工具，事实上处于社会不平等"天平"的弱势一端。在此背景下分析一线快递从业人员的社会公平感状况及其影响机制有利于发现快递小哥社会不公感的根源所在，进而有助于政府、企业和社会探索提升快递小哥社会公平感、缓和社会矛盾、防患社会风险的针对性政策。

较普通的流动人口而言，快递从业青年的职业特性突出，遭受职业歧视现象尤为突出，"渴望被理解和尊重"是目前多数研究报告中快递小哥的核心诉求。虽然快递员这一职业 2015 年就被作为新的职业纳入《中华人民共和国职业分类大典》，得到了官方的认可与规范，但快递员这一职业体面感与美誉度一直在社会公众语境下处于较低水平，蜂鸟物流发布的《2018 快递员群体洞察报告》显示，只有 30% 左右的"骑手"认为他们得到了外界的基本尊重。职业歧视属于社会歧视的一种，而任何的社会歧视都是"由于某些人是某一群体或类属的成员而对他们施以不公"，遭受社会歧视的快递小哥则可能对政府和社会产生抱怨情绪，长期负面情绪的积压最终可能会造成社会矛盾，从而影响社会的安定和谐①。因此将快递小哥所遭受的职业歧视与其社会公平感建立联系，分析职业歧视对快递小哥社会公平感的影响，是从其职业特性出发研究如何提升快递小哥社会公平感、防范社会风险

---

① 黄永亮、崔岩：《社会歧视对不同收入群体社会公平感评价的影响》，《华中科技大学学报》（社会科学版）2018 年第 6 期。

的重要内容。

本研究运用对外经济贸易大学"快递（外卖）小哥调查"的实证数据，在问卷数据和访谈资料的基础上，把脉青年快递从业者所遭受的职业歧视及其对社会公平的感知状况，并进一步分析职业歧视对社会公平感的影响及调节机制，并提出相应的政策建议。

二 文献综述

（一）社会公平感及其影响因素

社会公平感是人们对整个社会的主观感受和道德价值判断[①]，是在个人所拥有的客观条件及需求等因素共同作用下，个人对不同领域公平状况的一种直观感受[②]。伴随着我国市场化的不断深入发展和社会经济结构转型的加剧，社会阶层分化日趋明显，贫富差距不断扩大，对民众社会公平感的研究也成为经济学、社会学、心理学、管理学等众多学科的研究热点。其中，对农民工群体的社会公平感问题的研究较为突出，现有研究发现农民工群体的公平感要低于城市工人，且呈下降趋势[③][④][⑤][⑥]。

结构地位决定论、相对剥夺理论、归因理论是目前学界解释社会公平感影响机制的三大主要视角。结构地位决定论源于"理性人"假设，该理论认为个人的公平感由其所处的社会经济地位决定，社会经济地位越高，个人

① 徐延辉、许磊：《当代农民工社会公平感：一个经济社会学分析框架》，《上海大学学报》（社会科学版）2018 年第 6 期。
② 麻宝斌、贾茹：《当代中国社会公平感代际差异及影响因素》，《公共行政评论》2017 年第 4 期。
③ 王甫勤：《新生代与传统农民工社会公平感的影响因素研究》，《中国人口科学》2016 年第 5 期。
④ 李培林、李炜：《近年来农民工的经济状况和社会态度》，《中国社会科学》2010 年第 1 期。
⑤ 龙书芹、风笑天：《社会结构、参照群体与新生代农民工的不公平感》，《青年研究》2015 年第 1 期。
⑥ 王毅杰、冯显杰：《农民工分配公平感的影响因素分析》，《社会科学研究》2013 年第 2 期。

越倾向于认为社会公平，并维护当前社会的不平等体系①。在对新生代农民工的社会公平感研究中，李升②、王甫勤③、时怡雯④等人的研究均发现收入水平对农民工的公平感存在显著的正向影响。其次，教育也是结构决定论中的重要解释变量，受教育年限增加，新生代农民工的社会公平感也会随之增加⑤，但也有学者认为教育对新生代农民工公平感并非是完全的线性关系，高中及同等学力的农民工公平感最强，其次是大学专科及以上受教育程度的新生代农民工，初中及以下受教育程度的新生代农民工公平感最低⑥。龙书芹、风笑天利用 2010 年的 CGSS 数据研究发现，雇用身份也能解释新生代农民工收入不公平感，相对于受雇于他人的新生代农民工，自雇农民工收入公平感要更高⑦。

结构决定论并非在所有社会公平感的研究中有效，如怀默霆在研究中国居民对社会不平等的态度时发现，相对于农村居民，城市居民更可能对社会不平等表示不满，其次收入较高、受教育程度较高的群体也更倾向于认为社会不公平⑧。马磊和刘欣的研究也否定了结构决定论的观点，认为城市居民并非社会经济地位越高，就越倾向于认为收入分配公平⑨。在对结构决定论进行了否定后，学界开始从个人主观心理出发，采用相对剥夺理论对公平感进行解释。相对剥夺理论认为，相关参照群体对个体评价自身福祉的影响要

---

① Sears D. O. , Funk C. L. , "The Role of Self-Interest in Social and Political Attitudes", *Advances in Experimental Social Psychology*, 1991, pp. 1 – 91.

② 李升：《受雇农民工的城市劳动关系状况与公平感研究》，《青年研究》2015 年第 4 期。

③ 王甫勤：《新生代与传统农民工社会公平感的影响因素研究》，《中国人口科学》2016 年第 5 期。

④ 时怡雯：《新生代农民工的社会公平感研究：职业流动与相对经济地位的影响》，《同济大学学报》（社会科学版）2018 年第 1 期。

⑤ 王甫勤：《新生代与传统农民工社会公平感的影响因素研究》，《中国人口科学》2016 年第 5 期。

⑥ 时怡雯：《新生代农民工的社会公平感研究：职业流动与相对经济地位的影响》，《同济大学学报》（社会科学版）2018 年第 1 期。

⑦ 龙书芹、风笑天：《社会结构、参照群体与新生代农民工的不公平感》，《青年研究》2015 年第 1 期。

⑧ 怀默霆：《中国民众如何看待当前的社会不平等》，《社会学研究》2009 年第 1 期。

⑨ 马磊、刘欣：《中国城市居民的分配公平感研究》，《社会学研究》2010 年第 5 期。

大于个体实际地位的影响，进而会导致实际社会地位高的人也能产生相对剥夺感①。在此基础上发展而来的"局部比较理论"则明确指出参照比较产生了分配不公感，参照比较的范围包括与个体自身的纵向相比、与参照群体的横向比较、个人期望与现实落差等，这种比较是局部比较而非整体范围的比较②③。如李培林、李炜认为因为农民工主要与自身的纵向利益相比，即使收入和社会经济地位相对较低，他们也能维持较为积极的公平感④。农民工与流入地城市工人在职业、收入、社会地位等方面的差异缩小则有利于其公平感的提升⑤⑥⑦。

结构决定论和相对剥削理论主要从分配结果着手分析个人所拥有的既得社会地位或社会资源对人们公平感的影响，而归因理论则从分配过程的视角考虑个人就分配过程的认知对其公平感的影响⑧。若个体倾向于将贫富归于内因（个人天赋、教育程度、努力程度等），那其社会公平感则较高，但若个体倾向于将贫富归结于运气、体制等外部因素，则其更可能认为社会不公，这一观点在国内外的研究中均得到了验证⑨⑩。

除了以上研究视角中涉及的影响因素外，过去的研究中还发现个体层面

---

① S. A. Stouffer, E. A. Suchman, L. C. DeVinney, S. A. Star and R. M. Williams Jr., *The American Soldier: Adjustment During Army Life*, Princeton University Press, Princeton, 1949.

② 马磊、刘欣：《中国城市居民的分配公平感研究》，《社会学研究》2010 年第 5 期。

③ 孙薇薇、朱晓宇：《地位、相对剥夺与归因：教育年限对分配公平感的影响机制》，《社会学评论》2018 年第 3 期。

④ 李培林、李炜：《农民工在中国转型中的经济地位和社会态度》，《社会学研究》2007 年第 3 期。

⑤ 王毅杰、冯显杰：《农民工分配公平感的影响因素分析》，《社会科学研究》2013 年第 2 期。

⑥ 李培林、李炜：《农民工在中国转型中的经济地位和社会态度》，《社会学研究》2007 年第 3 期。

⑦ 龙书芹、风笑天：《社会结构、参照群体与新生代农民工的不公平感》，《青年研究》2015 年第 1 期。

⑧ 孙薇薇、朱晓宇：《地位、相对剥夺与归因：教育年限对分配公平感的影响机制》，《社会学评论》2018 年第 3 期。

⑨ Whyte, M. K., & Han, C. P., "Popular Attitudes Toward Distributive Injustice: Beijing and Warsaw Compared", *Journal of Chinese Political Science*, 2008, pp. 29 – 51.

⑩ 王甫勤：《当代中国大城市居民的分配公平感：一项基于上海的实证研究》，《社会》2011 年第 3 期。

的性别、年龄、阶层身份、个人经历、职业流动、地区、户籍、社区融入程度、社会参与等因素，宏观层面的文化、制度安排等因素对人们的公平感产生也存在显著影响①②③④⑤⑥⑦⑧⑨，在研究时需结合实际对以上因素加以控制。

（二）职业歧视与社会公平感

社会歧视是从个人偏见到社会偏见，进而连续发展至行为性歧视和制度性歧视的歧视链，包含态度、行为和制度三个维度⑩。职业歧视属于社会歧视的一种，在本文中指的是个体因其职业所感受到的歧视，这种歧视既包括态度性歧视，也包括行为性歧视和制度性歧视。有研究探讨了不同收入群体的社会歧视经历对其社会公平感的影响，这一研究将社会歧视进行了细分，并将公平感分为政治公平感与经济公平感，发现：职业歧视、家庭背景歧视、户籍歧视、教育歧视对个体的政治公平感与经济公平感均存在显著影响，其中个体的职业歧视经历与其政治公平感和经济公平感负相关，即遭受过职业歧视的个体越可能表示社会不公，且相对于中低收入群体，职业歧视经历对中高收入群体的经济公平感影响更大⑪。

① 陈晓东、张卫东：《机会不平等如何作用于社会公平感——基于 CGSS 数据的实证分析》，《华中科技大学学报》（社会科学版）2017 年第 2 期。
② 麻宝斌、杜平：《结构分化、观念差异与生活经历——转型时期社会公平感的影响因素分析》，《江汉论坛》2017 年第 3 期。
③ 怀默霆：《中国民众如何看待当前的社会不平等》，《社会学研究》2009 年第 1 期。
④ 方学梅：《不平等归因、社会比较对社会公平感的影响》，《华东理工大学学报》（社会科学版）2017 年第 2 期。
⑤ 李春玲：《各阶层的社会不公平感比较分析》，《中国党政干部论坛》2005 年第 9 期。
⑥ 时怡雯：《新生代农民工的社会公平感研究：职业流动与相对经济地位的影响》，《同济大学学报》（社会科学版）2018 年第 1 期。
⑦ 徐延辉、许磊：《当代农民工社会公平感：一个经济社会学分析框架》，《上海大学学报》（社会科学版）2018 年第 6 期。
⑧ 孙明：《市场转型与民众的分配公平观》，《社会学研究》2009 年第 3 期。
⑨ 徐延辉、刘彦：《社会资本与农民工的社会公平感》，《社会科学战线》2018 年第 11 期。
⑩ 黄家亮：《论社会歧视及其治理——一个社会学视角的理论分析》，《华东理工大学学报》（社会科学版）2008 年第 3 期。
⑪ 黄永亮、崔岩：《社会歧视对不同收入群体社会公平感评价的影响》，《华中科技大学学报》（社会科学版）2018 年第 6 期。

职业歧视是一线快递从业人员的核心痛点，在社会经济特征与其他流动人口差异不大的情况下，突出的职业歧视可能会弱化其他影响快递小哥社会公平感的因素，因为无论是与城市居民，或者是与其他流动人口相比，快递小哥都能感受因其职业所带来歧视，从而激发这一群体对社会不公的极端感知。与此同时，快递行业的发展使得这一新兴群体能深入城市每一个角落，成为城市的毛细血管。同时快递行业的熟人引荐及师徒制又实现了快递小哥之间高度的身份共享和情绪共鸣，职业歧视所带来的负面情绪会在快递小哥内部引起强烈共鸣并通过其社会网络快速传播，强化这些负面情绪的消极影响，诱发社会风险。因此研究快递小哥所遭受的社会歧视对其社会公平感的影响极其重要，根据上述文献综述，可得到以下研究假设：假设 1——经历过职业歧视的快递小哥更可能认为社会不公。

主观社会经济地位是影响个体社会公平感的主要因素，若个体认为自身社会经济地位与其参照群体相比较低，即使其实际处于较高的社会地位，也会感受到一定相对剥削感，从而认为社会不公①②。因此本研究将把快递小哥的收入自评程度作为调节因素来分析职业歧视经历对其社会公平感评价的影响机制。且有研究在对比新生代农民工与传统农民工社会公平感影响因素的过程中发现，新生代农民工更注重与工作所在地区居民进行经济社会地位上的比较，传统农民工则更注重实际的收入比较③。快递小哥中多为"80 后"和"90 后"新生代群体，美团研究院发布的《城市新青年2018 外卖骑手就业报告》显示，出生于 1980～1999 年的外卖骑手是美团的中坚力量，占比高达82%，因此本研究涉及的相对收入自评是与快递小哥工作所在地区居民的比较。可得以下假设：假设 2——与工作地居民相比，快递小哥的收入水平自评越高，职业歧视经历对其社会公平感的消极

① 马磊、刘欣：《中国城市居民的分配公平感研究》，《社会学研究》2010 年第 5 期。
② 孙薇薇、朱晓宇：《地位、相对剥夺与归因：教育年限对分配公平感的影响机制》，《社会学评论》2018 年第 3 期。
③ 王甫勤：《新生代与传统农民工社会公平感的影响因素研究》，《中国人口科学》2016 年第 5 期。

影响越弱。

城市社区是大城市中快递小哥生活的重要场域，在城市生活的体验会对流动人口的公平感存在传导效应①。若主观社会经济地位是个人从社会经济地位比较的角度评价其作为一个"经济人"的成功程度，那社会融入程度则是个体从其在一个社会生活得如何的"社会人"角度进行的评价，因此在城市地区的融入程度对流动人口的社会公平感存在显著影响②，流动人口的社区认同度越高、与流入地居民交往越频繁、社区参与程度越高，其公平感越强③。因此本研究将把快递小哥的社会融入程度作为调节因素，分析这一变量在职业歧视经历与其社会公平感评价关系中的作用，得到以下假设：假设3——社会融入程度的加深会弱化职业歧视经历对快递小哥社会公平感的消极影响。

三 数据与方法

（一）数据来源

本研究使用的数据来源于对外经济贸易大学"快递（外卖）小哥调查"数据，该调查于2018年8月至2019年2月在北京市组织实施，研究对象为16~35岁，全职从事快件揽收、分拣、封发、转运、投送的青年服务人员群体（不包括站长及其他管理人员）。为保证调查样本的典型性和有效性，课题组对快递小哥所在公司按照行业性质进行了区分，按照配送类型分为传统快递业和新兴快递业，两者区别在于后者的即时配送特点，再按照所有制形式分为国有经济体和民营经济体两类。由于新兴经济体中无国有所有制的

---

① 邓睿、冉光和：《两代农民工的社区公平感有何不同？——农民工融入城市社区背景下的经验研究》，《公共管理学报》2017年第1期。

② 邓睿、冉光和：《两代农民工的社区公平感有何不同？——农民工融入城市社区背景下的经验研究》，《公共管理学报》2017年第1期。

③ 徐延辉、许磊：《当代农民工社会公平感：一个经济社会学分析框架》，《上海大学学报》（社会科学版）2018年第6期。

公司。因此，两个维度合并后将所有快递公司划分为传统国有快递（简称为国有快递）、传统民营快递（简称为民营快递）、新兴民营快递三类（简称为新兴快递）。

调查采用按比例分层抽样的方法，根据北京市快递从业青年在各快递公司的分布比例进行样本抽取，共回收问卷 1710 份，其中有效问卷 1692 份，有效回收率 98.95%。该调查还选取了样本中典型性较高的 62 名快递小哥进行了深入访谈。本研究以该调查的定量数据为主，定性访谈资料则作为辅助型资料助力洞察的深入。

（二）主要变量及其操作化

1. 因变量

本文的研究对象是从事一线快递业务的 16 ~ 35 岁青年，共有 1692 份样本。因变量是调查中快递小哥的社会公平感，采用主观测量法，根据问卷中"总的来说，您认为当今的社会公不公平"来判断，如果回答"不太公平"和"完全不公平"则判断样本"明显感知到社会不公平"（编码为 1），反之则判断为"尚未明显感知到社会不公感"（编码为 0），因变量为虚拟变量。

2. 自变量及调节变量

本研究的主要自变量为职业歧视经历，根据"过去一年以来，您是否在职业方面遭受过他人歧视"来判断，该变量为虚拟变量。

调节变量包括主观相对收入自评和社会融入程度两个变量。相对收入自评的参照群体为北京居民，根据"您觉得您的收入在北京处于何种水平"来判断，答案包括"远低于平均水平""低于平均水平""平均水平""高于平均水平""远高于平均水平"五个等级，将"远低于平均水平""低于平均水平"合并为"低于平均水平"（编码为 1），"平均水平"不变（编码为 2），"高于平均水平""远高于平均水平"合并为"高于平均水平"（编码为 3），该变量为定序变量。

社会融合的本质是流动人口在心理上对流入地表示认同和在行为上与流

入地的互动①，因此本研究主要从融入意愿和与流入地的心理距离出发测量快递小哥的社会融入程度。主要根据"我喜欢北京""我关注北京的变化""我很愿意融入北京人当中，成为其中一员""我觉得北京人愿意接受我成为其中一员""北京离不开我""我为北京发展做了贡献""我感觉北京人看不起外地人""我的生活习惯与北京市民存在较大差别""我觉得我已经是北京人了"等题进行操作，答案从"完全不同意"至"非常同意"分为五个等级，分别赋值 1~5 分，这 9 道题的 Cronbach's alpha 系数为 0.83，表明题目信度较佳。将这 9 道题统一量纲后，通过因子分析将这 9 道题生成一个因子，这一因子可解释原有题目 82.43% 的变异，该因子即为社会融入指数，值越大表示融入程度越高。

3. 控制变量

控制变量包括性别（虚拟变量）、年龄（虚拟变量）、教育程度（定序变量）、出生地（虚拟变量）、户籍（虚拟变量）、公司类型（定类变量）、职业流动经历（定序变量）、社会保障（五险一金，无任何一项社会保障的为"无"，有任一项为"有"，该变量为虚拟变量）。

主要变量的统计描述见表 1。

表 1 主要变量描述统计

变量	样本量	百分比/均值
认为社会不公		
否	1202	71.04
是	490	28.96
职业歧视经历		
否	1045	61.76
是	647	38.24
在北京的经济收入水平		
低于平均水平	939	55.50

---

① 徐延辉、许磊：《当代农民工社会公平感：一个经济社会学分析框架》，《上海大学学报》（社会科学版）2018 年第 6 期。

续表

变量	样本量	百分比/均值
平均水平	647	38.24
高于平均水平	106	6.26
年龄		
80后	767	45.33
90后	925	54.67
性别		
女性	177	10.46
男性	1515	89.54
受教育程度		
初中及以下	473	27.96
高中及中专	898	53.07
大专及以上	321	18.97
出生地		
乡镇	1410	83.33
县城及以上	282	16.67
户籍		
非京籍	1562	92.32
京籍	130	7.68
五险一金		
无	874	51.65
有	818	48.35
换工作经历		
0次	636	37.59
1次	124	7.33
2次	286	16.9
3次	382	22.58
4次及以上	264	15.6
快递行业类别		
国有	172	10.17
民营	1238	73.17
新兴	282	16.67

4.研究方法

本文利用STATA14.0统计软件，使用logistic回归等统计方法，对上述调查数据进行分析，并利用访谈资料进行补充，探索职业歧视对快递小哥社会公平感的影响，重点分析主观收入自评和社会融入程度在职业歧视与社会公平感关系中的调节作用。

四　分析结果

（一）职业歧视对快递小哥社会公平感的影响

调查中有38.24%的快递小哥表示在过去一年遭受过职业上的歧视，且这种歧视并不因个人快递行业不同而存在差别，即职业歧视无论对传统快递小哥抑或即时送等新兴行业快递小哥是无差别存在的。调查数据还显示，有42.43%快递小哥表示工作的主要难点是"用户不理解，投诉压力大"，这一比例要远高于选择工作难点是"小区不让进，投递难度大"（31.09%）、"交通事故风险较大"（25.77%）、"自行赔付非本人原因造成的损失"（23.88%）等快递小哥的比例。在深访资料中有一位快递小哥表示，"快递行业太累了，倒也不是身体的累，心里累，很多人都太不好说话了。你说现在天这么冷，送快递已经紧赶慢赶了，人家拿到手连个'谢谢'也没有，还说'怎么才送过来'，让人觉得挺伤心的"。随着我国快递行业竞争的加剧，快递业已经进入了"微利化"时代，大部分快递企业实施"以价换量"的发展模式，压低快递员的工资导致服务质量变差，客户投诉增多，客户与快递员之间形成了互相抱怨、互相投诉的恶性循环，进而增加了快递小哥的职业歧视。这种职业歧视来自于社会各阶层人群，甚至包括与快递小哥同属于服务业的保安、餐馆服务员等，"比如我刚才去买水。今天我穿的便服，如果我穿外卖的衣服，他们很可能不搭理我，或者说很敷衍，这就是歧视。那些把自己生活中的痛苦、压力发泄在外卖小哥身上的，说白了，还是因为很多人瞧不起送外卖的，这里面甚至包括很多保安和那些店员"，"现在去相亲，当人家听到自己是干快递的，扭头就走了"。社会的歧视也使得快递小哥群体内部对自身职业的负面认识加深，一位快递小哥在深访中表示，

"我永远也不会告诉我儿子,他的爸爸送过外卖"。

这种职业歧视的经历激发了快递小哥对社会不公的极端感知。有被职业歧视经历的快递小哥认为社会不公平的比例为34.47%,比过去一年没有遭受过职业歧视的快递小哥认为社会不公的比例(25.55%)高了将近10个百分点,且两者存在显著差异。在控制了性别、年龄、受教育程度、户籍、出生地、社会保障情况、换工作经历、快递行业类别、经济状况自评、社会融入程度等变量的情况下,考察职业歧视经历对快递小哥认为社会不公的影响。从模型结果看(见表2),歧视经历与快递小哥的社会不公感呈正相关,通过计算得知没有职业歧视经历的快递小哥认为社会不公的概率为0.26,而经历过职业歧视的快递小哥感到社会不公的概率为0.34,后者要显著高于前者,假设1得到验证。

表2的模型也验证了过去社会公平感研究的结论。受教育程度对快递小哥的社会不公感有显著影响,受教育程度为高中及中专和受教育程度为大专及以上的快递小哥感到社会不公的可能性要明显高于受教育程度为初中及以下的快递小哥,该结论验证了相对剥削理论[1]。认为自身经济状况在北京处于平均水平或高于平均水平的快递小哥感到社会不公的可能性则要低于认为经济状况在北京低于平均水平的快递小哥,这一结论也符合相对剥削论或基于此理论发展而来的局部比较论的观点[2][3]。另外,京籍快递小哥比非京籍快递小哥、出生于县城及以上地区的快递小哥比出生于乡镇的快递小哥有社会不公感的概率更高,这也可以从相对剥削论的角度进行解释。社会保障会降低快递小哥的社会不公感,没有社会保障的快递小哥比有五险一金保障的快递小哥更可能认为社会不公,这一结论与结构决定论相符[4]。总

---

[1] 孙薇薇、朱晓宇:《地位、相对剥夺与归因:教育年限对分配公平感的影响机制》,《社会学评论》2018年第3期。

[2] 时怡雯:《新生代农民工的社会公平感研究:职业流动与相对经济地位的影响》,《同济大学学报》(社会科学版)2018年第1期。

[3] 王甫勤:《新生代与传统农民工社会公平感的影响因素研究》,《中国人口科学》2016年第5期。

[4] 李升:《受雇农民工的城市劳动关系状况与公平感研究》,《青年研究》2015年第4期。

体而言，相对剥削论在解释快递小哥公平感影响因素的过程中比结构决定论更有力。

表2 职业歧视经历对快递小哥认为社会不公的影响回归模型（odds ratio）

变量	模型1
职业歧视经历(否 = 0)	1.54 ***
在北京经济收入水平自评(低于平均水平 = 0)	
平均水平	0.74 **
高于平均水平	0.63 *
社会融入	0.64 ***
年龄(80 后 = 0)	1.03
性别(女性 = 0)	0.53 ***
受教育程度(初中及以下 = 0)	
高中及中专	1.46 ***
大专及以上	1.38 *
出生地(乡镇 = 0)	1.78 ***
户籍(非京籍 = 0)	1.99 ***
五险一金(无 = 0)	0.74 **
换工作经历(0 次 = 0)	
1 次	0.82
2 次	1.07
3 次	1.19
4 次及以上	1.53 **
快递行业类别(传统国有 = 0)	
民营	1.16
新兴	1.15
常数项	0.38 ***
样本量	1692
Pseudo R-squared	0.07

注：*** p < 0.01， ** p < 0.05， * p < 0.1。

模型显示社会融入会降低快递小哥对社会不公的感知，这一结论与过去社会融入会提升农民工社会公平感的研究结论相似①。职业的稳定性也会影响

① 徐延辉、许磊：《当代农民工社会公平感：一个经济社会学分析框架》，《上海大学学报》（社会科学版）2018 年第 6 期。

快递小哥的社会公平感，模型结果显示职业流动频繁（4次及以上的换工作经历）的快递小哥要比未经历过职业变动的快递小哥更容易有社会不公感，有研究认为这种频繁的职业流动并未给农民工带来明显的经济改善，从而使得他们与流入地居民进行社会经济地位比较时地位降低，从而导致不公平感①。

在性别影响上，女性快递员感到社会不公的概率要明显高于男性快递员，这与已有研究认为"男性农民工的公平感整体上低于女性"这一结论完全相反②，这与快递行业男性居多，且以男性擅长的体力活为主有关，女性在该行业可能会因性别原因受到更多的不公正待遇，因而感受到的不公平感会更为强烈。年龄、快递行业类型则在该模型中无显著影响。

（二）主观经济地位及社会融入程度对职业歧视与快递小哥社会公平感关系调节作用

对于一线快递从业青年而言，社会经济地位的提升和社会融入程度加深是其市民化过程中的重要保障，缩小与工作所在地居民社会地位及生活水平上的距离有利于他们社会公平感的提升③④⑤⑥，这一结论在表3的模型中也得到了验证。那么这两个对流动人口的社会公平感极其重要的因素，是否能作用于多数同为流动人口的快递小哥职业歧视对其社会公平感的影响过程？本文利用数据进行了验证，通过表3的模型2可知，虽然快递小哥主观收入水平的提高会降低其有社会不公感的概率，但快递小哥主观收入水平的提高

① 时怡雯：《新生代农民工的社会公平感研究：职业流动与相对经济地位的影响》，《同济大学学报》（社会科学版）2018年第1期。
② 王甫勤：《新生代与传统农民工社会公平感的影响因素研究》，《中国人口科学》2016年第5期。
③ 王甫勤：《新生代与传统农民工社会公平感的影响因素研究》，《中国人口科学》2016年第5期。
④ 王毅杰、冯显杰：《农民工分配公平感的影响因素分析》，《社会科学研究》2013年第2期。
⑤ 李培林、李炜：《农民工在中国转型中的经济地位和社会态度》，《社会学研究》2007年第3期。
⑥ 龙书芹、风笑天：《社会结构、参照群体与新生代农民工的不公平感》，《青年研究》2015年第1期。

并无法削弱职业歧视对其社会不公感的负面影响，假设 2 未得到验证。同样，在表 2 的模型 1 中我们可观测到社会融入程度越高，快递小哥越不容易认为社会不公，但表 3 的模型 3 显示社会融入程度的提高在职业歧视与快递小哥的社会不公平感的关系中未发挥明显的调节作用，假设 3 未得到验证。

表3　主观经济地位及社会融入对职业歧视与快递小哥社会公平感
关系的调节作用模型（odds ratio）

变量	模型 2	模型 3
职业歧视经历(否 = 0)	1.55 ***	1.52 ***
在北京的经济收入水平自评(低于平均水平 = 0)		
平均水平	0.73 **	0.74 **
高于平均水平	0.75	0.64 *
在北京的经济收入水平自评 * 职业歧视经历(低于平均水平 * 是 = 0)		
平均水平 * 是	1.04	
高于平均水平 * 是	0.6	
社会融入	0.64 ***	0.66 ***
社会融入 * 职业歧视经历		0.94
年龄(80 后 = 0)	1.03	1.03
性别(女性 = 0)	0.53 ***	0.53 ***
受教育程度(初中及以下 = 0)		
高中及中专	1.47 ***	1.47 ***
大专及以上	1.38 *	1.38 *
出生地(乡镇 = 0)	1.78 ***	1.79 ***
户籍(非京籍 = 0)	1.99 ***	1.98 ***
五险一金(无 = 0)	0.74 **	0.74 **
换工作经历(0 次 = 0)		
1 次	0.83	0.82
2 次	1.08	1.07
3 次	1.2	1.19
4 次及以上	1.53 **	1.53 **
快递行业类别(国有 = 0)		
民营	1.16	1.16
新兴	1.15	1.15
常数项	0.38 ***	0.38 ***
样本量	1692	1692
Pseudo R-squared	0.07	0.07

注：*** p < 0.01，** p < 0.05，* p < 0.1。

五 小结与建议

通过上述分析，本文可得到以下结论：职业歧视经历确实会对一线快递从业青年的社会不公感有显著的正向影响，假设 1 得到验证；主观经济地位（在北京的经济收入水平自评）和社会融入程度虽然能显著降低快递小哥认为社会不公的概率，但主观经济地位提高或社会融入程度加深并不能作用于职业歧视对快递小哥社会不公感的影响过程，假设 2 和假设 3 在本文中并未得到验证。也就是说，对于快递从业青年而言，因职业歧视带来的社会不公平感很难由收入水平的提升及社会融入程度的加深而得到消解，它植根于快递员的职业特性之中，不断给予负反馈与负能量。

虽然主观经济社会地位和社会融入是影响人们社会公平感的重要变量，从流动人口的角度考虑，这两个变量的提升能够拉近流动人口与流入地市民的距离，从而降低流动人口的相对剥夺感，提升社会公平感，但其并无法削弱职业歧视与社会公平感的负向关系。要降低快递小哥因职业歧视带来的社会不公感，还需从职业歧视本身出发进行合理的情绪疏导和政策设计。

首先，应以"看不见的手"抓准"关键场景"，疏解职业歧视给快递小哥带来的负向情绪。可从心理关怀出发，创新创造心理疏解活动，如群团组织与企业合作给快递小哥建立相应的心理咨询室或情绪发泄室，给快递小哥提供合理合法的负面情绪疏解空间和渠道。另外，要善用新兴媒体，一方面要通过官方账号发布和传播正能量信息，引导舆论场的中的主旋律，号召全社会对快递小哥多一些理解与关怀，少一些苛刻和不尊重；另一方面也可以通过举办短视频大赛、快递故事征集、快递分拣技能大赛等主题活动，以趣味性、高参与度的方式丰富快递小哥群体的业余生活，在活动的传播过程中，讲述快递小哥群体的故事，引发社会更多人的理解与关注。

但最重要的是要从根本上消除社会对快递这一职业的歧视，仍需以"看得见的手"助力快递服务的完善，降低人们对快递小哥的不理解和不尊重。如从社会对快递小哥普遍的偏见着手，如服务态度、配送时间、人员杂乱等，完善管理平台，建立行业管理规范和标准，加大对物流末端平台建设的支持力度，从社会不理解的主要痛点着手解决问题。

快递小哥作为电子商务配送环节的最后一环，穿梭在城市的各个角落，甚至深入农村，为保障消费者快捷的购物体验、促进互联网环境下的网络购物繁荣发挥了重要作用。职业歧视作为一种不平等的社会存在，必将不利于快递行业的持续发展和社会凝聚力的提升，因此需要通过以上途径减少对快递小哥的职业歧视，让快递小哥能在城市工作中真正获得"归属感"与"幸福感"，进而提升快递小哥的社会公平感，促进社会公平和稳定发展。

B.6
城市快递小哥的职业流动及其影响因素

——基于劳动力市场分割理论的实证研究

王艺璇*

摘　要： 本文基于对外经济贸易大学"快递（外卖）小哥调查"课题组对北京市范围内快递小哥社会调查的数据，使用事件史分析方法，探讨了城市快递小哥职业流动的影响因素。研究发现：性别、户籍、年龄、受教育程度和婚育状况等社会经济特征和职业获得方式对快递小哥职业流动有着显著的影响，并表现出行业差异。通过社会关系网络支持而获得工作的快递小哥相比通过正式途径获得工作的快递小哥，职业流动更小；国有系统相比民营系统和新兴系统的快递小哥，职业流动更小。中国快递行业目前存在比较明显的劳动力市场分割现象。

关键词： 快递小哥　职业流动　工作年限　收入　职业地位

一　问题提出

电商物流和快递行业的持续高速发展，有力支撑着电子商务的繁荣，也在改善着居民的消费需求和生活品质，促进着社会的就业。这背后，是一支

---

* 王艺璇，博士（后），清华大学社会科学学院助理研究员，研究方向：城市社会学、网络社会学。

数量庞大新兴就业群体的兴起，快递员作为电子商务配送环节之一，是快递行业的重要纽带。第一财经商业数据中心联合苏宁易购发布的《2018 快递员群体洞察报告》显示，2016～2018 年，中国以邮政速递（EMS）、顺丰、京东、"四通一达"（申通、圆通、中通、百世汇通和韵达）等为代表的快递企业快递员数量增至 300 万，其中，50% 快递员的增速支撑着 57% 的快递业务量变化和 49% 增速的网络零售市场发展。此外，以美团、饿了么、闪送等为代表的外卖行业和 O2O 平台也拥有上百万名专兼职的终端外卖骑手配送员。这些作为"最后一公里"守护者的快递员伴随快递物流基础设施的完善，正带领着中国进入快递全民普惠的新时代。

同时，由于中国快递行业高速度增长和职业准入门槛较低，我国快递行业仍以劳动密集型为主，各快递企业对一线快递员在技能、学历等方面要求较低，普遍存在快递员流失率较高的现象[1]。物流与采购联合会公布的《2017 年中国电商物流与快递从业人员调查报告》显示，中国电商物流和快递员仅有 48.41% 会继续从事快递配送工作，快递员队伍稳定性有待加强。《2018 快递员群体洞察报告》也显示，虽然总体上城市快递员中的多数人都选择在快递配送行业中求生存，但是他们的职业存在很大的流动性，快递员会在不同的物流公司之间流转，更有 19.9% 的快递员在这一过程中最终选择回乡创业。

过于频繁的职业流动对各方带来损伤[2]，使快递员丧失工作经验积累的有效性，使快递企业丧失对快递员人力资本投入的回报，使社会降低对快递员的职业认同和尊重。因此，如何保持城市快递员职业稳定性，对于每一个快递员和快递企业都具有重要的意义。本文即从劳动力市场分割理论分析城市快递员职业流动的影响因素，以为规范快递行业发展、加强快递员权益保障、改善快递员生活诉求提供参考依据。

---

[1]　何玲：《城市快递员离职现象探究——基于工作满意度与组织承诺的关系视角》，《中国青年研究》2017 年第 4 期。

[2]　宋健、白之羽：《城市青年的职业稳定性及其影响因素——基于职业生涯发展阶段理论的实证研究》，《人口研究》2012 年第 6 期。

二 文献综述

（一）职业流动的原因：主动流动与被动流动

既有研究表明，快递员是一个职业流动相当频繁的群体，职业稳定性较差，几乎处于一个随时可能离职的状态①。虽然当前学界关于快递员职业流动的研究较少②，但既有研究表明，农民工进城后的职业流动往往与个人、就业制度和用工单位三方面有关③。例如，廖根深研究发现，随着年龄的增长，青年职业流动速度由快变慢，而随着文化程度和收入水平的提高，职业流动周期曲线的走势也呈"倒 U"形④；许传新通过对比两代农民工分析也发现，第一代农民工职业流动主要为了追求经济利益，而新生代农民工职业流动则主要为了追求个人发展⑤。在此基础上，吕晓兰和姚先国根据农民工职业流动的动机和具体原因，将职业流动分为主动流动和被动流动，其中又将主动流动的原因分为工作原因（收入太低、条件差、劳动强度大、工作不稳定、社会福利差等）和家庭原因（照顾家人、回家结婚、生孩子、家里有事等），被动流动的原因分为单位原因（单位停产、单位裁员、企业破产、项目结束等）和个人原因（被单位开除等）⑥，这对于分析快递员职业流动的原因具有非常重要的借鉴意义。

---

① 赵波、李瑞芝：《快递企业员工离职的"推拉模型"及验证——基于展开模型与工作嵌入理论》，《江苏商论》2016 年第 2 期。
② 赵莉、刘仕豪：《"风雨极速人"——北京市快递员生存现状及角色认同研究》，《中国青年研究》2017 年第 6 期。
③ 李强：《中国大陆城市农民工的职业流动》，《社会学研究》1999 年第 3 期。
④ 廖根深：《当代青年职业流动周期的研究——兼论当代中国青年职业发展的三个阶段》，《中国青年研究》2010 年第 1 期。
⑤ 许传新：《农民工的进城方式与职业流动——两代农民工的比较分析》，《青年研究》2010 年第 3 期。
⑥ 吕晓兰、姚先国：《农民工职业流动类型与收入效应的性别差异分析》，《经济学家》2013 年第 6 期。

（二）职业流动的途径：正式途径与社会关系网络

在职业流动的研究中，职业流动的途径主要有两种类型：正式途径和社会关系网络支持的非正式途径①，其中正式途径主要包括通过校园招聘、社会招聘、职业中介招聘或人才市场等方式而实现的职业流动，社会关系网络主要是指依靠社会关系网络支持而获得的职业流动。研究表明，由亲属和朋友两种强关系构成的社会关系网络是支撑中国员工职业流动的重要因素②，特别是对于流动人口而言，人力资本和社会资本的支持是他们在城市获得工作的重要影响因素③。

不同的职业流动途径对员工的职业发展和稳定的影响是不同的。虽然社会关系网络的支撑能够促使流动人口更容易获得非农工作④，但是他们往往处于职业结构的下层，是低社会经济地位的群体，人力资本较差，社会关系网络的质量也较差，他们往往为提高收入水平而具有较高的职业流动率；通过正式途径实现职业流动的员工则处于中间阶层，能使流动人口获得更多收入⑤；通过"正式＋关系"途径获得职业流动的员工则处于上层，人力资本是影响其收入的主要机制，往往具有较高的职业认同和较低的职业流动⑥。因此，在分析城市快递员职业流动时需将其工作获得方式纳入分析模型，以检验后者对前者的影响。

（三）职业流动的劳动力市场分割视角

劳动力市场分割理论否认劳动力市场的同质性，主张从制度和结构两个

---

① 陆德梅：《职业流动的途径及其相关因素——对上海市劳动力市场的实证分析》，《社会》2005 年第 3 期。
② 边燕杰、张文宏：《经济体制、社会网络与职业流动》，《中国社会科学》2001 年第 2 期。
③ 李飞、钟涨宝：《人力资本、社会资本与失地农民的职业获得——基于江苏省扬州市两个失地农民社区的调查》，《中国农村观察》2010 年第 6 期。
④ 孔建勋、张顺：《社会资本与职业地位获得：基于云南跨界民族农民工的实证研究》，《云南社会科学》2013 年第 3 期。
⑤ 王毅杰、童星：《流动农民职业获得途径及其影响因素》，《江苏社会科学》2003 年第 5 期。
⑥ 吴愈晓：《社会关系、初职获得方式与职业流动》，《社会学研究》2011 年第 5 期。

角度来研究劳动力市场的运作。由新结构主义社会学家皮奥里（Piore）提出的二元劳动力市场理论，把劳动力市场划分为一级市场和二级市场，一级市场工资水平较高、工作条件较好、管理过程规范、升迁机会较多、就业比较稳定，二级市场工资水平较低、工作条件较差、管理比较粗暴、缺乏升迁机会、就业不稳定①。实证研究证明，中国劳动力市场也存在城乡分割和"国有—非国有"部门的分割，并且由国有单位垄断的产业与向非国有经济开放的产业之间所构成的非农产业分割已经成为中国分割劳动力市场的新结构②。

鉴于此，本文依据快递小哥所在企业的"国有—非国有"差异，将快递小哥分为三类：第一类是以服务国有企业（如 EMS、民航快递和中铁快运等）为主的国有系统快递小哥；第二类是以服务民营或外资企业（如顺丰、京东和"四通一达"等）为主的民营系统快递小哥；第三类是以服务新兴互联网企业或 O2O 平台（如美团、饿了么、闪送等）为主的新兴系统快递小哥。在此基础上，本文将分析不同企业类型差异对城市快递小哥职业流动的影响。

三 数据来源与统计描述

（一）数据来源

本研究使用的数据来自 2018 年 8 月至 2019 年 2 月对外经济贸易大学"快递（外卖）小哥调查"课题组对北京市范围内快递小哥所展开的社会调查。该调查包括问卷调查和访谈调查两部分。其中，问卷调查主要是通过随机抽样的方式对 16 岁至 35 岁在北京从事快件/外卖揽收、分拣、封发、转运、投送的快递小哥（不包括站长及其他管理人员）在基本情况、工作状

---

① M. J. Piore，"The Dual Labor Market：Theory and Implications"，In David B. Grusky, ed, *Social Stratification：Class, Race, and Gender in Sociological Perspective*，1970 ，pp. 435 – 438.

② 张展新：《劳动力市场的产业分割与劳动人口流动》，《中国人口科学》2004 年第 2 期。

况、权益维护与社会保障、生活质量和社会态度五个维度的调查。该调查共收集问卷 1710 份，经筛选后，有效问卷为 1692 份。访谈调查主要是通过质性访谈的方式对快递小哥在城乡流动、生命历程、工作感受、生活融入等方面的调查，共形成访谈资料 62 份。本文所使用的分析数据主要基于 1692 份有效问卷，并辅之以访谈资料进行论述。

（二）统计描述

表 1　自变量的描述统计

变量名称	国有系统	民营系统	新兴系统
性别			
男	0.750	0.900	0.965
女	0.250	0.100	0.035
户籍			
非农业户籍	0.448	0.199	0.160
农业户籍	0.552	0.801	0.840
出生年代			
1983～1989	0.552	0.455	0.387
1990～1999	0.448	0.526	0.599
2000～2002	0.000	0.019	0.014
受教育程度			
小学及以下	0.000	0.020	0.021
初中	0.128	0.261	0.344
高中/中专	0.419	0.540	0.557
本科/高职高专及以上	0.453	0.179	0.078
婚恋情况			
已婚	0.611	0.568	0.571
未婚有恋爱对象	0.145	0.132	0.174
单身	0.244	0.300	0.255
生育子女			
否	0.523	0.442	0.401
是	0.477	0.558	0.599
身体健康状况			
健康	0.610	0.698	0.794

续表

变量名称	国有系统	民营系统	新兴系统
一般	0.349	0.261	0.185
不健康	0.041	0.041	0.021
收入水平			
4000 元及以下	0.337	0.140	0.039
4001~6000 元	0.622	0.453	0.312
6001~8000 元	0.029	0.285	0.486
8001~10000 元	0.006	0.090	0.124
10001 元及以上	0.006	0.032	0.039
职业获得方式			
正式途径	0.442	0.393	0.262
社会关系网络支持	0.558	0.607	0.738
劳动合同签订			
签订劳动合同	0.738	0.619	0.550
签订劳务合同	0.250	0.213	0.283
没签	0.012	0.168	0.167
工作量			
每月工作天数	24.535	26.732	27.617
每天工作时长	10.683	11.091	10.312
每天派件数量	97.395	109.505	55.135
样本数量	172	1238	282

由于 lognormal 模型是加速失败时间模型中的一种，该模型估计的是事件发生以前的时间，因此根据模型设定，本研究的因变量是快递小哥从当前工作岗位离职时间的自然对数。在问卷调查中，设置了快递小哥从事当前工作时间的选项，也设置了快递小哥三年后是否还在当前工作岗位的问题，以此作为本研究的因变量。

以性别、户籍、年龄、受教育水平和健康状况形成的人力资本积累是职业流动的重要影响因素，对农民工职业流动的研究表明，人力资本积累程度越高，农民工的就业稳定性也越高、职业流动性越弱[1]。因此，快递小哥的

---

[1] 王超恩、符平：《农民工的职业流动及其影响因素——基于职业分层与代际差异视角的考察》，《人口与经济》2013 年第 5 期。

192

人力资本积累程度是本文分析其职业流动的重要影响因素。

以婚恋和子女数量为主要内容的家庭情况对职业流动具有显著影响。研究表明，结婚能够显著降低职业流动的概率，这主要是因为婚姻增加了员工的家庭负担，从而增加了职业流动的羁绊①。因此，快递小哥的家庭情况是本文分析其职业流动的重要影响因素。

以职业获得方式、劳动合同签订情况、收入水平、工作量等为内容的工作状况也对职业流动具有影响。本文从劳动力市场分割理论视角，将快递行业按照企业性质区分为国有快递系统、民营快递系统和新兴快递系统，并从三种快递系统具体分析快递小哥因人力资本积累、家庭情况和工作状况差异而形成的职业流动差异。

四　数据分析

通过事件史分析 lognormal 模型所估计的快递小哥职业流动决定因素，分析内容分四个模型，包括所有样本模型、国有系统样本模型、民营系统样本模型和新兴系统样本模型。由此可以估计各因素对快递小哥总体职业流动效应，并比较它们对不同快递行业类型的快递小哥职业流动作用的差异（见表2）。

表 2　快递小哥职业流动的影响因素 （事件史 lognormal 模型）

变量名称	所有样本	国有系统	民营系统	新兴系统
性别（男性 = 1）	0.211 **	− 0.020	0.259 **	0.164
户籍（非农业户籍 = 1）	− 0.099 *	− 0.248	− 0.063	− 0.144
年龄	0.197 ***	0.842 ***	0.166 **	0.207
受教育水平	− 0.031	− 0.677 ***	0.018 +	− 0.047
婚恋情况[a]				

① 夏显力、张华、郝晶辉：《西北地区新生代农民工职业转移影响因素分析——以陕甘宁 3 省的 30 个村 339 位新生代农民工为例》，《华中农业大学学报》（社会科学版）2011 年第 6 期。

续表

变量名称	所有样本	国有系统	民营系统	新兴系统
未婚有恋爱对象	0. 268 **	0. 352	0. 202 +	0. 329
单身	0. 204 **	0. 182	0. 145	0. 292
生育子女(未生育 = 1)	− 0. 165 *	0. 006 *	− 0. 139	− 0. 002
身体健康状况[b]				
一般	− 0. 099 +	− 0. 163	− 0. 159 **	0. 119
不健康	− 0. 037	0. 089	− 0. 076	0. 447
收入水平[c]				
4001 ~ 6000 元	0. 046	0. 254	0. 033	− 0. 254
6001 ~ 8000 元	− 0. 042	0. 206	− 0. 054	− 0. 212
8001 ~ 10000 元	− 0. 238	0. 083	− 0. 327 **	− 0. 083
10001 元及以上	− 0. 731 *	− 0. 197	− 0. 738 ***	− 1. 047 *
职业获得方式(正式途径 = 1)	0. 149 **	0. 298 +	0. 134 *	0. 114
劳动合同签订情况[d]				
签订劳务合同	0. 062	0. 136	0. 028	0. 146
没签	0. 112 +	0. 629 *	0. 199 *	− 0. 239
工作量				
每月工作天数	0. 010 +	0. 022	0. 011 +	− 0. 011
每天工作时长	− 0. 019 +	− 0. 039	− 0. 017	− 0. 015
每天派件数量	− 0. 001 **	− 0. 003 *	− 0. 001 **	− 0. 002
行业分类[e]				
民营系统	0. 302 ***			
新兴系统	0. 659 ***			
观测值	1692	172	1238	282
Log-likelihood	− 11057. 758	− 703. 347	− 7716. 432	− 1374. 140

注：1. 括号里的数字是标准差。

2. + $p < 0. 10$，* $< 0. 05$，** $p < 0. 01$，*** $p < 0. 001$。

3. a 参照群体为"已婚"；b 参照群体为"健康"；c 参照群体为"4000 元及以下"；d 参照群体为"签订劳动合同"；e 参照群体为"国有系统"。

在所有样本中，快递小哥的性别系数是 0. 211，且在 0. 01 的水平上显著，说明在控制其他因素后，男性快递员比女性快递员从入职至离职的时间（即在当前快递岗位工作的时间）更长，即职业流动的周期更大。而在不同行业类型中，虽然性别系数都是正数，但只有民营系统在 0. 01 的水平上显著。因此可以看出，在控制其他因素后，只有民营系统的男性快递员比女性快递员在当前快递岗位工作的时间更长，从职业流动来看其平均工作时间延长了30%①，而国有系统快递小哥和新兴系统快递小哥职业流动的性别差异在统计意义上不明显，同时不同于民营系统和新兴系统，国有系统中女性快递员相比男性快递员在样本数据中在当前岗位工作的时间更长。

农业户籍与非农业户籍的快递小哥相比，职业流动的时间有显著差异，农业户籍的快递小哥在当前岗位工作的时间更长，职业流动的周期更大，其从当前岗位离职的工作时间相比非农业户籍延长了9%。但是，户籍差异在三类快递系统中对快递小哥职业流动的影响均不具有统计意义上的显著性。

年龄对快递小哥的职业流动时间具有显著差异。进一步分析发现，以"1983~1989年"为参照群体，"1990~1999年"的回归系数为0.219，且在0.001的水平上显著，"2000~2002年"的回归系数为0.604。上述数据表明，与80后的快递小哥相比，90后和00后的快递小哥在当前岗位从入职到离职的工作时间更短，其中90后快递小哥相比80后快递小哥从入职到离职的工作时间缩短了20%。进一步从三类不同的快递行业类型来看，年龄对国有和民营系统快递小哥职业流动时间均具有显著影响，并且80后相较90后在当前岗位上从入职到离职的时间周期更长。而年龄对新兴系统快递小哥职业流动的影响不显著。

受教育水平虽然在总体上对快递小哥的职业流动时间不具有显著影响，但在三类快递系统中，国有系统快递小哥职业流动教育因素的影响系数是-0.677，且在0.001的水平上显著，说明在控制其他因素后，在国有系统快递行业中，快递小哥受教育水平越高，则其在当前岗位上从入职到离职的时间周期更长，其时间延长了46%。不同于其他系统，民营系统快递小哥职业流动教育因素的影响系数是0.018，系数为正且在0.1的水平上显著，民营系统的快递小哥受教育水平越高，则其从当前岗位离职的时间越提前，职业流动时间缩短了18%。进一步分析教育因素对快递小哥职业流动的影响

---

① 计算公式为 exp (0.259) -1，下同。

发现，以"小学及以下"为参照群体，"初中"、"高中/中专"以及"本科/高职高专及以上"不同受教育水平对快递小哥职业流动的影响系数分别为0.166、0.093和0.085，系数为正说明在本数据调查中，与小学及以下受教育水平的快递小哥相比，初中及以上受教育水平的快递小哥在当前岗位工作的时间更长，因此职业流动的频率越低。

不同于既有研究中婚恋情况对城市青年职业稳定性并不具有显著影响的结论[1]，婚恋情况对快递小哥职业流动具有显著影响，且单身的快递小哥在当前岗位工作的时间更短，其次是未婚但有恋爱对象的快递小哥，已婚的快递小哥在当前岗位工作的时间最长。进一步分析发现，以"已婚"为参照群体，未婚但有恋爱对象的快递小哥在当前岗位工作的时间缩短了31%，单身的快递小哥在当前岗位工作的时间缩短了23%。可以看出，这与既有研究中婚姻对农民工职业稳定性的正向影响[2]，即婚姻增加职业稳定性的结论相一致。

是否生育子女对快递小哥的职业流动也具有显著影响，分析发现，已经生育子女的快递小哥相比没有生育子女的快递小哥在当前岗位从入职到离职的工作时间更长，平均时间延长了15%。既有研究表明，中国快递小哥以80后和90后为主，其子女大多数处于幼儿园和义务教育阶段，频繁换工作会造成快递小哥收入的不稳定，进而会对子女教育产生负面影响。因此，已经生育子女的快递小哥职业发展更趋稳定，职业流动更小，工作周期更长。

身体健康状况对职业流动的影响分析表明，快递小哥的身体健康状况越好，在当前岗位工作的时间越短，从入职到离职的时间越提前。特别是在民营系统中，身体健康状况对快递小哥职业流动的影响系数是 -0.099，并在0.1的水平上显著，说明在民营系统中，快递小哥身体健康状况越好，其工作时间越短。进一步分析发现，以身体健康状况是"健康"的快递小哥为

① 宋健、白之羽：《城市青年的职业稳定性及其影响因素——基于职业生涯发展阶段理论的实证研究》，《人口研究》2012年第6期。
② 王超恩、符平：《农民工的职业流动及其影响因素——基于职业分层与代际差异视角的考察》，《人口与经济》2013年第5期。

参照群体，身体健康状况是"一般"的快递小哥其职业流动系数是 -0.159，且在 0.01 的水平上显著，说明在民营系统中，相比健康的快递小哥，其在当前工作岗位从入职到离职的时间延长了 15%，职业流动时间更长。目前快递行业虽然是一个低门槛的劳动密集型产业，但是行业竞争压力较大，身体健康状况是获得较高收入的基础，而不能适应高负荷快递揽配送压力的快递小哥往往面临被动的职业稳定性。正如一位快递小哥在访谈中所言，"北京目前的快递员，大多数人的从业时间都不长，几乎都在两三年左右；外卖工作的辛苦大家都有目共睹，吃不了苦的，受不了委屈的，大多很快就辞职另谋他处了。能干的长的，也大多正骑驴找马，也在关注其他工作的动向，等待合适的时机跳出外卖圈，开辟新的人生。"（外卖小哥 WG，2018 年 12 月 22 日）

收入水平对快递小哥职业流动的影响系数是 -0.127，系数为负且在 0.001 的水平上显著，说明在控制其他因素的条件下，快递小哥收入水平越高，则其在当前岗位上从入职到离职的时间周期越长。在三类快递系统中，只有在民营系统中，收入水平对快递小哥职业流动具有显著影响，国有系统和新兴系统不具有统计意义上的显著性（新兴系统收入在 10001 元以上的除外）。进一步以平均月收入在"4000 元及以下"的快递小哥为参照群体，可以发现，收入在 4001~6000 元的快递小哥相比 4000 元及以下的快递小哥虽然收入增加了，但是其从入职到离职的时间周期却缩短了，而收入在 6001 元以上的快递小哥随着收入的增加，其从入职到离职的时间周期也延长了，特别是收入在 10001 元及以上的快递小哥，其从入职到离职的时间相比 4000 元及以下的快递小哥延长了 52%，并在统计上具有显著性。在民营系统中，收入在 8001~10000 元之间的快递小哥和收入在 10001 元及以上的快递小哥相比收入在 4000 元及以下的快递小哥，从入职到离职的时间分别延长了 28% 和 52%，并在统计上具有显著性；新兴系统快递小哥收入在 10001 元及以上的快递小哥，其从入职到离职的时间相比收入在 4000 元及以下的快递小哥延长了 65%，并在统计上具有显著性。因此可以看出，对于快递小哥而言，收入水平是其职业流动的重要影响因素，"都说北京是一座黄金

遍地的城市，有着太多的机会。太多怀揣着梦想的人在这里挥洒汗水，通过自己的努力创造了属于自己的成功。我也不例外，我希望用自己年轻时的努力换取未来的幸福生活。"（快递小哥 XZ，2019 年 1 月 5 日）

职业获得方式对快递小哥职业流动的影响系数是 0.149，且在 0.01 的水平上显著，说明相比通过正式途径获得工作的快递小哥，通过社会关系网络支持获得工作的快递小哥职业流动更小，从入职到离职的工作时间延长了 16%。在三类快递系统中，国有系统和民营系统快递小哥职业获得方式对其职业流动均具有显著影响，而这与既有研究中"通过社会关系或社会资本获得工作者比通过正式途径获得工作者更可能换工作"[①] 的结论相左，通过访谈资料本文认为，快递小哥通过社会关系网络支持更有利于职业的稳定性有两点原因，一是快递行业目前尚处于快速扩张、高度竞争的时期，低门槛的劳动密集型工作很难吸引高社会经济地位群体的参与，而社会关系网络支持往往是低社会经济地位群体获得工作的主要方式；二是快递行业目前尚没有建立起合理的人才管理体制和职业晋升渠道，"师傅帮徒弟"的师徒制是快递小哥技能学习和职业发展的主要方式。在这种方式下，社会关系网络支持不仅能够增加职业发展的稳定性，而且能够提供职业发展资源，促进其在快递行业中的晋升。

以"签订劳动合同"为参照群体，没签劳动合同或劳务合同的快递小哥，在当前工作岗位上从入职到离职的工作时间更短，缩短了 8%，特别是在国有系统和民营系统中，在当前工作岗位上从入职到离职的工作时间分别缩短了 88% 和 22%，并在 0.05 的水平上显著。

工作量对快递小哥的职业流动也具有显著影响。目前快递小哥平均每月要工作 27 天，平均每天要工作 11 个小时，每天平均要派送 99 件快递，"双十一期间，由于快递太多，有一位快递员为了不在晚间打扰客人们休息，凌晨 12 点钟就去抢占快递柜，八天只睡了三个小时。"（快递小哥 XHS，2018 年 12 月 25 日）过大的工作量和过高的工作强度增加了快递小哥职业流动

---

① 吴愈晓：《社会关系、初职获得方式与职业流动》，《社会学研究》2011 年第 5 期。

性。数据分析表明，每月工作天数越多，快递小哥在当前岗位从入职到离职的工作时间越短，并且具有显著的统计意义。

最后，从快递行业类型来看，以国有系统为参照群体，民营系统快递小哥和新兴系统快递小哥从入职到离职的工作时间更短，分别缩短了35%和93%，并在0.001的水平上显著。以上数据说明，当前快递行业存在比较明显的劳动力市场分割现象，国有系统快递行业劳动力职业发展比较稳定，而民营系统，特别是新兴系统快递小哥职业流动比较大。

五　总结与讨论

基于对外经济贸易大学"快递（外卖）小哥调查"课题组对北京市范围内快递小哥社会调查数据的统计分析，本文着重探讨了人力资本、职业获得方式和快递行业分割现象与快递小哥职业流动之间的关系。总体而言，本研究的结果部分支持了目前既有关于流动人口职业流动的研究成果，也基于快递行业特征和快递小哥特性发现了新的研究结论。

本文的研究结果表明，职业流动存在性别差异，女性的职业流动普遍大于男性，用性别角色专业化的视角来进行解释，即男性作为家庭经济的主要承担者，其职业生涯与家庭收入密切相关，过于频繁的职业流动会降低其家庭收入的水平。而女性作为承担传统家庭角色的成员，家庭生活和抚育子女是其主要生活需求，当职业发展与家庭所需相冲突时，她们往往牺牲前者而选择后者。而从户籍来看，非农业户籍的快递小哥职业流动普遍大于农业户籍的快递小哥，作为流动人口的农业户籍快递小哥，需要延长在当前岗位的工作时间以习得城市文化并学习工作技能。

职业流动也根据快递小哥的年龄而表现出差异。80后相比90后和00后的职业流动更小，这是因为行业内的职业流动对于80后这些具有工作经验积累的快递小哥的收入存在显著的负向影响[1]，但对于90后和00后这些

---

[1]　黄乾：《工作转换对城市农民工收入增长的影响》，《中国农村经济》2010年第9期。

需要工作经验积累的快递小哥的收入存在正向影响，就业流动性增强能够提升收入水平①。

　　婚恋情况和是否生育子女对快递小哥的职业流动具有显著影响。已婚比未婚的职业流动更小，生育子女的比未生育子女的职业流动更小，这与既有研究中家庭因素对职业发展的稳定效应相一致。

　　收入水平对快递小哥的职业流动具有显著影响，收入水平越高，则职业流动越小。但是，快递小哥收入水平的提高与繁重的工作量是相关的，工作量对快递小哥的职业流动因此也具有显著影响，即每天工作时间越长，派件数量越多，则职业流动越小。正如课题组在访谈中一名快递小哥所坦言，"我们干这个就是为了挣钱，全年无休，一天从早到晚都在外面跑，太清闲没法挣钱，忙才有钱赚呀。"（快递小哥FZP，2018年12月15日）

　　在此基础上，本文有两个重要发现。第一个重要发现是，职业获得方式对快递小哥职业流动具有显著影响，并且不同于既有研究结论，本文发现通过社会关系网络支持而获得工作的快递小哥职业流动更小，职业发展更偏稳定。这与快递行业特殊的劳动力市场结构有关，也与快递行业发展的竞争阶段有关；第二个重要发现是，职业流动存在行业差异，相比国有系统，民营系统和新兴系统快递小哥职业流动更大，快递行业存在明显的劳动力市场分割现象。

　　总而言之，快递小哥作为将居民本地生活需求与全产业链业务进行连接的社区连接器，逐渐成为城市社区生态的基层力量。他们在做好快递工作的同时，也在向城市贡献着自己的力量。2019年北京昌平区的快递员即化身"回天"地区的网格员，成为城市精细化管理的新触角。但是，他们的职业发展与城市生活却面临着诸多的困难，"现在当一名外卖员太难了，根本没有钱可赚。现在一单我们只能得5~6块，去年我们还能得7块呢。如果再这样，我只能换工作了。"（外卖小哥XJG，2019年1月22日）不断减少的

① 姚俊：《流动就业类型与农民工工资收入——来自长三角制造业的经验数据》，《中国农村经济》2010年第11期。

收入水平和不断增加的工作量使快递小哥在城市中不仅面临较大的生活压力，也使他们过早地忍受着胃病、腰肌劳损、风湿关节痛等"职业病"。职业流动成为他们改善现状的渠道，但是，正如一名快递小哥所说，"其实我觉得我挺适合干销售的，我也想去一家公司好好干啊，从底层做起，认真工作，可是就我这学历，实在是太低了，现在本科生都就业难，有哪家公司会要我这样没有相关工作经验，还只是高中学历的人呢？"（外卖小哥 WG，2018 年 12 月 22 日）人力资本的限制使他们很难找到快递行业之外的工作，由此，快递行业范围之内的职业流动，特别是从传统国有系统和民营系统向新兴系统的职业流动成为快递小哥职业流动的主要方向。

B.7
人口、职业、劳动：城市
快递小哥流动性的三维分析

——对鲍曼"流动的现代性"的理论思考

黄凡[*]

摘　要： 在"流动的现代性"视角下，本文运用对外经济贸易大学"快递（外卖）小哥调查"的实证数据，构建了整合人口、职业和劳动的三维分析框架。研究发现：人口流动性与职业流动性显著正相关，职业流动性和劳动流动性也呈显著正相关关系，但人口流动性与劳动流动性关系并不显著。快递小哥的职业流动性和劳动流动性体现了鲍曼的"流动性"理论，反映出"流动性"的人群需求与"固态性"的制度供给之间的错位。

关键词： 快递小哥　流动性　流动人口

一　引言

随着我国移动互联网等新技术的发展应用和物流配送体系的不断完善，网上购物和订餐已成为现代日常生活的重要组成部分，在这庞大的产业链条

---

* 黄凡，中国人民大学社会与人口学院博士研究生，研究方向：流动人口、公共服务。

中，实现"最后一公里"的关键角色正是奔波在一线的快递小哥。2018 年，中国快递员规模已经达到 300 万人以上①。

与此同时，学界对这一群体的研究热度也逐步升温。浙江省团校课题组根据定性资料从身体社会学②、心理学③和人类学④的视角分别对这一群体的身体经验、职业认同和行为逻辑展开了分析；方奕、王静和周占杰对城市快递行业青年员工的工作和生活情景进行了实证调查⑤；赵莉和刘仕豪则对北京市快递员的生存现状和角色认同展开了研究⑥。可见，学界对快递小哥这一群体的研究已有一定的基础。

本研究的现实意义和学术价值在于：第一，利用通过分层抽样得到的、具有较好代表性的最新数据，尝试对大城市快递小哥的总体情况有一个基本把握。此次调查不仅涵盖了外卖配送人员，还覆盖了饿了么、美团等新兴业态公司，在一定程度上弥补了有关这一群体情况的空白；第二，在全面了解群体基本情况的基础上，本文在人口、职业和劳动的三维分析框架下突出了这一群体的高"流动性"特点，并对这三个维度进行了相关分析，增进社会对这一群体典型特征的了解；第三，本文还结合"流动的现代性"理论和社会加速批判理论对这一群体的"流动性"和"加速"特征展开分析，拓展了有关理论的解释范围和适用性。

---

① 邱海峰、史若晨、邹开元：《国家邮政局："80 后、90 后"成为快递员主体》，《就业与保障》2019 年第 5 期。

② 浙江省团校课题组、蔡宜旦、卫甜甜：《身体经验及生成逻辑：身体社会学视角下的快递小哥》，《青少年研究与实践》2017 年第 2 期。

③ 浙江省团校课题组、蔡宜旦、陈昕苗：《基于职业期望——收益视角的快递小哥职业认同》，《青少年研究与实践》2017 年第 2 期。

④ 浙江省团校课题组、蔡宜旦、程德兴：《生存理性视角下快递小哥的行为逻辑——基于浙江省快递小哥的人类学调查》，《青少年研究与实践》2017 年第 2 期。

⑤ 方奕、王静、周占杰：《城市快递行业青年员工工作及生活情境实证调查》，《中国青年研究》2017 年第 4 期。

⑥ 赵莉、刘仕豪：《"风雨极速人"——北京市快递员生存现状及角色认同研究》，《中国青年研究》2017 年第 6 期。

二　数据来源及概念界定

本文研究使用的数据资料来源于对外经济贸易大学"快递（外卖）小哥调查"课题组对北京市范围内的快递小哥群体开展的问卷调查。问卷回收得到1710份，有效问卷1692份，有效率为98.95%。

参照2015年修订的《中华人民共和国职业分类大典》，本文将"快递小哥"（后简称快递小哥）界定为16～35周岁从事快件/外卖揽收、分拣、封发、转运、投送的快递/外卖服务人员，不包括站长及其他管理人员。该界定与本次调查对象范围一致。

三　分析框架

按《现代汉语词典》（第七版），"流动"是指（液体或气体）移动，经常变换位置（跟"固定"相对）。齐格蒙特·鲍曼（Zygmunt Bauman）通过比较固体和流体的性质来理解现代性在不同阶段的特征，他倾向于把当前的社会状况描述为"流动的现代性"（Liquid Modernity）[1]。在《流动的现代性》中，鲍曼试图从解放、个体性、时间/空间、劳动和共同体这五个概念来理解当前社会的"轻灵"和"流动"。通过问卷调查和访谈，本文发现，快递小哥是一个极具"流动性"的人口群体，具体体现在三个方面，即人口流动、职业流动和劳动（作业）流动。因此，本文搭建了具有针对性的"流动性"三维分析框架（见图1），尝试从人口、职业和劳动三个维度上展现和理解快递小哥的"流动性"。本文的基本思路是，在全面描述人口流动、职业流动和劳动流动情况的基础上，对三个维度之间的相互关系进行分析。

---

[1]　郇建立：《现代性的两种形态——解读齐格蒙特·鲍曼的〈流动的现代性〉》，《社会学研究》2006年第1期。

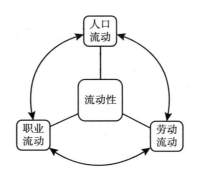

图1 流动性的分析框架

流动人口是指改变了经常性居住地而未改变户口登记地的人①。人口流动，反映的是人口在地域空间上的位置切换，在本文中体现为进入或离开北京。从北京作为流入地的角度出发，本文界定的流动人口是指户口登记地不在北京的人。在本次调查中，92.32%的快递小哥为流动人口。具体来说，人口流动可以通过户口登记地、户口性质、流动时间、流动原因、居留意愿、社会融入等情况反映。

职业流动包括离职和重新就业两个过程②。本文结合快递小哥的群体特点及数据可获性，将职业流动界定为进入或离开行业以及工作更换的频繁程度。具体来说，职业流动可以通过工作年限、行业工作年限、工作持续时间、工作更换次数、离职打算、离职原因等变量进行刻画。

劳动流动或作业流动，本文界定为工作或劳动时需要不断变换工作场所空间位置的状态。快递小哥这一群体本身的界定就离不开其职业，而流动式的劳动和作业最能体现快递/外卖揽收配送工作的特征，贴合我们对快递小哥的日常感官经验。具体来说，劳动流动可以通过每月工作天数、每日工作时长、每日繁忙时段、每日派件数量、主要交通工具等方面进行描述。

---

① 段成荣、杨舸、张斐等：《改革开放以来我国流动人口变动的九大趋势》，《人口研究》2008年第6期。

② 边燕杰、张文宏：《经济体制、社会网络与职业流动》，《中国社会科学》2001年第2期。

四 基本情况及流动的三维性

此次调查的快递小哥平均年龄接近 28 岁，以男性、政治身份为群众的青年居多，大部分为汉族且没有宗教信仰，受教育程度以初高中为主，仅四成快递小哥未婚，超半数快递小哥育有子女。

（一）人口流动

1. 流动人口与所在公司类别

快递小哥流动人口更多集中于传统民营快递公司和新兴外卖/快递公司。根据户口是否在北京本地，本文将快递小哥划分为流动人口和本地人口。调查发现，92.32% 的快递小哥为流动人口。如果根据公司的性质分类来看，快递小哥中的流动人口更多集中在传统民营快递公司和新兴外卖/快递公司中（见表 1），两者共吸纳了快递小哥中流动人口的 92.25%，两类公司快递小哥中流动人口的比例分别为 94.59% 和 95.74%，而国有快递公司中快递小哥的流动人口比例仅为 70.35%。这一现象有两个可能的解释，一是国有快递公司员工更有可能解决北京户口落户问题，二是国有快递公司相对更倾向于招纳本地户口员工，或者是快递小哥中的流动人口更倾向于在民营快递公司和新兴快递公司中工作。

表 1 三类公司的快递小哥人口构成

单位：%

分类	本地人口	流动人口	合计
国有快递	29.65	70.35	100.00
民营快递	5.41	94.59	100.00
新兴快递	4.26	95.74	100.00
合计	7.68	92.32	100.00

2. 户口性质与流动原因

经济动因的进城务工群体是快递小哥流动人口的主体。快递小哥流动人口中，83.64%是农业户口。一方面，如果我们根据户口性质和流入地城乡类型将"乡—城流动人口"界定为户口为农业户口、流入地为城市的流动人口，那么北京市75.24%的快递小哥为乡—城流动人口，而这一比例明显高于全国流动人口2010年63.2%和2015年48.9%的水平[1]（虽然2015年使用的是户口登记地类型，但仍有一定的参考价值）。另一方面，快递小哥选择在北京工作的原因中，比例最高的分别是收入水平高（39.07%）、个人发展空间大（25.59%）和积累工作经验（16.02%），可见经济和发展原因占据了主导地位（80.67%），与此对应的是，2017年全国流动人口流入主要原因为务工经商的仅占63.5%[2]。两个方面结合起来，更加凸显了快递小哥作为进城务工群体的特点。

3. 户口登记地

快递小哥流动人口更多来自北京周边。一般来说，流动人口的户口登记地就是其流出地。由表2可知，快递小哥主要来自河北（39.88%）、河南（15.75%）、山西（8.77%）、山东（8.58%）和黑龙江（5.12%）等环京省份和人口流出大省。河北、河南、山西、山东、内蒙古、辽宁等周边省份贡献了近8成的快递小哥流动人口，根据2017年流动人口动态监测数据，北京市来自这些周边省份的流动人口仅6成，说明相对于北京市流动人口总体，快递小哥中的流动人口更多来自周边省份。

表2　快递小哥流动人口的户口登记地

户口登记地	频数	百分比	户口登记地	频数	百分比
河北	623	39.88	内蒙古	47	3.01
河南	246	15.75	辽宁	41	2.62
山西	137	8.77	四川	29	1.86
山东	134	8.58	湖北	24	1.54
黑龙江	80	5.12	其他	146	9.32
安徽	55	3.52	总计	1562	99.97

---

[1] 段成荣、谢东虹、吕利丹：《中国人口的迁移转变》，《人口研究》2019年第2期。

[2] 国家卫生健康委员会：《中国流动人口发展报告（2018）》，中国人口出版社，2018。

4. 流入居住时间与居留意愿

快递小哥流动人口居留时间短且居留意愿不强。在流入地居住时间方面，在北京居住5年以内的快递小哥流动人口居多，占69.64%（见图2）。与全国流动人口的情况有所不同是，2014年全国流动人口在居住地居住平均时间超过3年以上的占55%，体现出人口流动的稳定化趋势①，快递小哥流动人口的对应比例为50.59%，说明快递小哥流动人口中的"中长期"流动人口相对较少。

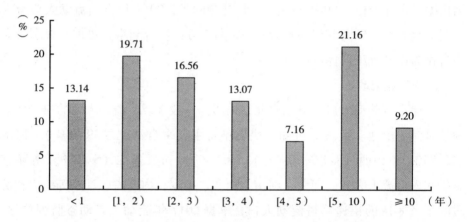

图2　快递小哥流动人口在流入地（北京）的居住时间

如果结合居留意愿，更能凸显出快递小哥流动人口的"流动性"。有15.43%的快递小哥流动人口表示未来不会离开北京，而2017年有36.64%的北京市流动人口打算定居北京。在打算离开北京的快递小哥流动人口中，66.84%的人预计在5年内会离开，而2017年北京流动人口的这一比例仅34.58%。换而言之，北京市快递小哥流动人口的居留意愿远低于北京市流动人口平均水平。

5. 社会融入与离京打算

快递小哥流动人口的社会融入程度不容乐观。社会融入的状态可以通过

①　段成荣、刘涛、吕利丹：《当前我国人口流动形势及其影响研究》，《山东社会科学》2017年第9期。

询问是否同意以下观点来进行反映：1. "我很愿意融入北京人当中，成为其中一员"；2. "我觉得北京人愿意接受我成为其中一员"；3. "我觉得我已经是北京人了"；4. "我感觉北京人看不起外地人"。对于第1、2、3题，快递小哥流动人口回答"非常同意"和"比较同意"的比例分别为62.04%、45.26%和21.0%，2017年北京市流动人口的对应比例为95.92%、92.71%和64.96%。对于第4题，快递小哥流动人口回答"非常同意"和"比较同意"的比例为54.87%，而2017年北京市流动人口的对应比例仅19.35%。可见，北京市快递小哥流动人口的社会融入水平低于北京市流动人口总体水平。

结合离京的打算，可以分析快递小哥流动人口的社会融入与其居留意愿之间的关系。通过交互分类和Pearson卡方检验（见表3），我们发现："我很愿意融入北京人当中，成为其中一员""我觉得北京人愿意接受我成为其中一员""我觉得我已经是北京人了"的同意程度与未来不离开北京存在显著的正向相关关系，"我感觉北京人看不起外地人"的回答与未来是否离开北京关系不显著。结果说明，快递小哥的社会融入程度越高，往往越不太可能打算离开北京。然而，快递小哥的社会融入程度并不高。

表3 离京打算与社会融入的关系

社会融入方面问题		未来是否会离开北京（%）		χ^2 值	卡方检验结果
		否	是		
我很愿意融入北京人当中,成为其中一员	完全不同意	14.55	85.45	69.25	P<0.01
	不太同意	21.37	78.63		
	比较同意	43.63	56.37		
	非常同意	62.35	37.65		
我觉得北京人愿意接受我成为其中一员	完全不同意	20.43	79.57	43.35	P<0.01
	不太同意	34.59	65.41		
	比较同意	46.58	53.42		
	非常同意	62.3	37.7		
我觉得我已经是北京人了	完全不同意	25.44	74.56	38.60	P<0.01
	不太同意	40.96	59.04		
	比较同意	58.97	41.03		
	非常同意	54.93	45.07		

续表

社会融入方面问题		未来是否会离开北京(%)		χ^2 值	卡方检验结果
		否	是		
我感觉北京人看不起外地人	完全不同意	32.65	67.35	1.63	P > 0.05
	不太同意	41.79	58.21		
	比较同意	37.08	62.92		
	非常同意	40.11	59.89		

（二）职业流动

1. 工作年限与行业工作年限

快递小哥普遍从业时间短。虽然调查对象的年龄被限制在16~35周岁之间，但调查数据仍然可以较好地展现快递小哥的工作年限分布情况。由图3可知，峰值组（13%）出现在1年及以内，总体的分布态势是工作年限越长，人数占比越小，这也间接反映了快递小哥较为年轻的年龄结构。10年组占比第二多，这可能是因为被调查者的整数偏好而导致的堆积现象。

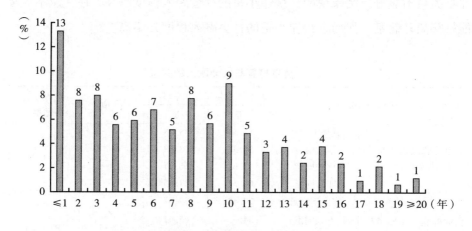

图3　快递小哥工作年限

行业工作年限指的是快递小哥从事快递/外卖行业的工作年限。行业工作年限呈现的态势与工作年限一致，时间越长，人数占比越小（见图4）。虽然快递小哥中不乏在行业中长期从业的人群，如行业工作年限在5年以上的快递小哥占到了 13.12%，但近 9 成快递小哥的行业工作年限不超 5 年，6 成不超 2 年，4 成不超 1 年。如果将工作年限的开口组（20 年以上）和行业工作年限（5 年以上）的开口组人群去掉，这部分快递小哥（占总人数的 86.88%）的工作生涯中平均仅 49.63% 的时间是在快递行业工作。

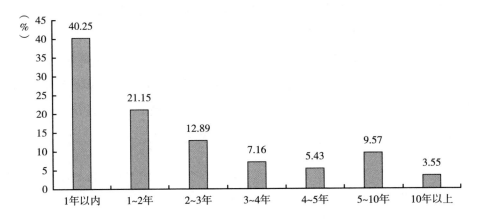

图 4　快递小哥行业工作年限

2. 工作更换次数和工作持续时间

快递小哥工作更换频繁，工作持续时间不长。从工作更换次数方面来看，62.43% 的快递小哥换过工作，22.58% 的快递小哥换过 3 次工作，即使是参加工作不到 1 年的人中也有 27.43% 的人换过工作，参加工作不到 2 年的人中更有 43.75% 的人换过工作。

另外，可以通过上一份工作和当前工作的持续时间来反映快递小哥的职业流动性。在换过工作的快递小哥中，上一份工作平均持续时间约为 1 年，74.62% 的人不超过 2 年；就目前这份工作时间而言，34.1% 的快递小哥在当前工作上的工作时间不超过 1 年，54.31% 不超过 2 年，67.14% 不超过 3 年，而 2017 年北京市流动人口（有固定雇主的雇员和无固定雇主的劳动者）中在当前工作上的工作时间不超过 1 年的仅 8.88%，不超过 2 年的仅 25.71%，不超过 3 年的仅 39.15%，分别远低于快递小哥的对应比例。可见，快递小哥的职业流动性远高于北京市流动人口的平均水平。

3. 离职打算和离职原因

当问及未来三年内是否会换掉目前这份工作时，15.31%的快递小哥明确表示"会"，56.38%的快递小哥表示"不好说"，考虑到被调查者可能担心受雇企业是否会知情，打算离职的比例实际应该会更高。

离职原因方面，可以观察上一次离职原因和快递小哥认为本公司快递小哥离职的原因。具体来说，有换过工作的快递小哥中，26.42%是因为"工作收入低"，15.72%是因为"工作没有发展前途"，10.04%是因为"家庭原因"；被认为是本公司快递小哥离职的原因中，被选最多的是"北京生活压力大"（33.45%），"个人家庭原因"（26.6%）次之，然后是"工作时间长"（20.04%）。可见，经济和家庭原因是快递小哥离职的主要原因。

（三）劳动流动

1. 工作时长与劳动权益保障

快递小哥的月均工作天数和日均工作时长直接凸显了其较大的工作强度。每月工作天数方面，虽然64.13%的快递小哥表示公司无硬性要求，但据快递小哥反映，实际上快递小哥平均每个月要工作26.65天，根据《关于职工全年月平均工作时间和工资折算问题的通知》（劳社部发〔2008〕3号），职工月工作日为20.83天。每日工作时长方面，虽然65.07%的快递小哥表示公司无硬性要求，但根据快递小哥的填报，实际上快递小哥平均每日工作10.91个小时，超出了劳动者每日工作时间不超过八小时的有关规定。

由于劳动关系复杂，有关的劳动权益保障工作可能存在操作层面的困难。调查显示，快递小哥中存在直营全职员工、加盟全职员工、兼职员工和其他（见表4）。此外，与工作单位或雇主签订合同的情况也增加了劳动权益保障的难度，14.95%的快递小哥没有或不清楚是否签订了合同，22.87%的快递小哥签订的是劳务合同而非劳动合同。

表4　快递小哥的员工类型

员工类型	频数（人）	百分比（%）
直营全职员工	1101	65.07
加盟全职员工	415	24.53
兼职员工	160	9.46
其他	16	0.95
合　计	1692	100

2. 派件数量与工资计算方式

即使快递小哥每日工作时间较长，每日派件数量仍然可以体现出时间的紧缺性，以计件为主的工资计算方式更加刺激了快递小哥的加速劳动。派件数量方面，快递小哥平均每日派件/送外卖将近100份，若按照快递小哥每日10个小时的平均工作时间计算，则快递小哥平均每小时投送约10件。考虑到投送工作的时间范围限制，快递小哥在投送高峰时段实际的投递要更多。快递小哥最忙的时段是早上八点至中午十二点和下午四点至晚上八点，其中不乏城市交通的通勤高峰。另外，计件工资占据了快递小哥工资计算方式的主要地位（见表5），计件工资的比例高达70.86%。在区分有无底薪后，无底薪计件工资最多，占38.53%。

表5　快递小哥工资的计算方式

工资计算方式	频数	百分比（%）
无底薪计时工资	189	11.17
无底薪计件工资	652	38.53
有底薪加计时工资	288	17.02
有底薪加计件工资	547	32.33
其他	16	0.95
合　计	1692	100

将派件数量按工资计算方式进行分组计算，可以发现，无论是否有底薪，计件工资方式下的快递小哥日均派件（外卖）数量都比计时方式多

（见表6）。经过方差分析（F值为9.15，Prob > F = 0.0000），计件工资和计时工资下的日均派件数量存在显著差异。

表6　工资计算方式与日均派件数量

工资计算方式	日均派件(外卖)数量
无底薪计时工资	79.40
无底薪计件工资	98.22
有底薪加计时工资	78.57
有底薪加计件工资	82.42

3. 休息时间安排

长时间的日常劳动带来的是休息时间的压缩，高流动性的派送作业带来的是身体疲劳。每日近11个小时用于工作，98.64%的快递小哥平均每日通勤需要约1小时，假设一天的睡眠时间为8个小时，那么大部分快递小哥平均每日仅剩下4小时用于业余生活，这里还未除去用餐时间。在回答"您的休息时间一般用于什么"（多选题）时，58.75%的快递小哥选择了"睡觉"，24.7%的快递小哥用于"看电视或电影"，20.74%选择了"上网"，20.51%选择了"收拾家务"。可见，快递小哥的休息时间大多用于睡觉、收拾家务和室内的娱乐活动。

4. 人口流动、职业流动与劳动流动的相互关系

为了进一步探寻人口流动、职业流动和劳动流动三个维度之间的关系，本文从三个维度中各选取一些具有其维度典型特征的变量进行分析。人口流动维度中，选择"离京打算"变量，由于流动人口已经发生了"流入"的行为，是否会"流出"更能体现快递小哥流动人口群体的流动性；职业流动维度中，使用"工作更换次数"和"离职打算"变量，理由是它们能够直观反映快递小哥在职业方面的不稳定性；劳动流动维度中，选取"日均派件（外卖）数量"、"日均工作时长"和"月均工作天数"变量，因为派件（外卖）数量直接体现快递小哥为完成劳动任务而不断改变空间位置的流动作业状态，而月均工作天数和日均工作时长则可以体现这种流动作业状

态的持续时间。

人口流动性和职业流动性之间存在显著的正向相关关系。一方面，将工作更换次数按离京打算进行分组计算，可以发现，打算在未来离开北京的快递小哥的平均工作更换次数比不打算离开北京的快递小哥要多 0.32 次（见表 7）。经过方差分析（F 值为 4.94，Prob > F = 0.0267），不同离京打算的快递小哥在工作更换次数方面存在的差异具有统计显著性。换而言之，倾向离开北京的快递小哥的工作更换次数往往更多。另一方面，通过交互分类和 Pearson 卡方检验（见表 8），可以发现，离京打算和离职打算存在显著的相关关系，打算离京的快递小哥中打算离职的比例更高。

表 7　离京打算与工作更换次数

未来是否会离开北京	平均工作更换次数
是	1.82
否	1.50

表 8　离京打算与离职打算

离职打算		未来是否会离开北京（%）		χ^2 值	卡方检验结果
		否	是		
未来三年内是否会换掉这份工作	否	67.15	32.85	123.39	P < 0.01
	是	10.18	89.82		

人口流动与劳动流动之间不存在显著的相关关系。将日均派件（外卖）数量按离京打算进行分组计算，可以发现，打算在未来离开北京的快递小哥的日均派件（外卖）数量平均比不打算离开北京的快递小哥少 1.05 件（见表 9），但方差分析（F 值为 0.04，Prob > F = 0.8345）的结果是差异不显著；将日均工作时长按离京打算进行分组计算，发现打算在未来离开北京的快递小哥的日均工作时长平均比不打算离开北京的快递小哥多 0.14 个小时，但方差分析（F 值为 0.38，Prob > F = 0.5380）的结果是差异不显著；将月均工作天数按离京打算进行分组计算，发现打算在未来离开北京的快递小哥的月均工作天数平均比不打算离开北京

的快递小哥多 0.04 天，但方差分析（F 值为 0.01，Prob > F = 0.9317）的结果是差异不显著。

表9　离京打算、日均派件（外卖）数量、日均工作时长和月均工作天数

未来是否会离开北京	日均派件(外卖)数量	日均工作时长	月均工作天数
是	86.43	11.13	26.32
否	87.48	10.99	26.28

劳动流动与职业流动存在一定的正向相关关系。一方面，对平均工作更换次数和日均派件（外卖）数量进行相关分析，两者的相关系数为 0.01，不具有统计显著性；平均工作更换次数和月均工作天数在 0.01 的显著水平上存在正相关关系，两者相关系数为 0.074；平均工作更换次数和日均工作时长在 0.05 的显著水平上存在正相关关系，两者相关系数 0.057。另一方面，将日均派件（外卖）数量按离职打算进行分组计算，可以发现不打算离职的快递小哥的日均派件（外卖）数量平均比打算离职的快递小哥多 5.03 件（见表10），但方差分析的结果（F 值为 1.10，Prob > F = 0.2944）是差异不显著；然后，将日均工作时长按离职打算进行分组计算，可以发现不打算离职的快递小哥的日均工作时长平均比打算离职的快递小哥少 0.44 个小时，方差分析的结果（F 值为 4.42，Prob > F = 0.0359）显示差异显著；最后，将月均工作天数按离职打算进行分组计算，可以发现不打算离职的快递小哥的月均工作天数平均比打算离职的快递小哥多 0.5 天，但方差分析的结果（F 值为 1.39，Prob > F = 0.2391）是差异不显著。可见，劳动流动与职业流动的关系，主要体现在平均工作更换次数和月均工作天数、平均工作更换次数和日均工作时长、日均工作时长和离职打算的关系上。

表10　离职打算、日均派件（外卖）数量、日均工作时长和月均工作天数

离职打算	日均派件(外卖)数量	日均工作时长	月均工作天数
是	84.51	11.13	25.92
否	89.54	10.69	26.42

通过对人口流动、职业流动和劳动流动三个维度之间两两关系的分析，我们可以得到三者之间的关系图（见图5），图中的双箭头线表示两者存在统计意义上的关系，"＋"号则表示关系的正向。可见，人口流动和职业流动存在正向的相关关系，两者通过离京打算、工作更换次数和离职打算之间的关系来表现；人口流动和劳动流动不存在显著关系；职业流动和劳动流动存在正向的相关关系，两者通过工作更换次数、离职打算、月工作天数和日均工作时长之间的关系来表现。

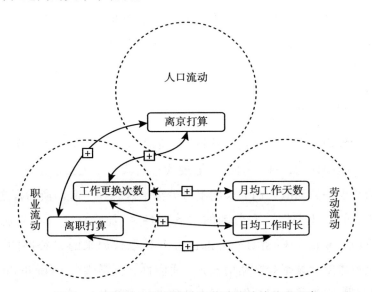

图5　人口流动、职业流动和劳动流动的关系示意

五　结论与讨论

（一）基本结论

基于调查数据，本文通过对快递小哥"流动性"的分析，细致地展现了快递小哥在人口、职业和劳动方面的群体特征，具体如下：以经济型动因的乡城流动人口为主体，环京流入，更多集中在民营快递公司和新兴快递公

司，流入时间短且居留意愿不强；职业流动频繁，快递小哥普遍从业时间短、工作持续时间不长且更换工作频繁，离职原因主要是经济和家庭原因；劳动流动强度大，快递小哥日均派件（外卖）90 件，工作时间长且工作强度大，劳动关系复杂，计件工资方式进一步加剧劳动流动性，休息时间遭到严重挤压。

另外，通过方差分析、卡方检验和相关分析，本文发现，人口流动性与职业流动性显著正相关，职业流动性和劳动流动性也呈显著正相关关系，但人口流动性与劳动流动性关系并不显著。三个维度的因果关系、影响因素和后果并非本文所关注的重点，但值得开展进一步的研究，希望本文的研究结论能够抛砖引玉。

（二）理论讨论

结合鲍曼提出的"流动的现代性"，快递小哥的"流动性"在一些方面值得探讨。鲍曼认为，在"固态"的现代性阶段，工人被固定在工厂之中，购买劳动和出售劳动的人们会长期不可分离地缠结在一起。换而言之，这体现的是职业的"固态性"和劳动的"固态性"。鲍曼认为，在"流动"的现代性阶段，新的"短期的"心态已经开始取代原来的"长期的"心态，工作变化的速度和频率会继续增长，"适应性、灵活性"（Flexibility）运用到劳动市场，宣告了短期工作合同、活络合同（Rolling Contracts）或根本没有任何合同的时代的到来。换而言之，这里的"流动性"体现的是职业的"流动性"。而这两点与快递小哥的职业流动性和劳动流动性有共通之处，快递小哥频繁更换工作，且不再固定于工厂式的劳动场所；另外，随着互联网技术和新兴经济的发展，快递外卖配送行业劳动关系越发复杂，有传统用工的直营模式，有加盟制网点运营，还有在外卖平台上网络注册的第三方劳务输出，这也体现了鲍曼所说的"流动的现代性"。对此，快递小哥的劳动权益保障工作更显重要。

值得注意的是，在鲍曼提到的现代性的流动时期，占多数地位的定居人口是被"游牧精英"所控制。而快递小哥并非如此，作为人力资本不高的流动人口，往往在子女入学（19.02%的快递小哥认为自己会因为"子女回家上学"而离开北京）、落户、医疗等公共服务方面会遭遇困难。按鲍曼的话，在稳固的现代性阶段，那些没有"固定地址"的人往往会受到法律的歧视。这一点体现出"流动性"的人群需求与"固态性"的制度供给之间的错位。

此外，社会加速批判理论的提出者哈特穆特·罗萨（Hartmut Rosa）认为，社会加速的推动力主要就是竞争逻辑，而社会加速会产生"新的异化"。联系到快递小哥的"加速"劳动，在计件方式的工资制度和以三轮车和二轮车为主要交通工具的背景下，交通事故风险不容忽视，25.77%的快递小哥认为交通事故风险大是工作主要的难点。对此，相关部门应改进行业管理和劳动检查工作，积极调用"看得见的手"让快递小哥"慢下来"。

B.8
城市快递小哥居留意愿的影响因素研究

——基于自我决定理论视角的考察

廉思 李颖*

摘　要： 本文使用对外经济贸易大学"快递（外卖）小哥调查"数据
进行分析，发现城市快递小哥的居留意愿会在一定程度上受
自我决定理论中的三种支持要素的影响。居留时长、来京动
机、学历情况、社保状况、家庭状况和社会关系网络对于快
递小哥的居留意愿有显著性的影响。这一现状表明：对于城
市快递小哥而言，其自我支持一定程度上能对居留地选择产
生一定的改变。快递小哥也在意其是否有居留能力，在意是
否有可提供其居留支持的关系网络，并且更倾向于依赖他人
的帮助。本文最后从多个角度对这一原因进行分析，从而为
相关政策制定提供参考。

关键词： 快递小哥　居留意愿　自我决定理论

一　引言

随着电子商务的不断兴起，快递小哥的从业人数也在不断地增加，据统

---

* 廉思，博士（后），对外经济贸易大学公共管理学院教授，博士生导师，研究方向：青年问
题、社会阶层、社会治理等；李颖，对外经济贸易大学公共管理学院硕士研究生，研究方向：
青年问题。

计 2018 年快递人员的总数量已突破 300 万，快递包裹量突破 500 亿件①。快递员既成为快递业不断繁荣发展的中坚力量，也成为国民经济的贡献者。他们穿梭在城市的居民区、商业区和休闲区等各个区域。"送快递"这种流动性很强的工作模式，使得快递小哥每日频繁地与市民产生互动，他们构成了这个城市巨大的物流网络，同时也和民众的日常生活息息相关。快递小哥工作的流动性、不稳定性和风险性等特征进一步加大了快递小哥融入城市和居留城市的难度。然而一个城市的良好发展需要更多的外来人口来保持活力，尤其是这些奋斗在一线的服务人员，他们提供的服务保证了城市居民日常生活有序地运转。所以增强快递小哥的居留意愿对于城市来说，具有十分重要的意义。但是目前国内对快递小哥这一群体进行的专门研究不多，主要集中在快递员的配送模式②，快递员的职业属性③，快递员的工作现状④等方面，而对于快递员的社会融入和居留意愿还未有深层次的研究。本文主要从这一角度展开讨论，探讨快递小哥的居留意愿到底是高还是低，有哪些因素驱使着快递小哥愿意留城或者不愿留城。为探索这一问题，本文将以自我定理论为基础对快递小哥居留意愿的影响因素进行分析，并深入剖析各个因素间的内部联系，从而为相关制度政策制定提供参考。

二 文献综述及理论基础

（一）居留意愿影响因素综述

目前国际、国内对于居留意愿的研究较多，主要集中在农民工、新生代农民工、农村籍大学生、高校毕业大学生等领域，采用的研究方法基本为实

① 苏宁易购：《2018 年快递员群体洞察报告》，http：//www.199it.com/archives/759091.html。
② 郑书渊：《基于"互联网＋"背景下电商物流"最后一公里"配送模式优化的探究》，《电子商务》2019 年第 4 期。
③ 姜维维：《基于服务接触的快递企业顾客满意影响因素研究》，《物流技术》2018 年第 1 期。
④ 林原、李晓晖、李燕荣：《北京市快递员过劳现状及其影响因素——基于 1214 名快递员的调查》，《中国流通经济》2018 年第 8 期。

证分析法。任远和戴星翼在研究过程中发现流动人口的居留意愿难以测量，一般可分为两种，一种是相对稳定的有效居留意愿，另一种是稳定的打算返乡的意愿①。孟兆敏和吴瑞君认为居留意愿应该分为三类：打算永久居留、打算非永久居留和尚未有居留意愿。② 现如今，国内众多学者认为群体的居留意愿一般与个人特征因素、家庭因素和经济因素相关。在个人特征因素上，韩正等学者认为，相较于男性外籍流动人口而言，女性展现出了更强的居留意愿③。而孟兆敏和吴瑞君等学者认为，居留意愿与年龄、性别以及受教育程度都没有显著的影响作用④。郭建玉认为，居留意愿与受教育程度相关，而与年龄、性别等因素无关⑤。郭晨啸等学者认为户籍因素会随着时间的变化而产生更强的影响作用⑥。在婚姻状况上，国内学者普遍认为，家庭因素会显著影响外来人口的居留意愿。王春兰等学者认为已婚流动人口对居留意愿的影响程度最大⑦。在经济因素方面，熊波等人的研究发现，外来人口的居留意愿与收入呈正向相关⑧。Jerome Adda 认为流动人口的居留意愿也会随着居留时间的变化而变化⑨，朱力认为融入城市并愿意居留不仅与生活方式相关，也不仅与和市民的相处相关，还有其他更为深刻的含义⑩。

① 任远、戴星翼：《外来人口长期居留倾向的 Logit 模型分析》，《南方人口》2003 年第 4 期。
② 孟兆敏、吴瑞君：《城市流动人口居留意愿研究——基于上海、苏州等地的调查分析》，《人口与发展》2011 年第 3 期。
③ 韩正、孔艳丽：《社会融合视角下流动人口居留意愿研究》，《北京城市学院学报》2017 年第 1 期。
④ 孟兆敏、吴瑞君：《城市流动人口居留意愿研究——基于上海、苏州等地的调查分析》，《人口与发展》2011 年第 3 期。
⑤ 郭建玉：《中山市流动人口居留意愿研究》，《南京人口管理干部学院学报》2010 年第 2 期。
⑥ 郭晨啸：《基于 Logit 模型的南京市流动人口长期居留意愿研究》，《经济研究导刊》2011 年第 2 期。
⑦ 王春兰、丁金宏：《流动人口城市居留意愿的影响因素分析》，《南方人口》2007 年第 1 期。
⑧ 熊波、石人炳：《农民工定居城市意愿影响因素——基于武汉市的实证分析》，《南方人口》2007 年第 2 期。
⑨ Jerome Adda C. D. A. J. , "A Dynamic Model of Return Migration", *Preliminary Version*, 2006, 42（2）.
⑩ 朱力：《大都市流动人口居住问题研究》，《江西社会科学》2008 年第 11 期。

（二）自我决定理论

自我决定理论是由美国心理学家 Deci 和 Ryan 在 20 世纪 80 年代提出的一种关于人类做出决定行为过程的理论[①]。作为一种新的动机理论，自我决定理论强调人的自我意愿的内化和外部环境对于人的一种影响程度，Ryan 将动机视作自我程度的由高到低的一个连续体。并根据有机辩证元理论，认为社会环境可以通过支持自主、胜任、归属三种基本心理需要的满足来增强人类的内部动机、促进外部动机的内化、保证人类健康成长[②]。Deci Edward L. 认为当个体三种支持被满足的情况下，即自己本身有意愿、有能力，也有一定的社会支持[③]，那么他们做出某种行为的可能性就会极大地增大，并形成内在驱动的机制，即个体会愿意或者会尝试去做出某种行为。该理论的框架如图 1 所示。

图 1　自我决定理论框架

自我决定理论自提出之日起，被广泛地应用到各个领域，比如教育、管理、医疗保健、公共活动、宗教、计算机游戏、休闲活动等各个领域[④]。Ryan 等学者认为自我决定理论是个体的潜在动机机制，它能够激发和引导个体的行为，被看作是实现个体幸福感的重要"营养"。三项基本心理需要的满足影响着个体动机的内化程度。当外界社会环境向个体提供自主支持、

①　栗娜：《文化视角下中国英语学习者自我决定能力的培养》，《考试周刊》2012 年第 8 期。
②　Harters，"Effectance Motivation Reconsidered. Toward a Developmental Model"，*Human Development*，1978，pp. 34 – 64.
③　Deci, E. L. *Intrinsic Motivation*. New York：Plenmu. 1975.
④　张剑、张微、宋亚辉：《自我决定理论的发展及研究进展评述》，《北京科技大学学报》（社会科学版）2011 年第 12 期。

胜任支持和归属支持时，能够实现个体基本心理需要的满足，有助于促进动机的内化①。

自主支持表现在为其提供自主选择的机会②，个体做出某种行动时是否是自己选择的结果，做出此行为的动机是什么，是否享受此行为并愿意接着进行下去。

胜任支持包括其参与学习和提高技能，有能力完成任务和实现自己的目标等③，即个体拥有的完成某项行为的能力，主要包括外部环境的能力和内部环境的能力。

归属支持包括获得的理解、支持和关心，温暖的环境，对他人所做的事情感兴趣，并表现出真正喜欢与他人相处等④，即个体获得的社会的支持、家庭关系、社会的参与等要素。

该理论认为当这三种支持要素被满足时，他的基本心理需要就得到了满足，外部动机内化。这一理论可以更好用来解释居留意愿的相关影响因素，从快递小哥的心里出发，探究阻碍其社会融入和居留意愿的因素有哪些，并对阻碍因素进行分析，帮助其提高居留意愿。本文将主要从自我决定理论出发，结合国内外相关学者对居留意愿的研究成果，选取相关变量，分析快递小哥的居留意愿。

（三）研究假设

根据自我决定理论的基本框架，本文对每一个需求提出假设，主要检验每个需求对居留意愿的影响作用，最后对三种需求共同进行分析。本文的基

---

① 暴占光、张向葵：《自我决定认知动机理论研究概述》，《东北师大学报》2005 年第 6 期。
② Mageau G. A., Vallerand R. J., "The Coach-athlete Relationship: A Motivational Model", *Journal of Sports Sciences*, 2003, pp: 883 – 904.
③ Sheldon K. M., Filak V., "Manipulating Autonomy, Competence, and Relatedness Support in a Game-learning Context: New Evidence that All Three Needs Matter", *British Journal of Social Psychology*, 2008, pp. 267.
④ Legault L., Greendemers I., Pelletier L., "Why Do High School Students Lack Motivation in the Classroom? Toward an Understanding of Academic Amotivation and the Role of Social Support", *Journal of Educational Psychology*, 2006, pp. 567 – 582.

本假设为：

假设1（H1）：快递小哥的自主支持对其居留意愿有影响作用。

假设2（H2）：快递小哥的胜任支持对其居留意愿有影响作用。

假设3（H3）：快递小哥的归属支持对其居留意愿有影响作用。

三　数据来源与方法

（一）数据来源

本文数据来源于对外经济贸易大学"快递（外卖）小哥"课题组2018年8月到2019年2月对北京市快递小哥的问卷调查。课题组为保证问卷的有效性和全面性，分别在各个区发放问卷，并涵盖了国有快递行业、民营快递行业等，除了传统领域的派件小哥，同时也对即时送的外卖骑手进行了调查，共回收问卷1710份，有效问卷1692份，有效率98.95%。本文剔除北京本地户口的快递小哥后，最终有效问卷1562份。

（二）变量选取

本文主要的研究方法为定量分析法，采用的因变量为居留意愿，该变量根据问卷题目"您未来是否会离开北京"一题得出，其中明确表示有居留意愿的人为1，其余为0。

自变量包括影响居留意愿的三种需求。本文根据自我决定理论以及居留意愿的相关特征选取以下变量为自变量。

自主支持：主要从快递小哥的基本特征和主观感受出发，选取个人基本属性（性别、年龄），主观感受（来京原因、生活满意度、居留时长）为主要变量。其中年龄主要分为三种，"00后=1、90后=2、80后=3"；性别分类为"男=1、女=2"；居留时长有3种，分别为"一年以下=1、一年到五年=2、五年以上=3"；来京原因主要分为4种，"收入水平高=1、发展空间大=2、积累工作经验=3、城市生活交通便利及

其他 = 4"；生活满意度分为三种，为"1 表示不满意、2 表示一般、3 表示满意"。

表 1　自主支持变量描述统计

变量	样本量	百分比/均值
居留意愿		
否	241	15.4
是/不好说	1321	84.6
性别		
男	1423	91.1
女	139	8.9
年龄		
00 后	27	1.7
90 后	840	53.8
80 后	695	44.5
居留时长		
一年以下	407	26.1
一年到五年	737	47.2
五年以上	367	23.5
来京原因		
收入水平高	636	40.7
发展空间大	414	26.5
积累工作经验	263	16.8
城市交通发达、生活方便及其他	249	15.9
生活满意度	1562	4.67

胜任支持：本部分主要从快递小哥的个人能力和居留能力出发，选取学历、收入、工作压力和工作满意度为主要变量。其中学历分类为 3 种"初中及以下 = 1、高中及中专 = 2、大专及以上 = 3"；收入水平分类为 3 种"5000 元以下 = 1、5001 ~ 10000 元 = 2、10001 以上 = 3"；五险一金状况分类为 2 种，"没有 = 1，有 = 2"；工作满意度为 3 种，"1 表示不满意、2 表示一般、3 表示满意"；工作压力为 3 种，"1 表示压力大、2 表示一般、3 表示压力不大"。

表2　胜任支持主要变量选取描述

变量	样本量	百分比/均值
受教育程度		
初中及以下	462	29.6
高中及中专	859	55.0
大专及以上	241	15.4
收入水平		
5000 元以下	528	33.8
5001～10000 元	985	63.1
10001 元以上	49	3.1
五险一金		
没有	1434	91.8
有	128	8.2
工作满意度	1562	4.8
工作压力	1562	2.5

　　归属支持：主要从快递小哥的社交网络和业余活动出发，选取社交网络（家庭关系网络、社会关系网）为主要变量。如表3所示，其中共同居住者分类为4种，分别为"独自 =1、配偶 =2、其他亲属 =3、同学同乡同事及其他 =4"；社会关系网的设定主要为其获得工作的途径，主要分类有6种，分别为"官网/招聘网站 =1、熟人推荐 =2、门店现场/校园/招聘会 =3、广告 =4、当地政府推荐 =5、其他 =6"。

表3　归属支持主要变量选取描述

变量	样本量	百分比
共同居住者		
独自	524	33.5
配偶	432	27.7
其他亲属	127	8.8
同学同乡同事及其他	468	30.0
获得工作途径		
自己通过网站/招聘网站等方式获得	452	28.9
熟人推荐	986	63.1
门店现场/校园/招聘会	80	5.1
广告	33	2.1
当地政府推荐	2	0.1
其他	9	0.6

（三）研究方法

本文主要的研究方法为定量分析法，采用的因变量为居留意愿（是/不好说 =0，否 =1），本文主要采用的研究方法为 logistics 回归分析法，自变量包括影响居留意愿的三种支持。本文将分别对三种支持因素进行回归分析，每种支持为一个模型，分析三个模型和居留意愿的关系。

四　居留意愿的内在驱动机制

（一）模型1自主支持 ——"为更好地离开而来"

问卷中，对于"未来是否会离开北京"这一题，有 15.4% 的人表示未来不会离开北京，有明确的居留意愿。而选择会离开北京或者不确定的占比为 84.6%。由此可见，快递小哥整体来说留京意愿偏低，愿意继续居留北京的快递小哥不足两成。

模型 1 结果显示（见表 4），快递小哥的居留意愿与其性别、年龄、生活满意度并无显著性相关，与居留时长和来京原因有一定的相关性。居留时长在"五年以上"的快递小哥的居留意愿呈现出了一定的显著性，居留时长五年以上的快递小哥有居留意愿的概率要显著高于居留时长一年以下的快递小哥。从来京原因来看，"为获得更大发展空间"这一选项和居留意愿呈现出显著的相关性，来京原因是"为获得更高发展空间"的快递小哥有居留意愿的可能性会比"为高收入而来"的快递小哥有居留意愿的可能性要高。结合自主支持模型和快递小哥群体特征来看，大部分的快递小哥为了高收入而来和积累工作经验而来，但是他们中的大部分也认为自己未来会离开北京，仅有不到三成为获得更大发展空间而来的快递小哥愿意居留在北京。可见，从自主意愿出发，对于居留意愿低的大部分快递小哥而言，来京动机只是为了高收入和积累工作经验，他们并没有极强的融入城市的意愿，即使他们对现阶段的生活满意度较高，但是他们中的大多数也不会选择未来在北京定居，来只是为了"更好地离开"。

表4 自我支持变量对居留意愿的 logistics 回归分析（odds ratio）

	模型一
性别（对照组：男）	
女	0.96
年龄（对照组：00后）	
90后	1.70
80后	2.50
居留时长（对照组：一年以下）	
一到五年	1.30
五年以上	1.48 *
来京原因（对照组：收入水平高）	
发展空间大	1.7 ***
积累工作经验	0.87
城市交通发达、生活方便	1.50
其他	1.40
生活满意度（对照组：不满意）	
一般	1.33
满意	1.11

注：*** 表示在1%水平下显著，** 表示在5%水平下显著，* 表示在10%水平下显著。

（二）模型2胜任支持 ——"因能力不足而去"

本部分对快递小哥的学历、收入水平、社保状况、工作满意度、工作压力进行 Logistics 回归分析。

据模型2结果显示（见表5），收入水平、工作压力和工作满意度与快递小哥的居留意愿并未有显著性的相关。学历水平对于北京快递留京意愿有影响作用，学历水平为"大专及以上"的快递小哥有留京意愿的可能性显著高于"初中以下"学历的快递小哥。是否有"五险一金"对于快递小哥的居留意愿有显著的影响，有"五险一金"的快递小哥会比没有"五险一金"的快递小哥更容易居留在北京，可见"五险一金"对于快递小哥的居留意愿有一定的支持作用，但是快递小哥人群中拥有完整"五险一金"比例的仅占8.2%。对于胜任支持而言，其收入多少与居留意愿并未呈现显著性特征，说明经济因素并不是居留意愿的决定性因素，这一因素未能起显著性作用也与快递小哥的收入水平整体较低相关。可见，"五险一金"的有无和学历水平对于快递小哥的居留意愿提供了较强的支持作用。结合胜任支持分析结果和群体基本特征来说，快递小哥虽然因为能获得更高收入来北京工作，但是他们的经济能力还不能为他们居留北京提供支持，他们认为自己没有足够的经济实力居留在北京。同时，学历水平对居留意愿产生影响，学历水平越高的快递小哥居留意愿越高，他们更认为自己有一定的能力留在北京，而学历低的快递小哥认为自己并没有足够的能力居留在北京。

表5　胜任支持对居留意愿的 logistics 回归分析（odds ratio）

	模型二
学历(对照组:初中及以下)	
高中及中专	1.20
大专及以上	2.5 ***
收入水平(对照组:5000及以下)	
5000~1000元	1.00
10000元以上	1.57
五险一金(对照组:没有)	
有	1.61 **
工作压力(对照组:非常大)	
较大	1.26
一般	1.09
较小	1.52
完全无压力	1.55
工作满意度(对照组:不满意)	
一般	0.86
满意	1.28

注：*** 表示在1%水平下显著，** 表示在5%水平下显著，* 表示在10%水平下显著。

（三）H3归属支持 ——"家在哪，我在哪"

本部分从快递小哥的社交网络和业余活动出发，对共同居住者、社会关系网络进行 Logistics 回归分析。

模型三结果显示（见表6），同住者如果是配偶或者其他亲属这种关系密切的变量对于留京意愿有显著影响作用，相较于独自居住的快递小哥而言，与配偶居住的快递小哥会比独自居住的快递小哥有居留意愿的可能性高，和其他亲属共同居住的快递小哥有居留意愿的可能性也要比独自居住的快递小哥高，可见快递小哥的居留意愿与其亲属息息相关；而在获取工作的途径中，只有通过熟人推荐这一变量对于居留意愿有较强的影响作用，并呈现负向影响作用。对于归属支持而言，如果其家庭成员与其共同生活的话，这种模式为快递小哥的居留提供了较强的社会支持。对于快递小哥获得工作的途径来说，63.1%的快递小哥是通过熟人介绍来京工作的，说明快递小哥主要的城市关系网在快递业，他们在北京形成了自己的关系网络，但是，获得工作途径（熟人推荐）与居留意愿成反向相关，说明通过熟人推荐获得快递小哥工作的快递小哥更不愿意居留在北京，这也与多数快递小哥不愿居留在北京的结果一致。

表6　关系支持对居留意愿的 logistics 回归分析（odds ratio）

	模型三
共同居住者(对照组:独居)	
配偶	1.624 ***
其他亲属	1.57 *
同乡同学同事	0.78
获得工作途径(对照组:网络招聘)	
熟人推荐	0.62 ***
门店现场/校园/招聘会	1.18
广告	0.39
当地政府推荐	0.00
其他	0.99

注：*** 表示在1%水平下显著，** 表示在5%水平下显著，* 表示在10%水平下显著。

通过研究发现，自我决定理论中的归属支持、胜任支持都对快递小哥的居留意愿产生显著性影响。在自主支持中，居留时间和来京原因对快递小哥的居留意愿产生一定的影响作用，而其他变量则没有，假设一部分成立。在胜任支持中，学历水平和社保状况产生了显著性的影响作用，而其他变量并未有很强的相关性，假设二部分成立。而在归属支持之中，社会关系网对于快递小哥的居留意愿呈现显著性的相关，同住者和社会关系网络都对居留意愿产生了显著性的影响作用，假设三部分成立。因此，自我决定理论对居留意愿产生影响作用部分成立。

五　成因分析

从数据分析结果来看，快递小哥这一群体的居留意愿很低，仅有不到两成的快递小哥确定未来不会离开北京，而这一意愿的影响因素有着更深层次的内涵。

（一）"低姿态"来京的短暂性吸引作用

由上文可知快递小哥整体学历水平不高，居留意愿偏低，他们来北京的原因大多为高收入和积累工作经验。伦斯基的社会分层理论认为，"经济的生产力水平与劳动力的受教育水平是紧密联系在一起的"①。根据这一理论，越高的教育水平往往会带来更多的知识资本，因为高教育水平往往与高生产力水平保持一致。而研究表明，快递小哥的教育水平呈现出较低的状态，大专及以上学历不足两成。较低的教育水平使其进入城市中会选择从事低生产力水平的活动，带来较低的社会经济地位，从而以较低姿态进入城市务工。这一状态会使快递小哥与城市之间形成一种天然的屏障，阻碍其居留的意愿。根据文军的社会理性理论，人不是在经济理性中寻求利益最优，而是追求效益

---

① 伦斯基：《权力与特权、社会分层的理论》，关信平等译，浙江人民出版社，1988。

最大化的社会理性[①]。从另一角度分析，更多快递小哥是为经济因素而选择来北京工作，但是他们的居留意愿并不强烈，可见只是想要多挣一点钱然后再离开。从归属支持来看，快递小哥对于家庭有着深刻的羁绊，配偶对其的影响是很大的。可见，快递小哥的来京动机只能短暂性地为其提供支持，随着居留时间的增加，其基本经济状况得到改善，来京原因对居留意愿的影响程度越来越小，所以自主支持并没有对其居留意愿产生强烈的影响作用。

（二）社会关系网络的不断吸引作用

从数据来看，有六成以上的快递小哥表示，是通过朋友推荐而获得快递工作的。Peter Michael Blau 的迁移网络理论认为，"与其他群体和阶层的交往，推动和促使向这些群体和阶层的流动"[②]。也就是我们常说的"朋友多了路好走"。通过这一理论明显看出，快递小哥之间的联系紧密，形成了自己的关系网络，而这一关系网络的居留意愿呈现出一致性。区别于其他理论的经济因素决定论而言，迁移网络理论认为，迁移者网络的联系程度、迁移者自身的人力资本存量等因素决定其是否迁移。一方面，由数据显示，快递小哥由熟人推荐工作居多，他们由熟人带进"圈里"。而又由于快递工作的流动性强等基本属性，他们结识其他人的机会相较于其他职业来说更多。在调研过程中发现，当非繁忙时间段，快递小哥会自发地在广场或居民区附近进行"集会"，而这一流动性强的关系网络成为他们在北京的重要社会支持。另一方面，在进入城市初期，快递小哥在给居民送快递或者送外卖的过程中，快递小哥与居民之间的关系处在一个较浅层次，但随着快递小哥与居民交往的不断增加，他们会由原先的"弱关系"发展成为一种"强关系"，从而打开自己的关系网络，为其居留城市扫除"障碍"。快递小哥不断地穿梭在北京街头巷尾，在与居民加强联系的过程中，不断地对城市投入感情，最终不断增加其居留的意愿。

---

① 文军：《从生存理性到社会理性选择——当代中国农民外出就业动因的社会学分析》，《社会学研究》2001 年第 6 期。

② 彼得·布劳：《不平等与异质性》，中国社会科学出版社，1991。

（三）社会保障不足的阻碍作用

从能力支持来看，快递小哥的居留意愿和社保呈现出显著正相关。但是仅有少数（8.2%）的快递小哥有"五险一金"，"五险一金"涉及快递小哥的医疗、养老、失业、买房等其他重要的生活保障问题。在北京"五险一金"的缴纳也涉及户口问题、子女教育问题等等。同时没有社保也加大了积分落户的困难，北京市规定在京连续缴纳社会保险 7 年及以上[①]才可以申请落户，而对于大部分快递小哥而言，严格的户籍制度形成了一道无形的墙，阻碍快递小哥的社会融入。另外，对于外卖骑手而言，他们并未挂靠在某一企业，更多的是接单制的工作模式。这种模式的不稳定性和流动性很强，走街串巷也带来了一定的交通隐患，发生交通事故的风险概率较大。邓大松等学者认为，社会权利的剥夺，尤其是基本社会保障权利的剥夺已成为"内在市民化"滞后"外在市民化"的根本原因[②③]，社保的缺失对于快递小哥的职业和生活都产生了一定的影响，也从心理层面上阻碍了快递小哥的融入意愿。

六 结语

快递小哥的居留意愿是自我决定理论发生作用的结果，其居留意愿会受到自主支持、胜任支持、归属支持三个方面的影响，本文利用 logistics 回归分析，对相关因素进行实证检验，得到以下结论：①自主支持对居留因素产生一定的影响作用，居留时间越长的快递小哥越愿意居留在北京。②胜任需求对其居留意愿产生一定的影响，学历水平、社保状况都对居留意愿产生一定的影响作用，快递小哥看重自己是否有居留的能力。③归属支持对于居留

---

① 《北京市积分落户管理办法》，https://beijing.chashebao.com/ziliao/18746.html。

② 邓大松、胡宏伟：《流动、剥夺、排斥与融合：社会融合与保障权获得》，《中国人口科学》2007 年第 6 期。

③ 李艳春：《女性农民工城市居留意愿的影响因素——以北京为例》，《湖南科技大学学报》（社会科学版）2016 年第 19 期。

意愿产生较大的影响作用。社会关系网络和社会参与为快递小哥的居留提供了较大的支持作用。值得注意的是，这一现状表明，对于快递小哥而言，自我主观意愿一定程度上对居留地的选择产生较大的影响，但会随着时间而发生改变。同时，快递小哥在意其是否有居留能力，在意是否有可提供其居留支持的关系网络，并且更倾向于依赖家庭支持。需要说明的是，本文主要从快递小哥的内心出发，研究其在居留意愿中更加看重哪些方面。但在现实生活中，快递小哥的居留意愿会受到各种复杂因素的影响，并与其个人特征相关，这些问题都需要在日后进行深入考证。

深 访 篇

Reports on In – Depth Interviews

B.9

心中有火，眼底有光

——城市快递小哥深访报告1

李若贤*

    随着 2018 年"双十一"天猫销售总额 2315 亿元的壮观景象①，2019 年也拉开了大幕。转眼间，从 1999 年马云宣布阿里巴巴网站正式诞生，已经过去整整 20 年。

    1999 年，是跨入 21 世纪前的最后一年，也是各类事业蓬勃发展的开端。那个年代人心浩荡，热血澎湃。互联网发展开始在中国生根发芽，有识之士都跃跃欲试，希望在这块希望的土地上闯出一片天。刘强东在中关村以仅有的 1.2 万元开始了他的"京东多媒体"；微软中国研究院在北京建成，

  * 李若贤，对外经济贸易大学英语学院本科生。
  ① 数据来源：《2018 年天猫双 11 最终数字定格：全天交易额达 2135 亿》，中国新闻网，2018.11.12，http://www.chinanews.com/cj/2018/11-12/8674400.shtml。

大楼周围还都是混着泥土香的庄稼地，年轻的力量在这块"中国智商最高的地方"迈出了奋斗的步伐；在留学海外八年的李彦宏学成归国，百度公司应运而生。那个人心蓬勃涌动的时代，中国互联网时代大幕在悄然揭开，中国电商产业的大门也吱呀一声向中国数不胜数的劳动力敞开了。

时光飞逝，一晃离大周第一次来到北京，也有 20 年过去。20 年来有哭有笑，大周的生活却也刚刚开始。

信从远方来，人向梦中去

1999 年，那一年，海边的村子，大周上初一。14 岁的男孩，热血刚刚开始翻涌，清亮的眼睛像块琥珀，稚气未脱却也志气满怀。村里条件并不好，上学要到 20 里地外的县里，同龄的孩子基本上都辍学了。村里比他高一两个年级的孩子们有几个选择了进城去打工，逢年过节，他们总会穿着笔挺的西服，擦得锃亮的皮鞋和二八分的大油头让人看着心生羡慕。大周悸动的心早就不在学校里了，他多想去看看外面的世界。直到一个初秋的午后，一个折皱的信封被送到了大周的手中。

写信的是大周去年退学去北方打工的同学，这封信从同学手里邮到这个沿海的小村落用了整整一个月的时间。那时候，全村唯一可以和外界沟通的只有大队里的一部电话，大周家没有 BB 机，打起电话来也不能及时对接。信里同学说自己在北京打工，现在已经非常适应，生活得很不错。年轻的大周从信中读出了一个自己不曾见过的世界，那里的人用手机打电话，吃外国进口的高级食品，穿最时髦的衣裳，一切的一切都光鲜亮丽。大周动心了，他仿佛已经看到自己穿着笔挺的西装外套，衣锦还乡的画面。年轻的男孩一无所有，有的只是一腔热血。就这样，大周把信封上的发信地址作为目的地，身揣着 100 块钱，坐上了前往北京的火车。

两天两夜的颠簸之后，大周踏上了这块他向往已久的新大陆。而就在他找到信封上的地址后，那里已经没了同学的身影。一番周折，他身上的钱早就所剩无几，老家是回不去了，大周这才觉得自己此番出门太过盲目，一时

之间就变成了无头苍蝇，完全不知道自己该怎么办。没有出路的大周找到一家建筑队，开始在建筑队里做苦力。

2000 年的北京，不断加快着对内改革，对外开放的步伐，老百姓的收入上涨，生活日渐丰富多彩；城市建设的步伐也在快速向前，一座座高架桥，地铁设施都进一步完善了起来。大周也在建筑队干得风生水起。

"那时候天天吃白菜，上顿白菜，下顿白菜，吃了得有好几年。"在建筑队，大周的吃住虽说不上好，但有一处安身的地方，便也足够。

东方明珠润，沪地试身手

时间过得很快，2003 年春节，大周结束了在建筑队的生活，他计划过完年就和两个老乡去上海看看。在北京生活的几年，让大周从懵懂的小男孩，变成有力气有阅历的成人。他有主见，用自己的双手挣钱，还能补贴家用，村里的人都夸他。村里的一个朋友在上海干快递，他也想去闯一闯。当时没人知道快递到底是个什么工作，二十一世纪初，全国范围内的传销组织活动猖獗，家里的亲戚都在担心大周所谓的"快递"会不会是传销组织。然而大周自己骨子里就是有一股闯劲，他觉得就算要放弃，也要先看看快递到底是个什么东西。2003 年，大周和两个老乡开启了他们的上海流浪记。大周对自己很有信心，他认为自己一定可以在上海做出点成绩。就这样，大周一行三人成了村里唯三从事快递业的人。

在上海干快递的日子与如今的差别很大。那时在上海吃顿午餐才几块钱，干快递也轻松得多。快递员们骑着自行车，拿着上海市地图，在上海的大街小巷中穿梭。那时电商行业还未兴起繁荣，快递员运送都是公司对公司的文件、现金等，没有人会为快递员做整体的培训，快递员的所有工作都要靠自己的摸索。大周怀里揣着一张上海市地图，所有的地址都要靠自己看、自己找。纸质地图不比电子地图，一张地图不出三天就会被折坏，坏了就用透明胶粘上。一开始，大周并不知道怎么看地图，他找人帮自己画上东南西北，绕着上海不停地走，走错了就再转回来。

"那时候每天都能走到过地图上都没有标注的地方，把地图走没了。"大周回忆道。让大周感到怀念的是原来干快递时，周六日都不上班，工作日的工作量也小，一天基本上就 10 单。那时快递一天跑得距离远，没有划分区域那么一说，收入虽然不太高，但大周的工作压力也很小，时间相对自由，可以说是相当轻松。

但对于大周来说，生活在上海并没有让他感觉到快乐。他来之前期待大展宏图的愿望还没有实现，他已经对南方的生活感到不适。软糯的上海话让他眩晕，冬天渗进骨头缝的寒冷让他这个大汉叫苦不迭。大周开始无比热切地想念北方，他像南飞的大雁，等待着春天的到来。

京城独闯荡，形单影茫茫

2005 年，大周回到北京，干的仍旧是快递这份工作。那时候的快递依旧与上海区别不大。大周的选择更多，所以他并没有将重心全部放在快递工作上。日子一天天过去，大周一边打零工一边上班，直到 2009 年，大周迎来了人生的又一个转折点——他结婚了。大周的妻子是老家长辈介绍认识的。妻子的老家离大周的老家不远，她在离老家不远的城市打工，家里给他们凑了一万七千块钱，二人步入了婚姻殿堂。自此，大周的生活发生了翻天覆地的变化，大周开始意识到自己的责任，他正式成为一家之长了。2010 年，大周的女儿出生，给这个小家庭带去了新的生机。大周的北漂生活还在继续，妻子则回到了老家和大周父母同住。

大周的公司给快递员提供集体宿舍，房子不大，是个单间，没有单独卫生间和洗澡的地方。大周和两个同事一起住，他从来不觉得条件艰苦。这是他熟悉的生活环境，早就已习惯了，也不觉得不方便。室友的年纪和他差不多大，三个人经常一起出门吃吃喝喝，但大周还是会想家。每年只有过年的时候可以见到自己的小丫头，女儿是父亲前世的情人，大周对孩子的想念总是让他倍感心酸。

与此同时，大周妻子与婆家的关系一直不算融洽，到最后还是发展到了

剑拔弩张的境地。

"因为这个和家里闹掰了好几年，真的就……无法挽救。父母怎么也不能不要。"因为婆媳不和，大周和家里也沟通甚少，近两年才和父母缓和关系。大周最不愿提起的就是这件事，2017 年，大周还是和妻子离了婚。

那是个夏天的晚上，大周离婚之前最后一次和妻子见完面，他从丈母娘家往回走，酒精让脑子昏沉沉的，摩托车带着他一头扎进了路边的河里。摩托车压在脖子上，压得他喘不上气，但流血的却是他的心。当时他的双腿在上边飘着，头重脚轻的感觉让他麻木。路人将他拽上来，帮他捡回了一条命。

阅尽千帆苦，只道是寻常

2009 年，大周刚刚组建新的家庭。而同一时间，淘宝商城也在酝酿着一个传奇。2009 年 11 月 11 日，淘宝商城迈出了历史性的一步。三年后的 2012 年，双十一销售成绩震惊中外，"天猫"这个名字开始活跃在街头巷尾。京东、苏宁易购等电商平台也紧随其后，整个电商产业的繁荣使快递工作有了天翻地覆的改变。大周的生活也在发生着巨大的变化，他开始接收来自全国各地数以万计的包裹，接收、存储、送货上门，大周开始脚不沾地，双十一的销售传奇让大周变成了一个不分日夜辛勤工作的工蜂。

工作辛苦，大周并无怨言。几年来，正常情况下，大周每天每栋楼要送 150 件包裹上门，多层住宅区通常都没有电梯，3 层以下的任务还算比较轻松；但如果客户住在 6、7 楼，快递小哥也只能带着重重的快递"一步一步地往上爬"。每栋楼 150 件包裹，大周所在辖区的一个小区共有 25 栋楼，每栋楼 6 个单元，每单元 7 层楼，共有 1050 层楼。另一种算法则是按平均每三层有一个包裹算，送 150 件包裹最少也要爬 525 层，这意味着每个小哥每天要爬 525 层楼去送快递。正常的年轻人空着手从一层爬到七层，就已经气喘吁吁了。一个小哥的工作量已经可以用"非人"来形容。

大周最累的一次是爬经贸大厦，经贸大厦共有 88 层楼，当天送货时正巧停电，他要将包裹送到 60 多层，一步一步往上爬时，他的气都喘不匀了，当天流的汗他这辈子也忘不了。大周所负责的小区高层楼房有 24 层，在高层楼房活动，你是选择坐电梯还是爬楼梯？对于一般人来说，并不是一个问题。但对于快递小哥来说，除非整栋楼只有一个包裹，为了追求速度，绝大多数情况下快递小哥都会选择走楼梯，从 24 层到 17 层，从 17 层到 15 层，来来往往，无穷无尽。

然而在这样的工作量下，快递小哥们总能听到"快递员挣得太多了""多的不可思议啊"这种话，这让大周有些不舒服。没人看到了他们的辛苦，只因为一些表面现象而妄加评论让人心寒。

快递体系中，评价机制越来越完善。国家邮政局以及各个邮政管理局以消费者权益为重心，重点解决消费者行为中涉及快递服务的相关问题，听取消费者的呼声，接受消费者投诉，解决消费者的问题①。这不仅能够更有效地服务消费者、为消费者提供便利，也能促进整个快递行业进一步完善结构、升级服务，这对于消费者和相关产业来说都是好事。大周也认为这一现象是行业的进步，服务于消费者、接受消费者评价本身就是天经地义的。真有工作不到位的地方，虚心接受顾客投诉并及时调整工作方式方法是快递人员应该做到的，送件慢、时效性达不到要求等问题都是客户投诉的原因。

然而让大周伤心的是顾客无缘由的投诉。因为最近一次让大周印象深刻的投诉，邮管局罚了大周 1500 块钱。当时大周给自己辖区大学里的留学生送件，他敲了几次门，没有人回应，打电话也没人接。大周就标记了问题件，去送了别的件。回到公司后，大周接到了客户的电话说家里有人，问为什么不给送件。大周当时手头忙着别的工作，向客户说明了下午可以再给送。但客户坚持必须现在就送上门并以投诉为要挟，双方就起了争执。"我上门送了件，是没有人开门，我也不可能把门砸开送件。"当时大周无奈地解释道。然而就因为这句话，大周被投诉说快递员要砸门。大周也想过打电话和客户再沟通，但电话早就被客户拉进黑名单。

---

① 《快递业务经营许可管理办法》，中华人民共和国国家邮政局，2018 年第 23 号。

"一般客户举报就直接罚钱，最低 1500，两万五万都有可能。"大周早熟悉了这套模式，邮管局不会给快递员解释的机会，除非投诉人主动去撤投诉，快递员才可免于罚款，而这种可能性又是微乎其微。换句话说，一经投诉，快递员的罚款不可避免。不仅是邮管局，公司内部也会对相关投诉进行罚款，大周表示自己经常被罚，50 元起步，一个月也有罚到一千两千元的情况。

大周对投诉机制本身表示理解，做人都要换位思考的道理他懂，但大周是个暴脾气，遇到不讲理的，大周总会选择更不讲理，这样一来，冲突不可避免。

这不是大周第一次和留学生发生冲突，2005 年，大周因为给留学生送件上了报纸。大周当时给北京一所高校的外国学生送一个包裹，学生收到件后不由分说，声称快递员摔了他的件，然后对方就动起了手。大周当下就急了，拿着锁车的大锁照着对方脑袋砸了下去。学生的头立马开始淌血，最后还是去了派出所。当时派出所的警察告诉大周，由于对方不是中国公民，因此如果事情闹大了对于双方均没有好处，事情还是以大周赔偿对方 2000 块钱了结。2005 年的两千块钱，对于大周来说并不是小数目，赔偿对方更是让他咽不下这口气。

工作中，大周经历过、见过各种各样的突发事件和机缘巧合。他曾经给一个女孩送狗粮，他敲门时姑娘正在洗澡，不一会儿姑娘裹着浴巾出来收货，接货的同时浴巾就掉了下来，大周现在回忆起来还很是尴尬，他到现在还记得自己捂着眼睛下楼的窘迫。

又有一次，大周给客户打电话，当时客户的手机放在洗衣机的盖子上，手机震动着就掉进了水中。客户因此要求快递员赔偿，大周委屈万分，这与快递员又有什么关系，事情闹到了派出所，好在最后派出所还是理清了事情的脉络，不追究快递员的责任。

有的人不会当面签件，会要求快递员把包裹留在门口，对于人的防范心理，大周从来不会觉得不舒服，人都有防范心理。大周也认为对不经常见到的人，有防范心理是对的，这种行为当然能接受。但这种防范与敌视的态度是截然不同的。

有的人会让快递员顺手捎走垃圾，大周遇到过很多次这样的事，通常他都会根据对方的态度采取行动，如果对方非常礼貌地请求帮忙，大周也乐于帮忙；但要是对方态度十分强硬，那么大周自然也不会将他放在眼里，通常他会选择无视。据大周的经验来讲，遇到蛮不讲理的人的概率还是非常小的。

"多暴的脾气干快递都能给你磨平了。"大周对快递行业的评价中有一条，他说快递行业能把一个脾气暴躁的人磨成一个很软弱的人：在从事这项工作的时候，做人处事必须软下来，要学会把"对不起"挂在嘴边。经历各种事情之后，大周感觉自己在整体上性格虽然并没有本质的变化，但在处事上变得不那么冲动了。他认为这是为了生活的无可奈何，但同时他也认为这是人变成熟的必经过程。性子变软好的方面是，大周可以在工作中避免发生一些不愉快的事了。

也因此，大周还算喜欢自己的工作，快递让他变得练达。与此同时，他认为快递对于百姓生活意义重大。"只有分工不同，没有性质不同"。自小就出门打拼的他懂得靠自己双手挣钱的那份踏实与可贵。干快递这份工作，工作时间相对自由，而且非常长见识。在工作过程中，大周学会了如何和人打交道也学会了看人。现在，大周和客户通电话，电话里面一说话他就能分别出来客户的性格和行事作风，大周也会依此采取不同的方式来与客户沟通。虽然岁月磨平了大周的棱角，但他的闯劲依旧。这对大周来说是十分宝贵的成长经历。随着电商的发展，越来越多的年轻人加入了快递行业，让大周感到欣喜的是，也有越来越多的大学生积极投身到了这份工作中，这让大周更有干劲了。

十年快递业，未来犹可期

断断续续的，大周在北京干快递也有了七八年的光景，七八年来，有苦有泪，大周的北京生活也过得越来越有声有色了。自从离婚之后，大周整个

人也变了，以前特别暴躁、冲动的性格，随着年龄增长变得更平和。大周的生活因为工作总是忙碌而充实，然而大周父母认为他太飘了，在离家这么远的地方，独自一个人，他的父母希望有个人能够照顾他。而大周因为之前夹在妻子和父母之间的经历让他对这些关系产生了抵触的心理，他并没有再婚的想法。大周父母直接、间接地给大周介绍过几个姑娘，但都被大周拒绝了。大周一点也不觉得自己生活孤单，反之，大周喜欢和舍友一起生活的模式。

空闲的时间，大周会去练拳击。大周第一次接触拳击是在 2007 年，他走在大街上，看见街头一个师傅比划了几招，有趣得紧。自此，大周开始了拳击学习。同事都觉得他是个奇特的人，平时上班都累得不行，好不容易休息却还要去消耗体力，白花钱。大周很小就不上学了，学习拳击让他找回了学习的乐趣，更让他的心变得平静。大周认为这是一项很适合他的运动，并且拳击能让他变得更加成熟。

大周很庆幸自己生活在北京，也因此，他才有机会见识更广阔的世界，接触不一样的人，也接触到拳击这项以前听都没听过的运动项目。北京与上海虽都是大都市，但两个城市带给大周的感觉截然不同。对于大周这个标准的北方大汉来说，上海整个城市过于细腻，相比于上海人的轻声细语，他更喜欢北京人的直率爽朗。在大周看来，上海是一座稍带些排外意识的城市。大部分上海人还是说普通话的，大周虽然听不懂上海话，但当上海人对着他这个北方人不停说上海话的时候，大周总能感觉到他们在讲些不好的话。而北京对于大周来说，是个更为熟悉的环境。前前后后，大周在北京生活了十年有余了，并且他还想继续待下去。在大周看来，北京是个有人情味，又有发展机遇的城市。他计划在自己快递工作有余力的时候做点别的小生意，为此他还在不停努力。

但是在大周对于未来的生活规划中并没有在北京买房这一项。

"再有钱也不买房"。大周做出了结论。他认为一直辛辛苦苦地还贷款，再好的房子也住不踏实。自己孑然一身，也不需要房子。北京的政策方方面面都好，但整体上，北京一直在致力于通过将外来人口外迁来疏解首都人口。这同样是大周苦恼的问题之一，他觉得不公平，同样的发展机遇，同样的资源，为何仅因为出生地不同就没有外地人的份。同时他也觉得北京的外地人是清不完的，北京是离不开外地人的城市。

曾经有人在微博上发表过很有趣的评论："即使群居在地下室，很多北漂也非常认同北京，自我感觉是京城的人，这与在上海的外地人形成强烈的对比。"[①] 大周也是如此，他认为自己属于北京，他认为北京这座城市需要像他这样的人来建设，所以他无比认同自己的价值，也对自己的想法坚信不疑。

1999～2019 年，大周离开家整整 20 年了。20 年间，大周经历过太多，但闯出一片天的斗志却从未熄灭。相信 2020 年，依然会是一个热血澎湃、人心涌动的年头，北漂小伙大周的快递打拼之路，也仍在继续。

---

① 该文字转自候杨方 2019 年 1 月 26 日的微博文章。候杨方，复旦大学历史地理研究所教授，历史学家。

B.10

高考后，遇外卖江湖

——城市快递小哥深访报告2

王心蕙*

"以前常喊它'饿死了'，没想到竟成了第一份工作"

这是我离开高中校园后第一次再见到猴哥。高考失利，复读被拒，家庭矛盾，连日辛劳，让原本朝气十足的猴哥尽显颓废。为了不让这次的采访显得十分突兀，我和猴哥像高中时期一样，约在了一个奶茶店见面。一人捧一杯奶茶，有一瞬间仿佛我们仍然停留高中时代，晚自习前的奶茶时光。猴哥没有穿外卖制服，仍然保持着他最喜爱的黑风衣与头戴式蓝牙耳机的穿搭。

猴哥是个健谈的人，嘬了一口奶茶就开始侃侃而谈。

"送外卖这个行业啊，结构很不均衡，几乎都是青壮年的男子。像我20左右的还是少数，几乎都是30岁左右的年纪，上有老下有小那种。要说女外卖员，那更是少之又少，至少在我干外卖的这半年里一个女外卖员都没有见到，也没有听说过。"

猴哥曾经也是一个学霸。当时，我们高中举办竞赛班，我和猴哥都是其中的一员。高一与他同班时，他是班里的化学担当。班里一共16个搞化学竞赛的同学，其他15人没有一人是他的对手。本以为他会像其他高中传奇人物一样，通过化学竞赛进入省队（省竞赛代表队），打到国赛（全国高中生化学竞赛），斩获或金或银或铜的奖牌，顺利进入一流大学追逐他的化学梦。然而，事与愿违，他与父母的价值判断之间的差距阻止了他继续参与学

---

* 王心蕙，对外经济贸易大学国际经济贸易学院本科生。

科竞赛，他将精力转向高考。但是他的长项并不是七科全面发展，学业上的失利让他陷入了精神困扰之中。高三时，由于精神状态实在不好，无奈休学一年。复读后高考发挥失常，志愿填报也不赶巧，家庭经济本就不宽裕的他被录取到一所非"211"一本理工高校国内外联合培养的"2+2"项目。

开学季，猴哥只身一人来到学校。作为他的高中同学，本以为他会顺顺利利地就读、毕业、工作。谁承想，猴哥对现在就读的学校并不满意，随即买了回乡的车票准备复读。父母一再阻拦，坚决不同意他办退学手续，只办理了休学。学籍转不回来，复读的一线希望也被掐灭。询问了辅导员，休学不能取消，返校继续上课也行不通了。一气之下，他借住到亲戚家，开始送起了外卖。

最初，猴哥离开原生家庭和大学校园只是准备换一个环境、换一个心情，但是他对电竞游戏的热爱很快让他陷入了经济困境，借住在亲戚家也只是能保证衣食住行而已。最初，他想找一个网管之类的工作，在针对兼职的网站上一番搜索，发现天天常见的外卖小哥也是个不错的选择。

"第一天上午看到投了一下，下午就去面试，第二天培训，第三天就可以上岗了。快得很。"猴哥对自己高效率的找工作经历十分满意。他所属的公司是目前几大外卖巨头之一。"我以前点外卖的时候常常喊它'饿死了'，没想到这竟然成了我第一份全职的工作。"猴哥告诉我，他就职于这家外卖公司的一个站点，位置在较为偏远的一个小区里。站点会给每一位外卖员统一配备工作服、保温箱、电瓶车等装备。暂时没有住处的外卖员，也可以在站点的大通铺上凑合凑合。

"送外卖也是有技巧的！"

相对于独立的送餐员，站点虽然对配送单限制较强，也需要抽成配送费，但是能保证每天的配送单数量，这也就保障了送餐员每天的最低工资。猴哥所在的这个站点，所有配送单都由站点统一分配，每天配送单数量的下限是20单，每一单配送费为4元。如果圆满完成每天20单，没有超时的每

单配送费为 4.5 元。如果顾客送出了好评，每单的配送费就为 5 元。如此算来，一位配送员一天应该可以赚 100 元，加上偶尔超额完成任务，再扣除为数不多的休息日，月收入最基本有 3000 元人民币。站点提供饮水机、简陋住宿、电瓶车充电站，不包括吃饭。但是机灵的外卖小哥们有自己的办法。除了像我们大学生一样在群里凑红包、抢红包外，猴哥告诉我，外卖小哥的每一餐也是点外卖。"点完单之后，就让站点把自己的单子派给我本人。一般的单子站点的外卖员不能挑挑拣拣，派到啥送啥。但这个，没的说，是我自己的外卖嘛。"猴哥讲话时的重音不自觉地落到了"这"字上，像极了高中时期，他给我们讲化学题目时意气风发的语调。于是，一顿饭就完成了 5% 的每日工作量。当然还不止这些，每次外卖单子的集中程度不同，彰显了每家店的受欢迎程度不同。对于好吃不贵，老板老板娘又好说话的店，猴哥总会默默记在心里。每到饭点时，就在这些店里吃，还可以跟老板套套近乎，让他多给加点料。"有时候这些店铺的外卖真的太多了，老板老板娘两个人完全忙不过来，我这个稍微会一点烹饪的门外汉也会去帮忙炒饭呢。所以说，你在网上看到的小视频外卖小哥做菜做饭，甚至在网吧里打游戏都是无奈之举。但我们又有什么办法呢，菜做不出来，我们就送不来，但是一个单子总限时就 40 分钟，无论怎样，超时都算外卖员的，没办法。"

　　"送外卖真的就是一个十分明显的多劳多得的体力活。像我，年轻、体力好、能扛得住，自然就挣得多。你别看我才送了两个月的外卖，我创造并且打破了我们站点的送餐记录呢。"猴哥那股机灵劲，在外卖行业也藏不住，喜欢研究挣得更多的小技巧。第一条，不穿外卖员制服，餐盒藏在脚踏板上，脸上满满自信。这，就是骑车"飞"入小区的不二法门。当多数外卖员因为"标志"过于显眼，而不得不等候在小区门口，或者丢下小电驴，领着外卖狂奔而去的时候，猴哥总是一马当先，趁保安不注意，佯装成回家的住户，冲进了小区的大门。等到保安小哥反应过来，猴哥早已飞驰而去，保安小哥也奈何不了他。第二条，写字楼中楼梯与时间的竞赛。猴哥年轻、体力好，是他很大的优势。高耸入云的写字楼是订外卖客户的主要聚集地。然而，写字楼并不是"外卖小哥友好型"的。用餐时间，电梯几乎完全不开放给外卖小哥，有稍好些的写字楼仅开放一台货梯给外卖小哥。但在就餐高峰，等待永远到不了的货梯对"寸金难买寸光阴"的外卖员并不是一个明智的选择。绝大多数的外卖小哥都选择在楼梯间奔跑。"如果你在写字楼实习，餐点你一定能听到楼梯里传来'咚咚咚'的脚步声，那就是我们。"猴哥步子快，曾经是校运动会上的一名健将。在楼梯间穿梭自如，面不改色，总能把餐品迅速送到办公室。高效送餐为猴哥在就餐高峰争取到更多派单，更是创造了全站点最快送餐纪录。第三条，上晚班。城市中的夜生活为外卖行业也带来了不少商机。深夜的配送费是每单 8 元，虽然量少，但外卖小哥也少，不愁接不到单子。观察到这个规律，猴哥的工作时间已经转移为早上 11 点上班，凌晨 2 点或者 3 点下班。"我本来就是夜猫子，晚上睡不着不如送餐，而且早上也没啥人点外卖，配送费还是正常价，不划算。"

说起外卖行业，绝大多数公众都会认为这个行业挺公平，按劳分配，付出多就一定回报多。但是站点的运转机制很大程度上抑制了完全公平自由的发展。猴哥就职的外卖巨头公司的站点，主要负责其周围一定范围以内的所有订单的配送。这意味着，如果外卖小哥一次可以接到一家店在同一个小区或者配送方向的多个订单，他可能仅仅依靠中午的两三个小时就可以完成一天的最低工作量，并且获得高度准时送达率。这样一来，站点如何分配配送单对每一位外卖小哥都至关重要。应聘时，猴哥得到的消息是：公司的程序自动配单，除了外卖小哥自己点的外卖单人工配送到本人头上外，其他的都是按系统程序自己跑出来。然而这套说法，在猴哥第一天上班之后就被看出了端倪。站点其他外卖小哥去一家餐馆，手里都提着四五份餐，而他自己却只有一份。这样一天下来，根本就不够 20 单的数量。收工统计工作量时，站长要倒扣猴哥的工资，猴哥心中生气，又没有办法，只能据理力争。强硬抗争下，第一天下来没有被倒扣工资，但是工作量完成不了的问题还是难以解决。第二天、第三天、连续一周，仍是如此。接不到 20 单的工作量下限，虽没有扣钱，但是在这样一个多劳多得的行业，仍旧是吃亏的。第一天猴哥还认为可能是程序设计的瑕疵，把累计工作时间计入了派单分配的程序里，以此来鼓励外卖小哥坚守岗位，不随意离职。经过一周的观察，猴哥渐渐感

觉到事情过于不对劲了。他所在站点的站长是一个中年妇女，巧的是，站长的丈夫是站点的一名外卖员。每次这位外卖员总是能拿到数量最多、最顺路的外卖。猴哥对此很不满。"我一开始以为送外卖就是完全的自由竞争，但没有想到的是，'钩心斗角'依然存在着。"但是，在跟站长沟通过自己每日派送单数过少的问题后，猴哥竟显出了少有的心软。"他们俩，文化程度都不高，没有稳定的工作，还带着一个小孩子。站长的工资没有外卖员高，但是她老公一个月送外卖挣得也不是很多。想想还是算了，上有老下有小的，人家生活也困难。像我跑得快，一次派得少，但我可以多接几单。想那个老哥就不行，他是真的跑不动。如果一栋写字楼就送那么一单，他可能就真的失业了。只要别太过分搞得我过不下去，也就算了，毕竟我也要生活。"

"精准定位还不够精准哟"

外卖行业的迅速成长与4G、精准定位、大数据分析等信息技术的突飞猛进息息相关。网络思维极大地拓展了人们的味觉体验，小小的智能手机通过4G网络，一头连接着"嗷嗷待哺"的客户终端，另一头连接着大数据共享平台。指尖轻触屏幕，大厨的美食就被带到自己的面前。我们这一代，在信息时代成长起来，深深地受到科技的影响，甚至说有一点"迷信"科技也不为过。猴哥亦是如此。对交通、地形都不太熟悉，握住手机，仿佛就把握住了自己的命运。"现在科技这么发达，我本以为有导航和定位就完全没有问题了。在我送外卖的第一个星期，我就第一次遇到了让我怎么找都找不到地址的单子。结果呢，那是一个回迁小区，被马路一分为二，两边的编号几乎毫无规律。在北边这半怎么都找不到，地图上也没有提示45号楼到底在哪里。好不容易遇到了一个住户，结果你猜人家怎么说'我在这里住了3年了，还是搞不清楚这里的编号都是哪栋楼，没办法哟。'哎，你说我怎么办，眼看要超时，只能打电话慢慢问，结果点单的家伙也说不清楚他在哪里，搞来搞去搞不好。我才反应过来这个小区还有另一半，跑过去才搞清楚了状况。"突发事件对猴哥的工作影响不小。经过这件事，猴哥特地跑去请教了站点的其他资深外卖员。原来，经验多的外卖员都有自己的私人地图，每跑熟一个地方，他们总会稍微对那些难找的地址进行共享。久而久之，有心的外卖员把之前提到过的地点都总结了出来，某些区域有着某些独特的技巧。猴哥之前跑来跑去找不到，耗费了体力还耽误了时间的小区，赫然出现在这一本"葵花宝典"之中。这是回迁小区，标号甚是混乱，管理也很不走心，对此，"宝典"里特意提及了南北分区与提前电话联络客户的技巧，以求不超时就好评送到。

　　除了地图跟实体对不上号、小区地址编号混乱令人苦恼外，在准确找到地址的路上总会遇到各式各样的突发情况。虽然为人所知的都是客户对外卖小哥不满意，差评、投诉、发朋友圈一条龙式哭诉，但外卖小哥对奇葩客户的抱怨又有谁能注意呢？这就有一个第一次点外卖的客户，让猴哥觉得又可气又可笑。那天猴哥接了单，低头一看地址，就感觉到了不对劲。"西3T"简简单单三个字，愁坏了匆匆忙忙的猴哥。打开地图一查，没有；问了店家是不是附近小区的简写，不是；发到站点外卖小哥集体资源共享互助群里，没人知道。"这难道是什么暗号吗？"心里想着，猴哥打开拨号盘，想亲口问问这仿佛地下工作者一样的地址到底存在于哪里。然而，这个手机号是个假的，空号。"这下可怎么办呢？就餐高峰时段，若是被耽误了，今天的工作量完不成又要被站点扣钱。"但万一不送被客户投诉了，也要扣钱。无奈之下，联系站点。这也是站点第一次遇到这种情况，站长想了一会，决定从站点端口取消这笔订单。问题似乎解决了，猴哥踏上下一单配送旅途。还没过十分钟，站点的电话打到了猴哥手机上。一番解释，才弄明白了这位点单的老哥是第一次点外卖，而且对自己的私人信息看护得紧，坚决不透露自己的住址和电话，看到自己的订单被取消了，生气了投诉客服才联系到配送站点。待猴哥拿到他的电话号码回过去询问的时候，那人却道"不是有定位吗?!"听起来十分无辜。原本气鼓鼓的猴哥也被他逗乐了。耐下性子和他解释，定位是给客户看的，外卖小哥界面只能看到客户发的地址。"好在那位头一次点外卖就闹了笑话的老哥气也消了，没有给我差评。现在回想起来还挺有意思的，我本就'好为人师'，现在可以算

上新的一课了，教人点外卖，哈哈！"说到这里，猴哥又忍不住笑了起来。我不禁开始好奇，如果这一单头一次点外卖的老哥给了猴哥差评，他还会笑得这么开怀吗？

"当我送的外卖越多，我越觉得信息时代计算机比人工更准确，但处理的算法十分重要。"在猴哥看来，差劲的算法导致的问题往往会让人十分恼怒又无可奈何。众所周知，每一种外卖 APP 平台都对外卖小哥配送时间的上限加以要求，甚至提出超时罚款并给顾客返现之类的惩罚措施。而很少有人知道，其实外卖小哥的配送时间也有下限。对每一个单子，至少要在取货后 3 分钟以后才能送到，如果提前到达，必须等到 3 分钟的时间才可以点击已经送达。由此一来，外卖小哥又不得不在脑海中计算"我先跑完所有要取单的点，然后开始送最开始取单的小区住户。同时根据跑步的配速以及实际爬楼梯的时间，准确人工计算出，哪一份单子可以顺利地衔接上下家呢？我这一笔的客户万一晚了，我怎么能顺利赶到下一个呢？哪里有近路可抄呢？"因此，我们有时候在家里点小区门口的外卖的时候，平时自己散步走过来 2 分钟就到了的路，外卖小哥甚至可能需要 12 分钟才可以到。这不是因为外卖员慢，而是他们在脑海中统筹规划一番后，我们等待的这一份外卖，就需要一定的时间才能到达眼前了。

"脱离学生群体两个月，真的回不去了"

这两个月的外卖生活让猴哥跑遍了这座城大大小小的地方。风格迥异的住宅区，不让外卖员用电梯的写字楼，进入就迷路的校园，猴哥骑着电瓶车飞驰，端着外卖狂奔。经历了各色各样的顾客，猴哥越发觉得自己离"学生"这一身份越来越远了。虽然才离开校园不到半年，生活的磨砺已经让他心智产生了极大的变化。"接触这么多行业，让我感触最深的就是，学生不会为自己的行为负责。总是自己躲在校园里，丝毫不会对自己的行为多加思索。像点外卖这么基础的操作，大学生要么是写不清楚自己的位置，要么就是有奇奇怪怪的要求。带杯奶茶、买点这个买点那个，真的很烦人。我的本职只是帮你把外卖送到而已，你要帮跑腿有专门跑腿的服务。为了不得差评吧，只能去完成这些额外的工作。这本来也没什么，但有的学生连一声谢谢都不说，还怪我怎么来这么迟，真的无可理喻。"但是由于猴哥本就是大学生的年纪，又有着独特的骑行技巧，进出配送范围内的几个大学几乎不会被保安阻拦，他还是愿意接送这片大学生的外卖单。直到有一天，他在配送的过程中遇到了第一个差评，也是目前为止唯一一个差评。那是秋天的一个雨夜，猴哥接了一个送冷饮的单子，一般来说，保温箱里面都是热乎乎的食物，冷饮都是通过多加一点冰再放入保温箱的。而这一单，是一个冰淇淋。猴哥心想着，这玩意儿要放到保温箱里，送到绝对化成水了，还怎么吃呀，只能挂在车把手上。但是那天晚上的雨下起来没完没了，一时半会不得停。这家店的包装还是精致的纸盒子，于是猴哥只能想到用塑料袋套着冰淇淋，放在保温箱外面淋着雨送过去。为了不影响食客的心情，猴哥特地在出发前打了一通电话。没承想，下了订单的姑娘可不答应这种送餐方式。好说歹说也不同意，挂了电话，又想不到其他解决办法。"哎！活人不能被憋死。"于是他就按原计划送了过去。"我很清楚地记得那个女生来拿外卖的表情，整个人都冷冷的，一声不吭，一把拽过盒子就走了。我那天晚上收工回去一看，才发现得了一个差评，真的很生气。她雨天点单就避免不了可能受到雨淋的风险，我一拿到外卖就给她打了电话说明了情况，还给我差评。一点都不知道别人的感受，要是真的担心雨淋，就别点单嘛。"自此之后，猴哥就给站点说明了，几个大学那片的单子都别派给他了。

"但万万没想到，我这几个月最有趣的一个单，也是发生在大学里的。"他笑道。而后神情一转，眉宇间增添了一分得意。那是他刚跑熟这片区域接到的一个单子，在某理工类大学内，女生宿舍，送一束玫瑰。被派到单子时，他想着是哪个痴情男大学生在宿舍楼下摆了爱心蜡烛准备告白，等着送达后看一场好戏呢，但万万没想到，宿舍楼下并没有痴情男。而为了风驰电掣冲进各个小区而不被阻拦的猴哥，不乐意穿外卖制服，将保温箱塞在脚边踏板上。这样一来，就是一个抱着一束玫瑰，骑着小飞的，在女朋友寝室楼下等着接人的年轻帅气小伙。理工类大学里，本来男女比不协调、"僧多粥

少"，这等张扬风流的手段更是不常见。正巧赶上学生出入的高峰，路过的群众不明所以，渐渐竟聚起来一帮人围观。但是猴哥这边却是另一副光景，神秘订单者迟迟不现身，只能尴尬地等着。猴哥心想，"这个人是什么心态，偏偏要等吃瓜群众越来越多才出来。"而这一出来就不得了，吃瓜群众起哄起来，仿佛注定自己目睹了告白现场。订单人是个妹子，可能是因为害羞，她下楼后就站在楼梯口，一步都不肯往前走。这可愁坏了猴哥，他是过去呢，还是不过去呢？"过去吧，吃瓜群众可能都等着几句告白，为这桩浪漫事儿叫好呢。不过去吧，这是那妹子订的花，她不走过来，我可不能不送啊。没办法，想着派完这单还有活，不得不硬着头皮走上前去。那妹子倒是大方，把花一抱，笑盈盈地道了句谢谢。"这下可好，围观群众欢呼雀跃。猴哥内心直叫尴尬，灵机一动，也笑盈盈地回了一句"感谢您选择本公司配送，满意记得给个好评哈！"客户妹子和围观群众都笑了起来，危机化解，猴哥神气地风驰电掣而去。

未来？

"现在想想，送外卖真的改变了我很多。以前是学生的时候没觉得自己怎样，现在觉得学生真的是被社会惯出了一身坏脾气。这也能理解，但是你想想，如果学生还不学习，那真的是社会的垃圾。"猴哥的眼神突然变得严肃了起来。"不知道你所在的重点学校是不是好一点，反正我所在的普通一本，甚至有些专业是二本的学校，里面学生真的完全不学习。我一开始觉得不习惯，现在想想我明年还要回去，简直难以想象我的生活会是什么样的。"问到猴哥未来发展的规划，他最近正在想转学去日本念本科。"我读的 2＋2 项目，一年学费两万八，你能想象吗？四年的学费和去日本留学差不多，如果我不出去，我还要在这样一个地方待四年。"

但是留学之路也不是那么顺畅，日本政府之前推出的 G30 项目已经接近尾声，很多学校给出的接纳留学生的名额已经满了。而猴哥面对的最大压力，依然来自父母，"我爸妈就觉得去日本留学很不划算。本来我都已经和老师商量好了，只要考过了就可以去。结果 G30 项目快满了，学校难申请，并且现在办留学签证还需要十万元人民币的财产证明。我又哪里来十万块的存款呢？送了两个月外卖，也就是买了个新手机，然后摔碎了屏，修好它，仅此而已。"眉头紧皱，前途渺茫，猴哥与父母的矛盾，不知何时才能真正解决。祝好！

B.11
来自五湖四海的缘分
——城市快递小哥深访报告3

王慧怡*

　　初识C师傅是在他所在快递公司分快递点附近的肯德基门外，午后刚刚从公司分拣完下午的快件的C师傅存好快递三轮车后，邀请我走进了肯德基。他个头比较高，声音沙哑低沉，却给人一种自然而然的亲近感。

最大的困扰是没有快递驿站

　　从地铁站出来，步行五分钟就到达了C师傅之前发给我的"工作站"定位附近，同样的其他几家快递的三轮车也都在这一带停着，但因为没有任何快递点标识，我又联系上C师傅询问具体路线，然而一分钟后，我们坐在了肯德基餐厅里面——这个站点根本没有快递驿站。也许是处在北京中心商业区的特殊原因，我试着了解公司其他分站点的工作条件，但是答案是一样的，"我们公司全北京两百个快递分点都没有室内快递点，唯一的室内工作地点就是在东五环的公司的那片简易房里面"。

　　而缺乏这样一个可以暂时存储快递物品的工作地点所带来的困难，也是北京XX快递公司的所有快递员面临的最大工作困扰。因为没有室内的工作站，所有快件分拣工作都直接在路边进行，"我们把快件摊在路边分拣，是占了公共场所用地的，其实都是违法的，时不时就有城管来撵我们，然后这些快递被没收走，最后还要我们自己掏罚金拿回快递"。C师傅在聊天中不

---

　　* 王慧怡，对外经济贸易大学英语学院本科生。

止一次地谈到快递驿站的问题，每天两百多件的快递，其中无法避免会有易碎怕晒或各种需要妥善存放的物品，但是在分拣过程中，快递员也只能把他们全部摊在露天的路边，然后再尽快装到三轮车里。"冬天夏天，刮风下雨的，这些快件被毁了，都要自己给顾客赔钱"，可毕竟由于天气造成的快件损害问题不能完全算是快递员的问题，当我还疑惑他是否真的为此亲自赔钱时，C师傅苦笑"这不，上个月下雨，就有一包卫生纸被泡了，送到客户手里就直接给赔钱了"。

"缺了一个这个室内的分拣站点实在太不方便了，有时候我们也会花钱自己买那种大伞，就像帐篷那样的，但那个要花钱而且更麻烦了，城管管得严啊！"私搭乱盖是绝对不允许的，所以如果想要保障快递在分拣过程中完好无损，还需要公司想办法。"一间地下室就可以，起码快件不会被淋被泡。这也是我工作中最大的期望了，希望有关部门能解决快递驿站这个问题！"也许有了这样一个快递驿站，他们可以不惧城管的没收，可以不再为天气和其他意外买单；下一个寒风这样凛冽的冬天里，他们的手在分拣时也不会被冻出冻疮了。

最大的担心是客户投诉

C师傅依然处在"双十二"购物节带来的繁忙里，"每天六点不到起来干活，下班时间不固定，昨天是这一段时间最早回去的了，不过也九点多了"，对于这些在我眼里极其辛苦的事情，他仿佛没有丝毫抱怨。在他看来，工作中最担心的和最烦恼的，要属客户投诉，其他一切辛苦都是可以承担的。"就怕客户投诉啊，客户真的难搞，百分之七八十的客户都很不耐心"，他谈到这里声音顿了一下，仿佛对自己从经验得来的数据很有信心，"只要客户按了投诉选项，投诉程序就启动了，对于我们的两百块钱罚金就形成了，和客户解释好的话，或许能免去八十块钱"。他这一带的老客户基本上遇到问题会先联系，但大费口舌去解释的步骤是逃脱不了的，C师傅每天也要花费大量的时间精力来对付不耐烦的客户，"但也没有办法啊，因为

各种物流原因，客户最后只能找到你，和你絮叨几句，我们也只能说尽快给他们送过去，协调好时间"。

谈到期望，C师傅也不敢奢望广大客户可以对快递员有多大的谅解，但他希望技术方面可以提升平台机制，在罚金生成之前有一个快递员"辩护"的空间。谈到因为罚金带来的"委屈"，他从数不清的事例中挑了一个印象最深刻的和我讲起："有一回明明把快递送到客户家里了，半个月之后接到投诉说没有收到，和我一个劲儿地打电话，那时候正好还挺忙的，解释期间闹了一些不愉快，非要投诉我，那罚款就罚款了呗，也只好这样。结果呢，是这个客户的妈妈当天收货的，收完了随便一扔就不知道放哪了，这个客户本人从国外回来之后找不到了，就以为没有送货。"后来经了解，XX公司的投诉罚款制度，是采取了每天免除前万分之四部分的投诉罚款，也就是说按数量来看，每天公司会免罚所有快递件数的万分之四，然而超出这个份额的当天投诉都是会被罚钱的。"罚款免除也都是从总公司发配到分公司再到我们这些站点组成的小公司的，完全就是看运气，大清早一个投诉也许就不会被罚，但快到下班时来个投诉，肯定就被罚了。"

"大家怕的真的不是苦点累点，但现在干快递的为什么这么不稳定呢，跑的其实几乎全是被罚跑的，有的去别的公司继续干快递了，但大多数就回老家或者改行，""挣的也就六七千，罚款就罚走小一千，一千还算少的"。在这之前，我还一直以为快递员这个职业不过就是辛苦一些，但工资不低，在北京完全可以满足日常消费，没想到的是他们在工作中也有数不尽的烦恼，而且是遍及每个快递员的烦恼，只是罚款或多或少。

送快递的至爱至恨

采访当天是周日，C师傅可以稍微放松一些，由于不需要给处于休息日的企业和单位派件，这天他可以只派两班的货，比平时少一班，然而还是完全没有时间去娱乐。"每天回到公司就八九点了，看看腾讯视频上的新闻，刷快手抖音放松一下，也就半小时左右就睡了，第二天还要早起嘛。有时间的话也不会和朋友出去，就想多休息一下，和之前的朋友联系就最多聊个微信，没有时间。"忙到没时间进行娱乐活动，我猜想临时突发状况的请假后果也一定很严重，"公司有专门负责顶替请假的，但因为自己紧急的事情没办法到岗就会被罚钱了"，果然，为了保证出勤率，快递员们只能牺牲娱乐时间，抓紧恢复休整。说到这份工作对自己最大的吸引力，他也只是淡淡地说了句"干习惯了"，他还表示，虽然这一行对自身压力很大，但完全把自己负责配送的区域熟悉了之后送件还是很顺的。"行行出状元"，C 师傅认为自己在送快递方面还是有一些才能，"新来的快递员送件送到晚上两点，早上拉出去一车晚上回来半车，看起来是真费劲，这一行刚入行的都有老手带，具体路线怎么安排，不同批次的货怎么安排，但新手接受的快慢不一样，人和人不能比的，我当时熟悉这个也就用了三天左右"。显然留在快递行业有一大部分原因还是 C 师傅从中获得了成就感，从而保持了这份热情。

当被问到送件过程中特别温暖的事情时，C 师傅急忙点头和我分享："大爷大妈特别爱送东西啊，老头老太太都 80 多岁了，每次他们从菜市场回家我都能刚好碰到，见到他们就主动问好嘛，后来就硬塞给我桃子苹果什么的，我推着说不要也没用啊，和我说必须拿，奶奶不是白叫的，每次这时候就特别感动，人心换人心的感觉。"说到交换，其实 C 师傅也没少在送快递的过程中帮助别人，像帮助老人搬重物这种事情，他几乎每天都在做。"这些爷爷奶奶也是从五湖四海来的，见面就是缘分，我愿意多帮帮他们。"

但最烦恼的事情也同样出现在送件过程中，这来源于一些顾客的过分挑剔，他觉得是没办法的事情，"每天就要面对各种各样的人，心里不能太过于敏感"。虽然快递已经是现代生活无法剥离的一部分，但 C 师傅说，社会对于这做份职业的歧视还是可以感受得到的，马路上等红灯时后面私家车的催促，报复性地变道阻碍快递三轮车，还有出现交通事故后私下处理的不公平赔偿，都让快递员感到一阵阵心寒。"我现在特别头疼和一些官员打交道，有一次给他送快件到工作地点，人家单位有专门的快递柜，有科室名称

的那种，我问了保安前台确认要用这个，把件放进去之后联系了客户，但他接了电话就开始骂人，说没有收到货，骂我为什么没给他送到手里，说的话真的特别难听，我当时都不想和他说下去了。现在就是一看他的件我就要给他打电话，然后在楼底下等他来取。我还是那句人心换人心，一个人对你充满怀疑了，该怎样做，是吧。"

一线快递员每天会接触太多各种各样的人，然而人总是充满情绪，稍微敏感一些的人可能都无法接受这样多繁杂的情绪，像 C 师傅这样坚持了很久的老快递员们，选择用自己的方法最快地消化这些开心和不开心，然后平静地休息准备下一天的工作，这看似麻木，却又是一个让自己不那么辛苦的好方法。

部队是一所大学

出生在 S 省的 C 师傅，是在家乡念完高中之后参军来到北京的，"部队是一所大学，让我学会了很多"。我对他军队的经历十分感兴趣，联想军营生活是如何影响到他的生活、原则和价值观的。我首先猜到部队里规则的作息，对于现在身为快递员的他的作息规律养成，一定很有帮助，事实确实如此。"军队的生活很讲规则的，今天干什么明天干什么，都会提前安排好。做计划真的特别重要，能用到送快递里，现在都讲究效率，真的有用，不然我怎么做到三天就熟悉我这一片的，哈哈哈。"这一点对于参加过军训的我们来说还是有所体会的，然而当时的我们应该只是把这段经历当作一次体验，对于日后生活的影响，不是人人都放在心里的。"就讲个最简单的规矩，这有个快件，顾客催了又催，可是你在路上也不能闯红灯，和别的车乱抢，规矩是要遵守的，那是谁告诉你规矩是万万不能随便打破的？部队啊。"其实快递员每天面对大量快件，内心要十分坚定地遵守职业操守，"部队是个讲原则讲诚信的地方，该做什么不该做什么都明明白白"，这种想法可能一般人难以接受，但实际上是给了他十足的安全感，"现在处理一些事情的话，就没有那么犹豫"。能在军旅生涯中收获到这些，我相信他是幸运的，有了信条和底线，做起事情来也不会很迷茫了。

我们接着谈到这段经历对于性格的影响，"不瞒你，别看我长得挺高挺壮，入伍之前我挺不爱和人说话的，不是不想，就是内向，不敢说。但我当的是通讯兵啊，这就锻炼了我沟通联络的能力，而且你在部队这个大家庭里，就逼着你去放开自己，和其他人交流。"其实快递也一样，每天面对一两百个顾客，只有外向起来才能从内心接受这份工作。关于情感，他说道："直到现在，我越来越珍惜我的战友情，真的很难得。"战友情在任何年代任何国家被称颂为人间至情，因为上升到生死，战士共患难因而成为兄弟。我问他这份感情是怎样在原有认知上塑造了自己对人间情感的认识，"来到部队，接触了更多的人，大家来自五湖四海，是在家乡待着的人永远接触不到的"。C师傅与我在"人要变得多元"的观点上达到共识，他回想自己从家乡来到北京期间心态的转变，"我要是一直待在小县城，是不会认识这么多人的，看人会狭隘许多"。他还类比了军队和我们的大学，认为和来自不同地方，有着不同生活习惯、不同思想方式的人接触，要学着去理解差异，消除偏见，然后变得豁达和博爱，这是这两个地方都可以教给我们的。

我之前从没想过将军人和快递员联系在一起，但他一直强调的"五湖四海""缘分"，让我大胆猜测，也许军营里教会他的珍惜缘分，正是现在的他热情待人的原因，送快递也一样，对待每天接触到的两百个客户，他可以热情饱满地去服务。对于我的猜测，他憨厚地笑了笑，"干这一行就好好干"。

新的一年希望家庭幸福

谈到未来规划，他坦言自己会离开北京，因为物价贵、房价贵，自己不可能在这里扎根。而另一个原因，则是他在山西老家已经成家，有了一双儿女。"看一下我孩子"，刚说到家庭，C师傅便马上拿出手机翻出相片，给我看他孩子的照片，照片是近期拍的艺术照，女孩摆出舞蹈的姿势，男孩拿

着葫芦丝，后来聊到孩子的爱好时才知道，这都是他们正在培养的艺术兴趣。两个孩子分别是九岁和十岁，在县城上小学，"平时老师都会在班级微信群里发一些学校的事情，这样可以了解到孩子都在学什么"，对于孩子的学习，C师傅要求的并不多，"孩子自己挺懂事的，老师有时会发微信给我表扬他们，我就希望他们能懂事，身体健康地长大，学习顺其自然就好"。已经把孩子送到县城读书的他很满意这个学校的教育质量，"孩子学校的老师很负责，孩子在家乡念书也开心，没必要一定送到大城市来接受教育"，其实C师傅的担忧是显而易见的，现在北京长大的小孩子家里条件都很好，孩子的眼界也在一定程度上高于二三线城市的同龄人，如果冷不丁让自己的孩子接触这样的落差，对于他们的心态会有不小的打击。说到孩子未来发展，他希望他们可以根据自己的兴趣选择，包括现在的兴趣班也是让孩子自己选择的，"有多方面的选择，起码路不会太窄"。问及孩子对于自己工作的态度，C师傅表示孩子一般不会和自己聊工作，晚上儿子女儿主动视频聊天，内容也都是关于他们的事情。他表示会有对于职业认同的疑虑，不希望孩子认为自己太过辛苦，"还是让家人都开心一下吧"。

C师傅家里已经有房有车，计划一两年之后回家乡发展，可以帮助妻子照顾家里，也可以照看孩子。"我就想对我老婆说，为这个家你辛苦了！"两年部队，三年快递，都是他自己在北京打拼，对于自己在家里的缺席，他表示最亏欠的就是妻子，一个人在家太不容易，不想让她受累受委屈，不然自己就太不尽职了。我眼前这个高大健硕的中年人，谈到家人时突然的柔情，让我感到惊讶的同时，又实在觉得可爱。

这一切对于家庭的责任源于早先时家庭给他职业生涯的支持。C师傅退伍之后，由地方民政局安排一个月专业特保训练，约定训练后到北京从事特保，然而事后发现被骗，再次来到北京后没有事情可以做，出现了空档。空档期间，是当时作为女朋友的妻子给予他精神支持和一定金钱资助，他找了一份装修公司的工作，慢慢在北京开始打拼，"最难的时期她陪我过来的，当然要对她好"。退伍之后被"骗"，这种被迫回到北京的经历想必也奠定了C师傅最终要离开的思想基础。

结 语

从添加微信开始，C师傅并没有直接接受我见面的请求，而是提出对于采访的疑问，在见到介绍信之后才答应接受采访的。显然多年的城市生活已经带给他谨慎的做事态度，我们的见面是中午，他因为非常不好意思让我花钱请午饭而和我寒暄起来，关切地询问我来时的路程，所以采访一开始的那些紧张和隔阂几乎都是由他来打破的，接下来的聊天变得轻松和有效。

C师傅希望政策可以扶持快递行业，送每个件可以多一些报酬，公司可以帮忙报销电话费，投诉平台可以有快递员辩护的空间，当然最主要的是投递点的分拣场地的问题。他对于这份职业很有成就感，因为整个社会现在已经完全离不开快递，离不开这一群快递从业人员了，但他又似乎并不看好这一行业的发展，因为他说这里趋于饱和，小公司很多，行业市场过于浮躁。他对于未来发展很矛盾，明确的是自己要回到家乡发展，迷茫的是没有想好要做哪份职业，繁忙的工作，使他没有时间和精力去维持一些过去的人际关系，这也在一定程度上压缩了他现阶段更多提升完善自己的空间，这应该是整个快递业大部分快递小哥的当前现状。

C师傅对于社会歧视问题并没有那么在意，他认为偏见一直存在，就是或多或少的问题，自己不在意就好了。他更加关注家庭的幸福美满，希望在北京多赚一些钱，回家和家人团聚。他不对人性做太多的期待，只要求自己做到"人心换人心"，但又十分珍惜五湖四海的情义，热情照顾每一个有缘人。他反感持续扩大的贫富差距，反感从古至今都没能解决的腐败问题，但对于自己已经过上的小康生活心存感激，十分知足，"你看，我们现在想吃肯德基不就来了"。

B.12
不做伤感的旅人
——城市快递小哥深访报告4

牛梓萱*

人生值得一个惬意的午后

北京的冬天，不是用怒吼的冷风击溃你，便是用沉重的寒意穿透你。已经是下午两点钟，坐落在朝阳区的一家美食城外还是能看到外卖小哥们或是等待或是取餐后匆匆离去的身影。我没有贸然上去打扰，寻思着再等一等应该会有第一批下班的外卖小哥来吃午饭。四处逛时，瞥见就在美食城门口整整齐齐停了四辆装有外卖箱子的电动车，本以为是去取餐的外卖小哥，可许久都不见出来，我被好奇心驱使着走进店里。在饭店的较深处，便看到这样一番景象：四个外卖小哥围坐在一张方形桌旁，头盔放在手边的凳子上，桌子正中间两锅焖面冒着欢腾的热气，周围摆着几个小菜还有几瓶酒，有啤酒也有白酒，小哥们热情快意地举杯共饮，用绝对的投入和享受表达着对食物最高的敬意，尽管身上的工作服还未除去。

小陈（化名）是四个人中首先回应我的，这有一种"代表"的意味。外向主动且善于表达的人总是更容易给人留下深刻的印象，也的确更容易成为群体中的"领袖"，我的注意力不由得转到他身上来。他与人攀谈的兴致很高，并且健谈；对我的来意没有过多深究，看得出来是个广交朋友的爽快人。两颊不知道是因为饮酒还是因为饭菜的热气有些微红，配上一双目光坦率的眼睛和河南口音，给人一种憨憨的汉子形象。

---

* 牛梓萱，对外经济贸易大学国际商学院本科生。

　　小陈来北京有近六年了，一直从事外卖相关业务，从一个特定视角见证了外卖业的发展演变。他最初是为一家知名餐厅送外卖，那个时候外卖业务是商家对于顾客需求的自发反应，顾客是不需要支付配送费的，但相应的起送费用往往较高。商家打的是品质牌，配送员送一单的提成很高，但绝对要保证配送准时和菜品质量，配送范围就是餐厅周围。后来，随着互联网的发展和移动互联网的普及，O2O模式迅速兴起，外卖平台开始涌现，小陈供职的餐厅当时依然打的是质量牌，倾向于走高端路线。再后来就是我们熟悉的强势资本的涌入和角逐，最终形成了"饿了么""美团""百度外卖"三分天下的局面。小陈作为一个配送员被时代的浪潮裹挟进入了其中一家外卖公司的众包平台工作。

　　自从该公司将配送部门解散，配送服务划片外包给小的承包公司，配送业务演变为以下三种形态：专送（即配有全职员工的外包公司）、众包和商家自配送，小陈和桌上其他三位朋友就是在同一个站点的外包公司工作时认识的。对于小公司的管理，小陈十分不满。每个站点设有一名站长，站长负责订单的分发和超时订单的调剂，在远单近单的分配上时常有不公允的现象，超时单的包袱也往往丢给关系较为疏远的人。这种不公平感在我们对专送骑手的采访中确实广泛存在。随着众包平台上商家的数量越来越多，小陈和几个朋友就商量着辞职，搭伙干众包。

　　众包本来是为兼职者搭建的平台，但像小陈他们这样把兼职当成全职干的也有不少。关于众包的优点，在小陈看来主要是自由和公平。专送平台为了保证配送的稳定性，在单量较少时也要有人值班，有的站点则直接规定硬性的工作时间。再一个特点是专送平台不能自己选择订单，之前谈到的远单近单价格一样除了容易让骑手心里不平衡之外，也妨碍了他们合理规划路线，相对比较低效。众包想干的时候打开手机便能抢单，根据路线选择顺路的单子可以极大提升效率和满意度。如果单子少或状态不好或遇到恶劣的天气，提早休息或者少干一会儿也没有任何限制。众包的薪酬制度也与专送不同，每单的单价是按配送距离计算的，骑手根据自身情况调整远单和近单，也不会因为跑远单感到不满。

　　但凡事都有两面，众包不提供装备，外卖箱和配送工具要自己配备。如

果把兼职干成全职，房子就需要自己找。更重要的是众包没有完善的保障制度，平台没有为兼职人员购买保险，事故赔偿的相关制度也不够完善。社保体系没有建立起来，管理上还是比较混乱。

桌上四个小哥都是外卖老手，在小陈所在外卖公司配送部还在的时候就干这行了，因此对于周边路线十分熟悉。他们表示，自己可以结合订单配送地址的分布，迅速判断出最快捷的路线，因此与干专送相比，收入其实更高，这也是他们选择众包平台的主要原因。对他们来说干众包最大的问题就是不够自律，遇到刮风下雨的天气就会心生懈怠。小陈说这句话时，声音明显弱了很多。桌上的四个人都来自临近省份的农村，农村人结婚早，虽然他们刚刚三十出头但孩子都有四五岁了。妻子在家料理土地、照顾孩子和老人，还会趁着空余时间做些零工，家里主要的经济来源就是这些在外打拼的男人。其实对于他们来说，只要收入高，多吃点苦、被不公平对待、受点委屈都没什么，生活的担子早就磨平了少年时的脾气。保障制度这事说大也大、说小也小，人们本来就习惯于对遥远且不可控的事情掉以轻心。所以他们凭着自己经验和判断，为了更高的收入选择干众包后最大的担心，其实是怕因为自己不够勤奋而无法为家人交上一份满意的工资单。

谈到自己之前的工作经历时，在座的四个人都显得兴致很高。小陈自豪地说："我们之前都是办工厂的，当老板，在村里算混得不错的。"说罢又指着坐在斜对过的小哥道："他们家更厉害，家里有矿。但后来不是国家环境治理嘛，所以都关了。"说毕四人都笑起来，小陈给大家斟满酒，哥几个酒杯碰得震天响。小陈还说道，因为之前家庭条件好，难免留下了花钱有些大手大脚的习惯，像今天这样的聚餐有很多，四个人轮流带瓶好酒，过了中午的高峰期之后便吃顿好一点的犒赏一下自己。

我知道他们的"放纵"是有限度的。这或许是从他们未来得及脱的工作服看出来的，也许一顿美餐之后，他们又要马不停蹄地继续去工作；或许是从他们合租的支出看出来的，人均800元在这样的地段肯定只能租到地下室；或许是从小陈刚刚弱下去的语气看出来的，他们也许有过那么一次懈怠，但我猜不久后愧疚感就催逼着他们踏上征程了吧。我有些敬佩小陈他们，他们有果断行动的勇气和骨子里的乐观和豁达；今天的这顿丰盛的午餐更是给了我们观察外卖小哥的一个全新视角：人生不仅有栉风沐雨、砥砺前行，人生还值得一个短暂但惬意的午后。

高尚有些遥远，善意咫尺之间

谈到差评与投诉时，小陈讲了这样一个故事。正值中午高峰期，外卖箱里放满了订单，那是第一个单子，是提前送达。本来一切顺利，点餐的姑娘也及时来取，但是小陈从外卖箱里一提溜，发现餐盒破了，汤洒到了袋子里。小陈心里暗叫不好，马上主动提出退款。但是姑娘表示不要退款，就想赶快吃饭，要求小陈再点一份并立刻配送过来，否则就要投诉他。"时间就是金钱"对于外卖小哥来说绝对是真理，且不说跑这一趟会让一天的收入大幅缩水，关键是外卖箱里剩下的外卖会全部超时。没办法，小陈只好下单后麻烦还在商家区域的另一位小哥，也就是现在坐在他对面的小哥，把餐送过来，这样还可以节省一半的时间。但是即使小陈把车骑得飞快，还是有3单超时了，还不算路上耽误的功夫。小陈剩下的时间一直提心吊胆，担心会有顾客投诉，一个投诉要罚款几百元，相当于两三天白干。

"我觉得退款了你再买一份不就行了吗，人家还非得让你在那儿陪着，干我们这行的耗不起呀。"小陈酒意泛上脸颊，眼神有些迷茫。我一时之间不知道说些什么。对面的小哥接话道："你说为啥，你等半天吃不上饭试试。"小陈叹了口气，说："唉，也是，点外卖就是这点不好。人家也不容易，有的中午吃饭时间是有限的，我们送晚了，可不是得饿着肚子，有的单子超时得厉害的，还得吃凉饭，唉。"那位小哥叹口气又说："我们也是没办法，说白了，我们就是靠这个时间段吃饭的，不可能跑一趟只为了一个单子，如果那样，跑的单量得少一半，工资就没法看了。"

桌上一片沉默，我便转移了话题，问小陈有没有发生什么暖心的事。小陈的眼睛一下子亮了起来："有啊，有很多！就前几天不是天气特别冷吗，我去一个小区送餐，开门的是个老太太，接过餐让我等一下，我以为是让我

顺路捎垃圾下去，结果人家塞给我一袋热牛奶。我挺不好意思，就说不用。人家特别热情，说天儿这么冷我们辛苦，拿着牛奶可以暖暖手，我这心里特别热乎。类似的事情还有很多，有给我们准备热水的、热茶的，反正世上还是好人多。""那肯定是。"其余三个小哥也附和道。说罢，哥儿个又碰了一个，小陈看起来是真的有些醉了。

跟我们谈工作的感受时，小陈这样描述：工作的时候已经没有感受了。太忙了，送完这一单，马上就是下一单，感觉不到什么情绪。冬天的风刮脸，甚至连知觉都没有了。在这样的匆匆中，很多东西都被忽略了，能清晰回忆起来的，不管是温暖还是委屈，都足够深刻。他们不是崇高的人，超时的风险没有自己的生计重要；他们有着朴素的善意，懂得换位思考——虽然无可奈何，面对别人的善意会惊喜和动容。这份朴素的善意也是我们每个人可以回馈的，哪怕只是出于在别人回忆里留下一个温暖剪影的私心。

我不甘愿做一个旅人

提到自己的家庭，小陈的笑意俨然已经掩藏不住，嘴角在咧开和闭上之间找到了奇妙的平衡，脸上的红晕却让他的掩饰一秒破功，流淌出无限的思念和温柔来。不知道是不是我的错觉，总觉得他此时脸上的红晕与刚刚的有一些不同。小陈有两个女儿，大女儿快 6 岁了，他主动给我们看了女儿们的照片，就是他手机的屏保。那应该是一家人出去玩时拍的，大女儿拿着一个风车跑在前面，小女儿看起来很吃力地跟在姐姐后面，还有些蹒跚的样子。两个孩子的脸上洋溢着笑容，一如她们此时正望着屏幕的父亲。

小陈目前一个月回一次家。临行头一天，他会在忙完中午的工作后，空出下午的时间为女儿们挑选礼物，虽然就是些零食和小玩意儿，但每一件都是他精心选的，他希望对女儿的成长参与较少的自己在每一次与女儿的相处中都给她留下最美好的回忆，女儿们围绕着他带回去的包裹欢呼雀跃时，是他感到最幸福的时刻。爸爸回家的日子是女儿们的节日，也是小陈的节日，小陈觉得自己每次回家的那份心情就跟学生放假时的心情差不多。不同的是，因为小陈的假期只有一天，以至于他在踏上来北京的征途时还带着对家人的眷恋和幸福的余温。

小陈他们每次回家都是乘坐长途汽车，以前我总是奇怪汽车票价比火车贵那么多，速度也差不多，为什么外来务工的人却常常选择乘汽车回去。跟小陈谈过后我比较理解了：火车票不好买，要提前预订，外卖小哥忙一天下来累得不行，时刻记挂着日子买票是个负担。再就是火车有固定的班次，取票、进站也比较麻烦。小哥们珍惜这难得的假日，心早就飞回家了，哪里有闲情逸致配合火车的时间。工作结束，拎起提早收拾好的包裹奔赴汽车站，大巴车数量多，需要等待的情况很少，安检也没那么烦琐。买票上车后抱着背包睡一觉，醒来就能看到在车站等候的家人了。过年的时候，所有的火车票、高铁票、机票都已经售罄，也不必费心用抢票软件跟看不见的"敌人"争那一两张珍贵的退票。虽然包裹多些，毕竟被褥要拿回家洗洗晒晒，但是男人力气大，去得晚了行李舱满了便拎上车去，发现车里也是一番拥挤热闹的模样。不过没关系，一觉醒来便又可以见到家人的笑脸了。

小陈和他的朋友们都不打算长留北京，与现在相比他们不约而同地更怀念以前的生活：有一份收入不错的事业，有家人陪伴在身边，有熟识的乡亲和朋友，有熟悉的道路和环境。我不知道他们是否在曾经的某个时刻向往过都市，但他们现在归乡的渴望无比热切，只是苦于家乡没有赚钱的机会。这些离开家乡的人与其说是怀着梦想出来闯荡，不如说是带着家人的期许负重前行，他们像是一群候鸟，离开家乡不是为追赶天堂，只是为了抵御寒冬。如果说，有家人在的地方即家乡，那么小陈可能半生都要做一个旅人，辗转过几个城市，只是为了还乡。

不必伤感，即使幸福的模样难以摹状

在这座城市里有为还房贷奋斗的年轻人，有还在为首付款奔波的年轻人，有还在租房的月光族，有为就业担忧的人，有为前途担忧的人，有为爱情担忧的人，有为婚姻担忧的人；我不知道他们幸不幸福。在访谈接近尾声

的时候，我又问了那个老套的问题："你觉得自己幸福吗？"

小陈表示，可能说不上幸福，只能说日子还过得去。其实我对他的回答有一些诧异，在我看来，他拥有一个温馨的家庭，两个可爱的女儿，一份收入在农村的消费水平下还算不错的工作，一群互帮互助、可以聚在一起喝酒聊天的朋友，这已经是幸福了。我又把视线投向在座的其他三个人，他们用眼神和沉默示意我他们的答案与小陈的一样。我没想到幸福竟然是这样一种奢侈的东西，在我接触的外卖小哥中，表达出"我很幸福"对于他们来说竟是一件有些艰难的事。

我切换了话题，想让他们谈谈对外卖行业未来发展的看法以及对自己未来的规划。一时间餐桌上的气氛竟有些压抑。他们表示：随着市场的扩充，商家入驻的门槛越来越低，同时骑手也越来越多，外卖业务的红利期逐渐消失，这几年每单的单价一直在逐年降低。也许再过几年，外卖小哥月入上万的故事会成为神话。小陈他们在这个行业沉浮了多年，具有一种敏锐的直觉，对外卖业的发展或者说配送员的收入表现出担忧。他们四个人表示送外卖只能是个过渡，未来还是要转行。只是谈到未来时，他们还是有些茫然："像我们这样的，没有学历、没有技术，说实话没有什么单位愿意要我们，不做外卖了也就是做些体力活，或者是回家做个小买卖。"或是告老还乡，或是继续漂泊。

我似乎有些理解他们对于幸福的感觉了，这是一个过于宏大的词，所以它就像未来一样遥远缥缈、不可摹状。什么样的人会说自己幸福，也许校园里的青年会说，因为他们的未来还有无限可能；也许有才学有能力的人会说，因为他们虽然现在一无所有，但至少未来可期；也许事业有成的人会说，他们的人生已经拥有清晰的轮廓，同时掌握着更多的选择。小陈不属于以上的三类人，人们常常认为幸福就是拥有一间房子，小陈缺少的应该就是类似的关于未来的安全感。

可是当我换个问题，问他们是否感到不幸时，答案又大反转：在座的小哥都纷纷摇头。小陈笑着说："不幸不至于，日子马马虎虎还过得去，比咱不幸的人多了去了。"参照不同了，结果自然也不一样。我看到小哥们的嘴角都在此刻上扬了起来，是那种想起了什么可乐的事情的表情。

对问题的不同阐述会引发不同角度的思考，当我询问大家是否感到不幸时，他们用力去想自己拥有过什么，往日的幸福在此时会如同放电影般闪现在他们的脑海中，值得庆幸的是，所有的小哥都不认为自己是不幸的。关于幸福的问题，也许下一次我应该换个问法，比如说："什么时刻让你感到幸福？"其实小陈已经告诉我们答案。比如在他向我们展示女儿们的照片时，比如他在回忆准备回家的礼物和挤长途大巴时，比如刚刚每一次与朋友碰杯时，因为那个时候他展露出来的笑容已经足够真挚和美好。生活从总体上看也许不够幸福，然而每当我们勾勒生活时往往是从畅想未来开始，而不是回忆往事或者摹写现在，而幸福往往存在于往日的片刻之中或是藏在生活的细节里。

小陈拥有的还有很多，他还有敏锐和豁达，我很喜欢他说的最后一句话：没事，我们哥几个还是挺能闯的。说罢，他们碰了最后一次杯。我起身走时，又回望了一眼，发现他们还是我刚进来时看到的那番样子，大声地谈笑，每个人身上似乎都燃烧着火焰，一下子就把人吸引住了，他们本来就是伤感的绝缘体。就像蚂蚁会群居、蜗牛有硬壳、变色龙变换颜色一样，旅人们也会找到适合自己的路，我想那应该是一条迷雾重重，但每拨开一层都能看到绿洲的路。一直在流浪，不如说一直在路上。走走停停，也许就是他们的小幸福。

B.13

水泥花园中的小蜜蜂

——城市快递小哥深访报告5

李若贤*

北京市外卖员工小张，从事外卖工作2年。

工作日早上九点半，北京城的大部分人已经坐在工作岗位上，开始了一天忙碌的工作学习。小张却慢条斯理，家里只有她一个人，但厨房里厨具的碰撞声让整个家显得并不那么沉闷。把早上给老公做好的清粥小菜，再回锅热上一遍，她坐在饭桌前开始吃早饭了。然而这是小张唯一的轻松时间。10点钟，她裹上三件厚外套，围上稍微发白的红围巾，戴上有点起皮的手套，包裹得严严实实，准备上班了。

今年是小张来到北京的第6年，两年前的2016年，她正式加入某外卖公司，身披外卖制服，开始活跃在北京城的宽街窄巷。到2018年底，"我觉得自己现在已经是个很熟悉业务的外卖配送员了。"小张想了想这两年来的风吹日晒，心中满是滋味。

北京生活初探

小张成长在大山深处的小村庄，她是家里的第一个孩子，有一个弟弟和两个妹妹，最小的妹妹还在上小学。1994年出生的小张是家里最大的姐姐，也是现在离家最远的人。小张的家庭并不富裕，上完小学后，她就放下了课本，"当时家里压力也大，自己没心思在学习上，不想学习了。"小张对自

---

* 李若贤，对外经济贸易大学英语学院本科生。

己没念过书这件事还是有些遗憾，她也想过如果还有机会重来一次，多上几年学，现在会不会和之前不同。

日子就这么一天天过去，转眼她就变成了 18 岁的大姑娘。父母托人帮她寻了婆家，听说男方是个在北京打工的小伙子，出去有一段时间了，年龄长她几岁，过两天会回到老家和她见一面。小张对这个传说中的北漂小伙充满了好奇，之前，"北京"这两个字对她来说只是个电视里出现的遥远城市，而现在，这个神秘而陌生的地方却与她有了千丝万缕的联系。2012 年下半年，她和小伙子结婚了。她离开了熟悉的家，离开了万事都能包容她的父母，离开了总是打打闹闹向她撒娇的弟妹，与公公婆婆一起，坐上向北开的绿皮火车，24 小时后，她就能到达那个大城市，见到自己的新郎。

新生活就这样开始了，小张在一家餐厅找了份工作，公公婆婆也在北京找好了活计，他们四个人在一个小区里租了两间房，公公婆婆一间，他们小两口一间。虽然没有独立卫生间，但小张对于这个十几平方米的落脚地相当满意。她现在正脚踩这片土地，生活在原来只是在歌词里听过的"花香飘满情谊"的城市里。严格意义上说，这是小张第一份工作，挣的钱虽然不多，但和老公在一起，大体上也足够一家人生活。

这里的一切都是新的，时间也在小张的忐忑和兴奋中过得飞快。日子过了一个半年头后，小张和老公迎来了他们家庭的新成员，这个新降生的小女孩成了家里的焦点，小张放下了工作，开始将生活的重心转移到孩子身上。此后的三年时间，小张真正地从一个女孩变成一个母亲。虽然从前在家也照顾弟妹，但这个血浓于水的小生命对她来说真的有特别的意义。与此同时，家庭的重担又落在了老公一个人的身上，但让小张感到欣慰的是，老公对自己十分体贴，在生活方面更是不会给她压力。

孩子永远是父母的心头肉，关于孩子，父母总会有无尽的烦恼。日子一天天过去，转眼就到了孩子上幼儿园的时候，这让小张一家都发起了愁。小张不想和孩子分开，但北京幼儿园一个月的学费快要赶上老家幼儿园一年的学费了，这对小张一家来说真的是一笔巨大的花销。2016 年，忍着不舍，

小张将婆婆和女儿送上了回老家的火车。"她可能也知道这次要和妈妈分开，走的那天哭得特别厉害"，小张擦擦眼角，不好意思地笑笑。

外卖的艰难起步

把孩子送走后，小张立马开始找工作，在家里休息了很长时间，小张有些发愁自己能做什么，但很确定的是，她不想回去干餐饮，她不喜欢被领班管着的感觉，这样让她觉得压力太大，被人管着的日子总是太难熬，她需要时时刻刻保持精神集中。

正在街头徘徊的时候，有一个外卖小哥吸引了她的注意力。还是初夏时节，那人却像在三伏天里，满头大汗，气也喘不匀，他手里提着四五个塑料袋，里面是各式各样的餐盒，向她跑过来问她小区的 15 号楼在哪里，脸上的汗也顾不上擦，又说自己还有别的单要送，真的非常着急。小张不是个胆子大的姑娘，但她总会在关键时刻抓住机会。她直接将这单送餐任务揽到了自己手里，对小哥说："我帮你送这单，你帮我找工作！"

就这样阴差阳错的，下午小哥就带她来到公司面试了。

"当时也没办法挑活儿，能用我的地方我都愿意尝试。"小张当时想，早一天找到工作就可以早一天拿到工钱，对外卖这个行业，她也和其他人一样，没什么深刻的认识。所以面试时，领导问她，路线熟不熟悉的时候，她想也没想就应了下来。小张回忆，"开始的时候，会有一个月的试用期，分中午和晚上两个时段，一个时间段也就两三单。"外卖行业没有基本工资，第一个月里，送多少单挣多少钱的模式让小张感到有些吃力。由于对一切都不熟悉，小张在小区里迷路的情况很多，手里有餐却送不出去，她不知道自己抹了多少回眼泪。

早在 1993 年，世界上就出现了第一版电子世界地图。中国的电子地图事业起步稍晚，但在短短的发展过程中，其成绩也令人拍手叫好。中国电子导航地图市场规模不断扩大，方便着每一个人的工作与生活。高德、凯立德、百度地图慢慢出现在每个人的手机里，以往找不到路干着急的情形也成为历史。小张是电子地图的最大受益者之一，"现在导航都能导到家门口"，这使她渐渐熟悉了送餐的工作。也开始在有余力的情况下，主动接单。

外卖工作缩影

为了外卖这份工作，小张花了一千来块钱买了一辆二手的电动车，不像有的骑手，骑着拉风的大摩托，她的电动车小小的，很轻便。每天风里来雨里去，黄色的外壳上蒙了一层灰尘，但是整体性能不错，不算太快但也不太慢。可能在一般人眼里算不上什么，但这辆小车是她最亲密的工作伙伴。"风里雨里我都得靠它"，小张眼里闪着光。

外卖配送员有全职和兼职两种性质的员工，年龄、工作时间都各有不同。外卖员的工作本身十分自由，各个外卖员也会根据自身的工作性质，选择不同的送餐交通工具。大部分专职骑手会像小张一样，买一辆属于自己的交通工具，有的是电动车，有的是摩托车。外卖员们虽会选择不同的交通工具，但他们的目的是一样的——迅速将手中的餐品送到顾客手中。而这也引发了一系列的安全问题。

近几年来，外卖员的交通事故发生概率逐年上升，一条条令人闻之心痛的消息时刻牵动人心。为此，北京针对以上现象也制定了严格的交通管制规则，要求骑手给车上牌照（否则车就会因违规被直接收走），加强交通规则的教育宣传等。然而在小张看来，外卖骑手的安全问题还是没有得到有效保障。公司给骑手们提供了人身意外险，但对更根本的交通工具的安全保障，公司却还是留给了骑手自己解决。

"说到底身体是自己的，你出了事故，最终负责的还是自己。"小张在骑车方面一直很谨慎，自己在骑车送餐时，无论多赶时间，她都会把自己的安全放在第一位。因为她看到过身边太多严重的事故发生，有一次一个同事太过着急，直接撞上了行人。两人都躺在地上起不来，救护车、警车团团转的场景一直在小张脑子里挥之不去。然而就算小心再小心，"小事故是不会断的，一个星期没有一点交通事故的话对于骑手们来说就算很幸运了。"

生活总是不会一直让人顺心如意，没点波折，仿佛就不是生活。

虽然没有出过大事故，但小张还是在交通工具上栽了跟头。

事情发生在一个秋天的中午，那天和往常没什么不同，小张急急忙忙地往小区的楼上冲，那天的电梯出奇地堵，每一层都有人上上下下。她在上班的时候总是很着急，"最难受的就是看着时间一点一点变少，餐还没送到顾客手里。"原本在老家那种慢节奏生活的悠闲现在已经荡然无存了，一切都在往前赶，小张真恨不得自己会分身术。也因此，为了赶时间，她从不注意锁车。等送完餐从电梯里挤出来，看到原来停车的地方空荡荡的什么也没有的时候，小张的脑子"轰"的一声。

车里还放着 5 单没送出的餐，这是她最着急的事。她的呼吸一下就变得特别急促，好像马上就要喘不上气了，想哭也哭不出来。等反应过来自己是丢了车应该报警的时候，她已经坐在原地掏出手机，等那 5 单之一的顾客接电话了。一单电话一单电话地打过去，慢慢加顾客的微信，把餐费补给顾客。这样下来，加上丢掉的电动车，小张大半个月的辛苦就打了水漂。

而现实不会跟着人的计划走，也不是所有的错误都会被原谅。小张强咽下嗓子眼里涌出的腥味，再一次向顾客说了"对不起"。电话里的顾客还是不能理解为什么自己花了那么长时间等餐，最后等来的却是外卖骑手的一个道歉电话和"我把餐费补给您"一句轻描淡写的话。"这意味着你今天白等了，今天中午你吃不上饭了，换了我我也接受不了。"然而小张的换位思考并不能换来顾客的理解，在顾客的要求下，她重新回到店里买饭，饭送到顾客手上的时候，已经到了下午 2 点。顾客拿到餐之后说的话小张已经记不起不清了。然而她永远也忘不了那天气也喘不上来的自己和衣服贴在后背传来的凉意。

小张的小二手车，最后也没能找到。她去派出所报了案，警察留了她的手机号码，从此没了消息。当然小张对于找到那辆小车没抱什么希望。丢车的第二天她就又买了一辆新的二手车，配好了电池，二手车的价格是新车的一半，对于小张来说，这样的二手车和新车没有区别，但成本低得多。就这样，小张又穿梭在北京城的大街小巷中了。

评价体系背后的故事

这次丢车让小张获得了不少差评和投诉，这是让她头疼的另一个问题了。本身骑手配送要接受顾客的评价，而从顾客的角度来看，他们并不会考虑配送员自身的原因。另外，骑手一般不会知道顾客对自己的评价结果，因此小张每天都战战兢兢。

小张在送外卖的时候总会感到压力很大，接单之后，她整个人的状态都变了，时间滴答滴答地走，每一分每一秒都走在她的心尖上。有的时候餐送晚了，顾客首先会给差评，严重的时候餐就不要了，这份饭就只能留给骑手自己解决。骑手有时会遇到客户死活都要投诉的情况，或是骑手刚刚接单10分钟，顾客就打电话来说超时10分钟了，威胁着退餐。小张首先会选择打电话与客户沟通，但是沟通并不能解决所有问题。

与投诉和差评机制相对的，好评机制对于骑手并没有任何直接的好处。小张表示，就算是骑手们追求好评，也多是因为公司要求骑手完成特定的好评指标。这些好评主要是对公司本身的声誉起到积极的影响作用，进而使公司整体上的单量变多，最后影响到骑手。骑手会因此送更多单，进而提高收入。外卖平台和骑手们之间根本不存在"博弈"这种说法，有的只是"公司要求，那我们就要完成"的无奈。干好本职工作，小张义不容辞。但同时她希望公司能够提供给员工更加全面的福利。在公司待遇方面，小张希望实现冲单有奖励，恶劣天气有补助。比如冬天早上天气太冷，公司提供暖宝宝或早餐等。

以消费者为中心，为消费者提供有价值的产品与服务是每个行业所奉行的基本原则之一。但服务提供者也是人，他们也有感情，也有自己的不容易，也需要更多的理解。骑手们的不易体现在他们生活工作的方方面面。

首先，他们的辛苦最直观地表现在他们的工作时间上。小张基本上每天中午十点半开始送餐，十一点到一点是中午最忙的时候，到三点才会有时间吃午饭。到了晚上，从五点开始小张就又开始脚不沾地地全城跑。晚上九点到九点半，她会停止接单，准备回家。不忙的时候小张的订单量基本上在

30～40 单，碰上恶劣天气或是特殊情况，当天的单量就会达到 40～50 单。一般情况下，她一趟会跑 7、8 单，这 7、8 单要在 40 分钟内送到各个地方，最远的两地相隔超过四公里，这中间包括送餐、给顾客打电话、等顾客取餐等各种时间。一个星期之中，小张很少休息，虽然骑手的上班、下班时间都很自由，但小张总是奔波在送餐的第一线上。

我国劳动法规定，劳动者每周工作时间不得超过 44 小时，每周至少有一天休息时间；一个月加班时间最多不超过 36 个小时，加班时间应支付 150%～200% 的工资。小张每天的工作时间大概稳定在十个小时，且没有休息日，一周的工作时间在 70 个小时左右[①]。而且小张的工作性质决定她并不能得到所谓的加倍工资，她还在赚着跑一单是一单的钱。经济的高速发展和社会需求的不断扩大，刺激着劳动群体工作强度的不断增大，"你不挣的钱，有的是人挣。"这是小张每天奔波在路上时脑子里想的。夏天正午四十度的太阳下，冬天零下 10 摄氏度的寒风里，小张从未停止过奔跑。

其次，除了每天在路上奔波外，每天爬楼对于骑手们来说也是一项巨大的挑战。小张大概平均一栋楼要爬 7～8 层，而仅中午送餐，她就要上上下下七八趟。对小张来说，相比每天的工作量，她挣到的收入并没有想象中的多。"外卖骑手的工资都是靠自己的付出换来的"，小张认识的一位同事工作到凌晨三点，凌晨时段的单资会相对白天更高，然而需要付出的辛苦也可想而知。

种种困难中，心理上的压力总是给人以最沉重的打击。小张每天最害怕的就是接到公司写着"由于本月投诉过多，需要接受公司服务培训"字样的短信。培训的内容包括如何给客户送餐、如何与客户沟通等。接到短信后，小张的心情总会很失落，明明自己每天都很辛苦，但还是会被投诉。这种时候，小张总是会特别想家，就想打电话回家，听听父母的声音，听听宝宝叫一声妈妈。慢慢的，她学会了自我安慰的方法，自己会对自己说"今天收到差评了，明天要更努力！"小心的小张培训频率并不是很高，半年会

---

① 《中华人民共和国劳动法》，全国人民代表大会常务委员会，中华人民共和国主席令第六十五号。

有一到两次培训，对于她来说也算可以接受。

接受顾客评价的同时，小张也在用自己的眼睛打量着这个她已经跑遍了的北京城。她遇到过二话不说就让她顺垃圾下楼的人，也遇到过已经超时一小时仍打电话告诉她不着急、慢慢送、要注意安全的人。小张知道了怎么在胡同里抄近道，也学会了在西装革履的白领精英间穿梭。"我们做外卖的比那些白领进写字楼都勤。"两年的时间不长，但足以让小张了解 CBD 所有写字楼的构造。北京的写字楼，养活的不仅是"格子间"里的男男女女，还有这样一群在这座"水泥花园"中穿梭的"蜜蜂们"。他们深知自己的重要性，并因此自豪。

小张曾感受过那种巨大的失落感：同样是年纪相仿的女孩，办公室里的她们穿着薄薄的白衬衫、踩着高跟鞋，精致的眼线让她们变得格外干练；而她自己穿着三件棉袄，整个人裹得只剩下一条眼睛缝，走起路来笨拙得不成样子。无论是她的穿着，还是她的工作都让她觉得自己是被人看不起的对象。外卖配送的时间紧张，这让她整个人都暴躁起来，她每天就像热锅上的蚂蚁，不停地挣扎，奋力地想要跑在时间的前面。面对客户，她要摆出公式化的笑脸，脚下却没有一刻停下来，随时准备冲到下一个地方。

时间拥有着神秘的力量，它能淡化一切。无论是好事还是坏事，在时间的抚摸下，最终都能平静如水。慢慢的，小张开始转变想法，她开始注意到收餐的客户眼里的期待，她开始意识到自己充当餐厅与食客中间人的重要作用。"我们省了他们太多时间，没有我们他们都吃不上饭啦！"小张兴奋地拍拍手。现在她眼里看到的，早就不是这份工作的辛苦。外卖工作时间的自由性让小张摆脱了原来被领班管理的压迫感，她只需要和顾客面对面进行交流，从这方面来讲，她的压力并不算大。当然，外卖这份工作也存在前文提到的问题，但小张却越来越适应这份工作并逐渐变得得心应手了。

前路在何方

从一开始对大城市的向往中走出来，小张对这个现代化都市的理解也更

加深刻。她见到过原来在山里没见过的娱乐与科技，也理解了北京这座古老传统与现代生活气息碰撞交融的城市。在这里，人们总是把"谢谢"挂在嘴边，理解他们的人也比一味埋怨催促的人多得多。不知不觉，小张已经在这座城市生活了六年。在这里，她体验到了不同的生活，组建了新的家庭，孕育了新的生命，日子也越过越好了。她也见证着北京的变化：社区为清洁工人等服务人员添设暖心驿站，新开三段地铁线路，首都大外环也正式通车……路变宽敞了，街道也变干净了，人与人的距离在不断拉近，所有人的脸上都有了笑容，北京变得越来越好。小张对目前的生活越来越满意了，但是在小张的小家里，新的问题也一直出现。

北京的物价水平相对较高，夫妻俩挣的工资都存不起来，生活费用支出花费他们收入的大部分。出于政策原因，外地人的医疗、教育问题都没有保障。因此，小张在北京的居住压力也越来越大。

孩子眼看要上小学，家里因为农村改造需要人手，即便没有生活压力，小张在北京的日子也所剩无几了。小张想过回家后的生活，山里没有人订外卖，自己能做的就是开家小卖铺。张嘉佳有本书的名字叫作《云边有个小卖部》，回到山里，小张也许真的可以在云雾缭绕的半山腰间，开起这么一家小店，打开窗户就能看到云彩，也算是惬意十足了。

回到现实，小张已经在北京走过了6个年头，今天，她仍然会在早上匆忙地吃完早饭，穿上她的工装，和她心爱的小电动车一起，继续投入北京城的车来车往之中。这座"水泥花园"中，各大外卖平台的小蜜蜂们也都开始了他们新的一天的工作。

B.14
快递职业劳碌而充实，教我学会谦卑

——城市快递小哥深访报告6

在"懒人经济"的当今时代，他们从事的行业对于现代人而言已经不可或缺，他们是很多人"最期盼见到的人"。宛若组装于庞大物流链条上的齿轮，他们推动了物流体系的顺利运转，他们就是——快递小哥。

见到快递小哥小李的时候已经是晚上七点多了，他刚刚结束运送今天的第四批货物的任务。这个"00后"青年，在北京冬日里的寒风中骑着电动车穿梭于大街小巷，虽然衣服包裹严实、戴着耳罩，但脸与手依然被冻得通红。初次见面，看到他样貌年轻，我便与他寒暄："你也是"90后"吧，应该没比我大几岁"，后来才发现原来他只有 18 岁，却早已步入社会经受历练了，不免让比他大几岁却依然生活于象牙塔里的我有些心疼。

工作初体验：快递是一个劳碌而充实的职业

小李在 2017 年 8 月来到北京之后开始了他快递小哥的职业生涯，从事快递行业已经一年多的小李对于快递工作的评价是"十分辛苦，但有价值"。"每一天都要奔波于室外，冬天最冷的时候、夏天最热的时候也不例外，极冷极热的天气还要在外面经受风吹日晒，有时候是真的难熬"，烈日与风霜的摧残已经使得小李的皮肤变得黝黑，耳边与手上也被冻出了冻疮，这也是他看上去要年长于同龄人的原因。

---

* 王子瑶，对外经济贸易大学公共管理学院硕士研究生。

快递员的工作每一天都是紧凑的。"需要起早贪黑地工作，每天早上六点半起床拉货装车，晚上下班的时间不好说，看当天的任务什么时候能完成，货少的时候能早一点下班，大约七点多吧。货物量大的高峰期忙到深夜都很正常，今年'双十一'的时候工作到凌晨两点半。"看起来工作日除了必要的吃饭睡觉外，快递小哥的生活都被繁忙的工作填满了。"周末公司不上班，货量相对少一些，可以调休。"小李解释说调休就是和自己关系比较好的同事换班，互相轮流帮忙送货，但自己通常是保持着一周七天的工作节奏，在最近一个月也就休息了一天。"一方面是因为轮休的人也不多，而且想要多完成点工作量多赚点钱。"当被问及如果轮休了自己最想做的事情是什么，小李回答："最想补补觉，平时睡眠时间太少了，早出晚归，也没有午休。每天都很缺觉。"

快递工作让小李觉得有些疲惫的地方还在于工作中的罚款比较多。"需要用手机 APP 上传数据，有时候会显示有分发无签收或者有签收无分发，都是要扣钱的，在一些情况下罚款还比较严重，这些情况有时候是因为系统的原因造成的，有时候是自己的原因，如果是自己的原因，还可以通过改一改粗心的毛病来减少这种状况的发生，如果是系统的原因造成罚款就感觉很无奈、很可惜。"

快递为人们的生活带来了极大的便利，这又让小李觉得在快递工作中承受的辛劳都是值得的。"看到客户开心的笑容就觉得一路上奔波的劳累都烟消云散了，心里也挺有成就感的。"

不一样的节奏：越到过节越是不能休息

从 2017 年开始做快递小哥到现在，小李只回过家一次，就是在 2018 年过年的时候回家休息了十天。"平时都忙于工作，没时间回家。即使是在过年的时候，公司也有人不回家的，要留在公司值班。"

劳动节、中秋节、国庆节等假日，很多人会用来出游或者回家和亲人聚一聚，小李却从来没有过。"快递这个行业越到过节的时候越忙，货物量会比平时更大一点，可能大家都喜欢购买东西庆祝节日吧。所以别人过节都休息了，我们不行，不然的话全国的快递物流系统就要停止运转了，会给人们的生活造成麻烦，越到过节我们越是要坚守岗位。"

有句广为流传的话说："哪有什么岁月静好，不过是有人替你负重前行。"提起过年过节也不能正常休息的职业，大家通常都会想到警察、列车乘务员等，也许很少有人会联想到快递小哥也是如此，他们奔波在路上、一程接着一程赶路，在原本可以用来休闲娱乐的假期里也忙碌着，正是因为他们的奉献，我们才得以时刻享受到物流的便利。

工作中的成长：对于突发事件的处理越来越稳妥

在送快递的过程中遭遇客户投诉是每一个快递小哥都遇到过的情况。"一般会因为快递延误而被投诉，晚于预期半天或者一天。遇到投诉的情况要想方设法让客户满意。如果客户一直不满意，不撤销投诉，公司就要追究派件员的责任。"对于遭到客户投诉的快递员，快递公司一般会采取罚款的方式，要视投诉的严重程度决定罚款的多少。小李表示，自己遇到客户投诉的情况比较少，而且现在相对于刚进入快递行业的时候遇到的投诉越来越少了。"一方面是因为快递送超时的情况变少了，另一方面是因为更加懂得如何与客户沟通了。但也遇到过个别比较难解决的客户投诉问题。比如之前遇到一个投诉我的客户，耐心沟通了几轮都没有用，非要投诉，而且出言不逊，还说以后再也不用我们公司的快递了。遇到这种协商无效的情形也只能接受客户的投诉了，但是影响了公司的声誉觉得挺不好的。"小李希望客户能对快递小哥多一些宽容与体谅，因为有的时候快递延误确实是由一些不能控制的客观原因造成的，大多数快递小哥都是在用心提供高品质的服务，希望把货物准时送到客户手中。

小李还深刻地记得，有一次接到了一个电话，是一个女生说一个月前的快递被小李投错了地方没有收到。"她说是很重要的一本书，下单是一年前，限量预售的，很珍贵，丢了就再也买不到了，手机号和下单时不一样就

没收到送达的短信，过了一个月才想起来，当时电话里都快急哭了，我就让她先问一下家里其他人有没有收到，果然那个快递被她妈妈收着了，没有及时告诉她，想等她从外地回家后自己看到，这种别人代收、客户不知情以为寄丢了是常有的事情。"

安全意识：送快递虽与时间赛跑，仍要安全第一

小李在送快递的过程中遇到的交通事故主要是与别的车辆发生剐蹭，刚开始送快递的时候因为驾车技术不成熟，所以这种事故发生的频率更高一些，现在少多了。"发生剐蹭的时候会与对方协商私了，这样赔的钱会少一些。如果剐蹭比较严重会通过保险的途径解决，保险公司与作为当事人的快递员都要赔钱，走保险的时候我们赔偿的钱相对于私了可能更多一些，所以能够私了解决的还是会尽力争取私了。"

与大多数"00后"一样，小李在工作间隙也会刷刷微博。之前在微博上看到过一些快递小哥遇到严重交通事故或者交通违规的情形，这让他在送快递的过程中对于交通安全问题愈发谨慎。"看到快递小哥因为闯红灯撞到行人或者对自己造成伤害的事件挺多的，他们想争分夺秒完成任务、不希望快递延误的心情可以理解，很多人抱着侥幸心理违反交通规则以争取快速，但是拿自己和他人的生命安全冒险就不太合适了，虽然是想对客户负责，但是对自己与行人还有其他司机却极度不负责，万一出了事故造成伤残真的太得不偿失了，人都没法保证平安，还说什么准时送到？"小李目前还没遇到事故伤残或是交通工具被查的情况，这与他有较强的交通安全意识以及警惕意识密不可分。他说自己如果遇到了，会接受法律的处置。

快递公司将客户评价与快递小哥的罚款和工资相联系，对于这种评价机制，小李认为有利有弊：一方面对于快递小哥是一种激励与约束，提升了他们工作的效率，减少了延误，促使他们为客户更好地服务，因为好评多的快递员往往更容易取得客户与老板的信任，揽到更多的业务，增加自己的业绩，取得更高的工资；另一方面，一些客户对于快递小哥的评价并不客观，

给出好评或者差评会依据心情而定，而且交通事故频发也与这个机制有关。

这种评价机制对于外卖小哥的影响更甚。2018 年 8 月新浪网曾发布一段视频，有媒体在上海市某个街头的两个路口各拍摄了 30 分钟，在这段时间内，两个路口闯红灯的送餐员各有 50 多位，算起来大约平均半分钟就会出现一名外卖小哥闯红灯，足见外卖小哥闯红灯的频率之高。闯红灯的快递小哥们也并非不知道这是违反交通规则的行为，只是他们存有侥幸心理，为了能够准时完成更多的订单、尽可能减少一些差评状况的发生，只能选择冒着风险争分夺秒。如果客户们能够对快递小哥与外卖小哥多一些体谅与理解，设身处地考虑一下他们的困境，不要动不动就拿起自己的"上帝之手"给差评，想一想也许快递员正在等红绿灯、爬楼梯……用宽容与谅解取代苛责与戾气，就可以为快递小哥们减轻一些心理压力，让他们多一些对于生命安全的考虑以及对交通规则的遵守。

城市印象：北京是一座开放包容、生活多彩的城市

来到北京生活一年多的小李对于北京的整体印象是积极的，他认为北京的包容性很强，遇到的大多数北京市民都是热情友好的。"接触到的北京人心地都挺善良的，待人处事也很客气很和善。"让小李记忆深刻的一件事是前段时间送快递到一个楼层比较高的客户家中，开门的是一个白发苍苍的奶奶，她看到小李气喘吁吁地把快递搬上楼很辛苦，赶忙招呼他到家里休息一会，和他聊起自己的孙子是和小李差不多大的年纪，临行前奶奶递给他一杯热水还塞了点小零食，提醒他注意保暖，让小李觉得特别暖心。"刚来到北京的时候很不习惯，对于北京有一种强烈的陌生感，感觉这里的人们处理问题的方式也和家乡的习惯不太一样"，热心友善的北京人帮助小李更快地融入了这个远离家乡的新城市。

小李对于 2017 年下半年北京的大火也有一定程度的了解。他说这场大火没有发生在自己所在的区，因此没有涉及自己，而且目前对于在北京的生活十分满意，所以坚持留下来了。"在北京的生活更加丰富多彩，这里的娱

乐设施和活动更多，吃喝玩乐的地方比家乡更多，在生活更加便捷的同时我也开阔了眼界、增长了见识。家乡与北京的消费水平差不多，但北京的工资水平更高，所以北京还是挺吸引我的。总体上而言来到北京之后的生活比之前在家乡的改善了，整个人也更加自信了。"小李认为，北京市政府疏解人口压力的力度不宜过大，而是要有针对性，希望政策能够对外来务工人员多一些友善与包容。"毕竟是要汇集外来务工人员的力量才能帮助北京建设与发展得更好，就比如快递这一行，快递员基本上都是外地人，我们为北京、为整个社会都送去了便捷服务。人们足不出户就可以购物，在家里收货。只是动一动手指的功夫就可以买到自己想买的，甚至不用坐火车去外地、坐飞机出国，只需要在手机上下单就可以买到其他城市或者其他国家的东西。"

未来规划：不会长期留在北京，以后想要创业

北京的生活对于现在的小李而言很有吸引力，但小李表示自己并不打算一直留在北京。"会在北京工作几年然后回家乡发展，去年选择来北京是因为小时候有段时间来北京学厨师，第一次见到这么繁华的大城市，还有各式各样好看的建筑、鳞次栉比的高楼大厦，当时就想着以后要来这里生活体验一下。以后要回到家乡是因为北京的房价压力太大，而且难以拿到户口，以后父母上了年纪，我想回家乡多陪伴他们，一个人在外漂泊也不是长久之计。父母远在家乡，有时候一个人在大城市奔波累了或者受了委屈也会很想念他们。现在大概四五天给家里打一次电话吧，都是报喜不报忧，让父母知道我过得好、不用担心，每个月也会攒点钱寄回去，爸妈总是跟我说家里什么都不缺，发了工资自己留着在北京吃点好的，别省吃俭用亏待自己，快递行业又苦又累多保重身体。"说到这里，小李有些哽咽了，也许是想到了家的港湾触碰到了他心底最柔软的地方。"能多赚点钱让父母过得更好，就觉得现在多累多辛苦都值得。"早年出来工作打拼的经历让小李体会到了父母赚钱的艰辛与不易，在快递小哥的身份外，他也是一个懂事孝顺的大男孩。

同时小李还表示，未来不会在快递行业长久做下去，过几年打算换一份

工作。"因为快递工作实在是太辛苦了，休息的时间太少，起早贪黑的，平时也很少有娱乐时间，一直做下去身体可能受不了，而且年纪大了也许没有足够的体力支撑着继续送快递了。"小李说自己之前选择快递行业主要是因为朋友的推荐与介绍，"看到有几个做快递员的朋友薪酬都还可以，而且现在快递的市场需求大，也很看好快递行业的发展前景，就选择了这份工作。"谈及对未来的职业规划，小李表示自己是一名游戏爱好者，所以以后想去从事与游戏有关的工作。"打算明年和朋友一起创业，在北京开一家网络游戏公司，北京的商机比较多，工资也更高一些，创业相对于家乡而言更容易。至于过几年回家乡找什么样的工作再看情况吧，如果公司开得好可以在家乡开一家分公司，不然的话可能会选择继续在家乡从事之前的厨师职业。"

工作感悟：快递教我学会谦卑

说到从事快递工作以来自己发生的最大变化，小李说自己在性格方面变得更加稳重，在为人处世方面变得更加谦卑了。"之前没进入社会的时候棱角很多，脾气也不太好。但是作为快递员就需要接触形形色色的人，可以说各种类型的都有吧，有一些客户关系确实比较难以处理，比如有些客户非常严苛，有些客户言辞激烈，有些客户没有那么通情达理，刚开始做快递员时，有时候与客户发生了一些不愉快，心里会觉得特别委屈，要难过个好几天，年轻气盛偶尔还会与客户争论几句。现在处理客户关系就只坚持一个原则：客户说什么都是对的，对待客户要低头。被客户批评指责的时候也学会开导自己，反应没有那么强烈了。"小李表示难以应付的客户只是少数，目前大部分人对快递小哥的态度还是友好的，所以他认为整体上社会对于快递小哥的认同程度较高，只有个别人对快递小哥缺乏尊重与理解、态度恶劣。"作为快递员最大的诉求就是希望客户对快递小哥多一些尊重、理解，能够更多地体谅一下我们的难处，不要过度苛责，同时也希望能够有更多休息的时间，现在的工作确实太辛苦了，披星戴月，风里来雨里去。"

"时刻要向客户低头"虽然是快递小哥们的现状，但又着实令人心疼，

这或许是由快递作为服务业的性质决定的。不得不承认的是，目前的职业歧视与不平等的观念在快递行业依然存在，之前的"快递小哥上门派件，烈日下被客户扇耳光谩骂"以及"顺丰快递小哥因与小轿车发生轻微碰撞而被连续扇耳光"等事件一经曝光便引起了广泛的社会关注。北京顺丰快递小哥不小心刮车被车主打骂后，不但没有还手，反而给车主赔礼道歉，并赔了400元钱。对待一个并非自己客户的人尚且如此，那么当他们面临强势的客户的时候呢？当前快递行业的一大缺陷是在客户投诉方面缺少为快递小哥设计的申诉渠道，在维护快递小哥的正当权益方面有较大欠缺，导致了很多快递小哥在面临客户的不合理要求或欺压时无处申诉，他们的合法权益得不到保护，经常遭受不公正对待。"时刻要向客户低头"的理念，一方面纵容了一些客户冒犯快递小哥的尊严、侵犯快递小哥权益的行为，另一方面也使得快递小哥在遭遇客户欺压或是歧视时不敢也不能发声，成为弱势群体，这种理念是时候改变了。每一个人都是平等的，每一种职业都值得被尊重，在等待快递时多一些耐心与包容，在做出评价时多一些客观与体谅，对于客户而言虽然是很小的改变，却能在很大程度上改变快递小哥的处境。

这个比同龄人更早步入社会的男孩，在快递行业中承受着奔波劳碌，也收获着敬业奉献带来的成就感。虽然漂泊异乡，但家始终是他心底最牵挂的港湾，他希望通过自己的努力让父母过上更好的生活。北京这座城市对他而言已不再如初来时的陌生，在热情好客的北京人以及多元开放的城市文化的影响下，小李对北京的融入感越来越强，在这里遇到了更加自信勇敢而坚毅的自己。他所需要的很简单，无非客户能够多一分对快递从业者的尊重与理解，这也是作为收件人的每一个你我可以做出的一点善举。

无论是曾经做厨师、现在送快递，还是计划未来创业、开公司，小李始终奔波在追逐梦想的路上。快递小哥这份职业带给他的也必定不止"变黑变瘦，脸上留下岁月的痕迹"，他能从这份职业中收获的还有心智的成熟与对生活更多的感悟。

感谢这个乐观爱笑的男孩用自己的青春与汗水换来了千家万户享受到的便捷，也祝愿他在逐梦的道路上越走越远。

B.15
外卖送餐的"江湖"指南

——城市快递小哥深访报告7

马正立[*]

随着社会经济的飞速发展，人们的生活节奏变得越来越快。新四大发明"高铁、扫码支付、共享单车、网购"引领着中国的潮流。

外卖行业最初简单的餐厅打包形式变成了一种新的O2O形式。这种新的外卖形式正悄然改变着部分中国人的生活方式。我们的饮食因外卖而变得更加简单。你想吃什么在外卖软件上直接下单，外卖小哥就会很快将食物送到你的身旁。于是，越来越多的人选择了外卖，也就有了越来越多的外卖小哥。

生容易，活容易，生活不容易

送外卖是一份辛苦的职业。无论刮风还是下雨，我们总能在马路上看到他们的身影。他们奔赴在"餐饮前线"，将热乎乎的美食安全送达我们手中。

2018年的冬天格外寒冷，在北京这座忙碌的城市里外卖员成为便利的创造者。我们于某大学的外卖送餐点采访到一位外卖小哥小张（化名），跟着他我们了解了外卖员背后"打工者"的真实生活。

小张告诉我们，他住在地下室，跟其他两个外卖小哥一起合租。虽然环境不好，但是很便宜，一个月两千左右。这对刚开始工作三个月的他来说恰

* 马正立，对外经济贸易大学信息学院本科生。

好能够承担。

小张主要是在冬季送餐，送餐环境比较恶劣，除雾霾浓重外还要忍受如刀割般的冷风。

中午12点，大多数人的午饭时刻，却是小张一天最忙碌的时候。对于小张来说，不在饭点吃饭已经成了习惯。"我们啊，有的时候为了拉单，一整天只有下班的时候才会去吃饭。不然别人都没吃，在工作。你去吃，那就得落下好多单了。"在饥饿的时候，他们顾不上自己吃喝，进出满是食物香味的餐厅，只为多送几单。

下午2点，学生、老师正在上课，居民正在上班。此时，小张才有空在取餐的餐厅停下来休息。他坐在餐厅的角落，御寒的衣服就是简单的加绒皮衣，十分单薄，工作的头盔上有些许餐厅的油渍。"哪里有空吃饭，我们都是实在饿得不行了才会去吃。因为送餐过程中上厕所是一件非常麻烦的事情。一天一顿是我们的工作常态了。"小张疲惫地与我们说着他工作的现状。

下午3点，天气极其寒冷。大学美食街门口有十多个跟小张一样穿着印有外卖送餐平台标志服装的小伙子。大部分小哥都在冷风中闭目休息，还有一部分在聊天。这应是他们忙碌一天中最轻松的时刻了。

小张长长地叹了一口气，说道："送外卖，别看它活儿简单，可这里边的道理可多着呢。你们应该听过这样一句话吧——江湖险恶，人情淡薄，在送外卖的江湖里也是如此。"此刻，小张的脸上透露出我们无法理解的忧愁。这或许是一种独自漂泊的落寞，是一个人被生活困难打磨后的淡然。

在跟小张聊天的过程中，我们得知他以前是酒店服务员。他是最近几个月才换的工作。虽然送外卖很累，但是相比原来酒店的工作，工资高了不少。通过了解小张从事外卖送餐三个月的工作经历，我们重新认识了外卖员这份职业。

外卖小哥小张工作第一个月的体验：好玩。

小张告诉我们，外卖平台会对刚入职的新人进行培训，但培训时间很短。许多东西还得自己花时间主动去琢磨，"实战"后才能掌握要领。例如，了解某送餐区域的地形，商家出餐的速度等。

"外卖平台是不提供装备的，像衣服、头盔、保温箱、电动车这些东西都是自己先垫钱买的。一个月工作下来，就没什么钱了。要是不努力干，可能还要倒贴进去。"

尽管如此，小张依旧表示第一个月送餐很愉快。虽处于熟悉地形的新人阶段，接单量不多，但他因此去了北京很多的地方，了解到哪一家的备餐环境最好，哪一家的外卖做得最好吃。作为新人，小张第一个月由于送餐顺序设计得不合理导致了送餐超时。所以他在第一个月的工作中收到了四个差评。对于这些差评，小张表示很理解，因为他自己以前也会点外卖，等久了就会生气。

北京的生活消费水平很高，加之为了弥补购置装备的钱，月底工资结算下来小张所剩无几。虽然第一个月的工资并不理想，但他依旧乐观地说："我先好好干，自己吃穿再省一省，过几个月肯定有钱寄回家。"

外卖小哥小张工作第二个月的体验：很累。

第二个月，小张开始出现越来越多的问题。小张告诉我们，他们每一个区域内都会有一个站长。虽然站长平时都待在站点，任务不多，但需时时通过 APP 后台管理系统查看管理范围内外卖员的准时率、顾客满意度、出勤等指标。这些指标也是考核外卖小哥能否继续干下去的标准。如果经常因超时收到差评，月底结算工资时需缴纳一定比例的"差评罚款"，同时站长会给出相应的警告。小张说他为了做得更好、不再收到差评，在熟悉了地理环境之后第二个月他干得更卖力了，订单也比以前多了不少。

第二个月工作结束时，小张从送餐排行榜上的第 32 名排到了第 6 名。

第二个月小张接了很多单，他把吃饭休息的时间也挤出来去送外卖。长期处于工作状态的他，只有凌晨回到地下室时，才能安心吃上几口自己做的饭菜。"我们工作挺委屈的，一不留神一个月的辛苦可就白费了。"小张说，他有一个同事上个月就是因为连续工作多天、过度劳累，所以在驾驶电动车的过程中撞到了其他的车，不仅要赔偿其他车主的损失，还要自己掏钱承担撒掉餐食的费用。

小张说："我们的单子大多是派单，特别是在用餐高峰期，不管你离目的地多远都得接单。"外卖 APP 配送系统会在高峰期自动给外卖小哥派发订单，这很大程度上加大了他们工作的难度。小张表示，这个功能在高峰期时犹如一枚"不定时炸弹"，不知道它何时会爆炸，得时时提防，一旦爆炸便让人手足无措。"一些顾客总是抱怨我们骑车慢，送餐时间长。但事实上我们是因为小区繁杂的出入登记才'慢'下来的，小区配送用时长了，自然会耽误下一单送餐速度。"说到这小张变得激动起来。"我们送餐迟了，也着急啊。可对大部分顾客来说，迟了就是迟了，给差评也是理所当然的一件事，但为什么不能多些理解呢？"

小张还告诉我们，干外卖送餐这一行，除了体力好外，还得受得住气。顾客和商家，哪一个都惹不起。高峰期时，一些热门商户会出现爆单情况。外卖员自己是不能取消已接订单的，遇到这样的情况也只能在餐厅等待，直到商家出餐。但实际上每一单的配送都有时间限制，如果超过了规定时间就得自己贴钱向顾客进行赔偿。若顾客在 APP 服务端申请取消订单，而商家又正好出餐，则外卖送餐人员需要自己承担所有损失。"我们可以打电话跟顾客联系，求他们不要取消订单。但大多数顾客都是拒绝的，所以大多数时候，我们都是自己扛。唉，在等待爆单商家出餐的这一段时间里，我们可以送好多单了……但是顾客跟商家哪能理解呢。"

第二个月送外卖的经历让小张对这一行业有了更深的体会。"外卖，自己吃着挺舒服的，但自己送真的是太累了。要是商家能稍微加快一点出餐速度，顾客能稍微降低一点时间要求就好了。没入这行前，我觉得送外卖挺简单的，挣得钱也多。但是现在真的就是除了累，不知道该怎么形容了。希望商家和顾客能够多些体谅。"小张对送外卖工作第二个月的感悟也是大多数外卖员的感想。

外卖小哥小张工作第三个月的体验：很糟糕。

外卖员属于多劳多得型，工资以"底薪＋送单数目"的形式进行结算，即按月底外卖送餐单量进行计算，送得越多，得到的工资也就越多。小张送餐第二个月，在超负荷工作的状态下最终得到了一万三千元工资。

但他第三个月的工作并没有想象中那么顺利。第三个月，小张的身体素质明显变差。"我感觉身体好像突然就老了 10 岁，不是那儿疼就是这儿酸。每天陪伴我时间最多的，除了出租屋里的那张小床就是送外卖的电动车了。我现在每天至少 70% 的时间是与电动车一起度过的。哈哈，所幸我还没有交女朋友，不然一定早分手了。"

小张现在送餐所属的是某平台，据他透露，随着外卖平台的发展，越来越多的人加入外卖送餐这一行业中。外卖平台招到的外卖送餐人员越来越多，福利却在却急剧减少。小张干了三个月觉得不理想，已经在考虑换一个工作了。最主要的原因还是太累了。

"生容易，活容易，生活不容易。"[1]

小张，一个普通的外卖送餐人员，早出晚归，努力工作，试图在这座繁华的城市里找到自己的一个容身之处。我们身边随处可见这样平凡普通的人。因为他们的闯入这座城市才有了更多的生机。他们也是这座城市的创造者，我们的生活离不开他们。

数据统计显示[2]，外卖送餐人员大多数来自农村。离家千里，之所以选择这份工作，82% 的人是因为送外卖不需要很高的文化水平。送外卖是一份辛苦的体力活，所以女性送餐人员很少，大部分为男性。这也是外卖小哥称呼的来源。这个群体与其他群体有所不同，流动性强且大部分都是"80 后""90 后"的年轻人。

对于他们来说，生活压力大，未来迷茫。虽然现在可以凭自己的"蛮力"去挣钱，但是再过几年，他们会面临更多现实的问题，失业、结婚、买房、买车和养育孩子。能在外卖送餐这一行一直干下去的人是极少的。

我希望有一天能够吃饭自由

世界上有很多不同的生活圈，每个圈子里的人按照自己的生活方式在不

---

[1]　余华：《活着》，作家出版社，2012。
[2]　美团点评研究院：《2018 年外卖骑手群体研究报告》，2019。

断循环。在与小张近半个月的交流后，我们逐渐了解到这个属于北漂的圈子，体会到外卖小哥背后的不易。

工作了三个月的小张对我们说："我们外卖送餐这行竞争还是挺大的。你要是刚入行，那是真的很吃亏。抢单的经验、手速都没法跟工作了四五个月的比。你不拼不行，现在哪有轻松的行业啊。我们出来工作的，都是没有办法。爸妈都老了，你不能老是赖着他们，自己得养活自己。"

数据显示[①]，过去外卖员一单的补贴是 2 元，在高峰期会增加 1 元，每跑 2 公里 4.5 元。而现在平台补贴只有 1 元，每 2 公里 3.5 元，每一单外卖员就减少了 2 元的收入，一个月工资算下来，1000 单就少了 2000 元补贴。并且以前外卖送餐的工资是按单数计算的，而现在改为按距离计算，算下来工资就更低了。外卖 APP 平台还有明确规定：没有满 100 元是无法提现的，所以迫于生活很多外卖员不得不坚持跑单。

我们从小张提供的外卖员论坛截图得知，在外卖员论坛上讨论热度最高的就是跑单配送时间缩短与外卖抢单难问题。"不只是我一个人是这样的情况，还有很多刚进入这一行的人都是这样的。抢单难，送单难，结单也难。没办法，学历低了，要生活就必须一直干下去。"说完小张又长长地叹了一口气。

社会阶层呈阶梯状分布，而外卖小哥自认为属于最底层。他们中有同我们一样有热血、有激情、为自己梦想奋斗的年轻人。他们勤勤恳恳工作，可大多数时候得到的却是生活冷冰冰的回应。

外卖送餐是一项充满了困难的工作。每天不光要应对变幻莫测的天气，还要应对一些刁钻的顾客。我们偶尔会在互联网上看到这样的新闻："外卖小哥被一女店员连扇耳光""外卖小哥拒绝帮倒垃圾被投诉""外卖小哥剐蹭到玛莎拉蒂，遭当街扇耳光""外卖小哥被困电梯个人信息被顾客公开"。这些新闻标题令人唏嘘。有些顾客，蛮不讲理，甚至故意刁难。

---

① 搜狐新闻：《外卖员，一餐可挣多少？》，2017。

都说顾客是上帝，可是这样不讲道理的上帝还值得外卖小哥继续为他们服务吗？人与人之间的尊重应该是相互的。

外卖员是一个不起眼的职业群体，但他们都在认真努力地在把这一份工作做好。每次我们收到餐食的时候，都会听到外卖小哥"祝您用餐愉快"的温暖话语。可是回头想想，我们是否对外卖小哥说过"谢谢""您辛苦了"这类简单的话。

"我知道做我们这一行的没啥地位，很多人都瞧不起。我们只是希望大家能够公平对待我们，尊重我们。我们也是人。特别是那种故意刁难的顾客，我们也只赚他四五块钱而已。"外卖小哥，他们是城市中顽强的野草，格格不入，却也在努力生长。

灯红酒绿的城市中，没有他们的位置，可是又不能少了他们。他们是城市的新血液，他们在路上不停地跑，忍受着四周冰冷的锋芒。

小张告诉我们，很多人之所以加入这一行是因为看了很多新闻，说外卖送餐月薪一万。可当真正步入这一行你才会发现，月收入过万元的只是少数送餐员。而这些外卖员都是拿自己的命在赚钱。他们为了抢单，不吃不喝，从来没有按时吃过饭。他们将自己的所有时间都放在跑单上。深访过程中，当询问小张对自由的见解时，他说了令我印象深刻的一段话。他说："像现在大多数白领人士说的车厘子自由一样，我希望有一天能够吃饭自由。我们这一行赚不赚钱全靠自己决定。要想赚钱就必须牺牲自己吃饭的时间。多努力工作一点，多抓紧一点时间，也就能多赚一点，早一点'衣锦还乡'。"说着小张露出了朴实的微笑。

对顾客而言，外卖只是一顿简单的快餐。而对于外卖送餐人员来说则是一份工作，更是一份责任。外卖送餐人员用心让顾客享受到最好的服务，顾客也应理解尊重他们。

一份充满危险的工作

外卖送餐服务行业蓬勃发展，在给大家生活带来便捷的同时，也给交通

秩序管理造成了很大困难。近年来，违反交通规则的外卖送餐人员越来越多，使得城市的交通秩序越来越混乱，这不光使外卖送餐人员自己陷于危险之中，也使周边行人的安全受到了威胁。

当聊到有关送外卖送餐安全风险时，小张说，他最担忧的就是交通安全风险。在短短三个月送餐工作中，他就已经看到多起外卖送餐交通事故的发生。

"唉，看到这些交通事故的发生，我真的想打退堂鼓了。我的家人从我开始送外卖起就一直在劝我回老家换一份工作。因为送外卖太不安全了。干我们这一行的为了赶时间，准时把餐送到顾客手中，违反交通规则已经成了'家常便饭'。我胆儿小不敢，但其他人真的太拼了。我送餐的过程中已经遇到好几起交通事故了，都是外卖员超速、逆行、闯红灯造成的。有些顾客太挑剔了，只迟到一两分钟也要给差评。他们的一个差评，我们这一单就算白干了。有时甚至得自己倒贴钱。"小张满脸愁容地说。

外卖送餐就是走在交通警戒线边缘，是一份充满了危险的工作。他们拼命抢单送餐，不断地破坏着交通规则，只为缩短送餐的时间。

有关资料显示①，现在很多外卖员所属的公司是不提供保险的。他们的生命安全得不到保障，只能自己时刻注意和小心。

如果每一个顾客都能多一分理解，那么外卖员也会"慢"下来，城市中的交通事故也会少一点。"真的希望顾客不要轻易给我们差评，多一点理解与宽容，我们为了赶时间把命都放上去了。就算不给好评，也不要轻易给我们差评。因为顾客有什么不满，我们都得自己承担。外卖送餐这份活是真的很累，很危险，很难坚持。"这不只是小张一个人的心里话，更是所有外卖小哥的心声。

每个人都是英雄

"最渺小的我，有大大的梦。时间向前走一定只有路口没有尽头……最

---

① 工人日报：《外卖员生存状态：一天工作 13 小时安全无保障》，2017。

渺小的我，最卑微的梦，我发现这世界没有那么那么的不同。现实如果对你不公，别计较太多，走吧，暴风雨后的彩虹。"

小张告诉我这是他最喜欢的一首歌。他知道他自己很普通。但是他相信有一天他会像"外卖送餐前辈"英雄故事中的外卖员一样成为英雄。他说他从这些故事里看到了外卖送餐的侠客江湖，体会到了外卖小哥的壮志豪情，感受到了外卖送餐中的人间温情。

"我印象深刻的有三件事，算是我心中的三个外卖小哥的英雄故事吧。第一个发生在深夜，外卖小哥帮助走失的孩子报警，并陪伴他找到父母。第二个是外卖员送餐过程中帮助警察破案。第三个是外卖员去商家取餐的过程中，发现店内煤气泄漏，店员煤气中毒，外卖小哥帮助采取相应措施。我觉得他们大可以像很多人一样，可以装作没看到，可以袖手旁观，但是他们并没有。他们热心地伸出自己的援助之手。"

外卖送餐江湖中的这些英雄人物，是小张一直坚持善良的原因。"人人都说，人善被欺。我明白这个道理，我们虽然不能要求别人善良，但我们自己可以做一个好人啊。况且我们'并不平凡'。"小张坚定地说："如果我送餐的过程中遇到这些情况，我也一定会去帮助别人。"

世界很大，他们很渺小，但是小人物也可以发光。

所有的事物都存在两面性，就好像车水马龙的城市，时而冷漠，时而又满是温情。在深访过程中，小张向我们分享了他送餐过程中遇到的一些顾客暖心的行为。"我觉得现在的这些小伙子真的挺不错的。记得有一次，元旦我接了一单送奶茶的单子。是送到附近大学的。拨打顾客电话的时候，我才发现这是一个男孩专门给他喜欢的女生点的外卖。看到备注那一栏，特别地感动，直到现在我还记得。'今天是元旦，祝我的女朋友元旦快乐。也祝外卖小哥元旦快乐。冬天天气冷，您送餐辛苦了。记得自己过节也吃点好的。'那个时候我感受到我这个职业是有人在关注的，还是有很多人是理解我们的。"

我想对于外卖小哥来说，顾客收到餐食时的一句"谢谢"就是最悦耳的回报。对于他们来说，顾客暖心的这些小细节就足以成为他们坚持这份职

业的动力。因为这代表他们得到了肯定与尊重。

小张说他来北京有一段时间了，只知道这座城市很大，送外卖会经常迷路，还从来没有仔细去看看北京。他表示他有机会一定要好好去逛逛这个作为中国首都的美丽城市。"听说北京故宫下雪的时候可好看了"，"上次我就看到我一个朋友去天安门看升旗的照片，巨羡慕"，"不到长城非好汉，明年辞职前我一定去一次再回家"，说着说着，小张不自觉地哼起了2008年北京奥运会的主题曲《北京欢迎你》。"北京欢迎你，有梦想谁都了不起。"小张的眼里透露出他对梦想的追求，对北京这座城市的向往。

外卖送餐业流动性很大，小张虽然文化水平不高，但是他一直在筹划自己的未来方向。他告诉我们，他闲下来的时候就会看一些网课，学做生意。他打算攒够了钱就回家开一个自己的店铺。这样，生活稳定下来，家人也不用再为自己担心。

目前，小张家里人最担心的就是他还没有女朋友。因为在农村，像他一样大的人大多结婚、有小孩了。但小张表示他并不着急找女朋友，"就算找到了，你要是没那么优秀，没有那个能力，怎么给女孩子安全感？怎么让人幸福？我现在想做的就只有一件事，那就是不断地提升自己，变得更好。"

现在小张的初步目标就是赚钱与学习，然后有能力给父母更好的生活，最后回家自己创业，等稳定了再考虑其他的事。尽管他的梦想跟大多数人一样，很小，很普通，但他一直在努力追逐自己的梦想。

结　语

外卖小哥"城市新青年"[1] 见证了餐饮新时代。

从粮票交易到如今足不出户便可一键订餐，改革开放四十年以来，中国人的餐桌发生了巨大变化。

---

① 美团点评研究院：《2018 年外卖骑手群体研究报告》，2019。

据分析①，改革开放四十年以来，我国的餐饮市场规模从 1978 年的 54.8 亿元升至 2017 年的近 4 万亿元，网络外卖逐渐成为餐饮市场的重要组成部分。外卖行业的快速发展，直接催生了外卖员这个职业群体。

据业内统计②，饿了么、美团外卖、百度外卖，三家外卖平台的注册人数超过 400 万。

外卖行业的发展从两方面反映了我国的变化。一方面，它使人们的生活变得越来越便利；另一方面，它体现了我国人民物质生活水平的不断提高。

近年来，"互联网 + AI 智能 + 外卖"的发展，冲击了传统外卖送餐行业。外卖送餐未来会怎样发展，在这个行业中工作的外卖小哥是否会被替代？面对这些疑问，现在的我们谁都无法给出一个准确的答案，但能够确定的是各行各业未来的发展趋势将是高效率、低成本化的。

---

① 数据杂志：《改革开放 40 年中国餐饮业变迁》，2018。
② DCCI：《中国网民网络外卖服务使用状况调查报告（2018 年暑期)》，2018。

B.16

经得住风雨，终得见彩虹

——城市快递小哥深访报告8

刘　源[*]

不知何时起，大街上出现了许多身穿制服、骑着电动车的送货人员，一个被称为快递小哥的群体。他们就像城市的细胞，给身在大楼中的人们运送养料。但是，只看到他们的职业反而模糊了他们作为平凡人的一面。

互联网行业的发展，使得人与人、人与商家之间的距离不断缩短，广阔的商品市场向人们打开，在这样的背景下，闪送应运而生，精准地将需求与供给匹配，它有效地满足现代人饭来张口的需要，如果太累了不想做饭、太忙了没时间出去吃饭，或者想要订个蔬菜水果，这时只要打开手机，订好东西，等电话就自有人送货物上门。在经济能力可以保证的情况下，闪送解燃眉之急。这样的优势使得快递小哥中的闪送员队伍也逐年壮大，解决了大量没有专业技能的劳动力就业问题，许多新闻也纷纷爆料外卖送餐人员月收入过万等。但是事实真的是这样吗？闪送到底是一份什么样的职业？闪送小哥们究竟过得怎么样？

天下熙熙皆为利来，天下攘攘皆为利往

闪送是一份对专业技术要求不高的工作，只要会骑电动车、会用手机接打电话、看得懂地图就可以，又因为闪送需求数量巨大，只要肯吃苦，就有工资保证，这行又常常要招人，所以它吸引了许多初入社会、没有什么工作

＊　刘源，对外经济贸易大学国际经济贸易学院本科生。

经验的人，小李就是他们中的一员，一名闪送员。他今年二十五六，见到他的时候他的头发有些长了，又因为是冬天，手指因为时常拿着手机接单有些僵硬，腿上绑着防风的护腿，精神不算太好，鼻子有些闷闷的，但还是很认真地接受了我对他的采访请求。

按照小李的话来说，选择这一行的原因，其实很简单，就是为了赚钱。他说："从业以来，我送过的东西千奇百怪，外卖、快递、文件、吃的用的几乎什么都有。一天差不多需要工作十几个小时，风雨无阻。基本上每单（收入）超过五块，如果是一些长距离订单，价格还会更高一些，距离超过七八十公里，更能达到一单一百多块。"

根据小李所说，他每天要工作到晚上十点或十一点，早上七八点开始工作，正因为没有其他技能可以谋生，闪送这个依靠劳动力的工作虽然辛苦，却是目前小李最好的选择。

小李表示，老家的工作真的很难找，而且工资也没有北京这边高。那时候十七岁就过来北京，因为家里并不富裕，也因为自己并不喜欢学习，只读到初中就开始工作赚钱。按小李的话来说，他当时就想着：考不上大学就不上了，抓紧时间出去挣钱吧。挣完钱也就娶妻生子买个房、买个车，就没想着上高中，这就有了后来的北漂打工之路。

家里人也拗不过这个小伙子，最终还是同意放他独自去北京闯荡。临行前家人只是说了一句："你要想好，毕竟日子是你自己的，未来要怎么过，你选好了就坚定地走下去。家里无论如何都还是支持你的。"

辍学后的小李，正是心思不定的年纪，最初他想学点技术，想着有了一技之长，能够更好地发展。小李首先踏入的是餐饮行业，但餐饮业是一个固定性非常高的职业，每天定时上班、定点忙碌，对于小李来说，这样的方式他并不能坚持太久，而且对于餐饮他并没有很大的热情，于是便萌生了退意。后来，听说快递外卖这行只要能吃苦就能赚钱，就开始转行做闪送小哥。

或许每一名闪送小哥都有着各自的故事，他们中的一些人挤在一个由十几个人分摊房租的群租屋，人均面积不足 6 平方米。每天从早干到晚，工作

时长基本都在 16 个小时以上，而疯狂接单的背后，只是为了多赚那么一点工钱。我能在小李的语气里感受到他迫切赚钱的愿望。我在约小李的时候经常看不到他在微信上回复我，常常要等到十点多十一点的时候，或者直接打电话才能联系到他。

小李说："一个月里几乎每天都在没日没夜地赶，说我们是披星戴月，一点也不过分。我们几乎没有什么休息的时候。记得有一次腰疼得实在受不了，去医院做了次检查。医生说，是因为过度劳累而导致的腰肌劳损，原因可能就是久坐或是搬重物太多。因为，送快递或者外卖的时候有时不只是跑跑地方、传递个东西，还需要搬一些非常重的东西，如果遇到客户住的是老式楼房，没有电梯，就只得爬楼梯送到顾客家里。有时候会送桶装水，都要爬楼梯搬上去。每天都重复着大量的工作，虽然简单，却是用体力一分一毫地赚着。"如今，小李正在家中，前几天我与他通电话，问他怎么这个时候回家了，他说回去休养休养腰，又过了几天，听他说道，在家光待着也不行，准备在老家先找个工作做着，年后再回北京。他曾与我聊到，这次过年要和一个朋友聚聚，那个朋友在广东发展得不错，如果可以的话，他也想去广东那边。人呀，总是为生活劳心劳力、疲于奔命。

小李所在的这个群体，没有其他专业技能，只能从事一些出卖劳动力而不需要太多专业技能的工作，他们在为城市带来便捷的同时，也从事着其他人不愿意做的"脏、乱、差、累"的工作。目前这个人群已经在不知不觉中成长为一个不容忽视的社会群体，如何改善快递小哥这个群体的生活工作条件正是我们需要了解的。

小李也明白，自己只能靠身体挣钱，等钱挣够了，然后就回家买套房子准备结婚生子，所以说生活的"目标"就是去挣钱。去挣钱就不得不出售自己的时间给社会。快递这个行业，说起来就是这个时代的产物，可能以后有更好的服务，快递就会消失。所以，对绝大部分的快递小哥来说，这个行业的未来充满了不确定性。

快递并不是一份可持续发展的工作，一个人不可能一直做下去，首先身体状况随着年龄的增加不允许这样高强度的劳动，其次如果只送快递的话，那么人一天的时间就全部是在路上奔波，没有时间成家，没有时间陪伴家人，没有时间充实自己，也没有时间放松。我曾问过小李他闲下来会做些什么，他说没有什么时间闲着，以前玩的游戏已经一年没玩过，只能偶尔刷刷新闻。虽然现在小李作为闪送小哥收入可观，但是几年以后呢？不知道退下来来的第一批快递小哥能做些什么呢？

每一名快递小哥都是一座城市的缩影

同大街小巷的快递小哥一样，小李作为他们中的一员，每天将一份份包裹、一碗碗餐点送到客户的手上，他们也随着车流、随着人潮到达各种各样的地方。

当被问到在工作过程中有没有什么印象最深刻的事情时，小李说的基本都是不开心的事情。当被问及有没有感动的事情时，小李说，记得有一个冬天，天气特别寒冷，当时他是给一家服装店老板送衣服，送到地方刚要走，老板叫住了他，给他递了一杯热水，让他喝完再走，当时不仅小李的手被温暖了，心也被陌生人的一杯热水熨暖了，这是老板对他辛苦的认可，对他来说这是冬日里的温暖阳光了。

要说了解一个街区，快递小哥们应该排在前列，在不知多少次的送货之后，他们知道哪户人家老人最多，知道哪一家最爱点外卖，细心一点没准还会注意到他们一般都点什么，他们就像是城市的触角，即使最偏僻的地方也能接触到。人与人的羁绊，城市与人的勾连在这里也可见一斑。我们有时也能在报道里看到小哥们或冒风雪送外卖或做好事不留名，也或者顺便帮一帮孤寡老人，这都是城市温情的时刻，是人与人之间的共情时刻，在冷漠的社会里尤为可贵。

高薪的背后是无人知晓的辛酸

在不少媒体的炒作下，快递业变成了所谓的"高薪"行业之一，甚至

有大学生送快递的新闻爆出。确实，如果一个快递小哥肯下苦功夫，那么他每天都能挣到三五百元，累积下来也是不小的收入。然而，高薪背后却充满了无人知悉的辛酸。小李表示，在北京送快递，虽然挣的钱很多，但是实际上他们都不敢花，因为北京物价水平普遍偏高，正常一顿饭都在15元至20元，更别提如果想要改善生活吃点营养高的，而且面对房租越来越贵的局面，为了节省生活开支，他们都过得非常拮据。

很多快递小哥都和小李一样，到了结婚成家的年龄，各个方面都要用钱。而自身家庭大多较为贫苦，无法为他们提供住房、轿车之类的物质支持，所以生活压力全部落在自己身上，急切需要挣钱。而他所代表的那个群体在现在这种知识型社会中，无法通过知识技能去赚钱，只能更加拼命干活。

并且，他们面对自己喜欢的女孩也根本不敢去追。小李说，从前有个在饭店当服务员的女生喜欢他，每天给他送东西吃，还去他家里给他做菜做饭，但是小李根本不敢接受，因为他觉得自己不配。他说："我也没有钱，她们小女生喜欢人，一激动就什么不管了，但是等真正在一起之后她就会不要我了，因为我什么都没有，房子也没有，车子也没有。"从他的话中可以感受到，在层层社会压力下，他产生了一种自卑感，而自卑感的最直接来源就是文凭低、家庭背景差；最根本的原因是自己缺乏金钱赋予的安全感。所以就很容易理解在我们交谈中小李表现出的那种迫切得似乎要冲出身体的赚钱愿望。

很多时候，小李的语气都充满了无力感。快递小哥在社会上基本没什么地位，并不会有什么人特别尊重他们，还会对他们多有嫌弃，基本上本地人很少会选择这个行业，所以说这个行业的打工者，多是受教育程度低的外地人。

小李所在的这个群体普遍受教育水平偏低，如果从事餐饮行业的话，工资最多在3000~4000元而已，而且因为是正常工作要受领导领班的管理控制，按小李的话来说就是工作不自由，而快递业则没有上级控制，非常自由，并且对受教育水平基本没要求，这也是其他行业不可比拟的特点。

送快递不可能有长期持久的职业发展，不可能送十几年二十几年，在未来是否回老家的问题上，他说："北京难啊，房价高，但也不想回老家，先挣钱，只要能赚钱反正在哪里安家都是家。只要能挣钱就行，有钱的话不管是在哪买栋房子都行。过完年了，先送一阵闪送，然后看北京那边能不能摆个小摊啥的，挣一点钱，挣点资金然后投个店嘛，做做小吃啥的。"说到未来的打算，他的眼睛稍微亮了一点，他说自己虽然能力一般，但是做个小吃，开个小饭馆这类的没问题。看得出，其实小李对未来是非常期待的。但其实只是期待，但却没有真正规划过，比如想开一家什么样的店，要做点什么，需要多少启动资金，这些其实他都没有真正想过，他说，想当老板，只要当个老板就行，但是老板哪里是那么容易就能当的呢？一个人的学识阅历对他的想法影响还是很大的，小李今年 23 岁，没有养父母的负担，没有养家的需要，正是一人吃饱全家不饿的年纪，以后他从快递业退下来又会是什么样的情景？

小李说，当被客户投诉说服务不好的时候，是最难过的，因为这会造成他的损失。比如送货迟到的话就会被投诉、差评，在现有的约束体制内闪送的服务分是一百分，如果低于六十，就需要再次培训，投诉一次扣二十分，投诉两次就是四十分，而补救方法就是给好评。服务好的话，一个好评加两分，但投诉一次二十分，十个好评才能抵掉一个差评；如果去培训，就需要将近一天的时间，这样一天的收入都会失去。小李也抱怨了现有制度，快递公司的客服只听客户的话，根本不理解小哥的难处。这让很多小哥都哑巴吃黄连，有苦说不出。这已不是个例，成为快递小哥的常态。

小李举例说，有一次他送的是从超市订的东西，因为在分拣货物的时候售货员没有检查，他在接到的时候也就没有检查，送到地方客户一看少了东西直接就和小哥反映，于是他跑了第二趟取回原来少的东西，不仅花了双倍的时间只得到了单份的酬劳，这位客户还给了差评。小李内心非常不接受，他觉得他已经做得很好了，他向客服反映了情况，但是客服也并没有帮他解决这件事，该扣的分还是扣了。

所以，有时候小李就会觉得特别委屈，但也没办法，遇到不讲理的客户，也只能自己默默承受。有时候在送货的过程中出现意外事故，比如车坏了，和顾客说并不一定都可以得到理解，因为闪送行业是有时间限制的，六

十分钟内必须送到，闪送的特点就是在于它的"闪"字。必须在极短的时间内将物品完整送达目标地点，做不到就会被投诉，路上出了点问题没有什么办法，所以社会上出现了很多小哥乱闯红灯、争分夺秒的现象，我们在谴责他们不遵守交通规则的同时，也应该思考促使他们这样做的原因，毕竟有谁不拿自己的安全当一回事呢？

小李让我想起曾经给我送闪送的一个小哥，当时我正急着去上课，小哥迟迟不到，我数次问他，他都没能找到我的具体位置，于是我站在萧瑟的风中等待。终于，当他到达的时候，我问他是不是刚开始做这一行，他说是的，我想着刚开始做也不容易，就对他说，你这看地图的能力得加强呐，他回以抱歉的一笑，但是我还是给了他好评，毕竟谁都不容易。

这有点像是规则与人情的冲突，规则规定了就要这么做，如果出现意外，到底应该不是不是应该处理呢？遇到严格一点的，就是按照规则办，那就不可避免地受到规则的惩罚；遇到通情达理一些的，能够充分体谅，就能免于惩罚或减轻处罚，所以这又涉及处罚对象的交际能力。其实应该是制定符合实际情况的规则，让各种状况都有据可依。可是规则的制定和执行都会耗费成本，真正运营的人愿不愿意去拿出额外的成本完善并且执行规则呢？这大概只有他们自己知道吧。

尽管小李感到委屈，却也无力去改变什么，只能寄希望于下次电动车少出些问题，遇到的客户通情达理一些。自己依旧需要这份工资相对较高的职业，也没办法立刻离开，只能不断地说好话、赔不是，希望人家给好评。所以快递小哥所处的位置正是平台、商家、客户的核心位置，必须同时对三方负责，哪一方出了问题，都会对自己造成伤害，而这种单方向的对别人负责而却没有自身的权利，正是快递行业的现状，他们之间的不对等性也是这个行业的症结。

通过这次和小李的对话，我有很多感悟，也对快递这个行业有了更加深入的了解。愈发觉得那些从事快递工作的青年的脆弱与无助，就像一颗风中的种子，可能有点土就会生根发芽，但是却随风而生随风而散，无人知晓他们内心的辛酸。

　　快递是一份辛苦的工作，他们每一分挣到手里的钱都是实打实的血汗钱，但是我们在享受服务的时候，却没有做到体谅那些背后付出的工作者，这是多么羞愧。体谅别人的劳动成果，这句话说起来容易，做起来难，在没有了解过这个行业前，我只能做到表面上尊重，无法发自内心的尊重，而现在则对这些从事快递行业的人员致以发自内心的尊重，感谢他们给我们的服务。作为客户的我们，不应把别人的付出当成必然，哪怕做出最微小的转变，冲他们笑笑，说声辛苦了，他们也会在心里一直记着，开心一整天。所以体谅他们的劳动成果，就是对他们的最大关怀。情绪是可以感染的，也许你的微笑就通过快递小哥传递给下一个人，这是非常微妙的联系。

　　在这个飞速发展的时代，今天快递行业还在发挥着吸收就业的巨大能力，也许在将来的某一天，这个行业也会消失在时代的洪流中，如今在大街上奔驰的快递小哥首先有作为社会人的需求，比如生活、赚钱，他们也有和我们一样的烦恼、一样的各种各样情绪，我们之所以把他们作为一个群体归类，只是因为这样的行业特点。但是他们不应该被标签化，也许有一天在夏天的夜幕下，会有一个快递小哥和你我一样，结束一天的奔波，穿上球衣，在楼下打打篮球；或者叫上三五好友，找一个夜市小摊撸串，聊聊日常，侃侃期望。

B.17

时光不待，骑士匆匆

——城市快递小哥深访报告9

夏 蕊[*]

见到外卖配送员小琛（化名）是在下午三点多。有些学生偶尔出现在校外的街上，三三两两。经过午饭时间后短暂的平静，外卖员的电瓶车们再一次忙碌起来。点餐的晚高峰尚未开启，各色餐箱不时闪现在车流当中，转瞬匆匆驶过。

"职业式"习惯

与小琛见面的餐饮街区是附近外卖员接单取餐常来的地方，下午这个时候店里还没什么人。小琛背对过道坐在一张桌子旁，依旧是平日的工作装扮——亮色的工作装裹着棉服，头上戴了顶保暖的毛线帽，帽檐和围巾中间那张年轻的面孔似乎总是朝气满满。棉手套和手机都放在一边，像是陪伴工作的无声守护者。

我将一杯茶和一杯咖啡递到小琛面前，他却笑着都拒绝了。"平时不怎么喝水"，我以为他有些客气；"送餐的时候赶时间，顾不上喝水，忙起来厕所都找不到啊。"小琛半开玩笑道。渐渐地，不喝水也成了习惯。小琛现在的外卖工作是排班制，分为早、中、晚班三个时间段，他选的是中班，从上午开始工作到大概晚上九点。其间的午饭和晚饭时段，也就是中午10：30～14：00、17：00～21：00这段时间，要求外卖员必须在线接受系

---

* 夏蕊，对外经济贸易大学国际商学院本科生。

统派单；其他时间可以自愿选择是否开启接单和配送。完整的休息日就更不易得了。根据站点内全体外卖员的情况，在上线工作率达到95%的前提下才可能休息一天。

不忙，但宁愿忙

收入呢？"要看'运气'。"工资没有底薪，每一单的收入也是固定的，因此薪酬几乎完全由配送的订单量决定。小琛从事的"专送"配送服务，不同于"众包"配送。点外卖的时候我们可能没有留意到，在页面上有个小小的"专送"标识。专送和众包对顾客来说可能没什么不同。二者的区别主要在于，"专送"由第三方公司向外卖平台提供配送员资源，工作时间是排班制，由系统派发约三公里范围内的订单，每单的收入固定，整体管理较为规范；而"众包"岗位由配送员个人自行申请并接受平台审核，工作时间方面没有排班，由配送员自主选择上线与否、何时抢单，每单的收入也因配送距离远近等因素而有所不同，整体工作时间较为灵活。相对而言，"专送"是全职员工加盟的途径，而"众包"则更多是空闲时间的兼职选择。

"今天中午只送了两单。"小琛脸上露出略显无奈的笑——今天可能是"运气"不太好的一天了。这两单中的一单就有24份餐。"这种一单很多份餐的情况，比如集体订个工作餐，其实经常遇到。接到这种单的话，我们一般'不敢'再接其他单，因为这一个订单从备餐到配送花的时间比较长，再送别的就来不及。"因此，在有着严格时间要求的工作环境下，这种大批量订单对专送配送员来说是有些不利的。小琛说正常情况下，冬天每天可以送大约30单；夏天少一些，每天20单左右。

配送每一单的时间都很紧张，因此小车总是跑得急匆匆的；但一天下来单量不大，显得这份工作好像又没有想象中那么忙。"不忙。但宁愿忙。"尽管他所在的外卖平台总交易额在今年增长迅猛，但小琛工作的这片区域似乎面临着"没单可送"的窘境。他觉得与其他平台相比，自己面临的问题

尤为明显。平台活动力度不大，用户黏性又非常低，对于价格敏感型的消费者来说，选择其他平台无疑是理性的决定。平台的顾客订单少，派给外卖员的单就稀疏，收入也不得不随之缩水。"出来打工，工作累、条件差这些都不是大问题，主要是能让我们挣到钱就行。"他说得很诚恳。在外卖行业最火、订单最集中的冬季，订单量却达不到期望的数字，"冲单奖"变得越来越难企及，大家工作的信心和热情有点受打击。身边的同事情况也都差不多。要想拿奖，小琛半开玩笑地说，"除非是早中晚连轴转，整天工作不休息，才有可能。"

外卖小哥的烦恼

与停滞不前的收入相比，支出水平却持续被抬高。小琛目前和同事合租外卖站点附近一个小区里的住房，每个月租金分摊下来一人要 1600 多元。站点内有很多同事租住在公司提供的宿舍，居住条件差一些，每个月只要 800 元。这些宿舍就集中在小区边缘一排沿街底商的背面。外面一侧是商铺，整齐的一排门店风格各异、装修精致，发艺沙龙、奶茶店、超市，很是热闹。里面一侧就是这些外卖小哥的宿舍了。一排略显简易的宿舍，没有华丽的装潢，灰色水泥墙，这里一贯安静，小哥们要么出去送单，要么享受着短暂而珍贵的休息时间，然后也要整装出发，加入浩荡的外卖大军，融入车水马龙中去。很多同事都住在集体宿舍，这是他们的据点，也是每天深夜归来的家。也有一些同事像小琛一样选择在外面租房。"主要是每个人的生活习惯不一样，我不太喜欢宿舍的环境。"在宿舍里，每天上班下班都离不开工作话题，他希望有一些脱离工作、更为私人和自由的时间空间。

"明年房租再涨，就又要重新找房子，中介费相当于两个月的房租钱。"除去衣食住行，算了算自己现在的收入，剩不下什么钱。我指了指他身上印有品牌标识的工作服装，"这是公司发的吧？""不是，是自己买的。一个头盔要 80 块，一个餐箱要 200 多。"这些东西又很容易丢失，头盔餐箱放在电瓶车上，停在楼下路边可能就被拿走了。从公司统一领取这些装备要交押金，一旦丢失又很麻烦，索性自己买了。身边的同事基本也是这样。"在淘宝就能买到。"小琛的一位同事路过，和他打了个招呼，对他不去送餐反而坐在这和人聊天感到有些疑惑。这位同事并没有穿戴识别度很高的工作服装。"公司会抽查装备穿戴情况，但我们其实不爱穿。"去一些小区送餐的时候，如果不穿外卖员的工作服、不带餐箱很容易进；但穿着工作服就必须登记信息、走程序，很麻烦也很耗费时间。

小琛问我："你们一天吃饭要多少钱，能有 100 吧？"他顿了一下，又说道，"我们给自己每天吃饭的标准，是 30。"我有点惊讶。辛苦工作，又三餐都要在外消费，每天 30 块够吗？"吃不好，但能吃饱。"小琛介绍了附近一个购物中心有实惠的饭菜；有的快餐店对外卖小哥有一定折扣，还有的店家在晚上九点之后会把菜半价优惠卖给他们。"可是他家半价还是挺贵的"，我们都笑了。

工作中有暖心的店家，也有令人头疼的。"最烦的就是店家不出餐。"接到外卖订单后迟迟不准备菜品，甚至等外卖员到店内都不开始准备。店家不及时，客户不理解，骑手们没办法只能等。有的订单系统设定时间只有 30 分钟，但很多中餐馆十几分钟是出不了餐的，这样短的备餐时间要求外卖员十几分钟即可顺利送达。对于送餐过程，他强调"真的是着急，就是着急。"每次配送都是在抢时间，和准备菜品的店家、和下楼拿外卖的顾客、和马路上骑车飞驰的自己，抢时间。

"其实我挺不爱给学校送餐的。"很多学生接了电话却不去取餐，外卖员尽管焦急，也只能在校外等待。可能是由于部分外卖员会提前给顾客打电话，导致学生们形成了"虽然打了电话，但他应该还没到"的印象。"但我个人不愿意太早打电话"，小琛说，"理解是相互的。"如果双方形成了一种信任或默契，这些等待时间在很大程度上是可以避免或压缩的。"我们其实不要求进学校里送餐，如果有一个地方能代收就好了。"

"送啥都快"的背后

据相关数据分析，美团外卖的平均送达时间已经缩短至 28 分钟①。美团外卖以及其他同城即时配送业务如此高效的服务，一方面源自快速发展的技术。AI 与大数据的应用逐步普及，基于人工智能可以对配送难度、预计到达时间等进行精确评估，全球定位系统的快速发展与地理信息系统厂商能力的不断突破，使得基于用户地理位置服务类的应用开发成本大大降低。另一方面，也得益于国家对基础设施的持续投入。移动网络质量不断提升，成本逐年下降，也间接促使智能手机几乎实现全民覆盖。然而无论是技术对于骑手配送能力的精准计算，还是基础设施和交通环境的改善，都需要与配送员这一重要环节结合起来，才能获得高效的订单配送服务，建设平台强大的履约能力。

外卖小哥们的急速送餐助力了高效率形成，但如果没有处理好"急"的问题，很可能引发意外。小琛所在的站点，前几天有位同事因为躲避突然出现的小孩扭伤脚踝，休息了几天。有一位更年轻的外卖员因为着急送餐出了交通事故，车子几乎被撞飞。还有一位同事曾因骑车时躲避老人而摔伤，造成肋骨骨折，休养了三个月。然而这种"急"又常常不被理解。他们急得危险，急得被动，也急得无可奈何。

但送餐超时还不是最主要的问题，因为"最怕的是差评"。随着外卖行业不断发展，相关的各项功能和管理机制也逐渐趋于完善。其中外卖评价系统是对相关方服务水平和信用水平的综合评判。消费者评价机制给顾客提供了反映问题、分享感受和经验参考的重要平台，也为商家提供了便捷的反馈渠道，同时，还降低了平台风险，将外卖全过程的责任细化分配，准确评估。但复杂的评价系统也给快递员增添了不少烦恼。订单偶尔超时还可以通过尽量加快配送其他订单"把准时率拉上来"；但差评等于确定的损失：顾

---

① 美团技术团队：美团配送系统架构演进实践，https：//tech. meituan. com/2018/07/26/peisong – sys – arch – evolution. html。

客一旦选择了与骑手责任相关的差评原因，将导致骑手个人几百元、站点万余元的罚款。吃外卖时的一个不小心误选误评，对他们来说则是一笔严重的损失。还有的时候顾客出于个人原因要取消订单，如果不小心勾选了"骑手无法送达"等取消理由，那么这笔费用则要由外卖员买单。"还好这类问题遇到的不算太多。"

进入外卖行业前

小琛送外卖不到一年时间，2017年年初从老家黑龙江来北京，先是做了一年的快递员。"感觉快递和外卖差不多，都是服务业嘛；不过送快递在时间上更灵活一点。"快递以完成送件任务为要求，外卖专送则要求在规定时间段必须在线。说起放弃快递工作的原因，小琛顿了一下，有些失落。"因为不发工资。"当时不是作为快递公司的直营员工，而是为一个区域承包商直接工作。承包商因为年底财务问题拖欠了快递员们的工资，尽管用各种方式讨回了一部分，但还是无奈以少发一个月的工资而告终。

说到工作经历，在来京之前小琛已经做过好几份工作，从16岁开始。中学毕业后，学了测绘技术，这方面的工作做了半年，测量、画图纸。"那时候年龄太小，不好找工作。测绘之后呢，又做游戏代练，干了小半年。"现在的游戏代练业务已成为游戏行业不可忽视的组成部分，2017年仅"王者荣耀"这一款游戏的代练流水额就高达百亿。而十年前小琛从事网络游戏代练的时候，游戏衍生产业初具规模并逐渐发展，2008年武汉的一家网络游戏代练公司首次拿到了工商执照。个人代练、工作室代练两种形式并存。类似现实世界的家政等服务，游戏代练是虚拟世界的服务交易形式，也因此产生了雇佣关系和相应的收入来源。对一个十几岁刚刚开始独立的孩子来说，游戏代练似乎成了个人喜好与社会技能的过渡。打游戏、看电影是小琛过去的爱好，可现在这些简单的娱乐活动都被迫放弃了。"因为没有时间。"由于外卖订单不定时到达，这些配送员处于时刻待命的状态，所以也就只能保留一些"随时开始，随时结束"的活动，比如看看手机电子书之类。

游戏代练之后，小琛在家乡的一家 4S 店担任信息员，主要从事售后服务工作，负责和厂家沟通。这份工作持续了两年，但终究也非长久之计。再之后，小琛学习了电梯安装技术，这份工作一干就是七年。从老家到大庆、哈尔滨，在整个黑龙江跑。"哪有项目就去哪，当时最远去到了江西。"

"……但是后来出事了。"小琛的神情平静而又严肃起来。在一次安装过程中，他在电梯井道里，轿厢上空，本应沿着钢丝绳爬到顶层电梯门再出去，可这时电梯突然启动，他就直接摔在了电梯顶上。我试着问当时大概有多高，他说"那一瞬间，大脑空白了。"可能只剩下了本能反应。"只感觉发现电梯走了，撒手跳下来，就摔在电梯顶上。"万幸的是，当时自己"年轻、灵巧，没受什么伤"。说着举起左手，手背关节的地方有一个圆圆的疤。他说这是钢丝绳磨破手套、磨破手，磨到骨头。当时没有知觉了。是真的被吓到了。"我感觉自己是个胆子挺大的人，但那天晚上路都走不了，是让朋友背回去的。"说着讪讪一笑。

"当时差点把我摔死啊。"心理阴影让他两三个月都睡不好觉。"那时候天天害怕，站到电梯上都怕。"但在这种情况下，他还是坚持带班完成才离开岗位。"当时是替师兄弟的班，他不在，其他人又不会，我还是得把他们不会的做完再走。"

出了这样惊险的事，家里人还能同意他继续回去工作吗？"当时没告诉家里人。正好父母回老家去了，我一个人偷偷在家待了一段时间。家里谁都不知道。"又过了一段时间，他们才从小琛朋友那里得知这次事故。当时同事们在一起，有时会聊到万一有紧急情况该如何处理，毕竟电梯安装本身就是高危行业。但没想到有一天真的遇到了。回忆起两年多前的这段经历，小琛感慨又坚定地摇摇头："现在他们（以前从事电梯安装的同事）还有人找我。但肯定不会再干了，心里过不去那道坎。"

无奈清单

休息了一段时间后，去年年初来到北京，在朋友的介绍下开始做快递工作，今年转到了外卖行业。"想要找一份稳定的工作，但都有学历要求。"对外卖行业的感受，他觉得"外人瞧不起。这是实话实说。"

这种"瞧不起"可能不仅直接体现在相关方对外卖从业人员的主观态度上，也间接反映在配套设施和相关政策等多个方面。店家不"待见"，有的甚至明令规定堂食优先，"外卖不用急"，店家不出餐令外卖员很是无奈，因而才有了"外卖小哥进后厨炒菜"的一幕；顾客不理解，电话打不通，取餐不及时，可能给后续订单造成一系列影响；甚至部分小区保安也对外卖员态度恶劣。等待时间因为没有停车的位置，把电动车停在汽车车位可能遭遇被拖走或者被堵住的问题。

小琛回忆说，有一次等待出餐时把电动车停在外面，出来发现被一辆汽车堵得严严实实。眼看订单时间所剩无几，又联系不到车主挪车，无奈之下只好转单给其他同事进行配送。车主也是临时有事，十五分钟之后便回来了。但十五分钟和五分钟的差距，可能成为一位外卖员的难题。"人家车主也不是故意堵着的，大家都是临时停，也没办法。"

小琛说，现在租的房子不知道还能住多久。中介甚至不愿意给外卖员找房子。他们几乎需要每天给电瓶车充电，由于可能的消防安全问题，很多外卖小哥被拒之门外。"有的同事确实会在无人时给电瓶车充电，但是我不这么做。可是承诺了不充电，人家也觉得不安全，看见你拿着电瓶就不放心。今年不是又着了几次火嘛。"小琛和同事们商量着打算明年换成摩托车，但随之而来的问题就是规定四环以内摩托车不能进，所以迟迟没下决定。

各种"无奈""没办法"似乎成了小琛描述现在工作用得最频繁的词汇。他说明年再干一年，打算回去了。"北京不适合我们发展，没有什么前景。"外卖行业的流动性很强。其商业模式当中很重要的一点就是通过满足消费者需求，建立流量平台，因此平台不断扩展，大量线下店和人员加入。与此同时也有大量人员流失。很多从业人员从三四线城市进入都市，一段时间后又返回家乡；或者把外卖工作作为在这个城市原始资金积累的途径，所以时间不长也纷纷转向其它领域。来北京的这两年没有挣到什么钱，家人也反对自己继续留下来，希望他回去家里人一起做装潢工作。"年轻人大都不

愿意和家里人一起干活，觉得受拘束。"可时光不待人，在北京如果没有可预见的发展机会，他似乎也只得回老家了。

又要过年了

从 16 岁开始工作，小琛已经有十几年没有在家里过元宵节了。即使今年春节能放十几天的假，他也不得不提前回京。"打算腊月二十八回去，初七八回来吧。票太难抢了。"以前和同事专门在网吧等抢票，结果瞬间就没有了，尝试了各种手机应用也没能成功。"等加车，实在不行买站票。"小琛回忆，自己最多在火车上站过 27 个小时。

独自在外打拼了十几年，现在仍是单身大军中的一员。"这一代人结婚太早的话，压力太大。希望有一点积蓄和基础再考虑成家。"他说不反对家里人介绍，但始终没有遇到心仪的对象。回老家一次成本太高：来回路上要花两天时间，加上路费等各种开销，回家一趟差不多要 3000 块。小琛家里是父母和一个弟弟，弟弟性格比较内向，在做文职工作。小琛则比较开朗，也健谈。虽说工作生活中有许多不顺意的事，也能淡然豁达。

他说，现在的大问题就是租房。最希望能有一个负担得起，又能充电的地方。居无定所给未来增加了更多不确定性。"明年房价涨了，还不知道到哪儿去。"

聊着聊着，夜幕升起。许多车轮驶在归途上，无数颗心颠簸在车厢里。还有很多外卖小哥，数量庞大却又各自单枪匹马，飞驰在城市并不漆黑的夜色里，奔波于手机前的期待和热腾腾的幸福之间。

告别了小琛，窗外依旧是黄的、蓝的、红的，各色的身影闪过。手机丁零不断，车轮依旧匆匆。

B.18
先是父亲，再是外卖小哥

——城市快递小哥深访报告 10

黄依萌*

吴某，1984 年出生于西部某省，现与妻子、儿子住在北京。2002 年开始北漂，2015 年起从事外卖配送工作，服务过多家外卖公司，配送范围主要集中于北京市朝阳区一带。

外卖元老

吴某不是人们"想当然"的那类外卖小哥：大嗓门、做事风风火火。他说话沉稳、语气平缓，骑车不急不抢；但他脚步快、动作麻利，什么时候接单、什么时候给客户打电话，他安排得妥当。他有点像武侠小说里的高手，不显山露水，但内功深厚。

这不是一两年的工作经验换来的，"我 2013 年就开始做外卖了"，他算得上是互联网时代下外卖配送行业的"元老"，甚至在移动支付还未迅猛发展的十年前，"那时就有电话下单、外卖配送，我当时干那个工作就很赚钱"。吴某说的这种"电话外卖配送"分两种：一种是餐馆给附近企业的员工发传单，有人点餐时由餐馆自行配送；另一种是外卖员给餐馆发传单，有人点餐时餐馆要外卖员配送。这两种外卖配送他都干过。

他先在餐馆工作。吴某在新东方烹饪学校学过，在成为外卖小哥以前，工作一直都和餐饮有关。他有妻儿、有家庭。他当年和妻子带着未满百天的

---

* 黄依萌，对外经济贸易大学国际经济贸易学院本科生。

孩子到北京，从家乡来京路途漫漫，为的就是多赚点钱，让家人过得好一点。所以对他而言，"安稳"很重要，"团聚"很重要，一家人在一起，就什么风霜雨雪都不怕。

他常年在北京市朝阳区一带工作，在一家拉面馆干了三年，后来他自立门户，在家附近的大学对面开了个小餐馆。夫妻齐心，又请了一两个店员，都是踏实、勤恳的人，便将餐馆经营得有声有色。很快，吴某又发现新商机——可以给附近的大学或办公大厦提供餐饮配送，每单就能多赚几块，"这个业务很赚钱，大楼里工作的人，很多人都懒得下楼，（中午）那时候订饭的人很多"，如此一来，小餐馆的生意愈发红火了。

但市容整顿说来就来，整条街的餐馆都不能开下去了，接下来去哪儿赚钱呢？是搬到别的地方看看吗？还是在这附近暂时再找一个门面开小餐馆呢？但是这几年间，门面也在快速涨价，自己是否还负担得起呢？吴某还是决定留下来。因为他早就观察好了，在他租住的房子附近就有一所知名大学的附属小学，儿子快要读书了，论孩子的教育保障、论接来送往的便利，再去哪儿都没有在这里来得合适。为了孩子，吴某一家选择了不离开。

吴某先遣散了店员，妻子也去家政公司找到了工作，但妻子的工资毕竟杯水车薪，只够付个房租，家里的开销用花费还是得靠自己。他突然发现专门做"餐饮配送"是份不错的工作，之前自己开饭店时，忙不过来也会请人来送。就这样，吴某开始专做餐馆配送。

此时正是 2013 年夏秋之交，移动互联网时代到来，吴某"电话配送"干了没多久，就发现了新的"机遇"——他开始转向"移动支付端"外卖配送。

我是看着它成长的

网上外卖配送刚起步之时，这个点餐新方式还并未广为人知，"我当时就感觉以后是手机的时代，这个行业一定会发展起来"，吴某说时语气坚定，那种在社会历练后的成熟判断，与毛头小伙看待工作只为"赚钱"的眼光有所不同，他选择这份工作是冒险，也不是冒险——"风里来雨里去"，尽管看起来不稳定，但"前景好"，就是稳定。

要成为外卖配送员很简单，只需要线上通过外卖配送知识测试，再通过体检就能注册成为外卖员。很快，吴某就找到了第一份"外卖小哥"工作。吴某加入的第一家外卖配送公司现在已经倒闭了，一开始，这家公司的福利很好，除了配送费外，公司会自己补贴钱给外卖员，"后来这家公司被'外卖超人'收购，我就又在他们家做"，当被问及新公司的薪酬待遇时，他只说："没什么差别，当时这个市场刚开始，福利待遇都差不多"，经营不下去的被下一家收购合并，高层的人事变动并不牵扯到一线外卖员，对他们而言，不过是换了个外卖箱包装而已。

吴某兴致勃勃地说，他观察过，2015 年以前，外卖配送市场仍有许多小公司相互竞争。那时的互联网市场，谁都想分一杯羹，资本巨鳄还没来得及入场，野蛮生长的外卖配送公司给了小哥们继续从业的希望。但对于吴某这种看着配送行业发展起来的人来说，当年的他很谨慎，他在观望，等待并寻找下一个待遇更好的外卖配送公司。

他说 2014 年、2015 年是外卖配送员赚钱最多的时候，"后来就不一样了，'饿了么'和'美团'进入了，百度也开始做外卖配送，'百度外卖'那时投钱最凶，大量砸钱到市场"，互联网巨头纷纷将目光转向此处、开疆辟土，外卖配送市场随之大规模铺开，配送方的供给激增，而市场配送需求毕竟有限，供大于求的情况并未持续多久，多数小型外卖公司便办不下去了。那时的吴某已经看清局势，他没有因此失业，反而在这轮巨大的资本投放过程中，用辛勤工作赚取了丰厚的报酬。

2016 年，吴某所在的"外卖超人"宣布"退出中国市场"，他们的理由是认为这个市场有"巨大的泡沫"，但事实上，这家实力强劲的国际外卖公司黯然离场，原因在于市场已被国内互联网巨头瓜分完毕。吴某去了某大型外卖公司，"但 2016 年往后就没有之前那么赚钱了，应该是行业稳定下来了吧"，在外卖配送这个行业待久了，他经常关注、思考行业现象，"'美团'后面有腾讯，'饿了么'后面有阿里巴巴，其他的外卖公司越来越办不

下去了。比如以前还有'达达'",他稍微停顿了一下,"你听说过'达达'这个公司吗?"

看见我疑惑的神情,他大概心中了然,"很少有人像我了解得这么全,我是看着它(外卖行业)成长的",他又强调了一次。外卖配送行业甚少有"企业情怀"可讲。配送员习惯性换公司,他们永远只求钱赚得最多,最好工作时间比业内平均时间更短。这个潜力巨大的行业需要大量"砖瓦",因而外卖小哥有条件选择待遇好的公司。在干了一段时间后,吴某又到了另一家公司,这家公司去年被某互联网公司收购,背靠巨大资本,不愁平台保障。当被问及"为什么不去其他很火的公司"时,他说:

"工作时间固定,不自由。"

这是个奇怪的答案。这位顾家、最需要工作稳定的踏实的外卖配送"行家"为什么会嫌"不自由"?难道除了外卖员的身份外,他还有什么要忙吗?

留在北京——"争取赚个两万吧"

"有的公司工作时间是固定的,从几点到几点,在这个时间段内,系统给你派单你就必须完成。但在现在的公司,我是可以自己选择的,想送的时候再开系统派单。"

"这样会不会不能保证每日送单量?"

"单数是可能没那些平台的多,但我可以增加在早上和凌晨的单。饭点和凌晨送单,赚的钱会多一些。"

吴某考虑得很周全。他们一家三口去年租了新房子,房子更宽敞,租金也更贵,妻子做家政服务赚的钱只够四千房租,其他的花销全得靠他从事外卖工作赚取,所以一笔笔账他必须算得仔细,哪种工作模式最赚钱他摸得一清二楚。

"我老婆的工作时间是每天六个小时,下午她还要接孩子放学。"

"那早上呢?也是她送吗?"

"没有，我每天送。"

吴某家的儿子今年已经读五年级了，吴某每天清晨送孩子到附属小学上学。实际上，从家里到小学，路上也就二十分钟左右路程，但吴某哪怕每天"绕一下"也要骑着电动车送孩子去上学，因为这样更快，孩子能起晚一点，路上也少辛苦一点。

送完孩子，吴某开始接早晨的点单。三餐派送的高峰时段都有额外补助，商家和公司会各出一些钱补贴，平时一单可以拿到七八元，用餐高峰期可拿到 10~12 元。他平均每天送 60 单。早晨工作的配送员并不多，而他主要配送的范围外卖需求量并不少；再加之吴某不像许多外卖员，因为不愿意跑远而将服务范围定在五公里内，他将配送范围设定在十公里内，以家所在小区为中心，再远的望京或奥森公园他都去，所以他经常在早晨就能完成部分预期单数和预期收入。

从清晨开始工作，没有过多休息，他会一直工作到下午两点，此后不再贪多一分一秒，接着回家吃饭、睡觉。妻子负责接孩子回来，他不用操心，安心地睡到晚上 9 点、10 点，起来吃晚饭，又出去接凌晨时分的订单。"凌晨的单是最赚钱的，本来配送费就会贵一些，平台公司还会自己掏钱给补助"，吴某看准了这一点。

他负责的配送范围涵盖了多个居民区、几所大学，那些夜晚不愿出门的小区住户与精力旺盛但出不了校门的学生构成了他大量稳定的订单来源。再加之，很多外卖小哥也不愿意凌晨工作，同早餐外卖配送的情况一样，他赚的，正是供不应求带来的收益。而凌晨的配送费，吴某最少可以拿到 15 元一单，有时甚至 20、30 元一单。凌晨三点，他回到家，几个小时稍作休息，又起来送孩子去上学。吴某每天的生活工作极其规律，孩子接送问题夫妻二人安排得妥当，一日三餐不正点的热菜热饭，妻子也都备好。这个家庭配合得默契，去年能攒钱搬了更宽敞的房子住也就不足为奇了。

吴某说，他一个月工资下来，能赚一万八。但 7、8 月没有这么多，大学放假了，家附近少了不少客源，同时天气热也影响人们点外卖，于是这家人常在暑假时回老家，正好避避暑。而冬天的几个月，吴某准备努努力多赚

一点，"争取（一个月）赚个两万吧"，他这么说。

今年春节吴某一家准备待在北京，不回老家。一家三口在一起，年倒也能过得像样，过年时也能接几单外卖配送，不仅配送费高、平台又有补助，倒挺合算。但不回家过年最主要的原因并不在多赚几千元钱，"孩子还有补习班要上，寒假时间又短，还不如留在北京。"小吴同学 2020 年就要小升初了，吴某和妻子担心孩子学习跟不上，但最主要的是担心孩子不能留在北京读书。

"户籍是个问题。孩子以后得回家乡高考，所以就不能在北京这边读中学，必须在那边读，不然人家不给你高考的资格。"

"初中也不能在北京读？"

"不能，必须初一就回去读，他们不认北京的成绩。"

"那如果你们家孩子明年要回去上学了，你们还留在北京吗？还是回甘肃呢？"

"不知道，可能会回去吧。"

看来这个日子越过越好的家庭也并非没有忧虑。他们勤劳，他们认真，他们努力用奋斗的姿态换取好的生活，他们或许还期待孩子的未来能光明一些，所以在孩子未满百天时就带他一同"北漂"，让孩子在全国教育资源最好的地方成长。尽管他们知道，比起真正的大城市的孩子，他们儿子可能享受得还少了一些，但儿子平日的基本吃穿用度，小学、中学甚至大学，这对夫妻都想过了，一样没少。

话题稍有些停顿。子女必须回原籍读书，……而寄希望于教育资源地域分配更均衡，什么时候才能真正实现呢？

"其实，也还是有办法留下来的。"过了一会，吴某说道。

不声不响的爱

"我儿子正在参加学校的短道速滑校队，如果他明年比赛成绩好，可能会有学校来要他。"吴某说的"办法"正是以"体育特长生"身份借读，如果他儿子自己争气，能考上体育特长生，那就能正正当当地留在北京读书了。北京市从 2018 年开始取消了中小学艺术特长生考试，但体育特长生考试一直没有取消。这最后一根"救命稻草"，吴家渴望抓住。

小吴同学现在五年级，但他玩滑冰已经四年了。一开始，吴某的一个朋友把自家孩子穿不下的轮滑鞋送他，回家给小吴一试，穿上大小正好。小吴一有空就爱穿着这双鞋出去玩，小男孩儿天性活泼好动，人又机灵，就在楼下的一小片空地那儿玩耍，也没人教他，只有夫妻二人轮流守着，小吴自己摔了几跤，也没哭没闹，就学会了。小吴特别爱轮滑，穿着那双鞋，"滑"街串巷，自在威风。有一天，有人对吴某说："你家孩子有天赋，送他去试试溜真冰。"

于是就送去真正的溜冰场。刚进入溜冰场，必须要人带着练，每次费用都要几十元。花销不少，但挡不住小吴发自内心的热爱，吴某夫妇咬牙坚持了。看着这个"小旋风"又开始在溜冰场自在穿梭，夫妇俩仍只觉得这是小吴的爱好，没有多在意，只当运动也能强身健体，比打游戏、看电脑多几分好处。自从发觉孩子对冰雪运动的热爱后，每到冬天，吴某还带着孩子去北京郊区的滑雪场滑雪，小孩儿领悟能力强，学的时间不长就滑得像模像样。吴某的朋友圈记录了这些瞬间：白雪皑皑的山，小男孩儿穿戴着颜色鲜艳的衣帽，围巾裹得紧紧的，只露出那双笑成一条缝的眼睛，他从坡上冲下来，笑声如串串悦耳的风铃声。

两年前，小吴的学校开始组建短道速滑队，小吴成为第一批加入的成员。这支队伍很年轻，但胜在支持力度大：国家为了 2020 年北京冬奥会的顺利举办，在基础教育领域投放大量人力、财力助推冰雪运动普及，短道速滑一向是我国传统优势项目，获得的支持就更多。为赢得学校荣誉、体现办学特色，附属小学又借用集团内大学的专业体育场馆做训练场地，还特邀来国家级退役运动员和大学教师做速滑教练，从体能、基本功、速滑技巧等方面全面教学，天时、地利、人和占了个遍。

变成专业训练后，"滑冰"这件事就和单纯的爱好不同了。吴某这才逐渐了解探听到还有"体育特长生"的路子；平日里小吴的训练，夫妇俩盯

得紧，在大学校园里每周训练两次，一次在操场练体能、一次在专门的场馆练技术，夫妇必送往迎来；不训练的日子回家练体能，仰卧起坐、蹲起、基本动作等，每个都最少两百次，夫妇谁有空谁陪着数数，没有一日断缺。这个孩子也是真心热爱，也真心能吃苦，虽然有时也想过偷懒，但每日的训练量仍老老实实地完成，相当认真。

努力总是有回报的，那些执着奋斗的人，总会获得自己应得的好成绩。小吴现在才五年级，但已经是附小短道速滑队里的第一名，是领头羊了。他如今个人赛能在区里的比赛中拿高年级组第五、六名成绩，这个成绩不尴不尬，因为中学一般只收前五名的苗子，他的成绩并不保险。但小吴还有一年的时间，他的身体机能还会更完善，成长期的孩子发展势头迅猛，吴某对小吴明年的成绩是很有期待的，他觉得小吴拿区里前三没问题，被中学教练选走也是顺理成章的事。吴某虽然对小吴的成绩满意，但他从不在言语上夸赞，他甚至说，"虽然学校速滑队里有些家长说'你家孩子已经滑得很好了'，但我还是觉得他滑得很差，动作也很不到位，根本就没滑好"。话是这么说，吴某的嘴角却已经上扬。

吴某是传统的中国父亲，向来吝啬夸赞子女，实则时刻关心子女点滴。他们从来都没有否认或不认可子女，只是希望孩子戒骄戒躁，不要因为一时的成绩沾沾自喜而阻挡进步。他们的爱很深沉，不声不响地存在着，厚重且有力。

小吴的偶像是武大靖，一名出色的中国男子短道速滑运动员。武大靖在2018年韩国平昌冬奥会上带领中国男子短道速滑队夺得团体金牌，自己也收获个人项目金牌，成为当年最引人注目的奥运明星。那年夏天，小吴和短道速滑队的小伙伴们见到了偶像，还和偶像一同拍摄了2022年北京冬奥会宣传片。奥运冠军鼓励他们继续努力、好好练习、小吴很受鼓舞、很开心。吴某翻出手机里的照片，在合照里小吴站在一排小队员的中间位置，身着队里统一的浅蓝色的运动服；武大靖就站在他身后，身着红白相间的国家队队服。小吴望着镜头，笑眯眯的。

小吴所在的校队还不成熟，成绩不算突出，团体比赛成绩只能在区里排第五、六名，校方、教练也都不满意。教练特意安排了寒假集训，但这不属于学校的教学课程，说起来算是"自愿"，且还要去借场地，费用自然不少，两三百元一次课，一次一个半小时；在过年前集训 10~15 次，在年后又马不停蹄继续训练，一个寒假下来，光训练费就得花掉六七千元，更不必说装备等费用。这不是一笔小开销，但吴某看得很开，"比起很多从小就在俱乐部专业练习的，我家孩子这其实不算什么。那些在俱乐部练的，有专业的教练和场地，一年要五万元以上，也更有效果、更出成绩。"

但是，从昼夜颠倒工作的疲惫，到新春都留在他乡赚钱的艰辛，这个父亲已经尽己所能，提供能力范围内能提供的一切，他已经做到最好了。

"其实我没想过他真能滑出什么成绩，或为国争光。他喜欢这个，就当小孩子锻炼身体也挺好。"他笑着说道，眼里闪着光亮。

B.19
最熟悉的陌生人
——城市快递小哥深访报告11

王浩云 *

　　凌晨六点的北京，格外寂静。当大多数人都沉浸在梦乡的时候，已经有一批人抵着冬日的寒风，奔波在路上了。他们用自己的劳动和汗水守护着这座城市，也守护着自己的梦想。小张就是其中的一员。

　　小张是一名直营全职快递员。虽然只有23岁，但是他已经在快递行业积累了三年多的工作经验了。2016年，小张离开家乡，只身一人来到上海打拼。经过一家中介公司的介绍，年仅20岁的他作为一名快递员开始了他在快递服务业的职业生涯。虽然每个月都有较为稳定的收入，但是初入工作时的艰辛曾几次让他产生了退缩的念头。碍于上海较高的物价，加之很少有行业能够提供如此稳定且较高的薪水，小张的转行计划最终还是没能实施。2017年，出于个人原因，小张辞去了在上海的工作，决定在北京继续这份事业。这一次，他选择了在同一家快递公司就职。

　　被问到为何选择北京，而不是其他城市时，小张笑着说："都说北京是一座黄金遍地的城市，有着太多的机会。太多怀揣着梦想的人在这里挥洒汗水，通过自己的努力创造了属于自己的成功。我也不例外，我希望用自己年轻时的努力换取未来的幸福生活。另一方面，我在上海也待了挺久的了，也想来北方体验一下生活。"之后，我问他，"来到北京两年了，您觉得北京和您当初想象的一样吗？"小张无奈地笑了笑，说道："北京的贫富差距比我想象的还大。感觉有钱的人越来越有钱，穷的人还是那么穷。都说快递员

---

* 王浩云，对外经济贸易大学英语学院本科生。

月入上万，可能比普通的上班族还高，但是那只是极少的情况，真正的实情和我们背后的辛苦又有谁能体会呢。"

快递员的辛苦和辛酸

凌晨五点起床，洗漱完毕后穿上工服去公司。六点左右到达公司投揽站，对新上的货进行分拣。分拣完毕后，各位快递员将包裹一一整理，核对无误后将包裹装进电动三轮车内，开始在辖区内进行配送。驶出快件投揽站已是早上九点半，小张在路边的早点摊买了两个肉馅的包子，就算用完了早餐，之后便一直配送到中午十二点半。回到公司后，小张在手机上点了外卖，一边吃一边休息到下午一点十分，就继续出来工作，直到下午五点才将白天收发快件的任务完成。随后在公司吃过晚饭，稍事休息，晚上七点半左右继续对新到的快件进行分拣，为第二天的配送做准备。回到住所的时候已经接近凌晨十二点了。

这是小张向我描述的他平常的一天，也是较为轻松的一天。每日凌晨五点钟准时起床是小张保持了三年的习惯。年年如此，月月如此，日复一日，早起已成为小张本能的反应，每日不用等到闹钟叫早，就能自然醒来。平日里，快件的收发数量一般为300件到500件。即使在淡季，也有一天一两百件的情况。但是到了旺季，例如"双十一"、"双十二"、元旦、春节等节假日前后，快件的收发数量都会暴增，小张的工作量也会成倍地加大。有时候因为快件到达的速度较快，为了避免包裹堆积，快递员必须及时进行分拣和装车。每当这个时候，小张中午和晚上几乎没有时间点外卖，实在饿得不行也只能在配送快件的途中找一家路边摊应付一下。收发量的暴增也给单据的核对增加了难度，夜晚分拣的工作有时能持续到凌晨2点。在那段时间，小张一天只能睡两到三个小时，第二天又要提前到达快递站继续进行分拣工作。

高强度的体力劳动让不少快递员年纪轻轻就患上了"职业病"。因为长期搬运重物步行和上下楼梯，小张时常感到腰酸背痛。"这些都是我们这个行业的通病，我的很多同事多多少少都患有肩膀、腰椎、脊椎痛的毛病，手

啊都很粗糙。感觉这都快成了我们行业的勋章了哈哈，没点这种毛病都不好意思说自己是做快递的。"小张笑道。

除却超负荷的工作外，最让小张感到为难的则是来自客户的投诉压力。作为一个经常在电商平台订购货品，且长期依赖于快递公司的用户之一，我自己从未和快递配送员发生过口角和矛盾。但是小张坦言道，投诉对于快递员来讲是再平常不过的事情了。小张所服务的辖区位于北京市朝阳区，该辖区主要以居民楼为主。相较办公楼而言，居民楼配送的包裹数量较多，包裹体积也较大。除此以外，办公楼一般都会指定投放地点，让客户们自行下楼取件，而居民楼则需要快递员亲自上门送件。如果遇到客户不在家的情况，还需要将包裹重新运回物业公司或者其他指定地点。在这个过程中，难免会发生一些让快递员为难的状况。

譬如有很多次，小张按照要求上门送件，但是收件人不在家。在打电话进行沟通后，由于收件人想要当场验收货品，就要求小张再等一会儿，并约定好三十分钟后见面。于是小张决定先去别的楼层和单元配送其他快件。半个小时之后，当小张急匆匆赶到楼下再打电话，收件人却说自己还没到家，让小张再等半个小时，自己马上就到。但就在小张离开后去别的区域进行配送的时候，收件人却突然打来电话，说自己已经到了，让小张立马赶过来。当得知小张无法立刻折返时，收件人表示非常不解，并指责小张说："不是说了在那边等我半小时吗？"这种情况屡有发生，小张及同事们早已见怪不怪。"本着客户至上的原则，我们只能尽力满足客户的要求。这一方面是我们做服务行业的基本守则，另一方面也是公司对我们的要求。惹恼了顾客，对谁都没有好处。"小张说。

当自己的利益受到实质性损害，或者当自己对快递员的服务态度产生不满时，很多客户都会用投诉的方法来解决问题。然而投诉的后果却十分严重，不仅影响到对快递员的综合考评，也牵扯着奖金以及工资的问题。所以，即便有的时候责任的界限是模糊的，但为了避免更严重的问题，快递员也会选择息事宁人、自行赔付。讲到这里，小张举了一个常见的例子：他按照要求上门送件，在收件人当场验收快递并确认无误后，小张便离开了。但过了好几个小时，小张却收到收件人的电话，对方称自己后来发现里面的产品出现了数量缺失和质量残缺的问题，要投诉快递公司。由于当场验收时没有影像记录，只有收件人和配送员两人知晓，担心收件人一口咬定是快递公司的责任，为了息事宁人，快递员只得按照公司规定进行赔付，而且要按上限赔付。

"我们快递员都非常关注天气的状况，尤其是雨雪天气。因为很担心会淋湿客户的快件，这样不仅给对方造成困扰，自己也会惹来麻烦。"随后，我问小张，出现极端天气状况时公司是否还会要求快递员继续送件。小张答道，"每个快递都有预估的送达时间。如果是短时的极端天气情况，例如暴雪、暴雨、冰雹等，且不利于出行的话，公司会允许我们暂时停工，第二天再进行配送。但如果是长时间的不良天气状况，为了防止包裹堆积，无论风霜雨雪，我们都需要加班加点进行配送。"遇到这种情况，包裹一般都会有短时间的延迟，一部分客人会表示理解，但还是有很多客人会无视快递员的解释，坚持进行投诉。

在快递行业有个说法，叫作"快递小哥月入万，罚款没一半"。快递员无时无刻不面临着客户的投诉压力和各类突发状况。例如有的小区由于安保系统比较完备和严格，不允许快递员进入小区，只在一个指定的区域投放快件。敞开的环境和包裹的堆积不利于有效的管理，加大了收件人寻件的难度，也增大了丢件的可能性。还有一种常见的情况，就是当收件人不在家，上门投递未果时，在与收件人电话沟通后，快递员一般会选择将快件投放到物业公司，待收件人回家后从物业公司自行领取。但是有时出于各方面原因，会出现收件人找不到快件的情况。这时候，快递员无论地处何方，无论距离多远，都要立即赶回来帮助收件人找寻快件。即便快递找到了，大部分的客户情绪都会非常激动，不会有什么好脸色。"如果真是自己的问题就认了，但大部分状况确实是物业公司或者别的方面造成的，还有可能是包裹就在里面，但因为太靠里面了，客人没怎么注意到。但是我们要再跑回来，还要受人冷眼，自己心里也觉得挺委屈的。"小张说道。

对于小张来说，最可怕的突发状况就是电梯故障。有一次，小张所服务的小区内有一栋楼电梯突然出故障，需要维修，给上门投递造成了影响。但

是那天恰好有一份较大较重的包裹需要上门送给住在 18 层的住户。为了满足客户的要求，小张只能双手抱着沉重的包裹，一点一点向上爬楼。"那一天过后，我整个肩膀几乎都不能动弹，手臂几乎都用不上什么力气，腰部也隐隐作痛，一晚上没睡着觉。"

由于快速是快递行业的第一要诀，一些快递员为了赶时间有时也会超速行驶，或者突然变道、调头，所以人们在新闻上也不时会看到快递员出现交通事故的情况。对于这一点，小张说自己由于比较注意，到目前为止还没有出现交通事故。但是如果公司的快递员车辆与其他车产生了碰撞或者剐蹭，快递员本人因为需要留下来解决交通事件，就会打电话给公司要求再派一辆车来承接货品。如果责任在快递员这方，那么快递员本人需要自行赔偿，相当于一天的工作泡汤了，自己一分钱拿不到，还要缴纳罚款或赔偿金。如果快递员在配送途中遭遇到了伤残事故，如果责任在己方，公司会给予快递员一定数额的补贴。如果责任在对方，则由对方支付赔款。

令人又爱又恨的职业

每天披星戴月、早出晚归、日复一日地超负荷工作，还要遭受客人的冷眼冷遇，有时甚至要为别人的责任买单，这样的工作让很多初来乍到的年轻人望而却步，很多的人做了十几天后实在忍受不了这样的压力都纷纷转行了。但是小张认为，职业不分高低贵贱，每当想到自己的努力便利了人们的生活，他的心中都会涌起一股成就感和自豪感。

"这个行业最需要的是人们的理解。"2016 年初入行业的小张在上海受尽了客户们的白眼。"上海对外来人口的包容度相对较低，不只针对快递从业人员。尤其是老上海人，由于方言的差异，导致我们相互之间的沟通非常困难。沟通不畅也对我的工作造成了很大的压力。"来到北京后，小张感觉这种情况好了很多。"北京感觉还是一座包容性比较强的城市。起码语言都听得懂，只要听得懂就有相互理解的可能。此外，北京本地的人口占城市总人口的比例其实是非常小的。外来务工人员很多，所以可能更懂得我们这些快递员每日奔波、在外打拼的艰辛吧。"

我给小张讲述我上个星期看到的新闻，讲的是"双十一"期间，由于快递太多，有一位快递员为了不在晚间打扰客人们休息，凌晨十二点钟去抢占快递柜，八天只睡了三个小时。小张听完也深有感触，他说："虽然做我们这个行业的难免会遇到一些苛刻的客人，但还是有很多人是能体谅我们的。就像我们为他们的生活考虑一样，现在越来越多的人也能理解、认同并体谅我们的工作，让我感觉更有动力了。"

由于在固定的小区内进行配送，小张也与几个频繁收发快递的住户加了微信，成为好友。有时候在小区里碰见，都会微笑着互相打招呼；有时碰到上门送件的情况，住户们还会体贴地递上一瓶矿泉水。2019 年元旦的时候，有几位住户还发了微信红包和祝福，以表示对小张一年以来工作的感谢，小张也会予以回应。这些来自客户们的温暖举动让小张非常感动。"在这座陌生的城市里，我们很多时候都是孤单一人。开始我本也以为我完成了自己的工作就好，不应该对客人们有更多的打扰。但是他们在不经意间回报给我的谢意和对我的理解，让我感受到自己确实地被这座城市需要着，而不只是孤单的一个人。"

入行三年，小张已经积累不少的经验，还收了一些"徒弟"。偶尔也会带刚入行的年轻人跑跑路，熟悉一下辖区和站点，培养新人的过程也让小张感到小有成就。

除此之外，较为稳定的收入和较高的薪水也是小张留在这个行业的主要原因。小张每个月的薪水维持在税前 6000～8000 元，在"双十一""双十二"的配送高峰期甚至可以拿到税前 10000 元左右。但这属于极少数情况，也并不是所有的快递员都能如此，主要还是取决于辖区的位置和住户类型。与高薪相对的就是每日加班加点的劳动和几乎被榨干的休息时间。平日里一周能休息一天已属难得，高峰时期基本就是连轴转，连中午趴在桌子上打个瞌睡的功夫都没有。因为负责一个辖区的人员非常有限（1～2 名），如果休假的话，就会给别的同事增加工作量。小张所在的快递公司没有规定每日最短的工作时长，一天里能够休息多久主要取决于员工的配送效率和当日的工

作量。收发淡季的时候，小张下午提前收工，晚上偶尔也可以约上三五个好友，短暂地小聚一下，调剂一下生活。"至少付出和收入是成正比的，所以辛苦点也没关系，年轻嘛。"小张说。此外，公司还提供员工宿舍，地点距离早上上货的站点很近，步行只需要 10 分钟到 20 分钟，这就意味着小张不需要为房租和上下班通勤而烦恼，自己点的外卖也相对便宜，所以每个月还能存下不少钱，生活和工作压力也都在可承受的范围之内。

小张每天还有 2 小时左右的上网时间，集中在中午午休、晚餐时间和睡前。大部分的上网时间都用来刷微信，和朋友、父母、爱人交流一下感情。小张也很关注跟快递行业有关的新闻，每当有相关的话题登上热搜，他也会和同事们讨论。

未来的规划和憧憬

整体来讲，快递行业流动性较大。其中，有的人攒够了钱，就返回了老家；有的人年龄越来越大，累积的"职业病"太多，体力已经无法支撑自己在行业中生存；有的人承受不了快递工作的辛苦，转而跳槽到了别的行业……我问了小张关于他未来的人生规划，以及是否会离开北京。他回答，自己对这份工作的薪水还比较满意，也想趁着年轻多打拼一下，所以暂时还没有离开北京的想法。最后他还开玩笑似地补充道，如果自己能买得起北京的房子，自己很愿意留在这个城市。

2017 年 11 月 18 日，北京市大兴区西红门镇新建村发生火灾。这次火灾事故使很多外来务工人员离京。我问小张如果自己也遭遇这样的问题，会怎么办。他答道："我可能会去另一个城市，而不是回乡，因为没有一个男人会承认自己在一个城市混不下去了。"如果在别的城市实在找不到落脚的地方，只能回到家乡的话，小张也坦言自己不会继续从事快递行业的工作，以后有了孩子，如果是男孩的话也绝对不会让他在这个行业工作，这就像"医生不希望自己的儿子当医生，老师不希望自己的儿子是老师"一样，因为他太懂得这个行业的艰辛了，不愿意让后代再遭受同样的辛苦。

　　小张有女朋友，是他的同乡，现在正和他一起在北京打拼事业，为二人的未来而努力。小张说结婚是自己目前最小的愿望，为了给女友创造一个稳定、幸福的生活，自己非常需要眼下的这份快递员的工作。说起未来是否有晋升的计划，小张说"不想当将军的士兵不是好士兵"，自己会勤勤恳恳地做事，在邻里间建立良好的口碑，多收获一些好评。同时也会与辖区内收发量多的大客户（例如淘宝店主）培养好关系，取得他们的信任，从而增加一些收发的工作量，进而提高自己的薪资。

　　总体而言，小张对公司提供的薪水、福利和待遇还比较满意，并认为公司的培训体系较为完备，公司会指导快递员如何与客户进行沟通、让他们熟悉配送货品的流程、提醒配送员交通安全等其他注意事项，并在这个过程中宣传自己的企业文化。在福利待遇方面，公司允许一定限度的带薪休假，并会视具体情况定期提供一些员工福利。

　　关于对这个行业政府可以出面改善的问题，小张认为需要政府和媒体多进行一些积极、正面的舆论宣传，可以采取拍摄纪录片、公益宣传片，或者发布访谈等形式让人们来了解这个行业，提升对快递行业的认可度，从而在日常生活中能够多理解快递员的艰辛，而不是抓住极端个例，一味地强调快递行业的高薪和低准入门槛来博取眼球。

B.20
以辛劳点缀微笑，用汗水浇灌梦想
——城市快递小哥深访报告12

瞿　昂*

　　27岁的农村青年李某某，是北京的一名外卖骑手。年纪轻轻的他，脸上已烙下道道岁月的痕迹，但在那泛起的真诚笑容下显得十分亲切，言谈中夹杂着浓郁的家乡口音，给人留下一个辛勤朴实的老实人形象。李某某从初三毕业后即步入社会，至今已从事过多种多样的职业，体验过大量不同岗位的酸甜苦辣。在这些工作中，他认为现在从事的外卖骑手职业是迄今为止最满意的一份工作，也是最适合他自己的。而他要实现未来生活美好憧憬的第一步也要靠这个职业来实现，那就是在这几年里抓紧时间多接单多攒些钱，然后回家乡买套房子，从而建立结婚成家的物质基础。

往事不堪回首，穷且益坚

　　李某某在餐馆、发电厂、电子厂、交警支队和保安公司等诸多不同的岗位环境工作过，看似工作经历丰富多样。然而，这些工作基本都可以用"不堪"二字来形容。现实十分残酷，往事不堪回首。

　　电子厂是他工作经历中最惨的。他在网上看到了一则某电子厂生产线工人岗位的招聘信息，上面白纸黑字写着月工资起薪5000元，并提供公寓住宿、餐饮和其他一些福利，十分诱人。然而现实总是残酷不堪的，等他到了这家电子厂工作时才意识到，一切美好的想象都破灭了。招聘信息上所谓提

　　* 瞿昂，对外经济贸易大学金融学院本科生。

供公寓住宿，现实就是一排比较破烂的平房，每间平房里面只有 20 平方米的空间，却以上下铺的方式挤满了四五张床；而饮食也很差，李某某每次回忆这些不堪的往事时都感慨不已："菜里不见一滴油啊，吃的那玩意儿和喂猪似的……"；此外，在电子厂干活期间，持续的工作中间是没有休息的，连续几个小时下来，累得半死。就是到了这时，他仍心存侥幸，心想："只要每个月能拿到 5000 元工资，吃得差点、住得烂点、工作累点算什么？值了！"结果令人气愤的是，工作到最后发现每个月只拿到 2000 元的底薪，当向负责人质问时，回复更是给他"闷头一棒"。该厂表示要想多挣钱需要去"后台工作"，其实就是当苦力去搬货，相当于该厂以另一份高强度苦力的工作待遇来装饰招聘信息来进行欺诈，将人力骗过去。这样的待遇实在让人无法忍受，他和其他一起来的工人大多都待了一个月就走了。

保安是他做过最稳定的工作岗位，而家乡保安工作每个月只有 1800 元的工资迫使他和同乡几个人准备来北京打工发展，至少北京机会更多，收入更高。2018 年 3 月份他来到北京后，在一家北京的保安公司任职。平时给一些展览场馆、会议中心和其他大型活动地点做安保工作，他对这种工作形式和内容很满意，但收入还是不高，每个月最多也就拿 4000 元，虽比山西的同种工作的 1800 元要高出不少，但是北京生活成本也居高不下，工作伙食也并不好，"每天早上 5 点半起床，吃的就是稀粥和馒头，实在吃不下……"，而自掏腰包改善伙食就导致最后攒不了多少钱。

与此同时，2018 年年初同来北京的同乡人有人做了外卖小哥，月收入相比自己高出很多，甚至超过他保安工作薪资的一倍。于是在 2018 年 8 月，李某某追随同乡的脚步，也去做了外卖骑手，迎来了他自己的快递小哥生涯。

力做外卖骑手，有得有失

外卖骑手职业在不同人视角里有着不一样的形象，作为一个新时代的新行业，人们的不熟悉往往会给这个行业贴上各种各样的标签。有的人会认为

这是一个底层、卑微的职业，没有前途，与传统观念中的"正经"职业大相径庭。潮流来得快去得快，这些工作在未来终究会被"遗弃"；当然也有人认为这职业虽然没有多少技术性，是吃苦卖力的体力活，但是配送员收入不菲，很多都是收入过万，估计生活滋润。但现实又是什么样呢？

在北京这样的一线城市，外卖骑手的每单收入还是相对很高。"像我们吧，都属于这片地区的一个工作站，负责这一片3公里内的活儿。每个工作站的每单收入一样，但站与站之间是有差别的，有的工作站收入低点就是一单8块，有的工作站收入高点就是一单9块，我们这个工作站是一单8.5块，相当于中等水平。但是这些都说的是我们的内部订单，如果是外部订单，像药店、水果店之类的，就只有每单5元，所以我平均每单收入8块。"

不妨设想一个外卖员工作的情形：早上很早起来，7点起就开始送外卖，这样一直送到晚上12点多，如果是有经验的老骑手能送60多单，这样计算的话一天就可以拿到500元左右。那这么说一个月可以拿15000元喽？"理论上做一天可以，每天都这样不开玩笑吗？不可能的！"李某某笑着摇摇头。像这样的工作强度，就是他这样经常下地种田锻炼的农村青年也坚持不了几天，实在是难上加难。不论是在容易中暑的骄阳烈日，还是在寒冷刺骨的冰天雪地，一个外卖骑手连续接单，不断地在路上疾驰，还必须保证送单质量（没有差评、投诉等），有时不得已还违反交规（如：闯红灯、逆行等）。这样从早到晚缺少睡眠休息的操劳，加之没有规律的饮食，那完完全全就是在用命换钱，挣的是真正的血汗钱，这是一定不可能持续下去的。

"我们理论上有可能拿到一个月过万，但其实现实中我身边认识的没几个人能达到，或者说还健康、持续干的人里面还没有。"现实中，一般有家庭、有动力的，一天努努力力地也就最多跑40多单，再扣去现实中实在避免不了个别客户刁难差评的情况，平均每个月也就拿到9000元左右。而像李某某这样的还未成家立业的青年，毕竟还未真正肩负到家庭的责任，没有过多的家庭动力，所以一天也就跑30单，一个月平均800多单，可以拿到7000元左右。"不管怎么说，比我之前干的任何都要赚得多得多，而且没有多少硬性工作时间，还是相对自由和灵活，这是我到目前为止最满意的一份工作。"李某某还是很满足地说道。

但说工作量少是相对行业平均来说的，其绝对值还是很高。像这样每天工作量与同行相比不算过大的李某某，在这短短几个月里，也因送外卖身体有所不适，他自己的身体也仿佛在时时刻刻提醒着他，这份不易的体力活确实在一点一点地侵蚀着他的健康。

"哎……就是现在感觉这个胃啊，大不如以前了。"他苦笑着说着，眉心微微蹙紧。这里所指的当然不是饭量和胃口，而是胃本身的健康。像他们这样风里来、雨里去的配送员们都是一单接着一单，马不停蹄，刻不容缓，送单的优先权高于一切，所以必定导致他们饮食极其不规律，一般都是什么时候没订单闲了，什么时候再考虑吃饭。"比如早饭可能为了赶快给客人送餐而没时间吃，但过了饭点也没有什么早餐卖了，只能凑凑合合地填一点肚子。之后再一直干到下午，具体是几点吃饭没个准数，早的时候可能到 2 点，迟的时候可能要到 4 点多。晚上也一样，早一点可能 9 点填肚子，再晚……多晚都有可能。"长此以往，胃当然越来越弱，发病或埋下隐患的可能性自然越来越大，而这也不是凭借较高收入买些健康餐所能调理的，算是干这一行所必然付出的代价。

此外的皮肉之苦大家在街上其实都看在眼里，不论何时何地，不论环境多么恶劣，有多严重的雾霾，总是能看到外卖骑手们奔波的身影。而冬天早晚温差极大，而高峰期跑得忙会流很多汗，之后再一着凉身体会有所不适，稍一不注意就有可能感冒发烧。而一般如果病得不严重，外卖骑手们为了跑单挣钱依然会努力挺着病在外边工作，直到把病养大，大到再不能坚持工作的那一刻才暂时停下手中的一切。即使到了那时，手里的工作虽是先暂时停下了，心里可是丝毫停不下来，焦虑不堪。因为他们清楚地知道，在床上多休息一会儿，就可能少跑几单，导致收入减少。

如此辛苦奔波的一天，夜里总能好好休息了吧，然而现实是：外卖骑手们为了节约省钱，都是选择在最艰苦的住宿条件下休息。李某某就租住在一个地下室里，当问及住宿环境时，李某某说得有点不好意思："面积……就 20 平方米，和我 3 个朋友一起……但还是挺好的，也有厨房。"他解释说因

为这样开销最少，房租每月每人只需要交 350 元而已。就是这样省吃俭用，在北京这样的高开销环境里，7000 元每月的收入往往就要花掉 3000 元，毕竟还要支付电动车电费、修理费等一系列乱七八糟的费用开支。

这样长期坚持干下去，晋升空间也很小。一个工作站有很多人，只有业务量非常多、业务质量评价极好、特殊事务高效灵活解决以及站长或助理职位有空缺等诸多苛刻条件都满足下，才有可能晋升为工作站的站长或助理，从而进行上传下达、管理下面的外卖骑手、解决他们不能解决的问题等较低体力劳动的工作。所以，可以说选择了这一行，就不要对晋升空间有太多幻想了，流汗是一个持续的过程。

总而言之，生活不易，收入较高，全靠努力。对于不怕苦不怕累就怕攒不了钱的李某某来说，外卖骑手工作是最好的选择。

强颜笑对窘境，任劳任怨

送外卖，是一个新兴的服务行业，对外卖骑手的要求自然也有所特殊。用李某某的话说就是："客人就是上帝，不管是谁的错，都不能发牢骚、抱怨、顶撞、还嘴等。如果发生差评，除非极端情况下，是不会有人去评判谁有理谁不对，差评就是我们服务的问题。"而一个差评就扣 200 元，一个投诉就扣 2000 元，如若发生就相当于让配送员白干了很长时间，出力不讨好。所以，时不时的心情郁闷对于外卖骑手来说是再正常不过了，这些赔钱、赔时间、赔心情的情况实在难以避免，遇上只能自认倒霉。

就李某某工作中的经历来说，客户投诉还是相对来说比较少的，一般遇到的问题都是以退餐为主，其原因大多是因为送单时间不及时，主要有以下三种情况：第一、刚来看不懂地图，有时候分不清方向，在路上有所耽误，但这种情况在跑了一个月之后，也基本不再发生；第二、每天到了外卖订单的高峰期（中午 11：00 ~ 14：00，晚上 5：00 ~ 8：00）时，订单就会蜂拥而来，可以形容为指数型的增长，外卖后台的系统派单只能将这些分摊到他们身上，无法做出更合理的安排。订单有的近、有的远，在空间上随意分散，一些经验多的老骑手知道系统的智能优化路线顺序在实际操作中并不一定是最优，有时候要凭借经验而行，但很多外卖小哥不具备这个能力；第三、有的配送地点是高档写字楼，在高峰期挤电梯是让外卖小哥最尴尬、绝望的时刻，在电梯口上也上不去，下也下不来，而楼层又高得几乎上了天，走楼梯就等于送死，如此一来就会耽误大量的时间。

"时间耽误之后，百分之八十五的客人都还是比较能理解我们的，都知道大家在外打拼不容易，各有各的难处，也格外体谅、同情我们这些外卖小哥，一般不追究责任了；有百分之十的客人也是确实因为各种客观原因不想要了，可能再没时间用餐或者要忙别的等等，这些客人我们也非常能理解，因为确实是我们没有及时送到所致，我认了，情愿承担相应责任，赔给客人饭钱；而还有百分之五的客人是比较刁难的，不依不饶，不分青红皂白就大加指责、抱怨甚至谩骂，总想搞点事情，不是差评就是投诉，十分'凶神恶煞'，他们退单相当于我们买单，完了之后还给差评，赔了饭钱还要再贴200元，那真是气完了！"可以想象，这样送一单不论是谁心情都会很郁闷，这种情绪积压在心里，如果一直憋着肯定不利于身心健康，但如果外泄也会影响到下一位客人的情绪。

有的顾客会把人气得半死，李某某讲到了自己曾遇过的一个例子：客人点了某餐馆红烧肉，但后来客人想要退单，理由是取餐地址写的是A，写错了不想要了。但此时商家将订的餐已经做好了，李某某就热情好心地联系客人："实在不行的话，您修改一下地址，我再给您送过去！"这样的热情处理早已经不是一次两次了，李某某相信，付出总是有回报的，用一份真心对待别人，别人也一定会以一份真心来对你，这种举手之劳（按客人与订单不一致的送餐地点）送一程的事情早已习以为常。然而当他热情地奔往这位客人口头新给的地址B之后没多久，客人又告诉李某某他有一个朋友要接，要去另一个地方C，要求李某某再将外卖送到C。而当时李某某都快到B了，心里已经有点无奈，他在这一单的后面还有三个订单，其中有一个时间已经快到了，他只能先赶快送后面的那一单，为了赶时间，还逆行了5分钟。将后面的那一单送完之后，李某某又开始将这位客人点的外卖送往其提

供的地址 C，然而这离奇的事情还没有结束！当李某某好不容易将外卖如期地送到 C 的时候，这位客人又打电话说他和他的朋友等的时间太长，又回到了 B。听到这儿李某某几乎快要崩溃了，但还是坚强地承受着，二话不说，调转车头，赶往 B，但此时该订单的时间也快到了。等这个订单历经"九九八十一难"终于到达这位客人手上时，该订单已经属于严重超时了。一般这种极端情况是可以申报异常的，但这一次李某某给配送系统申报异常也没用，因为系统监测到他现在人在 B 处，而该客人更换地址并没有更新在手机平台上的信息，只是口头传话。所以系统里还默认李某某应该送到原先的 A，这会导致他被扣 200 元。于是他情急之下和这位客人联系，请求他在手机上取消该订单，就当是他送该客人一顿饭了，以避免更大的 200 元罚金。所幸这位客人还是同意了这项操作（李某某赔付退钱，相当于该客人白吃了一顿饭），另外还客套地表示要加微信发红包给李某某，表示不能吃白食，而最后结果却是在该客人微信上同意添加李某某之后根本没有再发红包。我们尽量积极地从好的一方面想，可能是该客人太忙了，忘了这一茬，但实际上也不能排除这种情况：该客人可能虚情假意，只要不提这事、不催他，就装作什么都没有发生。最终李某某还是因为超时而"白跑了多趟"，并且还"白买了一顿饭"送给了这位客人，而他为了那一单也丢了后面的好几单生意……李某某摇着头说："真的是只有亲身经历了，才能体会出那种绝望，真能把人气得半死，得郁闷好长一段时间。"

这样的客人遇上一两个，心情一下子就没了，这一天根本没有动力再跑了。如果是自己的原因，情绪还正常，但是错误原因不在自己身上还必须笑脸面对，不能发牢骚、抱怨。而外卖公司也要求，不论谁对谁错，都要好好服务，态度友好。因此，有不少外卖骑手放弃这份高收入的工作就是因为客人无理取闹地刁难、谩骂而不能还口、抱怨、收不到劳务还要罚钱。李某某有自己情绪管理的发泄方式，一般遇到这种烦心事儿，他没心情再送外卖，也怕情绪影响工作态度，就开始打手机游戏"王者荣耀"来发泄情绪，将游戏中的对手当作那些刁难的人狠狠地"教训一下"，散发心中的郁闷。

当然，人生气都只是一时的不悦，李某某也不例外，他显得格外地大度。当那一时的不满过去之后，一切都云淡风轻了。李某某也理解那些人，"毕竟每个人都有自己的故事，每个人都和我们一样，在外打拼都不容易，那些刁难的客人肯定也有自己的难处，所以以后这种举手之劳的帮忙还是要坚持下去的。"说到这里，李某某又露出了他标志性的朴实笑容，脸上笑痕皱纹的岁月感早已淡去，更是平添了许多的热情和亲切感。

向往美好生活，勇往直前

李某某所向往的美好生活和很多普通老百姓一样，就是简简单单的、属于他和他家庭的幸福，一家人平平安安、快快乐乐地过一辈子是什么都比不了的。所以初三之后就开始逐渐步入社会，到了 27 岁依然还单身的他是应该考虑家庭的问题了。对此他目标非常明确："第一步，努力在这几年赚点儿钱；第二步，用这些钱回山西买一套房子；第三步，娶一个媳妇儿，有个家，有个着落，简简单单、幸幸福福地过日子。"

此次数据显示，目前有四成左右的外卖小哥是单身，他们虽说都各有各的梦想，或平平淡淡，或目标远大，但内心深处的想法和李某某一样，期盼着在未来有一个稳定的家庭。他们都是幸福的追求者、奋斗者，从天穹东方一角微微亮起的那一秒，就是梦开始的那一刻，他们骑上独一无二的"战车"，向美好未来勇敢飞驰，用汗水的印迹记录追梦的足迹。他们仿佛城市的血液，将外卖一单一单地送到特定的地点，刺激着人们的消费，方便着人们的生活。工作到了晚上，月亮陪伴着他们的身影，每当仰起头望向天空，眼前的那片星光，就是梦想的绽放。他们，外卖小哥，富有激情和活力，坚定地相信并大喊着：梦想一定会实现，美好生活一定可以争取得到！

后 记

Postscipt

B.21
在时代演进和社会变革中
探寻中国青年的发展规律

——廉思课题组青年研究回顾

廉思 冯丹 张钊*

摘 要： 十余年来，廉思课题组坚持用"脚底板做学问"，聚焦当代中国青年群体，形成了一系列创见性的学术成果，其中以"蚁族"及流动青年群体研究，"工蜂"及青年知识分子研究，新兴青年群体及新的社会阶层研究，"左翼"思想及青年社会运动研究，党建及青年意识形态研究等五个方面最为突出。廉思课题组的研究成果，在学术价值和社会价值两个

---

* 廉思，对外经济贸易大学公共管理学院，博士（后），教授，博士生导师，中国青少年研究会副会长，研究方向：青年问题、社会阶层、社会治理等；冯丹，北京市经济与社会发展研究所副研究员、社会研究部副部长，研究方向：社会群体、社会公共服务等；张钊，阿里巴巴高级用户研究专员，研究方向：互联网数据分析、消费洞察、人口市场细分等。

维度上为当代青年研究的理论建构提供了丰富的现实资源及
鲜活的历史记录，对推动中国社会科学本土化、创新社会科学
研究范式、巩固党的青年群众基础，做出了积极有益的探索。

关键词： 青年研究　文化资本　社会流动　中国经验　群体调查

　　社会大变革的时代，一定是哲学社会科学大发展的时代。当前社会思想
观念和价值取向日趋活跃、主流和非主流同时并存、社会思潮纷纭激荡。这
其中，青年是思想最为活跃、最能推动社会变革的力量。因此，青年研究，
理应成为推动哲学社会科学大发展大繁荣的重要来源。中国哲学社会科学要
构建中国话语体系，让世界读懂中国，就要首先读懂青年。如果说乡土中国
是中国的过去，青年中国则是中国的未来。

　　青年兴则国家兴，青年强则国家强，党中央高度重视青年工作。2017
年 4 月，中共中央、国务院印发了《中长期青年发展规划（2016～2025
年)》，这是新中国历史上第一个青年发展规划。2019 年 1 月，在中央党校
"省部级主要领导干部坚持底线思维、着力防范化解重大风险专题研讨班"
上，习近平总书记指出的七大领域重大风险中第一个就是青年问题。最近发
生在香港的青年骚乱和暴力示威活动，虽有国外势力插手和香港政治制度的
原因，但其中反映出来的青年思想引领、青年社会流动等问题，都给我们以
极大的警醒和触动。因此，从事青年研究，既是理论的需要，也是现实的
呼唤。

一　成果综述

　　改革开放后的前三十年，文化资本的积累成为人们改变命运和社会变革
的底层动因，反映在青年身上，文化资本的积累与经济资本、社会资本的积
累高度同步。但是近十年来，随着改革开放进入深水区、中国高等教育普及

化、我国经济增长从高速增长转向高质量发展，社会流动、财富分配的逻辑发生变化，文化资本积累在不同群体中的作用和价值正在迅速发生变化，尤其是对于高知群体，其边际效应递减显著，这不仅正在改变很多青年的命运，也给社会治理以及党的执政带来新的挑战。

基于这一观察，我课题组重点关注文化资本积累增量最多的青年群体，通过观察他们的生活状态和价值观念，进而探究不同资本形态对人生发展的影响，以及对国家治理现代化带来的新挑战，主要成果包括以下几个方面。

（一）"蚁族"及流动青年群体研究

2007 年，我们发现在中国的城市特别是大城市中，逐渐出现了一个以刚毕业大学生为主体的新群体——"高校毕业生低收入聚居群体"，2009 年，我们将其命名为"蚁族"，出版《蚁族——大学毕业生聚居村实录》。自此，一个新的群体——"蚁族"，正式进入公众视野，登上中国的话语舞台。2010 年，我课题组"蚁族"研究新成果《蚁族Ⅱ——谁的时代》出版，第一次对全国一线城市"蚁族"群体进行全面系统的调查。如今，"蚁族"已经成为人们耳熟能详的社会群体和社会科学研究的重要概念。在中国知网以"蚁族"为关键词搜索，共得到 711 篇文献、579 篇期刊论文、96 篇硕博士论文①。

"蚁族"的出现折射出我国城市管理、大学生就业、社会分配制度、户籍管理制度、社会底层群体稳定等现实问题，特别是在高等教育持续扩招、城市管理日趋复杂以及当前我国经济下行压力较大的大背景下，这一现象尤其值得关注。自我们发现并命名"蚁族"群体以来，课题组一共进行了七次针对该群体的调查，系统分析了"蚁族"的生活状态、职业特点及产生原因，还分专题对"蚁族"的身份认同、政治倾向、职业流动、社会公平、网络行为等方面进行了深入研究，形成了数十篇论文和研究报告，为国家更好地制定大学毕业生相关政策提供了数据支撑和理论依据。"蚁族"研究成果荣获

---

① 根据 2019 年 8 月 26 日检索结果显示。

"教育部人文社会科学优秀成果奖""北京市哲学社会科学优秀成果奖""文津图书奖""华语传媒图书大奖""中国图书势力榜非文学类十大好书"等。

在研究中，我们并未止步于"蚁族"现象的一般揭示，而是从"蚁族"问题扩展开去，引申到对流动青年群体的系统研究。我们认为，当代中国青年的流动包含着两个同时发生却又反向进行的组成部分：一个是从农村或中小城市流动到大城市的年轻人，我们称之为"城市新移民"；另一个是曾经在大城市工作生活，现在又返回家乡或中小城市的年轻人，我们称之为"洄游"青年。改革开放40年来，流动青年既是社会变革的推动者，也是社会变革的承担者。他们既有青年的特点，也具移民的特质，是中国工业化、现代化进程的一个缩影。有鉴于此，我们对两种流动进行了对比分析，针对城市新移民，我们分别对新生代农民工、青年白领及"蚁族"进行了比较研究，揭示了三类城市新移民亚群体在社会融入和居留意愿等方面的差异。针对"洄游"青年，我们以瑷珲－腾冲线（胡焕庸线）为基准，调研"线"两侧各延伸100公里的带状区域内的县级市中，曾在一线城市生活工作一年以上现在返回家乡生活工作的青年群体，尤其关注大迁移经历对其生命历程的影响。此次调研涉及全国11个省份，22个县市，共发放3000余份问卷，最终成果出版为《中国青年评论（第1辑）——中间地带的青春中国》。

在几次针对流动青年大规模调研的基础上，我们总结了当代中国正在同时经历三个重要的拐点变化（刘易斯拐点、老龄化拐点、城镇化拐点），提出当代中国青年是"拐点一代"的时代论断，生动形象地揭示了经济社会发展对青年的重大影响，以及当代青年在中国历史发展中的独特地位。"拐点一代"的时代特点，使得当代青年具有以往任何一代中国青年不曾有过的成长经历，当代青年由此在时间纵轴上迥异于之前的青年；但同时，又使不同国家的青年具有了横向空间上的普遍联系。

（二）"工蜂"及青年知识分子研究

社会学研究是穿梭于经验环境与形而上环境之间双向往复的运动，"蚁族"虽然是一种新近现象，但它部分折射出中国现代化背景下"知识"与

年 12 月到 2017 年 2 月，针对网络主播群体，联合 42 家网络直播公司及平台，回收有效问卷 1889 份，访谈 100 人；第四次调查从 2017 年 3 月至 2017 年 8 月，针对文化领域新的社会阶层，访谈 40 人，举行座谈会 6 场。

新的社会阶层内部分化比较严重，构成和成分复杂，收入水平、社会地位、利益诉求及政治态度等方面差异性明显，且一直处于快速变化之中，研究难度很大，其中的自由职业人员甚至是研究的盲区。我们基于四次调查数据，系统梳理了新社会阶层的主要特点和面临挑战，从作用发挥、社会风险、引导路径等方面展开深入分析，并在数据和材料的对比中，加强对新社会阶层的规律性和趋势性研判。此外，还对中国历史上新社会阶层的治理经验进行了梳理和思考，对意识形态输出性强的文化领域新的社会阶层进行了专题研究，对社会关注度高的网络主播群体进行了典型研究，对影响力逐渐增强的新兴青年群体进行了趋势研究。整个成果既有全景透视式的立体画像，也有对具体重点群体的细致精准素描，首次形成了有关当代中国新社会阶层的完整系统认知。相关研究成果形成了数篇内参报告和十余篇论文，中央深改组围绕成果召开专题会议，新社会阶层研究成果荣获"北京市第十五届哲学社会科学优秀成果奖一等奖""北京高校青年教师社会调研优秀项目一等奖"等。

（四）"左翼"思想及青年社会运动研究

2018 年 7 月以来，一些知识青年积极参与工人"维权"事件，他们很多来自知名高校的学生理论社团和公益组织，家庭背景相似，喜欢研读马列著作，宣称拥护社会主义制度。这是中国特色社会主义事业进入新时代后，在我国发展历史交会期和世界发展转型过渡期相互叠加的大背景下出现的新兴社会现象。可以预见，在不久的将来，一批既有较高政治理论水平、又有较强政治参与能力的"左翼"青年活跃分子将在经济发达地区和高等教育领域频繁出现。各种迹象表明，中国部分"左翼"青年群体的政治参与模式正在由"线上表达为主"向"线下积极行动"转变，中国"左翼"青年思想的理论准备、民间动力和社会基础正在逐渐生成。

思想的背后是不同社会阶层或社会群体的利益反映，是不同阶层或群体在具体经济社会环境中所产生的心态的极端表达。在不懈的努力下，我课题组通过多种方式与一些"左翼"青年组织的领导人物和基层处理相关事件的一线干部有扎实深入的交流互动，根据大量的私密访谈以及在深圳等地对产业工人的实地调研，形成了"左翼"青年思想动态调研报告。在报告中，我课题组不仅对群体的思想状态进行表层的梳理和一般性的解读，而是深入到群体行为模式背后的结构机理中去进行剖析和探究，尤其是对调查对象在日常行为中不经意或不自觉流露出来的生活态度和价值倾向给予特别关注。恰恰是这些细微之处的瞬间表达，有可能反映其内心深处的精神追求和价值认同。而通过深挖调查对象的底层心理世界，才能真正了解"左翼"思想理论的来源，详细阐释该思想解读与接受环节是如何逐步在具体问题上"降维"的，即说清楚：该思想的根据是什么，援引的出处在哪里；是谁，站在什么样的立场上解读和阐释；是谁，站在什么样的立场上接受和传播等。形成的研究成果得到中央高度重视。

"左翼"青年思想的出现，既有国内经济社会结构深刻变化的因素，也有国际政治环境发生重大转向的背景。青年一代容易接受社会上的新思想和新理念，对改变底层人民生活、推动社会制度变革等问题，抱有激进且富有理想主义色彩的认识。因此，他们的思想往往具有改革制度、批判现实的特性，尤其在社会矛盾激化和利益错综复杂的时代，青年容易信奉以彻底革新现存制度为目标的革命理论，或将类似理论作为自己的行动纲领和思想依据。从近年来西方各国发生的青年运动来看，它们之间特征相似且联系紧密，都在不同程度上导致了一定的社会骚乱乃至政治动荡。从某种意义上讲，这些运动甚至构成了世界范围内新一轮的社会抗议周期。因此，与"左翼"青年思想密切相关的社会运动研究也纳入我课题组的视野之中。通过对茉莉花革命、英国青年骚乱、欧美占领运动、香港"占中"等青年社会运动的比较分析，我课题组总结出青年运动的四个新趋势：（1）动员渠道从实体转向虚拟；（2）组织形态由垂直转向扁平；（3）运动诉求由先赋转向后致；（4）运动先锋由高校学生转向失业青年。这些新趋势启示我们，应树立复杂性的思维方式，认真总结高知青年群体参与社会运动的行为模式

和心理特点，深入研究青年运动的国际化共性和中国特性，加强对重点领域和敏感时期的青年信息采集分析，积极探索青年运动预防预警体系构建，面对青年潜在的社会运动风险，审慎制定相关政策。形成的成果转化为数篇论文，并为中央决策提供了重要参考。

（五）党建及青年意识形态研究

2017 年，我们在和青年学生交流时偶然发现，当前"95 后"大学生存在入党积极性不高、入党动力降低的情况，我课题组立即在几个高校展开摸排，发现也都存在类似情况，递交入党申请书的学生人数明显减少。我们意识到，这绝不是偶然现象，背后一定有深刻的行为逻辑，将会对党的建设产生重大影响。"95 后"大学生是现阶段高校学生党员的有生力量。他们对党的感情和认知，关系着党的队伍能否始终保持生机和活力这一时代课题，对于确保党和国家事业后继有人、兴旺发达，具有深远意义。我课题组随即展开调查，在北京、天津、上海、浙江、广东等 32 个省（自治区、直辖市）的 157 所高校进行抽样调查，共发放问卷 10193 份。此外，还采取深度访谈、焦点组座谈等社会学研究方法，深度访谈 123 人，召开座谈会 44 场，最终形成了"95 后大学生入党状况"调研报告，得出"95 后"入党状况的六个新特征：（1）入党竞争加剧与入党动力降低"矛盾式共现"；（2）入党门槛提升与党员光环消散"共生性并发"；（3）高中宣导缺失与大学党团工作"断崖式割裂"；（4）思政教育固化与价值追求分化"内生性冲突"；（5）就业渠道多元与功利主义抬头"融合式发酵"；（6）形象认同深化与现实表现弱化"张力性演进"。在报告中，我课题组还从制度构建、渠道优化和过程联动三方面提出了意见建议：（1）制度构建：注重科学评价，坚持"能中选好"，树立正确的大学生党员发展质量观；（2）渠道优化：用好课堂教学主渠道，利用"第二课堂成绩单"，实现第一课堂与第二课堂协同育人；（3）过程联动：注重形成整体合力，完善"推优"制度，协同发挥学生党建和团建的力量。形成的成果转化为数篇论文，研究报告得到中央高度重视。

与此同时，国门的进一步开放也加快了国外各种思潮在我国的传播，这在丰富我国思想文化市场的同时，也难免对我国社会主流价值观造成一定的冲击，这其中，保密工作是意识形态交锋的前沿阵地。在信息公开日益成为社会主流认识的情况之下，保密工作由于其工作性质的特殊性，往往容易招致民众的误解，尤其是青年的抵触，进而得不到青年的支持，乃至不能顺利开展工作。因此，迫切需要做好新时代保密意识形态工作，树立保密工作正面形象，赢得青年的理解、支持和信赖。为了让广大青年更好地接受保密理念，讲好保密故事，传承保密传统，创新保密话语体系，国家保密局委托我课题组就新时代保密意识形态问题展开调研。我课题组在马克思主义世界观和方法论的指导下，从政治学、社会学、哲学等多学科的角度，立足于有关意识形态和保密工作的相关理论和实证调查材料，综合运用逻辑研究和实证分析相结合、定性与定量相结合以及比较研究、历史研究等方法，对新时代保密意识形态关键问题分析与工作路径研究这一重大理论课题进行多视角的剖析和探究，提出加强新时代保密意识形态工作的思路举措。中央保密办对研究成果高度评价，专门发函通报表扬。

二　学术价值

十余年来，我带领课题组，深入城乡社区和基层一线，通过扎实细致的实地调查，走近青年生活工作的"第一现场"，感受青年群体的喜怒哀乐，反映青年群体的诉求渴望，围绕时代挑战与青年命题，从概念本质、中国经验到国际视野，得出了一系列有关当代中国青年群体的探索性创见和前沿性成果，系统阐释了中国青年的时代特征与发展趋势，并结合当前群团改革实际，不断探寻新时代青年工作的突破口和新方法。

（一）我们通过横纵交织的研究体系，立体勾勒出当前中国青年的经验版图，并且在青年研究领域回答了"什么需要记录"以及"如何准确记录"这两个重要的理论问题

一方面，在横向维度上，我们根据青年群体的不同职业类型、不同教育

背景、不同生活方式,分门别类地调研了 32 个青年群体。这其中既有以
"蚁族""洄游"为代表的青年流动人口,也有以"工蜂"和青年科技工作
者为代表的青年知识分子;既有以新生代农民工、产业工人、青年白领为代
表的传统行业青年群体,也有以网络主播、流浪歌手、快递小哥为代表的新
兴青年群体,我们把脉每一类青年群体的具体特点和真实状态,让一些鲜为
人知的青年群体走入了大众的视野,在人们的脑海中活起来、亮起来,让政
策的出台更具针对性,更有的放矢。

另一方面,在纵向维度上,我们打破青年群体划分的界限,着眼于整个
青年群体的全面发展,围绕青年向上阶层跃升的关键要素,进行系统化研
究,避免零星地、孤立地、点状地看待青年发展,这方面的成果集中反映在
课题组出版的《中国青年发展报告》(青年蓝皮书)系列中。作为中国社会
科学院"皮书"中最早的青年蓝皮书,《中国青年发展报告》每次出版均引
起社会各界的广泛关注和深入探讨。2013 年第一本"青年蓝皮书"《中国青
年发展报告(2013)No.1——城市新移民的崛起》,聚焦青年"户籍"问
题,研究分析在大城市生活工作但没有取得大城市户口的年轻人;2014 年
第二本"青年蓝皮书"《中国青年发展报告(2014)No.2——流动时代下的
安居》,聚焦青年"住房"问题,研究分析大城市青年的居住焦虑和住房分
层;2017 年第三本"青年蓝皮书"《中国青年发展报告 No.3——阶层分化
中的联姻》,聚焦青年"婚恋"问题,研究分析大城市青年的婚恋困境。我
们试图通过这些青年阶层跃升中的不同关键词,来揭示转型中国社会青年人
的群像。

社会科学领域的研究,有两个重要的问题必须直面回应,第一个问题是
"什么需要记录"。社会现象纷繁复杂,内容庞大,任何一个研究者,都不
可能记录这个社会所发生的一切,只能根据自己的研究视域,进行选择取
舍。因此,什么是需要记录的问题,其实是研究志趣和学术方向的定位问
题。当然,不同的时代不同的研究者,认为"需要记录"的东西会有所不
同。具体到青年研究而言,我课题组不仅关注青年中的优秀分子,更重视
占据绝大多数的中下层青年;不仅关注高新科技行业、新兴文化产业和高

端服务业的青年精英，更聚焦传统制造业和中低端服务业中的普通青年。或者说，我们觉得更需要记录的是这个时代那些被遮蔽的、被边缘的、被忽略的、被淹没的青年群体。当然，这并不是说先进青年不需要记录，而是我们认为，先进青年已经有很多平台在培养、很多资源在倾斜、很多学者在研究。就像看东西，聚光灯照到哪里，哪里就亮，就被关注，反而其他地方就被遮蔽在黑暗之中。我们希望把聚光灯变大一点，多照亮一些原来忽略的部分，即所谓"发潜德之幽光"，但并不是说聚光灯原本照亮的地方就不重要了，只是我课题组更希冀记录普通青年的人生际遇和群体形态而已。

第二个问题是"如何准确记录"。社会科学研究已经形成了一套相对成熟的、较为科学的方法体系来反映社会现实。我课题组在十余年的研究过程中，通过借鉴学习前人已有的经验，发展出一套自己的方法论。我们把实地调查与信息技术结合起来，把个人领衔与团队协作结合起来，把资料分析与理论研究结合起来，综合了日志分析、计量统计、网络问卷、深度访问、焦点小组讨论及田野调查等多种研究手段，尝试将扎根于社会学、人类学的质性研究方法与数据分析方法相结合，更加强调身临其境"耳闻目睹说"等多种方法的综合运用、对于"旁人"和"关系"的重视、大时代和小世界的呼应、大数据和小数据的关联、"生活志"和"口述史"的强调等，逐渐形成了"深度入场、共情交流、抽离研判"的研究经验，"资料就在背包上，调研就在大路上，案台就在膝盖上，成果就在大地上"的研究作风和"服务人民找问题、俯下身子做调研，把握规律提建议，凝聚理想建团队"的研究宗旨。

（二）我们以强烈的问题导向意识，把社会前沿领域的青年研究作为撬动中国社会科学发展的支点，使青年研究成为拓展社会科学研究边界，乃至推动社会科学研究视域的重要工具

从最早的"蚁族"研究开始，我们就注意到："蚁族"大多来自农村，这些家庭社会经济地位较差的大学毕业生获得了高等教育文化洗礼，在学历

及文化资本上与中产阶层差异较小，可是其经济收入以及劳动条件却处于底层，这会对既有的社会文化资本结构造成重大改变，也冲击着阶级不平等及差异的合法性。同时引发我们思考，社会中下层家庭的子女是否已无法通过大学渠道获得阶层晋升？何种背景的青年才可以从文化资本中获得阶级地位提升或巩固？这一切都涉及阶级及阶级结构的动态再生产问题，其反映了"学历资本在阶层晋升中的贬值"，或者更准确地说，是反映了以学历为代表的制度性文化资本与经济资本、社会资本以及阶级位置的关系正在发生更复杂的变化。

回顾改革开放40年来中国社会的变化，意义最大的、最为根本的变化，莫过于社会结构的变迁。社会结构变迁的核心是社会分层流动的快慢，而青年是向上流动最为渴望也是阶层流动最为频繁的群体，通过对不同青年群体资本形态的变化分析，来考察社会分层结构的变迁情况，是一个独特的视角。改革开放40多年来的阶层分化是扩大还是缩小了阶层的不平等？哪些阶层的地位上升或是下降了？哪些阶层得到了更多的利益或失去了既有的利益？由此引发了哪些问题，带来了怎样的后果？需要进行怎样的分析和探讨，解决问题的路径又是什么？这既是理论与现实中亟待解决的问题，也关乎未来我国社会阶层结构的合理建构，而从青年入手，是一个很好的观察窗口。

一直以来，青年研究并非社会科学的显学，但随着改革开放的深化、新媒体技术的发展，青年改造社会的能力越来越强。毛泽东同志曾说"必须用社会科学来了解社会，改造社会，进行社会革命"。反过来看，也需要用社会现实的研究来改造社会科学，进行社会科学革命。我课题组始终坚持以问题为导向，注重研究和解决中国社会的重大现实问题。无论"蚁族""工蜂""洄游"；还是产业工人、青年白领、快递小哥；抑或是新的文艺群体、社会组织领袖、小微企业创业者。我们的研究成果一直紧扣国家和时代发展脉搏，敢于直面中国社会的核心问题，努力探寻中国青年的发展规律，着眼于对实际问题的理论思考，着眼于新的实践和新的发展，不断做出新的学术概括，打造具有中国特色、中国风格、中国气派的青年研究话语体系，增强中国特色社会主义理论体系在青年中的说服力和感召力。

在研究方法上，因为青年问题的复杂性和系统性，在研究过程中我课题组充分借鉴各学科的研究方法与经验，不仅充实丰富了当代中国青年研究的数据库信息，而且以交叉学科实践推动社会科学研究的新发展。除了将定性收集的信息与问卷定量分析得到的洞察进行有机结合外，我们还在坚持马克思主义的立场上，综合运用社会学、人类学、经济学、政治学、历史学、新闻学等学科理论，对青年群体的类型结构、生活状态、职业发展，空间分布、价值观念进行深度透视，剖析不同青年群体在工作、学习、生活、网络等方面的特点和规律，对不同青年群体的演变路径和阶层内涵做出科学化的理论阐释，力图找到影响中国社会分层背后机理的解释因素。这些研究成果，不仅丰富了我国社会科学研究中青年群体的知识储备，为后续学者提供了丰富、鲜活、生动的养料；而且提炼出了一系列有关青年问题的创新观点，对于研判未来中国青年的发展趋势和行为方式具有重要的学术价值。

（三）我们立足实际开展调查研究，不拘泥西方理论体系，将青年问题放在中国社会转型的总体框架里加以考察，尝试通过青年研究，构建起读懂中国社会前沿、分析中国社会变革的新话语新视角，进而推动中国社会科学的本土化发展

不同于一般基于西方社会分层理论的阶层研究和纯学理分析，我课题组长期蛰伏在不同青年群体之中，运用大量实证数据和质性材料，从中国的制度、文化、历史等多个维度延展，对当下中国的青年群体做出了符合中国国情的研判，丰富了中国社会阶层研究的视角，特别是流动人口和新兴群体的认知，拓展了我国社会学研究的视域，对梳理不同青年群体的社会经济影响，理解当前中国的社会分层与社会结构以及推进中国社会科学本土化，具有原创性的学术价值。

例如，中国的社会阶层结构一直是社会科学研究的重要议题和难题。

过往的研究观点无论是单一标准还是多元标准，其核心思路都是把职业结构作为阶层结构的核心，所描述的是不同职业的声望、收入、教育或消费的相对高低及相对资源量多寡。这种思路的潜在理论假定是，在现代社会里，职业是社会分工的最主要形式，从而试图把权力关系与经济利益整合起来。在这样的视角下，网络主播、签约作家、私营企业管理技术人员、社会组织负责人等新兴群体便会因其巨大的职业差异而被视作不同阶层，放大了群体间的异质性，而忽略了群体间的同质共性。我课题组从新兴青年群体以及新社会阶层的视角出发，重视从关系性模型视角看待阶级阶层结构，不是停留在阶级阶层成员所拥有的收入、消费品等资源的状况上，而是更关注阶级阶层关系如何导致了经济利益、社会福利、就业与政治机会等社会资源分配的不平等；在阶级阶层关系中居于不同社会位置的成员，是否形成了相近的地位认同、社会政治态度，是否有可能发生维护自己的既得社会资源或争取新的资源的集体行动等，并进而提出：新的社会阶层本身是具有文化性的，他们是意识形态输出性很强的阶层。新的社会阶层所拥有的文化资本使其不同于其他社会阶层主要基于家庭（血缘）、地域（地缘）、教育（学缘）和职业（业缘）等联结方式，而是更多地基于"价值观"（意缘）认同，他们是"意缘联结"的阶层。新社会阶层的出现，突破了原来以政治身份、户口身份和行政身份划分阶层的局限，突出了社会阶层对经济资源、社会资源和文化资源的占有方式。新的社会阶层的出现让我们认识到，在某一领域有了权威，但是背后却没有赋权，他们是自我赋权的阶级。

从这些分析可以看出，我们的研究成果，是从现实维度和理论维度，将青年问题放在中国社会转型的总体框架里加以考察，描述中国阶层关系变迁的动态图景和发展轨迹，通过对社会中具有较强社会行动能力的青年群体进行深入研究，整合性研究当前中国社会转型过程中的诸多重大社会问题，如社会分层与社会结构、流动人口服务和管理、社会组织与社会治理等，并在理论创新上做出有益的尝试。

（四）我们以青年研究这一观察社会的"中观切片"为入口，以"上接天气，下接地气"的研究路径为载体，既可将群众分散的智慧集中为党的决策，把群众分散的意志上升为党的主张，也可让党的声音为群众所乐见，使党的政策为群众所理解

我课题组立足当代中国的社会实际，进行系统深入的社会调查，将分散的经验材料凝练成指导实际工作的政策建议。其中，"蚁族"研究成果多次得到习近平、胡锦涛等中央领导同志的批示，北京、上海等一线城市在其日常统计中单独增设相应口径，准确掌握该群体的数量与分布，并根据研究成果出台了一系列针对大学毕业生低收入群体的扶持政策，帮助该群体创新创业。高校青年教师研究成果得到习近平总书记400余字长篇批示，习总书记在批示中高度评价我们的研究报告，认为"报告写得很好，反映的问题很重要"，报告中提出的加强青年教师思想政治工作、加大青年教师社会实践力度、开辟青年教师专门成长通道等举措也被相关部委所采纳。《"95后"大学生入党状况调研报告》得到习近平总书记重要批示，中办专门发函进行通报表扬。新生代农民工和城市新移民的调研成果得到李克强总理高度重视，批示要求发改委认真研究报告中提出的问题，报告中提出的推动网上社保和公积金异地转移接续，探索条块结合、以块为主、分级管理的办法等，都被有关部委和许多省市采纳施行。新兴青年群体和新社会阶层的研究成果连续几次得到习近平总书记重要批示，其他中央领导同志相继做出批示，中央深改组就报告召开专题会议，研究成果为2017年"全国新的社会阶层人士统战工作会议"的顺利召开提供了重要的会议材料和政策预演。《"左翼"青年思想的研判分析和工作建议》上报后，中央领导高度重视，批示中提到"这是一份很有价值的研究报告，前瞻性很强"。

从事研究工作以来，有关部门普遍反馈我们的研究成果针对性强、有效性实，对新时代统战工作、群团工作、宣传文化工作、基层社会管理工作等，均具有很强的参考价值。我课题组的研究成果能够高频次地进入中央文件并形成部门举措，在某种程度上反映了我们对当前中国社会变迁的敏锐把

握和很强的政策实操效果。2014 年 7 月，我应邀主讲共青团中央书记处第十一次集体学习。2017 年 2 月，我赴香港应邀为香港中联办、中资企业负责人、驻港部队团以上干部主讲青年问题。多年来，我应统战部、文化和旅游部、民政部、国资委、国家保密局、国务院机关事务管理局等部委以及国家能源集团、中石油、中石化、中国核工业、中国航天科技、中国电子科技等数十家大型国有企业邀请主讲青年问题，使政策制订者更加了解认识青年，支持青年工作，出台更加符合青年实际情况和发展需要的政策举措。

三 社会价值

青年是社会结构变化的直接投射，是社会转型的灵敏探针。近年来，青年研究日益受到重视，究其根源，我国正处在政治、经济、社会、文化、技术等因素叠加推动下形成的前所未有的剧烈转型之中，青年则始终是这一转型的中坚力量和活跃因子。而从历史上看，积累了大量文化资本的青年，更是社会变革的关键群体。一方面，如果发挥好青年群体的作用，便可成为推动社会发展的强大力量；另一方面，在社会流动速度放缓的阶段，如何"安置"好青年群体，亦是社会长治久安和可持续发展的重要课题。

总的来看，我课题组研究成果的社会价值主要体现在以下三个方面。

（一）通过研究，把握青年与社会的关系，在弥合裂痕和尊重差异的基础上，实现不同群体的融通共情

在多年的青年研究中我们逐渐认识到，不应将青年单纯作为一个客体予以看待，而是要将青年作为认知社会的一个维度来加以分析，着眼于青年与社会、政治、经济、文化等的关系，即在青年与整体社会形态的关系中去研究青年，特别是对后喻时代背景下青年行为与社会发展之间的关系进行思考。马克思主义认为，事物的本质在关系中才得以呈现出来。因此，在社会要素变化对青年的影响以及青年对社会发展的影响这种双向互动中来把握青年与社会的关系，反而能够更深入地认知青年的时代特点和行为模式。因

此，与其说是研究青年，不如说是通过青年来观察社会。一个善于研究青年问题的人，应当是既能"入"，又能"出"。"入"而深入分析，进入不同青年群体内部解剖麻雀；"出"而旷观大体，能够站在宏观层面考察青年与社会其他要素的关系。

而如果说我们的研究对社会有什么价值的话，我觉得最主要的应该是"弥合社会裂痕"。作为一项研究工作，要承载这么重要的使命，很多人会觉得夸大其词。但如果耐心读完我们的作品，了解了 32 个青年群体的状况，我想应该会得出与我们同样的结论。泥人也有土性，小草也会呻吟，来自底层的叩问、来自民间的立场，来自弱势的目光，倾听不同群体的声音，其实就是消除彼此成见、弥合社会裂痕的开始。这不仅关乎国家的发展、社会的和谐，从人类精神的层面，更是使那些已经在我们的心中越来越淡漠的善良、宽容、尊重、平等、倾听、接受……这样许多美好的词语，不仅仅成为一种漂亮的修辞。

当今社会流动性的增加，带来居住选择的多元和职业选择的多元，形成人生发展方向的多元和生活交际方式的多元，进而导致思想价值观的多元。在许多具体的生活个案中，人们发现找不到有一个所有人都认可的关于是非善恶的唯一标准了。不同的社会群体对以往有高度共识的"幸福""伟大""英雄""成功"等概念内涵均有不同的定义和理解。而青年群体，由于收入差别大、工作性质不同、生活方式迥异，各自的知识结构、思想认知、生活经历、利益诉求而形成不同的价值观念，对历史和现实的理解日益分化，差异日趋显著，有的完全对立，有的互不相容。近年来一些网络舆情事件也表明，对于同一个社会现象，不同阶层的青年群体表现出了迥异的价值判断。

通过我们的作品，人们得以"近距离"地接触不同青年群体，并认识到每个人的生活境遇都不是一道简单的算术题，它的复杂性远超所想。我们今天所获得的回报，可能并不仅是我们努力的结果，而是我们身处的环境和命运的眷顾所赋予的，不能把机遇运气和外在条件简化为自身能力。我们能够上大学是以很多人不能上大学为代价的，我们能够做目前的工作是以很多

人要做那些枯燥的、重复的、无聊的甚至折磨人的工作为代价的。不要因为取得一点成绩而洋洋自得，也不要一味沉浸在自己的领域中，忘记了这个世界的辽阔和丰富。只有学会谦卑和感恩，才能设身处地为他人着想；只有不断换位思考，才会尝试去理解其他群体坚守的价值准则。

因此，作为研究者的我们，正是要让自己的学术成果成为不同青年之间相互融通、彼此包容的纽带。十余年的研究经历，让我们产生了一种跨越不同群体各自认知系统和评价标准的"通灵感"。当我们看到不同职业类型、不同收入水平却和自己身处一个国家、一个社会、一个城市甚至是一个街区的人们，正过着并不如意的生活，正在为自己的生计打拼，心中就会产生一种"同源"的感受。我们正生活在一个不断加速变迁的社会，如果没有这种和其他社会群体的"共情"和"通灵"以及与其他群体建立平等尊重关系的心理需求，那么，我们就会失去在这个世界的"根"。每个人都是大陆相连的一部分，没有人是一座孤岛。善待他人，也就是善待自己。我们的研究，为不同群体心意相通，搭建起一座座理解的桥梁，拆除了一堵堵成见的高墙。

（二）通过研究，宣传党的理论政策，在价值实现和利益满足的协调发展中，达到思想引领的最佳效果

调查研究在某种意义上也是做群众工作，肩负着面向群众宣传党的理论和路线方针政策，让党的创新理论"飞入寻常百姓家"的重要责任。调查研究中的群众工作，不同于课堂教学和社会实践，不是从理论到理论、从活动到活动，而是要将调研的大量案例和鲜活资料与我们党领导的伟大社会革命和自我革命有机结合起来，与我们的伟大实践有机结合起来，把党的理想主张用学术思维、通俗话语、真诚交流打包起来感召青年、教育青年、感染青年。

调研启动后，我课题组成员抓住一切机会与调查对象交流讨论，用历史的、全面的、辩证的、发展的眼光和他们一起分析问题。既向人民群众虚心学习，也教育引领人民群众，既要当人民群众的学生，又要当人民群众的老

师。我们生动讲解一个个"中国故事""中国纪录""中国奇迹"背后迸发的思想火花，让中国特色社会主义制度在广大群众中生根发芽。无论是在企业、矿场、油田，还是在街道、乡村、城中村，在无数次的访谈座谈和问卷发放中，我们都向调查对象潜移默化、润物无声地传达党的理论方针政策，使青年在交流中相互启发、共同提高，努力在中国的时代发展进程中不让一个青年人掉队。

在研究中我们逐渐认识到，影响青年政治态度和社会感知的核心要素在于几个关键变量，即住房（租房）状况、职业发展路径和婚恋家庭支持，这是青年初涉社会立足起步的重要基础。这几个关键因素解决好了，青年对未来就充满希望，在人生中遇到挫折困难时也能自我疏解并进行调适。如若这几个因素靠自身努力长期得不到根本改善，青年就有可能对人生意义产生怀疑进而丧失对社会公平正义的期待。因此，执政党要赢得广大青年的支持，就必须从青年群体的核心诉求和心态波动出发，制定更有针对性的政策，提升社会治理能力。只有关注重视青年成长的核心权益，加大力度解决影响青年发展的关键变量，切实回应青年发展的现实问题，才能使党的政策赢得广大青年的衷心支持和积极拥护。

调研过程中，当群众，尤其是青年朋友们对当前社会现实有一些不满和抱怨时，我们向他们认真分析哪些是国家暂时无法解决的问题，不能空谈空想，要放长眼光、着眼发展；哪些是国家已经在着手在解决的问题，不能过于急躁，要耐心包容，看到进步；哪些是中国特殊国情和发展阶段的问题，不能盲目对比，要客观理性、立足实际。我们向他们答疑解惑，哪些是马克思主义的基本原理，必须长期坚持；哪些是针对具体问题做出的具体论断，需要根据时代的发展不断与时俱进；哪些是对马克思主义错误的和教条式的理解，澄清打着马克思主义旗号的错误观点，引导群众用科学的态度看待中国当前发展中的问题。十余年来，我们通过不回避、深层次、成系统的思想碰撞，以平等的姿态，高超的思辨，从感性上吸引，从理性上说服，扭转了很多青年对党的误解怀疑和错误认知，积极探索把广大青年紧密团结在党的周围的方式方法，为新时代党的青年群众工作尽了一份绵薄之力。

（三）通过研究，加深对人民整体性和分类性的认知，在针对性和复杂性的动态平衡中，创新社会群体调查的研究范式

我们从事的青年研究，属于大的社会群体研究范畴。我们党始终以人民为中心，党的政策源于对现实的关照，人民的关注就是社会现实的需要，脱离了人民的政策是没有价值、没有生命力的。党代表最广大人民的利益，但是在具体的现实政治操作中，人民并不是一个单一主体，而是分阶层、分群体的，不同阶层、不同群体的人民，其诉求往往是不一样的，有时甚至是相互冲突的。有的群体诉求集中在物质生活水平的不断提高，有的群体对安全、教育、医疗、环保等公共产品的质量改善反映强烈，还有的对公平、正义、民主、法治等方面的保障要求持续增长。可以说，从生存到发展、从物质到精神，人民的需求呈现出个性化、多元化、多层次等特点。那么，如何辨析判断每一类群体的真实诉求，在有限的资源供给条件下，应当先实现哪部分人民的利益、先维护哪部分人民的权益、先发展哪部分人民的福祉，才是代表了最广大人民的根本利益？这是改革进入深水区后我们必须面对的重大课题。

与人民分层不同的是，我国党政机关的设置是按照行政业务的类型来划分的，每一类政策的适用对象与诉求不同的社会群体之间并不是一一对应的关系。在精细度越来越高的管理模式和撕裂度越来越大的群体分层中，如何做到精准施策，重点突出，统筹兼顾，协调发展，其实是在考验着我们国家治理体系和治理能力的现代化水平。从这个意义上讲，社会群体研究是当前认识中国、分析中国、改变中国不可绕行的必经之路。

具体而言，我认为社会群体研究具有两方面的突出特点：一方面是很强的针对性。研究问题越具体越难，社会群体研究需要对调研对象有极为精准的把握。某一群体是不是可以成为学术意义上的研究对象？或者成为实际工作中政策指向的一个类别？如果可以，该群体是如何界定的？有别于其他群体的本质特征又是什么？反映到学术概念上该群体的内涵和外延又是什么？在国家发展的当前阶段，该群体是否达到了可以单独施策的标准？等等，都需要进行具体而微、而不是大而化之地分析。很多时候，群体界定不清或认知不准，使不具备在当前发展阶段受助的群体享受了国家的优惠政策；或群体界定的范围过大、标准过宽，使原本有效的政策降低了实际应用的效果，都是研究的失败。

另一方面是很强的复杂性。中国当前的行政体制呈条块状分布：纵向为条——中央各部委对地方归口单位进行业务指导，且具有考评权力；横向为块——地方党政领导对属地各部门具有管辖权力，直接决定干部升迁。在实际政治操作中，一项工作在具体执行中往往既受中央"条"的业务指导，又受地方"块"的实际领导。我们在研究某一群体时，由于诉求多种多样，渠道千差万别，必然会牵扯到不同党政部门和不同利益主体。条块分割，横纵交织，犬牙交错，这就对研究者把握平衡不同部门的政策供给能力提出了很高的要求。因此，做社会群体研究，不同于一般的政策研究，既要聚焦到某个具体政策去梳理来龙去脉，找准该政策未来的改革方向，还要把社会群体放到中国行政体制的条块分割中去综合研判，从横纵两个维度来解剖调查对象的特点、问题、起因和趋势。在研究中，每个部门都有自己的利益导向，都有自己的权力边界，且不同部门之间业务跨度大，政策联系紧，牵一发而动全身。如果研究不深入、分析不精准，最后导致利益配比失调，很可能造成政策之间的扯皮和对冲，降低了实际效果，甚至可能起到反向的作用，违背了研究的初衷。比如快递小哥，虽然由邮政牵头管理，但涉及民政、社保、税收、公安、交管等十余个部门以及共青团、工会等群团组织，横跨党、政府、群团三个系统。新的社会阶层亦是如此，虽然该项工作由统战部门具体负责，但是民政、宣传、文化、广电、体育、税收、群团等都与新社会阶层有着千丝万缕的工作联系。因此，做社会群体研究，是对研究者处理复杂性能力的全方位考察和综合性检验。

社会的发展变化不仅存在于当前的社会结构之中，更存在于曲折和递进的历史演进之中。我们的研究成果记录当下正在发生的社会，是"当代人著当代史"，要做到客观公允，并能有所前瞻，难度可想而知。日本第一位诺贝尔奖得主、著名理论物理学家汤川秀树曾描述他的研究工作是没有地图

的旅程，是孤独的旅行者在未知的地方摸索。青年研究于我们而言，又何尝不是如此？青年问题的复杂性、前沿性、创新性，使得青年研究不可能"按图索骥"，而只能"上下求索"。但我始终坚信，在当今时代，谁能准确抓住中国社会发展中的关键问题，谁就能把握世界未来发展的轨迹。越是中国的，就越是世界的。这样的研究成果，不仅有助于解决中国的现实问题，而且对于整个世界的发展也具有意义和贡献。这样的研究成果，不仅具有国内水平，也会具有国际水平。而当代中国的青年研究，就符合这样的特点，做出中国特色的青年研究成果，不仅有助于中国青年的成长成才，而且对于整个世界的青年发展也会成就非凡。

当今中国巨大的时代转型，为我们提供了丰富的研究题材和鲜活的现实土壤，身处于这样一个伟大的历史变革之中，我们如果不写出跨越时代的、能够被历史记忆的"经典"作品，实在是有愧于那些真正参与时代变革、却无暇记录或无法记录的社会群体。因此，如何写就"经典"，时常拷问我们的内心。同一个时间点不可能在两处同时出现，让不同时代的人读到同一段文字，都能产生共鸣和感动，何其艰难！那么，"经典"究竟是如何做到既是"以往的"，又是"当代的"；既是"过去的"，又是"现时的"？我想，"经典"应当具备以下几个要素：她的社会影响巨大，她的思想历久弥新，她的文笔细腻感人，她的结构雄浑博大，她的内容丰富充盈……但其中最重要的原因可能是：她反映的价值观已然超越时空，体现了普遍的人性终极问题以及人类对未来世界的美好追求。反观我课题组的每一部作品，不敢奢望成为"经典"传世，但是我们一直将"经典"作为自己努力的方向，持续聚焦这个时代的普通人和他们平凡感人的故事，就像历史长河中任何一代青年人都面临的问题和困惑一样，我们把当代青年在转型社会中的奋斗、梦想、迷茫、彷徨、痛苦、焦虑、思念、无奈，如实记录下来，正如美国历史学家兰克所说："写历史一如它所发生的"，尽自己所能，为后世留下一幅有声有色、栩栩如生的当代中国青年画卷。

Abstract

The " Courier" who walks on the streets and lanes has become a true portrayal of the hard work of the new generation of workers. They are the epitome of the new youth in the new era. In order to accurately grasp the living conditions and ideological dynamics of the emerging youth groups, Commissioned by the Beijing Committee of the Communist Youth League, Professor Lian Si, University of International Business and Economics leading the research team, conducted an in-depth study on the couriers in Beijing.

The survey was conducted for young people aged 16 – 35 (born January 1, 1983—January 1, 2002) who were engaged in express mail/takeaway collection, sorting, sealing, transshipment, and delivery in Beijing. Express service personnel (excluding webmasters and other management personnel) .

After the survey was launched in August 2018, a total of 1710 questionnaires were collected. After screening, 1, 692 valid questionnaires were obtained, with an effective rate of 98. 95% . At the same time, the research team selected 62 couriers with high typical samples to conduct one-by-one deep interviews, photographed 217 courier work photos, and held a small co-worker seminar, management symposium and grassroots webmaster symposium. The important scenes of work and life were studied and observed, and had some important understandings on the living conditions and ideological dynamics of the urban courier.

The first general reports consist of a research report and a data analysis report.

The general report " The ' Hummingbirds' Hovering between Urban and Rural Areas—A Survey Report on the Group of Couriers in Cities" is an in-depth analysis and interpretation of the characteristics of the crowd, the social functions of the courier, and the risk pressures. 20 comments were made in 5 aspects. Based on the results of the comprehensive investigation, the research team believes that

the courier is a large employment group that comes with the new mode of network economy. Most of them are from rural areas, and their general education is not high. From the sociological attributes, they should be classified as new generation of migrant workers. For most couriers the non-permanence of the profession and the marginality of the status of migrant workers have made their development difficult, but many people still regard it as the best choice for seeking transition in a big city. Significantly different from migrant workers in other industries, the "nomadic" characteristics of their work status are independent (courier work alone), dynamic (workplace uncertainty) and autonomy (on-line at any time) . The settlement method of the piece counting system and the punishment mechanism of time-limited delivery have formed the rhythm of "forced by", and the complicated joining and sharing management modes of the emerging express delivery companies make it difficult for traditional labor relations, social security and welfare systems to effectively cover them. Their professional identity and social justice are at a low level. With the rapid development of e-commerce online shopping platform and the continuous expansion of urban functional blocks, they are not only the promoters of modern service industry and the builders of harmonious social relations, but also the focus of negative emotions and potential contradictions. Therefore, the courier can not be regarded as a simple "leg man" or "deliverer" . They are the routers that connect the local life which needs with the consumer industry chain, and are the conduits for the grassroots forces and social emotions of the community ecology.

The data analysis report "The True Form of "Hummingbirds" —A Data Analysis Report on the Group of Couriers in Cities" one by one carried out five aspects of the basic situation, work status, rights maintenance and social security, quality of life, social attitude of the courier. Data analysis and visual representation in the form of chart, without any deep processing and academic theoretical interpretation, to ensure the originality and vivid of the data.

The second special reports consist of five articles, which are based on the survey data, and discuss the survival characteristics and behavior patterns of express courier in terms of identity, occupational discrimination, career mobility, population mobility, and willingness to stay.

The third deep-interview reports consist of 12 selected articles from 62 deep-interview articles. Through the writing of typical interview cases, the life history perspective is used from the perspective of academic blanks, and the courier is presented more vividly. Life experience and life's ups and downs, reading is embarrassing and full of emotions.

Based on the research of this book, the research team will call the courier "the hummingbird" of the city. By quickly flapping their wings, they can be "suspended" and parked in the air. Courier wear different colors of courier clothes, shuttle in urban buildings and street lanes, just like hummingbirds, they are "glamorous", their sunny, optimistic, upward spirit, just like the flight posture of a hummingbird, longing for a bright future, full of hope for the future. At the same time, they are also "suspended" over the city and have not really settled in the city. This "suspension" can be understood from two aspects: on the one hand, although their hometown is in rural areas and small towns, they have not planted land, Land relations and blood connections are far from homeland, unlike their own parents, they cannot go back to the countryside. Under the institutional barriers of China's urban-rural dual structure, they are also difficult to establish in big cities. Therefore, on the whole, they are "suspended" between urban and rural areas; on the other hand, in terms of work experience and life experience, they are also "suspended" outside the existing system design. The various guarantees within the system cannot meet the conditions due to the limitation of identity household registration; the welfare care for low-income groups outside the system cannot be enjoyed because their income is higher than the policy standards. They are the sandwich layer of institutional policies. High-intensity work, frequent job hopping, overtime pressure, the courier slaps his wings, walks in the urban space, and strives to move upwards. The work of the piece-rate system and the life without a basic salary and a low security, each of their income must be earned by selling their own labor. They do not have economic power to settle in the physical space, and no social network is embedded in the urban relationship. They can only rely on desperately fanning their own wings to "suspend" in the city.

The book also analyzes the overall characteristics and development trends of

Chinese youth, and reviews the youth research process of the Lian Si group for more than ten years.

Keywords: Courier; Piece Counting System; Nomadic Production Method; Social Mobility; Hummingbird

Contents

I   General Reports

Abstract: In the context of social transformation, youth have become more differentiated and complex in type. Since the concept of "ant tribe" was created in 2009, Liansi research group has been paying attention to the development and changes of contemporary youth, and has investigated 32 youth groups. This paper combs the basic classification of contemporary Chinese youth, and describes the overall characteristics of youth groups from the aspects of flow paradigm, social class, communication mode, work form, life demand, consumption pattern, stress trouble, and ideological situation. These characteristics are an important basis for understanding and judging contemporary youth and carrying out the affairs of the party's youth. With the rapid differentiation and differentiation of youth, traditional governance capabilities and governance tools have not been able to cope with the current changing youth development, and the modernization level of the governance system needs to be improved. The socialist system with Chinese characteristics is not only an expression of abstract political superiority and superior system, but also transforms political superiority into the practical effectiveness of governing the country and accelerates the modernization of youth affairs in the national governance system.

Keywords: Youth Classification; Youth Characteristics; Youth Affairs; National Governance System

B. 2   The "Hummingbirds" Hovering Between Urban and Rural Areas

—A Survey Report on the Group of Couriers in Cities

Lian Si, Zhou Yuxiang and Huang Fan / 037

Abstract: With the booming development of the express delivery industry and the continuous growth of the courier scale, the economic and political impact of the survival status and value orientation of the couriers on the whole society has become increasingly prominent. Based on the questionnaire data and deep-seeing materials of the "Couriers (takeaway) survey" of the University of International Business and Economics (UIBE), this paper analyzes the couriers' six aspects from the aspects of population composition, income security, career development, lifestyle, integration mentality and value judgment. Group characteristics, and believe that it contains four social functions such as connecting urban blocks, providing employment opportunities, building an acquaintance network, and promoting energy exchange. At the same time, there are high risk pressures in complaints, timeouts, piece-rates, claims, and rights. Based on this, 20 policy recommendations in five categories are proposed.

Keywords: Courier; State-owned Express Delivery; Private Express Delivery; Emerging Express Delivery

B. 3   The True Form of "Hummingbirds"

—A Data Analysis Report on the Group of Couriers in Cities

Lian Si, Cao Yixin, Li Ying and Liu Yirui / 084

Abstract: The work of the emerging youth group is an important task assigned by the CPC Central Committee to the Communist Youth League and is one of the key tasks of the Communist Youth League. This report is based on the analysis of 1692

valid sample data of the University of International Business and Economics (UIBE) survey of couriers (takeaway) in Beijing. It is divided into basic situation, work status, rights maintenance and social security, quality of life, and social attitudes. Each aspect of the problem is presented in the form of chart, without any deep processing and academic theoretical interpretation, to ensure the originality and vivid of the data.

Keywords: Courier; Rights Maintenance; Social Security; Quality of Life; Social Attitudes

II Special Reports

B. 4 Research on the Professional Identity of Couriers in Cities

—*A Qualitative Analysis based on the Theory of Social*

Mutual-construction   *Lian Si*, *Cao Yixin* / 149

Abstract: As a typical representative of the new generation of urban youth groups, express courier faces social problems such as slow urban integration and threats of professional identity. The courier become a group that has long been separated from the edge of the city. Based on the Social Mutual-construction theory, this paper constructs the research framework of "self-identification-other identification" under the role of "positive harmonic-reverse evolution", and analyzes the current situation and mutuality of courier's professional identity. Under the Mutual-construction mechanism, the formation process of the dilemma is recognized.

Keywords: Courier; Professional Identity; Mutual-construction

B. 5 Research on the Impact of Occupational Discrimination on

the Sense of Social Justice of Couriers in Cities

—*Also on the Regulating Role of Subjective Economic Status and*

the Degree of Social Integration   *Zhou Yuxiang* / 168

Abstract: The article points out that with the rapid growth of express youth,

its social justice sense maintains social stability. The article studies the impact of occupational discrimination on the social justice of young people in the first-line express delivery industry. The analysis finds that express couriers who have experienced occupational discrimination are more likely to have social injustice; although the improvement of subjective economic status and the deepening of social integration can reduce express delivery. The younger courier believes that the probability of social injustice, but these two factors can not weaken the negative impact of professional discrimination experience on the social justice of the courier. Therefore, it is necessary to start from the occupational discrimination itself, reduce or even eliminate the occupational discrimination against the courier, so as to achieve the purpose of improving their social justice and social risks.

Keywords: Courier; Occupational Discrimination; Sense of Social Justice

B. 6　Occupational Mobility of Couriers in Cities and its Influencing Factors

—An Empirical Research Based on the Theory of Labor Market Segmentation　　　　　　　*Wang Yixuan / 186*

Abstract: The article uses the event history analysis method to explore the influencing factors of the career flow of the city courier. The study found that socioeconomic characteristics and occupational access methods such as gender, household registration, age, education level and marriage and childbirth have a significant impact on the career flow of couriers and show industry differences. The courier who got the job through the support of the social relationship network has a smaller occupational flow than the express courier who got the job through the formal way; the state-run system has smaller occupational flow than the courier of the private system and the emerging system. China's express delivery industry currently has a relatively obvious segmentation of the labor market.

Keywords: Courier; Occupational Mobility; Working Years; Income; Professional Status

Contents ⌐⌐

Abstract: Based on the "flowing" modernity perspective, The paper constructs the three-dimensional analysis framework of integrated population, occupation and labor. It provides an in-depth analysis of the "liquidity" characteristics of the big city express courier. The study found that population mobility is significantly positively correlated with occupational mobility, and that professional mobility and labor mobility are also significantly positively correlated, but the relationship between population mobility and labor mobility is not significant. Courier's occupational mobility and labor mobility reflect Bauman's "liquidity" theory, reflecting the dislocation between the "liquidity" population demand and the "solid state" system supply.

　　Keywords: Courier; Mobility; Mobile Population

Abstract: The willingness to stay in Beijing of the courier will be affected to some extent by the three supporting factors in the self-determination theory. The duration of stay in Beijing, the motivation to come to Beijing, the education level, the social security status, the family status and the social relationship network have a significant impact on the willingness to stay in Beijing of the courier. This situation indicates that for the courier, its self-support can to some extent change the choice of

residence. The courier is also interested in whether or not he has the ability to stay, whether he has a network of relationships that can provide his or her residence support, and is more inclined to rely on the help of others. At the end of the paper, this reason is analyzed from several angles to provide reference for relevant policy formulation.

Keywords: Courier; Residence Intention; Self-determination Theory.

III   Reports on In – Depth Interviews

Ⅳ　Postscript

Abstract: For more than ten years, Liansi research group has insisted on

"learning with the soles of the feet", focusing on the contemporary Chinese youth, and has formed a series of creative academic achievements, including "ant tribe" and mobile youth. The study of "worker bee" and young intellectuals, the study of emerging youth and new social classes, the study of "leftist" thinking and youth social movement, party building and youth ideology research are the most prominent. The research results of Liansi Group provide rich practical resources and vivid historical records for the theoretical construction of contemporary youth research in the two dimensions of academic value and social value, promoting the localization of Chinese social science and innovating social science research. The paradigm has consolidated the party's youth base and made active and beneficial explorations.

Keywords: Youth Research, Cultural Capital, Social Mobility, Chinese Experience, Group Survey

社会科学文献出版社

皮书系列

❖ 皮书起源 ❖

"皮书"起源于十七、十八世纪的英国,主要指官方或社会组织正式发表的重要文件或报告,多以"白皮书"命名。在中国,"皮书"这一概念被社会广泛接受,并被成功运作、发展成为一种全新的出版形态,则源于中国社会科学院社会科学文献出版社。

❖ 皮书定义 ❖

皮书是对中国与世界发展状况和热点问题进行年度监测,以专业的角度、专家的视野和实证研究方法,针对某一领域或区域现状与发展态势展开分析和预测,具备原创性、实证性、专业性、连续性、前沿性、时效性等特点的公开出版物,由一系列权威研究报告组成。

❖ 皮书作者 ❖

皮书系列的作者以中国社会科学院、著名高校、地方社会科学院的研究人员为主,多为国内一流研究机构的权威专家学者,他们的看法和观点代表了学界对中国与世界的现实和未来最高水平的解读与分析。

❖ 皮书荣誉 ❖

皮书系列已成为社会科学文献出版社的著名图书品牌和中国社会科学院的知名学术品牌。2016年,皮书系列正式列入"十三五"国家重点出版规划项目;2013~2019年,重点皮书列入中国社会科学院承担的国家哲学社会科学创新工程项目;2019年,64种院外皮书使用"中国社会科学院创新工程学术出版项目"标识。

中国皮书网

（网址：www.pishu.cn）

发布皮书研创资讯，传播皮书精彩内容
引领皮书出版潮流，打造皮书服务平台

栏目设置

关于皮书：何谓皮书、皮书分类、皮书大事记、皮书荣誉、
皮书出版第一人、皮书编辑部

最新资讯：通知公告、新闻动态、媒体聚焦、网站专题、视频直播、下载专区

皮书研创：皮书规范、皮书选题、皮书出版、皮书研究、研创团队

皮书评奖评价：指标体系、皮书评价、皮书评奖

互动专区：皮书说、社科数托邦、皮书微博、留言板

所获荣誉

2008 年、2011 年，中国皮书网均在全
国新闻出版业网站荣誉评选中获得"最具
商业价值网站"称号；

2012 年，获得"出版业网站百强"称号。

网库合一

2014 年，中国皮书网与皮书数据库端
口合一，实现资源共享。

权威报告·一手数据·特色资源

皮书数据库
ANNUAL REPORT(YEARBOOK)
DATABASE

当代中国经济与社会发展高端智库平台

所获荣誉

- 2016年，入选"'十三五'国家重点电子出版物出版规划骨干工程"
- 2015年，荣获"搜索中国正能量 点赞2015""创新中国科技创新奖"
- 2013年，荣获"中国出版政府奖·网络出版物奖"提名奖
- 连续多年荣获中国数字出版博览会"数字出版·优秀品牌"奖

成为会员

　　通过网址www.pishu.com.cn访问皮书数据库网站或下载皮书数据库APP，进行手机号码验证或邮箱验证即可成为皮书数据库会员。

会员福利

- 已注册用户购书后可免费获赠100元皮书数据库充值卡。刮开充值卡涂层获取充值密码，登录并进入"会员中心"—"在线充值"—"充值卡充值"，充值成功即可购买和查看数据库内容。
- 会员福利最终解释权归社会科学文献出版社所有。

数据库服务热线：400-008-6695
数据库服务QQ：2475522410
数据库服务邮箱：database@ssap.cn
图书销售热线：010-59367070/7028
图书服务QQ：1265056568
图书服务邮箱：duzhe@ssap.cn

卡号：121251658574
密码：

基本子库
SUB DATABASE

中国社会发展数据库（下设 12 个子库）

全面整合国内外中国社会发展研究成果，汇聚独家统计数据、深度分析报告，涉及社会、人口、政治、教育、法律等 12 个领域，为了解中国社会发展动态、跟踪社会核心热点、分析社会发展趋势提供一站式资源搜索和数据分析与挖掘服务。

中国经济发展数据库（下设 12 个子库）

基于"皮书系列"中涉及中国经济发展的研究资料构建，内容涵盖宏观经济、农业经济、工业经济、产业经济等 12 个重点经济领域，为实时掌控经济运行态势、把握经济发展规律、洞察经济形势、进行经济决策提供参考和依据。

中国行业发展数据库（下设 17 个子库）

以中国国民经济行业分类为依据，覆盖金融业、旅游、医疗卫生、交通运输、能源矿产等 100 多个行业，跟踪分析国民经济相关行业市场运行状况和政策导向，汇集行业发展前沿资讯，为投资、从业及各种经济决策提供理论基础和实践指导。

中国区域发展数据库（下设 6 个子库）

对中国特定区域内的经济、社会、文化等领域现状与发展情况进行深度分析和预测，研究层级至县及县以下行政区，涉及地区、区域经济体、城市、农村等不同维度。为地方经济社会宏观态势研究、发展经验研究、案例分析提供数据服务。

中国文化传媒数据库（下设 18 个子库）

汇聚文化传媒领域专家观点、热点资讯，梳理国内外中国文化发展相关学术研究成果、一手统计数据，涵盖文化产业、新闻传播、电影娱乐、文学艺术、群众文化等 18 个重点研究领域。为文化传媒研究提供相关数据、研究报告和综合分析服务。

世界经济与国际关系数据库（下设 6 个子库）

立足"皮书系列"世界经济、国际关系相关学术资源，整合世界经济、国际政治、世界文化与科技、全球性问题、国际组织与国际法、区域研究 6 大领域研究成果，为世界经济与国际关系研究提供全方位数据分析，为决策和形势研判提供参考。

法律声明

"皮书系列"（含蓝皮书、绿皮书、黄皮书）之品牌由社会科学文献出版社最早使用并持续至今，现已被中国图书市场所熟知。"皮书系列"的相关商标已在中华人民共和国国家工商行政管理总局商标局注册，如LOGO（▨）、皮书、Pishu、经济蓝皮书、社会蓝皮书等。"皮书系列"图书的注册商标专用权及封面设计、版式设计的著作权均为社会科学文献出版社所有。未经社会科学文献出版社书面授权许可，任何使用与"皮书系列"图书注册商标、封面设计、版式设计相同或者近似的文字、图形或其组合的行为均系侵权行为。

经作者授权，本书的专有出版权及信息网络传播权等为社会科学文献出版社享有。未经社会科学文献出版社书面授权许可，任何就本书内容的复制、发行或以数字形式进行网络传播的行为均系侵权行为。

社会科学文献出版社将通过法律途径追究上述侵权行为的法律责任，维护自身合法权益。

欢迎社会各界人士对侵犯社会科学文献出版社上述权利的侵权行为进行举报。电话：010-59367121，电子邮箱：fawubu@ssap.cn。

社会科学文献出版社